教育部人文社会科学重点研究基地重大项目"市场经济初建时期各国人权保障进程的比较研究"（12JJD820021）资助

南开大学人权研究系列丛书

市场经济体制与人权保障制度

常健 黄爱教 著

中国社会科学出版社

图书在版编目（CIP）数据

市场经济体制与人权保障制度 / 常健，黄爱教著 . —北京：中国社会科学出版社，2022.8
（南开大学人权研究系列丛书）
ISBN 978-7-5227-0026-7

Ⅰ.①市… Ⅱ.①常…②黄… Ⅲ.①市场经济体制—关系—人权—研究—中国 Ⅳ.①F123.9②D621.5

中国版本图书馆 CIP 数据核字（2022）第 055979 号

出 版 人	赵剑英
责任编辑	冯春凤
责任校对	张爱华
责任印制	张雪娇

出 版	中国社会科学出版社
社 址	北京鼓楼西大街甲 158 号
邮 编	100720
网 址	http://www.csspw.cn
发 行 部	010-84083685
门 市 部	010-84029450
经 销	新华书店及其他书店
印 刷	北京君升印刷有限公司
装 订	廊坊市广阳区广增装订厂
版 次	2022 年 8 月第 1 版
印 次	2022 年 8 月第 1 次印刷
开 本	710×1000 1/16
印 张	25.75
插 页	2
字 数	420 千字
定 价	158.00 元

凡购买中国社会科学出版社图书，如有质量问题请与本社营销中心联系调换
电话：010-84083683
版权所有　侵权必究

目　录

第一章　导论 …………………………………………………（ 1 ）
　第一节　研究主题及其意义 ………………………………（ 1 ）
　　一　问题的缘起 …………………………………………（ 1 ）
　　二　研究的理论意义 ……………………………………（ 2 ）
　　三　研究的现实意义 ……………………………………（ 3 ）
　第二节　关于市场经济与人权保障的已有研究 …………（ 4 ）
　　一　市场经济与人权保障之间有无关联 ………………（ 4 ）
　　二　市场经济与人权保障之间有何种关联 ……………（ 6 ）
　　三　对研究现状的评析 …………………………………（ 15 ）
　第三节　研究思路和方法 …………………………………（ 16 ）
　　一　研究思路和步骤 ……………………………………（ 16 ）
　　二　研究方法及其局限 …………………………………（ 17 ）
第二章　关于市场经济与人权保障关系的理论分析和假设 ……（ 19 ）
　第一节　市场经济的概念与类型 …………………………（ 20 ）
　　一　市场经济的基本特征 ………………………………（ 20 ）
　　二　市场经济的不同发展阶段 …………………………（ 25 ）
　　三　市场经济的不同进入时期 …………………………（ 27 ）
　　四　市场经济的不同结构模式 …………………………（ 27 ）
　　五　市场经济的不同进入方式 …………………………（ 31 ）
　第二节　人权保障的概念和类型 …………………………（ 32 ）
　　一　人权的基本概念 ……………………………………（ 32 ）
　　二　人权的基本内容 ……………………………………（ 34 ）
　　三　人权的权利主体 ……………………………………（ 36 ）

四　人权的义务主体 ……………………………………………（38）
　　　五　人权保障形式 …………………………………………（40）
　第三节　市场经济与人权保障之间关系的假设 …………………（43）
　　　一　市场经济与人权保障的基本关系 ……………………（43）
　　　二　市场经济不同发展阶段与人权保障的关系 …………（50）
　　　三　市场经济不同进入时期与人权保障的关系 …………（51）
　　　四　市场经济不同结构模式与人权保障的关系 …………（55）
　　　五　市场经济不同进入方式对人权保障的影响 …………（56）
　　　六　根据市场经济状况对一些国家人权诉求
　　　　　和保障特点的假设 ……………………………………（57）
第三章　自由市场经济先发国家的人权保障 ………………………（66）
　第一节　英国的市场经济与人权保障制度 ………………………（66）
　　　一　英国的自由市场经济模式 ……………………………（66）
　　　二　英国人权保障制度 ……………………………………（68）
　　　三　自由市场经济体制对英国人权保障制度的影响 ……（77）
　第二节　美国的市场经济与人权保障 ……………………………（79）
　　　一　美国市场经济发展及其特点 …………………………（79）
　　　二　美国的人权保障制度 …………………………………（80）
　　　三　自由市场经济体制对美国人权保障制度的影响 ……（86）
　第三节　加拿大的市场经济与人权保障制度 ……………………（87）
　　　一　加拿大的市场经济的发展与模式 ……………………（87）
　　　二　加拿大的人权保障制度 ………………………………（87）
　　　三　自由市场经济体制对加拿大人权保障制度的影响 …（92）
　第四节　澳大利亚的市场经济与人权保障制度 …………………（93）
　　　一　澳大利亚的自由市场经济模式及其发展 ……………（93）
　　　二　澳大利亚人权保障制度 ………………………………（93）
　　　三　澳大利亚市场经济体制对人权保障制度的影响 ……（99）
　第五节　自由市场经济先发国家人权保障的特点 ……………（100）
　　　一　四个国家在人权保障方面的共同点 ………………（100）
　　　二　四个国家在人权保障方面的不同点 ………………（101）

第四章 社会市场经济先发国家的人权保障 （103）
第一节 德国的市场经济与人权保障 （103）
    一 德国市场经济的特点与发展 （103）
    二 德国人权保障制度的发展 （107）
    三 社会市场经济体制对德国人权保障制度的影响 （118）
第二节 瑞典的市场经济与人权保障 （119）
    一 瑞典的市场经济体制及其发展 （119）
    二 瑞典的人权保障制度及其发展 （122）
    三 瑞典社会市场经济对其人权保障制度的影响 （126）
第三节 意大利的市场经济与人权保障制度 （127）
    一 意大利的市场经济及其发展 （127）
    二 意大利人权保障制度 （128）
    三 社会市场经济对意大利人权保障制度的影响 （135）
第四节 社会市场经济先发国家人权保障制度的特点 （137）
    一 三个国家人权保障制度的共同点 （137）
    二 三个国家人权保障制度的不同点 （138）

第五章 国家主导型市场经济先发国家的人权保障 （139）
第一节 法国的市场经济与人权保障制度 （139）
    一 市场经济初创时期法国的社会阻力与人权诉求 （139）
    二 法国人权保障制度及其发展 （142）
    三 国家主导型市场经济体制对法国人权保障制度的影响 （158）
第二节 日本的市场经济与人权保障制度 （159）
    一 日本市场经济体制的特征和发展 （159）
    二 日本人权保障制度及其发展 （167）
    三 国家主导型市场经济体制对日本人权保障制度的影响 （176）
第三节 国家主导型市场经济先发国家人权保障制度的特点 （177）
    一 两个国家人权保障制度的共同点 （177）
    二 两个国家人权保障制度的不同点 （179）

第六章 从传统经济转型的市场经济后发国家的人权保障 （180）
第一节 韩国的市场经济与人权保障制度 （180）

一　韩国市场经济体制的特征与发展 …………………………（180）
　　二　韩国人权保障制度及其发展 ……………………………（185）
　　三　市场经济体制对韩国人权保障制度的影响 ……………（202）
第二节　新加坡的市场经济与人权保障制度 ……………………（203）
　　一　新加坡市场经济体制的特点和发展 ……………………（204）
　　二　新加坡人权保障制度及其发展 …………………………（206）
　　三　市场经济对新加坡人权保障制度的影响 ………………（217）
第三节　泰国的市场经济与人权保障制度 ………………………（218）
　　一　泰国市场经济发展阶段与特点 …………………………（218）
　　二　泰国人权保障制度 ………………………………………（220）
　　三　泰国市场经济体制对人权保障制度的影响 ……………（225）
第四节　墨西哥的市场经济与人权保障制度 ……………………（225）
　　一　墨西哥的市场经济体制的特点与发展 …………………（226）
　　二　墨西哥人权保障制度 ……………………………………（228）
　　三　墨西哥市场经济体制对人权保障制度的影响 …………（232）
第五节　巴西的市场经济与人权保障制度 ………………………（233）
　　一　巴西市场经济体制的特点与发展 ………………………（233）
　　二　巴西的人权保障制度 ……………………………………（234）
　　三　巴西市场经济体制对人权保障制度的影响 ……………（239）
第六节　阿根廷的市场经济与人权保障制度 ……………………（240）
　　一　阿根廷经济发展模式与特点 ……………………………（241）
　　二　阿根廷人权保障 …………………………………………（244）
　　三　阿根廷市场经济体制对人权保障制度的影响 …………（248）
第七节　南非的市场经济与人权保障制度 ………………………（249）
　　一　南非市场经济体制及其发展 ……………………………（249）
　　二　南非人权保障 ……………………………………………（250）
　　三　南非市场经济体制对人权保障制度的影响 ……………（256）
第八节　从传统经济转型的市场经济后发国家人权
　　　　保障制度的特点 …………………………………………（257）
　　一　七个国家人权保障制度的共同点 ………………………（258）

二　七个国家人权保障制度的不同点 …………………（258）
第七章　从计划经济转型的市场经济后发国家的人权保障 ………（260）
　第一节　埃及的市场经济与人权保障制度 …………………（260）
　　一　埃及市场经济的体制与发展 ……………………（260）
　　二　埃及的人权保障制度 ……………………………（262）
　　三　埃及市场经济体制对人权保障制度的影响 ……（274）
　第二节　印度的市场经济与人权保障制度 …………………（275）
　　一　印度的市场经济特征与发展 ……………………（275）
　　二　印度的人权保障及其发展 ………………………（277）
　　三　印度市场经济体制对人权保障制度的影响 ……（289）
　第三节　越南的市场经济与人权保障制度 …………………（291）
　　一　越南市场经济的特点与发展 ……………………（291）
　　二　越南的人权保障及其发展 ………………………（293）
　　三　越南市场经济体制对人权保障制度的影响 ……（298）
　第四节　俄罗斯的市场经济与人权保障制度 ………………（298）
　　一　俄罗斯市场经济的特点与发展 …………………（298）
　　二　俄罗斯人权保障制度的特点和发展 ……………（304）
　　三　俄罗斯市场经济体制对人权保障制度的影响 …（320）
　第五节　中国的市场经济与人权保障制度 …………………（320）
　　一　中国市场经济的特点和发展 ……………………（321）
　　二　社会主义市场体制下中国人权保障制度的发展 …（325）
　　三　社会主义市场经济下人权保障的法治化 ………（356）
　　四　社会主义市场经济对中国人权事业发展的影响 …（374）
　第六节　从计划经济转型的市场经济后发国家人权
　　　　　保障制度的特点 ……………………………………（381）
　　一　五个国家人权保障制度的共同点 ………………（381）
　　二　五个国家人权保障制度的不同点 ………………（382）
第八章　研究结论与分析 ……………………………………………（383）
　第一节　市场经济体制与人权保障制度之间关系 …………（383）
　　一　市场经济体制与人权保障制度之间的总体关系 …（383）

二　各类人权保障与市场经济体制之间的关系 …………（383）
　　三　市场经济不同发展阶段与人权保障制度的关系 ………（384）
　　四　市场经济起步先后与人权保障制度的关系 ……………（385）
　　五　市场经济不同模式与人权保障制度的关系 ……………（386）
　　六　向市场经济的转型方式与人权保障制度的关系 ………（387）
　第二节　人权保障制度的其他影响因素 ……………………（387）
　　一　历史经历对市场经济体制下人权保障制度的影响 ……（388）
　　二　冲突压力对市场经济体制下人权保障制度的影响 ……（388）
　　三　经济发展水平对市场经济体制下人权保障制度的影响 …（388）
　　四　不同传统文化对市场经济体制下人权保障制度的影响 …（388）
　　五　社会政治制度对市场经济体制下人权保障制度的影响 …（389）
参考文献 ………………………………………………………（390）

第一章 导 论

第一节 研究主题及其意义

一 问题的缘起

本研究的主题是市场经济体制与人权保障之间的关系。这个问题包含两个方面：一方面，市场经济是否为人权产生的主要原因，或内在地要求提升人权保障水平，或促进人权发展的主要动力？另一方面，人权保障是否会促进市场经济的发展，或有利于市场经济体制的完善，或对市场经济发展构成限制和约束？

我们看到，国内外学术界和实务界对这一系列问题作出的回答呈现出明显的分歧。一些理论家曾经坚定地认为，人权保障是市场经济的内在要求，推进市场经济体制改革就一定能够促进人权保障水平的提高。一些政治家和社会运动倡导者也将市场经济、人权保障和政治民主化视为"三位一体"，预言并期待那些推行市场经济的国家会自然而然地提高人权保障和政治民主化的水平。但市场经济的现实发展所产生的结果却远未达到他们的预期，甚至出现了一些相反的结果。于是，我们听到了学术界更多相反的声音，一些学者甚至认为市场经济与人权保障之间没有任何关系，或是认为市场经济有害于人权保障的实现。

面对理论与现实之间的这种差异，我们需要重新对以往有关市场经济与人权保障之间关系的理论进行反思，结合市场经济与人权保障发展的实际，对二者关系的复杂性作出更深入的分析与澄清，从理论上对市场经济与人权保障之间的关系作出更精准的把握。

二 研究的理论意义

深入探究市场经济与人权保障之间的关系，具有重要的理论意义，可以概括为以下主要方面。

第一，它有助于澄清市场经济作为一种特殊的经济体制对人权保障的影响。人权保障会受到经济体制的影响，但人权保障的哪些方面是由市场经济这种特殊的经济体制决定的，哪些方面是在其他经济体制下也同样会存在的？这一研究将有助于厘清市场经济体制对人权保障的特殊影响，同时也为其他经济体制对人权保障的影响研究预留了空间。

第二，市场经济与人权保障的关系，不只具有正向的相互依赖、相互促进的一面，也有负向的相互排斥、相互制约的一面。本研究将具体分析市场经济与人权保障之间的这两种相互作用，使对二者关系的理论把握更加全面。

第三，市场经济不是只有一种模式，而是存在着许多不同的模式。各种不同的市场经济模式对人权保障的影响有哪些共同点，有哪些不同点，需要进行具体的分析。本研究对市场经济与人权保障之间关系的分析，区分了不同的市场经济模式，并具体分析了各种不同模式对人权保障的影响。这种研究有助于在理论上确定市场经济不同模式影响人权保障的共同点和不同点。

第四，市场经济经历了一个具体的发展过程，不同发展阶段对人权的需求是否存在差别？本研究区分了市场经济的初始发展阶段和平衡发展阶段，并分析了这两个不同时期对人权保障的不同影响。这种研究扩展了二者关系研究的历史维度，有助于从历史和发展的角度分析市场经济对人权保障的影响。

第五，各个国家进入市场经济体制的时间是不同的，这种进入期的差别会导致市场经济发展的背景的差别，这种差别导致相应国家在人权保障上出现差别。本研究区分了先发市场经济国家和后发市场经济国家，并在后发市场经济国家中区分了从传统经济转型的国家和从计划经济转型的国家，并分别探讨了这些差别对市场经济的影响。这使得对市场经济与人权保障关系的研究被置于特定的历史背景之下，能够以情境分析的方法来确定建立和发展市场经济体制对特定国家人权保障的具体影响。

第六，这一研究有助于从总体上厘清经济体制、政治体制、社会体制和文化传统对人权保障的分别影响。市场经济是一种特殊的经济体制，市场经济与权利保障的关系属于经济体制与人权保障关系的一个重要的方面。但影响人权保障的重要因素不只是经济体制，还有政治体制、社会体制和文化传统。尽管在这些影响因素中，经济体制的影响具有基础性的作用，但不能将这种基础性的影响作用夸大成唯一性的影响作用。通过对市场经济与人权保障关系的深入分析，有助于在理论上更精准地确定经济体制究竟会影响到人权保障的哪些方面，换言之，哪些方面是不受或不完全受经济体制的影响，而是受到政治体制、社会体制和文化传统的影响。这种分析和区分不仅有助于对经济体制对人权保障的作用的限度形成更明确的理解，而且会为有关政治体制、社会体制和文化传统对人权保障的研究清理出合理的空间。

最后，本研究并不只是在理论上进行分析和推论，而是通过对各类典型国家的案例描述和分析来验证所提出的理论假说，从而使本研究的理论建构建立在实证案例检验的基础之上，修正某些理论假说的缺陷和不足。

三 研究的现实意义

对市场经济与人权保障之间关系的研究，不仅具有重要的理论意义，也具有重要的现实意义。

首先，这一研究有助于我们更理性地了解、确定和评估中国市场经济模式的特殊性及其对中国人权保障的实际影响。中国当代市场经济体制的建立和发展，对中国人权事业发展确实产生了巨大的推动作用，同时也对中国人权保障提出了严峻的挑战。对这种正反两方面作用的了解、确定和评价，有助于我们清醒看待市场经济的历史作用，并对市场经济的自然发展趋势予以必要的约束和限制。

其次，这一研究有助于我们更理性地了解、确定和评价中国在市场经济体制建立和发展的过程中人权事业的发展。人权保障既有顺应市场经济发展的一面，也有约束市场经济发展的一面。对这两方面的作用的了解、确定和评价，有助于我们合理地确定中国人权事业发展战略，平衡人权保障制度建设与市场经济发展，使人权保障与市场经济能够携手共进。

再次，这一研究有助于理性理解中国特色人权发展道路，增强自信。

中国属于市场经济后发国家，是从计划经济体制转向市场经济体制，还处于市场经济发展的初始阶段，所采取的市场经济模式具有政府主导和社会市场经济的特征。中国市场经济的这些特点，决定了中国的人权保障模式不是采取市场经济先发国家那种先强调公民权利和政治权利，后补充经济和社会权利，再扩展特定群体权利保障的渐进过程，而是要强调个人权利和集体权利的平衡保障，公民和政治权利与经济和社会权利的平衡保障。中国特色人权发展道路恰恰反映了中国市场经济的特征及其特殊要求，这是中国市场经济能够与中国人权事业并肩发展、既相互促进又相互制约的重要历史基础。因此，我们可以理直气壮地坚持中国特色人权发展道路，坚定对中国人权发展道路的信心。

最后，这一研究有助于我们理性地了解、分析和评价世界其他国家人权发展道路和实现状况。世界各国的市场经济发展具有不同的进入期，采取了不同的模式，处于不同的发展阶段，这决定了其人权事业发展既会有某些共同点，也会有许多不同点。这为理性地了解、分析和评价各国人权保障情况提供了重要的理论基础，也为中国批判吸收世界其他国家的经验并积极参与和推动世界人权事业发展提供了理性的视角。

第二节 关于市场经济与人权保障的已有研究

关于市场经济与人权保障之间的关系，学界存在着一定的争论。争论既涉及二者之间是否存在联系，也涉及存在何种联系。

一 市场经济与人权保障之间有无关联

国内外学者对于市场经济与人权保障之间是否存在联系，持有两种截然相反的观点。

（一）否定观点

库丘拉吉、尼亚姆等学者认为，市场经济与人权保障之间并不存在任何关系。

俄罗斯学者库丘拉吉指出："我想开诚布公地讲，我看不出自由市场、民主和人权之间有什么必然的概念联系或事实上的关系。简单地把这些概念捏到一起，不是解决穷国和非富国问题的办法，而只能使它们直走死胡同。""自由市场和带有人权思想的东西,二者是水火不相容的,特别是对穷国和非富有国家来说。"①

尼亚姆(Celestine I. Nyamu)等人认为,正在进行的一些全球性项目旨在积极倡导这样一种观念,即人权、民主和自由市场会自然地成为一体。我认为,当对这些全球项目的实施进行考察时,这种"三位一体"的观点就会分崩离析。他以财产权为例进行考察来挑战这种人权、民主和自由市场会三位一体实现的观点,因为财产权是联结人权和民主与自由市场之间的纽节。但通过对实施土地权和建立土地私有产权制度所产生效应的考察,他发现受到所谓的财产权改革的影响的人们并没有经历人权、民族和自由市场一体化实现。在大多数情况下,大多数人经历的是没有享有相应权利的严酷市场,与"三位一体"观念所说的不相符合。②

此外,曼努埃尔·库雷·布兰科(Manuel Couret Branco)在《经济学与人权》③ 一书中也展示了主流经济学著作是如何内在地反对促进人权,尤其是反对经济、社会与文化权利,例如,许多经济学家就反对工作权。

(二) 肯定观点

恩格斯曾经对市场经济与人权的关系作出了深刻的分析,他指出:"大规模的贸易,特别是国际贸易,尤其是世界贸易,要求有自由的、在行动上不受限制的商品所有者,他们作为商品所有者来说是有平等权利的,他们根据对他们来说全都是平等的(至少在各该当地是平等的)权利进行交换。从手工业到工场手工业的转变,要有一定数量的自由工人为前提,他们可以和厂主订立契约出租他们的劳动力,因而作为缔约的一方是和厂主权利平等的。最后,所有的人的劳动——因为它们都是人的劳动并且只就这点而言——的平等和同等效用,不自觉地但最强烈地表现在现代资产阶级经济学的价值规律中,根据这一规律,商品的价值是由其中所

---

① [俄] И. 库丘拉吉:《经济平等,人权,民主和自由市场》,舒白译,原载俄《哲学问题》杂志1993年第6期,《哲学译丛》1993年第6期。

② Celestine I. Nyamu and Roberto P. Aponte‐Toro, Human Rights, Democracy and Free Markets: Is It a Package? *Proceedings of the Annual Meeting* (American Society of International Law), Vol. 93 (MARCH 24-27, 1999), pp. 121-125.

③ Manuel Couret Branco, *Economics Versus Human Rights*, Routledge, 2008.

包含的社会必要劳动时间来计量的。……而自由通行和机会平等是首要的和愈益迫切的要求。""一旦社会的经济进步,把摆脱封建桎梏和通过消除封建不平等来确立权利平等的要求提到日程上来,这种要求就必定迅速地获得更大的规模。虽然这一要求是为了工业和商业的利益提出的,可是也必须为广大农民要求同样的平等权利。……另一方面,也不能不要求废除封建特惠、贵族免税权以及个别等级的政治特权。由于人们不再生活在像罗马帝国那样的世界帝国中,而是生活在那些相互平等地交往并且处在差不多相同的资产阶级发展阶段的独立国家所组成的体系中,所以这种要求就很自然地获得了普遍的、超出个别国家范围的性质,而自由和平等也很自然地被宣布为人权。可以表明这种人权的特殊资产阶级性质的是美国宪法。""一切人,或至少是一个国家的一切公民,或一个社会的一切成员,都应当有平等的政治地位和社会地位。"①

当代许多学者也主张市场经济与人权保障之间存在一定联系。曼努埃尔·库雷·布兰科批判了经济学家对人权观念的反对。他认为人权与市场经济不应当是对立,应当是相互补充的。在全球经济时代,提升人权需要经济学和经济的根本转变。许多学者与布兰科的观点相一致,他们在自己的著作中论证了经济、社会与文化权利与市场经济之间的紧密联系。如森友尼奥(Dr Manisuli Ssenyonjo)的《国际法中的经济、社会与文化权利》②,诺兰(Aoife Nolan)的《全球金融危机后的经济与社会权利》③,以及加西亚(Helena Alviar Garcia)的《社会与经济权利的理论与实践:重要的调查》。④

二 市场经济与人权保障之间有何种关联

当代多数学者都认为市场经济体制与人权保障之间存在联系。但对这

---

① 恩格斯:《反杜林论》,《马克思恩格斯选集》第3卷,人民出版社1995年版,第142—146页。

② Dr Manisuli Ssenyonjo, *Economic, Social and Cultural Rights in International Law* (2nd Revised Edition), Hart Publishing, 2016.

③ Aoife Nolan, Economic and Social Rights After The Global Financial Crisis, Cambridge University Press, 2016.

④ Helena Alviar Garcia, Karl Klare, Lucy A. Williams, *Social and Economic Rights in Theory and Practice:Critical Inquiries*, Routledge, 2014.

种联系的性质却存在着两种观点：一种认为二者的关系是相互促进的；另一种认为二者之间既有相互促进的一面，又有相互排斥的一面。

（一）主张相互促进的观点

常健认为，权利意识是市场经济的意识形态，权利规范是市场经济的人际关系规范形态。市场是参与主体对物品所有权的自由、平等、自愿的交换秩序。市场关系的存在，要求交换主体具有对物品的所有权、自由交换权、身份平等权、人身安全权和获得司法援救的权利。这些权利是使市场交换得以进行的逻辑前提。在市场经济中，由于市场交换的社会化，使得市场交换的秩序和规则扩展为整个经济活动的基本秩序和规则。这意味着市场交换所要求的权利关系，扩展为经济活动的基本关系结构。它要求主体对财产享有更多的权利，要求主体享有更充分的选择和行动自由权，要求经济活动的主体在身份上平等，要求个人的人身安全权利得到充分的保障。这种权利保护要求，使得在经济领域中必须建构起一种整体性的权利关系结构。这种社会关系结构取代了传统社会关系结构的在经济领域中的主导地位。它使得个人成为经济活动中的权利主体，人们在经济活动中的关系被规定为权利主体与权利主体之间的平等关系，权利交换成为经济交往活动的中心内容，权利与义务的相互制约成为维持正常的经济关系的基本原则。市场经济在经济领域所建立的权利关系结构，并不仅仅限于在经济领域内部发生作用。市场经济的发展，不仅要求在经济领域建立权利关系结构，而且也要求权利关系成为整个社会的基本关系，成为各种其他社会关系的基础。①

常健进一步认为，市场经济体制下的权利规范的基本特征，就是承认每个社会成员享有平等的自由权利。它有三个突出的特点：第一，权利的基本主体是个人，而任何群体的权利只是个人权利的派生物；第二，个人享有的最主要权利是自由权利，而其他权利的享有都是为了保障个人能够更充分地享有这种自由权利；第三，所有个人在自由权利的享有上是平等的，主体间的种族、肤色、性别、语言、宗教、政治或其他见解、社会出身、财产、出生等方面的差别，并不能作为不平等享有自由权利的根据。市场经济体制下的经济自由权利，要求社会成员平等地享有各种政治权

---

① 常健：《权利意识是市场经济社会的意识形态》，《理论与现代化》1997年第4期。

利。如果公民不能平等地享有政治权利，公民个体的经济自由权利就不能得到平等的保障。市场经济体制下的社会和文化权利规范，是实现经济权利规范和政治权利规范的外部条件，因而受到经济权利规范和政治权利规范的深刻影响。尽管从结构上说，社会主义市场经济体制的权利规范与计划经济体制的权利规范不具有相容性，但从过程上看，从计划经济体制向社会主义市场经济体制转型并不一定与权利规范的转型同步进行。①

  荣建华从两个方面分析了市场经济对人权保障的要求。一方面，市场经济的本质特征，就是依靠市场机制来实行社会资源的合理配置。它要求市场主体能够以自己的意志、按照价值规律进行商品生产和交换。资源合理配置，最重要的是人力资源，要使人力资源合理配置，就必须使其享有充分的权利和自由，平等地参与市场竞争，而这种平等与自由必须通过国家对人权的法律保障才能实现。作为受宪法保障的基本人权而言，平等权是指公民平等地享有宪法和法律规定的权利，平等地受到法律的保护或制裁。即平等地在法律规定的范围内享有权利、履行义务，既不能超出法律主张权利，也不能承担法律之外的义务或受到法律以外的制裁。自由权是指人身自由和表现自由。狭义的人身自由指身体自由；广义的除身体自由外还包括人格尊严不受侵犯、住宅不受侵犯、迁徙自由、通信自由和秘密受法律保护。人身自由是公民在国家和社会中主体地位的法律表现，更是公民参加各种社会活动和享受其他权利的前提。它的实现和受保障的程度体现一个国家的民主自由程度。表现自由，即公民表现其意志的自由，根据公民表现其意志的方式不同，包括言论与出版自由、结社自由、集会、游行、示威自由。表现自由不仅是公民的基本权利，而且是一项重要的民主制度。平等权和自由权普遍受到了市场经济国家宪法和法律的确认和保障，并成为一项重要的法治原则。现代市场经济的多元化市场主体客观要求依法保障人的应有权利和自由，反对特权、防止专断以实现资源的合理配置。另一方面，竞争长期发展，优胜劣汰的持续演变，必然会导致资本的积累和集中，资本的积累和集中的进一步发展，不可避免地造成垄断。垄断使市场功能出现障碍，公平交易和竞争的机制被扼杀，公民的基本权利和自由遭到践踏，从而导致社会经济的不平等，甚至出现两极分化。

---

① 常健：《市场经济与权利规范》，《教学与研究》1999年第11期。

"纯正竞争"的市场只是一种理想，市场不会像亚当·斯密所设想的那样会给每一个人都带来最大利益，在市场竞争中处于天然弱势的个人很难从市场机制中得到最大利益。依靠民法原则所建立起来的市场秩序必然在某种程度上会忽视社会公平原则的要求，这就需要国家建立以社会保险、社会救济、社会福利、优抚安置等为内容的社会保障制度，以此来解决市场经济中"公平与效率"的矛盾，缓解竞争造成的不公平，保障公民的生存权和社会权（财产权、劳动权、休息权、物质帮助权），防止两极分化，维护社会稳定。因此可以说，没有对人权的有效的保障，就不可能有完整的市场经济。①

王建彪认为，市场经济的发展将促进权利的生成。商品经济中私人权利的两个核心因素是所有权和契约自由，商品经济是交换经济，为了交换，交换者必须要对所交换的物品享有明确的、排他的、可以自由支配的所有权。同时，交换者必须具备独立和自由的地位，它排斥身份的依附和命令、强制，非如此则无交换者的意思自治，这是商品交换得以进行下去的两个前提。即需权利主体制度和财产权利制度的建立。这就为每一个"经济人"的独立、自主的权利提出了要求。②

林喆认为，市场经济在本质上与权利范畴相联系，权利本位是市场经济发展的必然要求。市场经济改变了产品的存在方式、生产的目的和主体的活动范围，使劳动者权利要求的内容日趋复杂：他不仅应该有生产商品的种种权利，而且还应该有进行等价交换的权利。后者主要包括：（1）他应该有在市场上以自己的商品交换其他商品或等价物的权利；（2）他应该有要求这种交换依据独立意志、平等互利和自由选择的原则进行的权利；（3）他应该有维护自身利益的权利，包括除财产权之外的其他权利（如债权、人身权利、知识产权）的享有，它们常常成为商品持有者可能居于平等地位进行交换的重要条件。市场经济发展的内在要求是平等的权利主体和能按商品等价规律交换的环境。商品持有者只有作为平权主体居于平等的地位才能够进行商品的等价交换，而也只有现实的法律制度承认这种平

---

① 荣建华：《论市场经济与人权保障》，《天津市政法管理干部学院学报》2001年第3期。
② 王建彪：《权利，权力与市场经济》，《经济与法》（吉林省行政学院学报）2004年第8期。

等地位，等价交换才可能实现并持久地进行。市场经济的这一要求及权利于其中的重要意义，使商品持有者诸多需要中包含了对法律权利的需要。①

张钢成认为，市场经济与法的个人权利本位有着内在的必然联系。市场经济体制为个人自由、解放提供了制度的可能性和必要的条件。市场经济本质上是主体自由的经济，市场经济形成的社会关系是一种契约性社会关系，这种社会关系总的特征是各类参与市场竞争、交换的主体之间是平等的、自由的。契约型社会关系使个人摆脱了对国家和组织的依赖关系，即身份依附和等级关系。由此获得了三大自由：生产者自由，即个人从事工商经营活动的自由；消费者自由，即个人有随意处置私人资财的消费选择自由；劳动者自由，即个人出卖劳动力、选择职业的自由。市场经济制度通过规定每个社会成员的经济权利与义务，而确立了每一个个人在整个社会面前的自由，亦即确立了个人在与国家、组织和他人关系中的自主地位，从而形成了法的个人权利本位，即在调整个人与组织、政府的关系中，法应该以个人权利为基础，从事实方面而言，法的个人权利本位不过是对市场经济所产生、形成的社会关系的确认和肯定。②

李朝辉认为，尊重权利是完善市场经济的基础性前提。市场经济是以尊重主体的自由、平等权利为前提的。公民的自由、平等权利在市场经济中主要表现为财产权，表现为市场主体对自己财产的占有、使用、收益和处分的权利。没有财产权，就没有市场主体的形成和存在。③

刘灿从对中国市场经济发展的实际观察角度提出："社会财产结构的变化表明，原来集中于国家的财产权利向民间分散的趋势已不可逆转。当居民个人的私有财产已成为社会财产结构的重要组成部分的时候，建立起一种以保护私人财产利益为基础的财产权制度就为发展社会主义市场经济之必需了。"④

刘灿和韩文龙认为，"公民权利是现代市场经济的基础，也是社会主

---

① 林喆：《权利本位——市场经济发展的必然要求》，《法学研究》1992年第6期。
② 张钢成：《社会主义市场经济与法的个人权利本位》，《法制与社会发展》1995年第3期。
③ 李朝辉：《市场经济中的权力与权利——中国特色社会主义政治文化建设中的一个重要问题》，《学习时报》2008年4月28日第003版。
④ 刘灿：《社会主义市场经济体制与公民财产权利：一个理论分析框架》，全国高校社会主义经济理论与实践研讨会第24次年会论文集，2010年，第345—346页。

义市场经济的基础",特别是,一个合理的财产权结构是社会主义市场经济的微观基础,发展社会主义市场经济需要公民拥有私人财产并保证公民的财产权自由。①

王成喜提出,财产权是现代市场经济制度的核心权利。他从三个方面进行了分析:第一,产权制度是经济体制的基本要素,它决定着资源的配置效率和经济体制效率,决定着激励机制和人们的行为方式。美国著名经济学家保罗·萨缪尔逊根据南美洲的自然资源丰富、劳动力素质高的特点,在1950年做出预测,他认为20世纪下半叶世界上经济发展最快的地区将是南美洲。但事实证明他错了,这个时期的欧洲和太平洋地区经济发展最快,其原因就在于这些地区有着健全完整的产权制度,大大地激活了各生产要素,弥补了自然资源的缺憾。第二,财产权是市场经济的动力。追求产权,以其产权获得更多的经济收益从而拥有更多的产权,是市场经济条件下包括企业、经营者和劳动者在内的各类市场主体的动力所在。清晰界定产权、明确权责关系和依法严格保护产权,为追求产权者实现尽可能多的经济利益提供了制度保证。第三,财产权是信用和秩序的基础。没有信用的社会必然是秩序混乱的社会。在现代市场经济中产权关系极其复杂,多种多样,必须建立强有力的产权制度,在法律上明确界定财产的最终归属,保护所有者权益。如果没有法律意义上对产权的界定,人们在市场交换时就会感到交易界定模糊,公平竞争的规则就失去了意义。现代市场经济的交易都是以信用为中介的交易,有了产权也就有了履行经济信用的能力,诸如合同、债权债务、担保票据等。为了追求产权,必须诚实履行信用并遵守市场规则,不守信用和违背市场规则,就要受损,甚至被剥夺产权。谁也不愿意与不守信用的企业或人从事经济活动,这就形成了履行信用和遵守秩序的压力,造就了诚实守信和遵守游戏规则的动力。②

李玉杰和孙佳颖认为,市场经济与人权保障之间存在双赢关系,因为"市场经济使人从被奴役、被压榨的境地解放出来,获得了自由发展的机会,并实现了对资源的优化配置,极大地激发了获得了自由、平等权利的

---

① 刘灿、韩文龙:《公民社会与财产权》,《福建论坛》(人文社会科学版)2012年第11期。

② 王成喜:《产权:现代市场经济制度的核心权利》,《中国商人》(经济理论研究)2005年第2期。

人们发明创造的积极性，为保障人权所创设的民主与法治制度又给予了财富的创造者以强有力的保护，从而使社会商业活动进入利人利己的双赢发展轨道"①。市场经济和人权发展之间获得双赢的原因在于"人权的实质是平等与自由，而以最有效地配置生产要素著称的市场经济是一种自主、平等、竞争、信用、法制的经济，与人权的理念高度契合，从而满足了市场经济的基础条件，使人类社会焕发出勃勃生机"②。

荣建华指出："平等权和自由权普遍受到了市场经济国家宪法和法律的确认和保障，并成为一项重要的法治原则。现代市场经济的多元化市场主体客观要求依法保障人的应有权利和自由，反对特权、防止专断以实现资源的合理配置。"③

（二）主张既相互促进又相互排斥的观点

哈格（Louise Haagh）在《市场经济下的平等和收入保障：保险问题》一书中讨论了市场经济中的平等与收入保障之间的关系，发展市场经济的不同阶段以及市场经济不同模式的选择，对于人权保障会产生差异。④

王建均在其著作《社会主义市场经济条件下的人权问题研究》中认为："市场经济的正效应对人权有积极的促进作用，同时市场经济的负效应对人权有消极的阻碍作用。"⑤

马郑刚认为，市场经济与人权保障的关系，既有积极的一面，也有消极的一面。从积极方面来说，社会主义市场经济为人权保障提供了坚实的物质基础和可靠的经济依托，它在为人民生存权提供物质保障的同时，也为人民的各项政治权利提供了有利的经济条件。从消极方面来说，市场并非万能，对某些人权问题的解决，市场无能为力，甚至发生矛盾。市场不

---

① 李玉杰、孙佳颖：《市场经济背景下的人权及其法律保护》，南开大学出版社2015年版，第18页。
② 李玉杰、孙佳颖：《市场经济背景下的人权及其法律保护》，南开大学出版社2015年版，第18页。
③ 荣建华：《论市场经济与人权保障》，《天津市政法管理干部学院学报》2001年第3期。
④ Louise Haagh, Equity and Income Security in Market Ecomomies, *Social Policy &Administration*, Vol. 40, No. 4, August 2006, pp. 384 – 424.
⑤ 王建均：《社会主义市场经济条件下的人权问题研究》，中国社会科学院马列系2003年版，第17—21页。

能向低收入者提供日用必需品和服务，无法消灭各种社会丑恶现象，不能消除失业，在保护和维护居住环境方面显得十分无力，不能解决有关自然灾害问题，不照顾弱者，年老体弱及残疾人等市场竞争的弱者不会受到市场本身的照顾。①

廖作斌认为，市场经济是一柄双刃剑，它对经济和社会发展具有双重作用。一方面，它能够通过其内在的机制激发经济主体的内在活力，促进劳动生产率的提高。另一方面，市场经济又追求利润的最大化，以物质利益为准则，它本身不能解决社会目标问题，不能自发地保护弱者，它本身无法承担社会职能，易对人和社会的发展产生负面影响，这种双面作用在社会主义人权保障上也表现为正负两重效应：市场经济是平等经济，它以价值规律为同一尺度，有利于实现平等的人权，但对于不同的人来说，这种平等的尺度中又包含着不平等。在市场竞争中，微观方面总是伴随着优胜劣汰和强弱分化。市场犹如战场，在市场的战场上，竞争是无情的，甚至是残酷的，优者生存，劣者倒闭破产。这种经济上的悬殊不仅会造成人们经济权利的差别，也会使人们的政治社会权利受到影响。市场经济追求利益的最大化，有利于促进经济的发展和生产力的提高，但容易诱发拜金主义并导致人的单向度发展。严密的分工和高强度的劳作，使人成为生产流水线的奴隶，生产越发展，劳动者越畸形，这不利于劳动者的全面发展，是对人性的损害，与人权的保障原则严重相悖。②

郭曰君和程昱晖认为，社会主义市场经济和公民权利并不是自然统一的，两者之间存在着矛盾。首先，社会主义市场经济对公民权利的实现具有积极的促进作用，它增强了公民的主体意识，强化了公民的主体地位；使公民权利的内容丰富化，扩大了公民权利的范围；社会主义市场经济是公民权利实现的物质基础。其次，市场经济对公民权利也会产生消极影响，它不仅使公民经济权利商品化，也可能使其他不具有商品属性的公民权利受到市场的侵蚀。再次，公民权利对社会主义市场经济具有积极的作用，它是社会主义市场公民主体地位在法律上的确认和保障，是公民个人

---

① 马郑刚：《社会主义市场经济与人权保障》，《科学社会主义》1994年第1期。
② 廖作斌：《社会主义市场经济体制与人权保障》，《首都师范大学学报》（社会科学版）1995年第3期。

合法利益在法律上的规定，反映了市场经济的要求；它激发出公民长期被压抑的积极性、主观能动性和创造性，必然有力地促进社会主义市场经济体制的建立和发展。最后，公民权利也会对市场经济产生一定的负面作用，公民权利的滥用会破坏社会主义市场经济秩序；公民权利的平等原则与市场经济的效率原则是一致的，收入的平等与市场经济的效率原则是相悖的，但收入的不平等会最终破坏公民权利的平等，最终阻碍了经济效率的提高。①

李招忠认为，社会主义市场经济对人权保护正面效应与负面效应并存。一方面，市场机制的利益驱动效应能产生巨大效率，为改善中国人民生存权和发展权创造出丰裕的社会物质财富；同时，市场经济有助于人们平等权的实现。市场经济要求所有的资源投入者以完全平等的身份和法律地位，服从一视同仁的法律规则，在公正无私的裁判主持下参与市场竞争。机会均等、规则平等、裁判公正是市场经济的最基本条件。搞市场经济，首要的是打破人的身份界限，彻底瓦解权力经济体制形成的形形色色的经济特权，树立机会均等、规则平等的竞争观念，从而有效保障人们自由平等地参与经济生活，充分肯定人对社会经济发展的能力显示权。另一方面，市场经济只能做到使人们参与市场竞争时机会均等和规则平等。有些人由于先天不足，即使后天加倍努力也无力回天，加之市场变幻莫测，也使一些运气不佳的人沦为不幸的失败者。激烈的市场竞争总是伴随着优胜劣汰和强弱两极分化。市场犹如战场，竞争是无情的，甚至是残酷的，它使老弱疾残孕伤贫失业等社会群体的基本生存权面临困境。因此，如何有效化解市场经济对社会困难群体生存权的负面影响就成为一个重大人权问题。社会保障权作为一项举世公认的基本人权，要求国家和社会对市场竞争中由于出身、运气、努力、选择等方面的原因，沦为不幸者的社会困难群体，提供最基本的生活保障。国家必须尽快健全社会保障制度，有效化解市场经济对人权的负面效应。②

余南平指出，如果说计划经济的致命性缺陷是其分配制度和原则提供

---

① 郭曰君、程昱晖：《论社会主义市场经济与公民权利的关系》，《郑州大学学报》（哲学社会科学版）1996年第6期。

② 李招忠：《社会主义市场经济对人权正负面效应的共存性及矫正》，《湖南师范大学学报》（社会科学版）2000年第3期。

了一般意义上的权利平等国家保护，而忽略和限制了个人对于自我能力的发挥，那么市场经济在另一个极端可能产生，或者说是经常发生的实事是，在发挥与保护个人财产（消极权利）和能力时，尽管带来财富的增长，但由于分配制度没用转移制度作为必要的补充，它同样可能是以损害大多数人的积极权利，甚至是普通人的为代价的，因此，没有基本权利保护，或者国家丧失了积极权利的基本保护，市场经济一样孕育着激烈社会冲突的致命危险。市场经济体制的建立并不会自动生成社会保护机制，建立市场经济本身并非社会发展追求的根本终极目标，相反，它仅且仅仅是一种制度性的手段选择，如果我们认为计划经济在实现人类社会公平价值时，往往以削弱人的基本权利发展为代价的话，那么我们就必须同时注意到，市场经济模式的错误选择，同样也会使人的基本权利和人的基本价值受到严重伤害。[①]

唐云红认为，市场经济在给妇女权利保护带来机遇的同时，也使妇女权利保护遭受巨大冲击。随着20世纪90年代市场经济体制在中国的推进，妇女权利有了很大提高，但并没有自觉地带来妇女权利的进步，反而在有些方面更加显性甚至异化地表现出性别歧视，这最突出地体现在（1）就业歧视；（2）女性商品化；（3）农村妇女就业权的被剥夺。[②]

三　对研究现状的评析

从所收集到的研究文献来看，对于市场经济与人权保障之间是否存在一定联系，存在着两种截然不同的观点，但多数学者认为二者之间存在一定联系。对于市场经济与人权保障之间存在怎样的联系，主要存在两种主张：一种认为二者之间存在着相互促进的关系；另一种认为二者之间既存在相互促进的关系，也存在相互排斥的关系。市场经济一方面促进了个人自由权利和平等权利的保障，另一方面限制和降低了经济和社会权利保障以及对特定群体权利的保障。

然而，从现有文献的研究内容来看，在以下方面存在深入研究的空

---

① 余南平：《市场经济制度的根本价值是保障与发展人的基本权利》，《社会科学》2006年第11期。
② 唐云红：《论市场经济初期的妇女权利保护》，《衡阳师范学院学报》2010年第10期。

间。第一，需要对市场经济的哪些因素会影响人权保障进行更深入研究；第二，需要对市场经济影响到人权保障的哪些具体方面进行更深入的研究；第三，需要对市场经济不同模式对人权保障的不同影响进行更深入的研究；第四，需要对市场经济发展的不同阶段对人权保障的不同影响进行更深入的研究；第五，需要对进入市场经济的不同时期和不同方式对人权保障的不同影响进行更深入的研究。在这些研究中，既要发现不同点，也要寻找共同点，这样才能形成对市场经济与人权保障关系的更具体、更精准的理解。

从现有文献的研究方法来看，国内研究主要是以理论推论和现实直观经验为主，缺乏对市场经济与人权保障实际状况的系统研究。国外研究注重理论与实际的结合，但往往只是结合某一两个国家的某些人权保障方面的案例，不仅研究的数量很少，而且研究的系统性也不够，难以形成对市场经济与人权保障实际状况的系统理解。

从现有文献的研究视野来看，国内的研究主要限于对中国市场经济与人权保障关系的研究，对国外这一关系的研究非常少见。国外的研究通常也只限于对一两个国家的研究，涉及的国家数量非常有限。

从总体上看，尽管学界对市场经济与人权保障的关系进行了一定的思考和研究，但缺乏在更广阔的国际比较视野下的理论结合实际的研究。本研究就是力图在这些方面努力作出一些突破性的研究。

第三节 研究思路和方法

本研究力图通过更具区分性的理论建构与实证案例研究，以更系统的方式对市场经济与人权保障之间的关系作出更全面、更精细的分析。

一 研究思路和步骤

本研究首先提出理论假设，然后通过各国市场经济与人权保障的案例对理论假设加以检验。研究分四步进行。

第一步：进行理论区分

一方面，对市场经济的进入期和进入方式、发展阶段和采取模式进行区分和界定。区分了市场经济的自由模式、社会模式和社会主导模式；区分了市场经济的初始发展阶段和平衡发展阶段；区分了市场经济的先发国家和后发国家；区分了从传统经济转型和从计划经济转型的两种进入市场经济的方式。

另一方面，对人权的基本概念、类型和实现方式进行区分和界定。区分了公民和政治权利、经济和社会权利以及特定群体权利三种人权类型；区分了人权的习俗保障、政策保障和法律保障三种保障形式；区分了政府对人权尊重、保护和促进三种义务形式。

第二步：提出理论假设

在对市场经济与人权保障进行区分的基础上，对二者之间的关系提出理论假设。

本研究的基本假设是：市场经济与人权保障之间密切联系。但这种联系因市场经济的阶段、类型和发生时间而有所差异，其差异主要体现在对各类不同权利的关系上。这种联系既具有相互依赖和相互促进的方面，也具有相互排斥、相互制约的一面。

同时，本研究又提出了一系列具体假设，涉及市场经济不同模式与人权保障不同方面的关系；市场经济不同发展阶段与人权保障不同方面的关系；市场经济不同进入期和进入方式对人权保障整体结构的关系。

第三步：案例检验

通过对各类有代表性的国家市场经济体制发展与人权保障制度的考察，检验所提出的理论假设。在自由市场经济先发国家中，主要考察了英国、荷兰和美国；在社会市场经济先发国家中，主要考察了德国、瑞典和意大利；在政府主导型市场经济先发国家中，主要考察了法国和日本；在由传统经济转型进入市场经济的后发国家中，主要考察了韩国、新加坡、巴西、墨西哥、南非和埃及；在由计划经济转型进入市场经济的后发国家中，主要考察了俄罗斯、中国、印度和越南。

第四步：总结检验结果并作出解释

对案例检验结果进行归纳总结，并对结论进行分析和解释，指出理论假设的局限，并确定进一步研究的方向和目标。

二 研究方法及其局限

本研究采取理论建构和案例分析方法，通过实证归纳检验所提出的理论假设。

本研究所提出的理论假设，主要依据对市场经济的结构性分析以及对各类人权性质的分析，借鉴了马克思主义经典作家的观点，也借鉴现代经济学家和人权学者的研究成果。

本研究所进行的案例分析，主要是将各类典型国家的市场经济发展及其特点与其人权保障制度进行对照，发现其中的关联。然后，在国别研究的基础上进行归纳。对各国市场经济发展及其特点的描述和概括主要借鉴了国内外经济学家的研究成果；对各国人权保障制度的描述和概括主要依据各国的宪法、相关法律和相关制度，也大量借鉴了人权学者对各国人权制度和发展状况的介绍。

由于所收集的案例资料相对有限，尚未具备进行定量研究的资料条件，因此对案例的研究主要只能以定性描述为主。同时，本研究对市场经济与人权保障的理论分析也只是建立起初步的理论架构，尚需通过进一步研究形成重大的理论突破。

第二章 关于市场经济与人权保障关系的理论分析和假设

市场经济与人权保障的关系不能以过于笼统的方式来论述。一方面，市场经济是一个比较复杂的概念。从时间上看，市场经济初始发展阶段与平衡发展阶段具有不同的特征；从发展条件来看，市场经济先发国家与后发国家也具有很大差异，从传统转型的国家与从计划经济转型的国家也存在一定差异；从类型上看，还可以区分自由市场经济国家、社会市场经济国家和政府主导市场经济国家。另一方面，人权保障也是一个包含广泛内容的概念。从内容上看，人权包括了经济、社会、文化、公民和政治权利；从主体上看，人权包括个人权利和集体权利，还包括特定群体的权利；从保障方式上看，可以分为习俗保障、政策保障和法律保障，如图 2-1 所示。

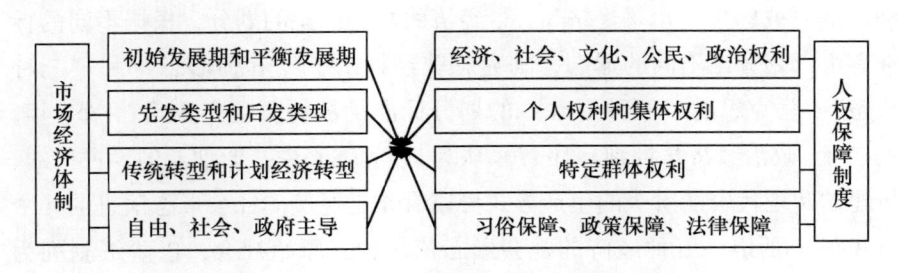

图 2-1 市场经济与人权保障的复杂关系

因此，在分析市场经济与人权保障关系时，需要对市场经济和人权保障两个方面都加以具体的区分，这样才有可能使二者之间的内在联系显现出来。

第一节　市场经济的概念与类型

市场经济虽然早已成为一个通用概念，但由于它仍然处于发展过程中，在不同国家和不同时期也呈现出多种不同的形式，因此，在明确市场经济的共性的基础上，有必要对不同阶段、不同背景下和不同类型的市场经济加以区分。

一　市场经济的基本特征

市场经济是商品经济发展到高级阶段的产物，是经济的一种社会形态；它与计划经济一样，属于源配置方式。这种经济社会形态的产生、形成与发展和人权的发生、发展以及实现密切相关，尤其在市场经济发展的内在和外在的压力下，促使国家与政府必须重视和认真对待人权，并建构起与市场经济相适应的人权保障制度。

1."经济的社会形态"与市场经济概念

日本学者山口重克认为："市场经济只是对其中一种形态的称呼而已。"[①] 在后来的论证中，山口重克解释在什么情况下，这种形态被称为市场经济。他说："假如人们在从事经济活动、建立经济关系时，将物品作为商品进行交换，使用货币进行买卖活动，或追求货币的增值，那么这种经济便被称为'市场经济'。"[②] 经济的社会形态的划分，根据不同的标准有可以划分出不同的形态，马克思曾经提出了"五种形态"和"三种形态"。马克思的"五种形态"的划分标准是从物质生产方式。1859年，他在《〈政治经济学批判〉序言》认为，"大体来说，亚细亚的、古代的、封建的和现代资产阶级的生产方式可以看作是经济的社会形态演进的几个时代"[③]。所以，五种经济的社会形态依次为：原始社会；以阶级剥削为基础的奴隶制、封建农奴制和雇佣劳动制（资本主义制）三种经济的社

[①]　山口重克：《市场经济：历史·思想·现在》，张季风等译，社会科学文献出版社2007年版，第1页。

[②]　山口重克：《市场经济：历史·思想·现在》，张季风等译，社会科学文献出版社2007年版，第1页。

[③]　马克思、恩格斯：《马克思恩格斯选集》第2卷，人民出版社1995年版，第33页。

会形态；最后进入没有剥削的经济的共产主义社会形态。马克思提出的经济的"五种形态"是从社会物质生产方式去考察和区分人类的经济的社会形态，而不是其他社会形态。"'五种形态'实际上应当说是社会制度的或阶级的社会形态，侧重点是经济社会形态在阶级关系、社会制度上的表现。"① 这种划分经济的社会形态"忽略了几种经济的社会形态在经济体制、经济运行机制方面的联系和区别"②，在后来马克思主义者关于社会主义经济的当中"虽然承认社会主义社会仍有商品生产，但是没有考虑社会主义社会也有市场经济。"③ 与此同时，马克思从经济活动中人与经济对象关系去考察经济的社会形态，提出"三种形态"。"第一种是自然经济形态，人类从事生产的目的是为了满足自身的需要和享乐，为了人而生产。人直接占有劳动对象，人与物的关系、人与人的关系都直接地表现出来。第二种形态是商品生产占主导的市场经济，人与人的关系完全表现为物与物的关系，生产的目的不是为了满足人的需要，而是为了生产商品赚钱，为生产而生产，为赚钱而赚钱。第三种形态是未来消灭了商品生产、市场，人与人的关系直截了当地表现为自由个人之间的关系，生产又重新为了人而生产，不过是建立在高度发达的社会物质生产力基础之上的。"④ 马克思"三种形态"的对经济的社会形态的划分，主要是从经济运行机制或经济体制角度去考虑的和定位市场经济。

什么是市场经济？一般的观点认为，市场经济是指市场对资源配置起基础作用的经济运行方式或经济运行体制。这一概念表明市场在经济活动或经济关系中居于主导地位。进而延伸的意义在于：在市场经济下，市场力量决定了企业生产什么样的商品、用什么方式生产以及生产出来以后谁将得到这些商品等问题。但是，值得注意的是在市场经济条件下，经济决策是由经济组织和个人分散、独立做出的。针对市场经济的诸多问题，学者们对其进行深入的明确界定，认为"市场经济对于资源的配置是通过市场、市场机制来实现的，通过市场机体内的供给与需求、价格、竞争、风险等要素之间的相互作用，来促进资源的优化配置和各部门的按比

---

① 章海山：《市场经济伦理范畴论》，中山大学出版社2007年版，第2页。
② 章海山：《市场经济伦理范畴论》，中山大学出版社2007年版，第2页。
③ 章海山：《市场经济伦理范畴论》，中山大学出版社2007年版，第2页。
④ 章海山：《市场经济伦理范畴论》，中山大学出版社2007年版，第3页。

例发展"①。或者，有的学者认为"所谓市场经济，就是在社会分工高度发达、商品交换无所不在，市场与人们的生活发生密切联系，并成为经济运行的一个重要环节、纽带的基础上，通过市场、按照价值规律、借助价格机制、在竞争中来解决生产什么、生产多少、怎样生产、为谁生产问题亦即供需均衡问题的经济"②。从以上学者对市场经济的分析以及西方经济学家的市场经济理论，可以从以下两个层面认识市场经济：其一，从经济运行方式与机制层面上。这种观点认为市场经济是一种经济运行方式或者资源配置方式。在市场经济条件下，自由原则是市场经济的基本前提和原则，包括了契约自由、经济主体自由以及经济活动自由。市场经济主体能够自由支配、使用和追求财富，并以追求利润最大化为目的。由此，达到资源、财富的最优配置。其二，从社会制度层面上。资产阶级市场经济的确立，它是以生产资料私有制为基础，而私有财产制度也是资本主义根本的人权和法律、道德的核心原则。在市场经济条件下，以个人主义为其方法论，国家和社会充分肯定、鼓励追求个人利益，并且国家创造良好的法律条件为个人利益的获得提供保障义务。

2. 市场经济的基本特征与框架

刘嗣明认为，市场经济的基本特征可以概括为五个方面：第一，承认个人和经营单位等市场主体的独立性，自主决策，自担风险，自享成果（除税收）；第二，竞争性的市场机制及市场体系，如价格机制、供求机制、风险机制、商品市场、要素市场、信息市场、期货市场、产权市场等；第三，有效的宏观调控：对市场运行进行有效导向和适度干预；第四，对外开放，与国际市场接轨；第五，经济活动契约化、法律化，并要遵守国际经济交往中通行的规则和惯例。③

他进一步将市场经济的主要架构体系概括为八个方面：（1）市场机制：价格为基本信号，竞争为主要特征；（2）市场体系：供各种、各类商品和要素交易的载体，如劳动力市场、资本市场等；（3）微观基础：企业或经营单位产权明晰，边界清楚，政企分开，自主经营，自担风险，

---

① 张卓元：《政治经济学大词典》，经济科学出版社1998年版，第73页。
② 刘嗣明：《混合———一种新的发展观》，改革出版社1998年版，第93页。
③ 刘嗣明：《世界市场经济模式及其最新演进》（上卷），经济科学出版社2008年版，第17页。

自享除税收以外的成果，国有、集体、私有并存，并一般以私有制为主体，互相依存，平等竞争，相互促进和发展；（4）宏观调控：政府通过计划、金融、货币、税收、支付等手段，对经济运行有效导向并适度干预；（5）国际经贸：融入统一的国际大市场，参与国际经济大循环；（6）分配保障：效率优先，优胜劣汰，兼顾公平，搞好医疗、养老等各种保险，以创造更好的平等竞争条件；（7）法规监督：既为经济运行提供完备的法律保障，又对经济运行的权力机构——政府进行有效的、过硬的监督，以促进经济更好地运行；（8）文化价值观：科技、教育为市场经济的运行服务，人们的心理、习俗、价值观念与市场经济的基本原则相适应。"①

与市场经济相对应的是计划经济。计划经济，又被称为计划经济体制、指令型经济，这种经济体制对生产、资源分配以及产品消费都作出事先的安排。一般来说，经济活动涉及三个基本的经济问题：生产什么、怎么生产与为谁生产。计划经济在解决这三个经济问题依赖政府，国家和政府通过指令性计划在经济活动之前解决了这三个问题，政府是计划经济的核心。国家与政府之所以能够在经济活动之前解决这三大经济问题，主要源于政府掌握和拥有社会的绝大部分资源，政府能够随心所欲地指令分配资源而不受市场任何影响。为此，市场经济与计划经济之间在经济活动中的区别在于：到底是"要市场"，还是"要政府"问题。

西方市场经济经典理论家的观点中已经清楚地表明："要市场"是市场经济的内在要求和原则。亚当·斯密在1776年发表的《国民财富的性质及其原因的研究》中提出了用"看不见的手"，即用市场的方式引导资源配置的原理，确立了自由市场经济的理论基础。法国的让·巴蒂斯特·萨伊在1803年出版的著作《政治经济学概论》中继承和发展了亚当·斯密的理论学说，将自由市场经济的理论推向顶峰，提出了"供给总能创造自己的需求"的萨伊定理。英国的大卫·李嘉图在1817的著作《政治经济学及赋税原理》中提出"储蓄总能等于投资"的原理，继承了亚当·斯密的理论学说，进一步补充了萨伊定理。从自由市场经济理论家的

---

① 刘嗣明：《世界市场经济模式及其最新演进》（上卷），经济科学出版社2008年版，第18—19页。

论述中可以发现，他们预设和论证的自由市场经济是非常完美的、和谐的经济体制。在自由市场经济体制下，经济无须人为干预就能实现有序运行。这是因为"经济人"可以在"看不见的手"的作用下，"供给总能创造自己的需求"、"储蓄总能等于投资"以及"市场总能自动实现供给与需求的均衡"。所以，自由市场经济理论家预设和论证的完美、和谐的经济图景——自由市场经济所谋划的基调在于"市场"。

在看到"要市场"存在的社会矛盾与缺陷之后，马克思主义者提出计划经济理论，而"要政府"是计划经济的内在要求和原则。自由市场经济理论家的市场谋划进入现实之后，却遭遇欧洲现实的供求矛盾，主要是供大于求的矛盾，日益趋于严重。西斯蒙第敏锐地观察到了市场的现实后，提出自由放任的经济必然会导致贫富差距，进而会导致产品出清的困难。而后，马克思、恩格斯目睹欧洲日益严重的供大于求的经济危机的现实之后，提出了资本主义即自由放任的经济必然会出现供大于求的经济危机，出现生产过剩，而要解决生产过剩问题，必须建立政府干预下的、有计划的、按比例发展的经济理论，这种理论被称为计划经济理论。后来，马克思主义的继承者列宁、斯大林、毛泽东等，推行的就是这一经济体制。计划经济体制建立的基础在于纠正自由市场经济的出现的供大于求、生产过剩以及贫富差距问题，计划经济理论的机制和要素在于政府的干预，也就是说"要政府"，充分发挥国家在经济活动中的主导作用。

很显然，"要市场"和"要政府"成为两种不同经济体制之间的争论的焦点。一方面，"要市场"的自由市场经济理论遭遇20世纪30年代的经济危机的严重挑战，自由市场经济理论家预设的美好愿景也随之被打破；为了挽救国家和社会经济，凯恩斯提出了"看不见的手"+（有限的）"看得见的手"的经济，也就是"以市场为主体的政府干预"。另一方面，"要政府"的计划经济也遭遇严重的现实挑战，如在中国，毛泽东时代完成社会主义改造之后，1975—1978年，经济增速缓慢，人们的物质生活与文化生活水平处于徘徊或停滞状态、社会福利处于较低水平，这反映出计划经济条件下"要政府"的不足，它没有能够持续、有效地促进生产力发展与提升经济发展水平。为此，无论是纯粹的"要市场"还是"要政府"的理论，都面临经济发展诸多现实的限制，需要经济体制的过渡和融摄，并且形成"市场经济"与"计划经济"生态互动的发展趋势。

3. 市场经济对人带来的影响

市场经济的上述基本特征和架构体系在一定程度上改变了对人的看待角度：首先，市场经济强调人的个体性，将个人作为市场的基本主体，打破了个体与传统家庭和家族的密切联系。其次，市场经济强调个人在形式上的平等地位，个人在市场上与他人以平等身份进行交易。最后，市场经济强调个人间交往关系的契约化，以明确的法律规范约束各方的交易行为，以保证市场交易的顺利进行。

然而，市场经济的自然发展也会产生一系列对人的负面效应，使得社会必须采取宏观政策和措施加以调整。首先，市场经济的自然运行会带来社会成员在收入上的两极分化。其次，市场经济的自然运行会形成垄断，使得市场竞争不足，社会总体福利下降，而且剥夺了中小企业的生存机会。再次，市场经济的自然运行会出现周期性震荡，在衰退和复苏的循环中，弱势群体会处于更加不利的状态。最后，市场经济中金融业和虚拟经济的自然发展，会导致对其他行业特别是实体经济收益的相对剥夺，导致整体经济的危机和人民生活水平的大幅下降。

由于上述负面效应的存在，使得国家会采取不同的手段对市场经济的运行进行必要的干预，从而形成了不同阶段和不同类型的市场经济。

二 市场经济的不同发展阶段

市场经济是一个发展过程，其各个发展阶段具有不同的特征。研究者们从不同角度对市场经济的发展阶段进行了划分，主要包括以下几种划分方式：（1）从经济史角度，将市场经济划分为三个形态，即古代的市场经济、近代市场经济和现代市场经济。①（2）从社会制度角度，将市场经济划分为封建社会的市场经济、资本主义社会的市场经济和社会主义社会的市场经济。（3）从社会分工与商品经济关系角度，将市场经济分为市场经济初始阶段、市场经济大发展阶段和市场经济的成熟阶段。（4）从市场经济的规模和在社会经济生活中的作用角度，将市场经济划分为简单的市场经济和扩大的市场经济。（5）从市场调控的角度，将市场经济划

---

① 王珏：《市场经济发展的三个历史阶段》，《党校论坛》1993 年第 2 期。

分为自由竞争的市场经济和有宏观调控的市场经济。(6) 从全球市场经济发展的角度,将市场经济划分为第二次世界大战前以自由竞争为特征的初级阶段,20 世纪 30 年代开始的以凯恩斯主义和"罗斯福新政"为标志的中级阶段,以及以国际经济调节为主导、体现"全球化"背景的高级阶段。①

本研究的主旨是探讨市场经济与人权保障之间的关系,而对人权保障方式和水平影响最深刻的是市场经济内在结构的变化。因此,我们从市场经济发展方式和内在结构的角度,将市场经济划分为初始发展阶段和平衡发展阶段。这一划分主要不是着眼于全球市场经济的发展,而是着眼于各国国内市场经济的发展方式。

(一) 市场经济的初始发展阶段

市场经济初始发展阶段,是确立市场交换作为资源配置的基本方式的时期,也是市场经济快速发展的时期。在这一阶段的主要任务,是要破除阻碍市场自由交换的各种传统社会结构,使各种资源都能够在市场中自由地进行交换。在破除传统经济结构的过程中,市场经济体制逐渐建立,并推动社会经济呈现高速扩张和发展的局面。虽然市场经济在运行的过程中逐渐暴露出一系列问题,但经济的高速扩张使人民的生活水平普遍提升,往往掩盖了这些问题所造成的负面效应。

(二) 市场经济的平衡发展阶段

市场经济的平衡发展阶段,是规范市场交换方式的时期。在这一阶段市场经济自然发展所带来的一系列问题所产生的负面效应不断显现,并造成严重后果。如资本对劳动力的残酷剥夺导致的劳动者的激烈反抗,市场垄断导致的市场效率下降和社会总福利的减少,经济的周期性震荡导致的经济大萧条和广泛的失业,对外的帝国主义扩张导致殖民地人民的反抗等。这一时期的主要任务,是调整市场运行方式,规范市场行为,以此来克服市场交换自由发展所带来的各种问题,使市场经济能够继续健康发展。

---

① 井文豪:《关于市场经济发展阶段问题的再认识》,《中共青岛市委党校青岛行政学院学报》1995 年第 5 期,第 45—48 页。

三 市场经济的不同进入时期

世界各国走上市场经济的发展道路有先有后，西欧各国早在十七八世纪就走上市场经济发展道路，亚洲和非洲的许多国家是在19世纪后由于殖民者的侵入而逐渐走向市场经济道路。这种进入先后的差异，不只意味着时间上的早晚，而且存在着发展背景上的深刻差异。在先进入的国家，市场经济往往是以自然的方式演进；而在后进入的国家，市场经济往往是被外国殖民者强加的。这种差别会对相应国家人民的人权诉求产生不同的影响。因此，需要区分市场经济的先发类型与后发类型。

（一）市场经济的先发形态

市场经济先发形态，是指那些最先以自发方式发展起来的市场经济。如英国、荷兰、法国、德国、意大利、美国、日本等国家都较早走上市场经济道路，其市场经济都具有先发形态的特征。先发形态的市场经济具有的特征是：第一，在这种类型国家，市场经济是本国商品经济发展的自然要求。第二，市场经济发展过程中面临的主要矛盾是市场经济与传统经济之间的矛盾，市场交换者与封建统治者之间的矛盾。第三，经过较长时间的自然进化过程，这些国家的市场经济制度逐步完善，具有了抵御市场经济各种风险的能力。

（二）市场经济的后发形态

市场经济的后发形态，是指在国外市场经济发展的压力下被动转入的市场经济。广大的发展中国家的市场经济大都属于这一类型。后发形态的市场经济的主要特征是：第一，市场经济的出现和发展受到国外市场经济发展的影响，缺乏足够的自然演进过程。第二，在市场经济的发展过程中受到市场经济先发国家的殖民、掠夺和优势竞争，除了面临与传统经济和社会结构的矛盾之外，还面临反抗外国殖民统治和剥削的任务。第三，由于面临压力和矛盾的复杂性，后发形态的市场经济在体制健全和完善的过程中往往会经历更加曲折的过程。

四 市场经济的不同结构模式

各国的市场经济产生于不同的政治、经济、社会和文化传统，并且面临着不同的历史和现实挑战，因此在处理市场与国家控制的问题上会采取不同的模式。一些学者区分出了美国的"自由的市场经济",瑞典的"福利国家的市场经济",德国的"社会市场经济",新加坡的"法律规制的市场经济",法国的"计划指导的市场经济",日本的"集体协调的市场经济",以及"公有制的市场经济"等。①考虑到市场经济模式与保障人的自由权利和经济社会权利的关系,本研究将市场经济的结构模式分为三类:自由市场经济、社会市场经济与政府主导型市场经济。

(一)自由市场经济

自由的市场经济。自由的市场经济被认为是当代典型的市场经济模式,"二战"后的美国成为这种市场经济模式的代表。自市场经济产生之后,英国曾经是这一市场经济模式的典型样板。实施这一类型的市场经济的国家,除了英美之外,还有澳大利亚、加拿大。"如果在一个市场经济中,政府和占统治地位的社会力量都追求尽可能多地保障个人和企业的活动自由,就会形成'自由的市场经济'。在这种市场经济中,政府势必会尽可能地不对资源配置进行干预,也尽可能地少干预收入分配,不把收入均等化作为一个政府目标;这种经济原则上排斥生产资料公有制,集体协调的道德规范也少得多,甚至国家对经济活动的法律规制也少得多。支配着'自由的市场经济'的原则是:只要能不限制个人的经济活动自由,就不允许国家或文化因素去限制这种自由。"②换句话说,国家利用法律手段限制经济活动的自由的情况为个人经济活动会损害他人的自由;国家制定的法律制度也只是为了厘清权利与自由之间的界限,也保障相互之间的自由。在这里,延伸出自由的市场经济的意蕴在于:充分地让个体主张个人权利,政府不限制个人的自由。在自由市场经济发展过程中,它呈现以下特点:"第一,肯定政府对市场的调节和干预,但又不赞成实行有计划的市场经济模式;第二,坚持反对垄断与反垄断、消费者主权与生产者主权普遍存在;第三,建立在高度发达的市场经济基础上;第四,企业过分依赖股票市场。"③

---

① 左大培、裴小革:《世界市场经济概论》,中国社会科学出版社2009年版,第40页。
② 左大培、裴小革:《世界市场经济概论》,中国社会科学出版社2009年版,第40页。
③ 江德森、孙庆峰、任淑霞:《当代几种典型市场经济模式对比分析》,《社会科学战线》2005年第5期。

(二) 社会市场经济

社会市场经济也被称为市场经济的"德法模式""莱茵河模式"。实施这一市场经济模式除了德国与法国之外，还有意大利、丹麦和芬兰等国家。社会市场经济源于20世纪40年代，这一概念由德国经济学家米勒·阿尔马克提出，并且很快被原联邦德国各界所接受，进而成为原联邦德国实行的市场经济模式。社会市场经济的倡导者主张市场经济道路是有别于传统的资本主义以及集中控制的社会主义"第三条道路"。社会市场经济理论家们力图把市场经济中的自由和经济效率与社会的平衡相结合，以达到他们所追求的那些社会的基本价值——自由、公平、富裕和保障。为此，他们致力于建立最有运行能力又最合乎人的尊严的经济体制和经济政策，这种经济体制和经济政策能够提供足够的形式和框架，以便在有着广泛的分工的国民经济中最有效地协调各个个别经济单位的经济活动。[①] "社会市场经济的侧重点是实行竞争的市场经济，把经济体制从基本方向上纳入市场经济。这种社会市场经济以生产资料的私有制为基础，基本上通过市场来配置资源，建立了一种有意识设计的以竞争为协调手段的市场经济总秩序，在决定生产的种类、规模和方式上实行分散决策。"[②] 这种市场经济模式一方面着重克服市场经济的缺陷，另一方面重视社会公众的人权的保障。它的特点主要表现在以下几个方面："第一，强调发挥企业和个人的首创精神，鼓励自由竞争，反对政府对市场不必要的干预；第二，主张建立竞争秩序，保证市场机制的正常运行；第三，强调通货稳定的宏观经济政策；第四，推行积极的社会政策，促进公平分配，建立广泛的社会保障制度，以弥补市场机制的不足；第五，注重经济效率、社会互助和团队精神的结合。"[③]

(三) 政府主导型市场经济

政府主导型市场经济，又称为"社团市场经济模式""集体协商的市场经济"。实行这种模式的国家有日本、韩国、新加坡以及亚太其他国家和地区。这种市场模式的特点主要表现为以下几个方面：一是强调

[①] 左大培、裴小革：《世界市场经济概论》，中国社会科学出版社2009年版，第423页。
[②] 左大培、裴小革：《世界市场经济概论》，中国社会科学出版社2009年版，第424页。
[③] 江德森、孙庆峰、任淑霞：《当代几种典型市场经济模式对比分析》，《社会科学战线》2005年第5期。

政府的宏观指导作用。国家利用法律与政策两种手段对市场经济进行规范、调控。其一,"国家尽可能多地以其立法和执法活动来规范人们的行为,原则上不再把国家法律的作用仅仅限制于解决个人之间发生的争执,而是以全社会利益的名义用法律来规制人们的其他许多行为"①。其二,除此之外,国家和政府制订与实施中长期计划、规划,指导经济建设,通过统一规划,协调政府的各个经济政策,促使国家在市场份额中占据主要位置,并获得尽可能多的利润。二是政府和各利益集团之间的协调也有相应的渠道和制度来保证。"在某些市场经济国家中,某些集体中的个人常常先在其所属的集体中协调了彼此的行动,然后再出现在市场上从事交易。这种经济中的人们惯于在市场之外直接协调彼此的经济行为。这就是集体协商的市场经济。在市场之外从事直接协调的集体可以是企业、社团、大家庭,甚至可以大到一个国家。"② 这种市场经济在人权保障方面可能存在一种欠缺,即这种协商可能会牺牲少数人的个体权利,也容易出现垄断,导致更多的侵害人权的状况出现。

　　市场经济模式的选择受到多种因素的影响,其中主要包括以下几个方面。

　　第一,诸种社会制度,它包括政治制度、经济制度、家庭制度等。历史遗留下来的社会制度本身就是进行市场交换的制度框架,本身就决定了当时所实行的市场经济模式;它具有稳定性,不能轻易更改与变更,使一国的市场经济模式不可能轻易改变。尤其政治制度、经济制度以及家庭制度都是维护既得利益集团的利益,既得利益集团会阻止这些制度的变化,为了防止革命和化解社会冲突,既得利益集团对社会制度可能会采取改良的态度保留诸种社会制度。

　　第二,社会心态和社会意识。一国历史遗留下来的文化环境决定着国民的社会心态和社会意识,而一国国民的社会心态和社会意识影响着该国选择何种市场经济模式。"美国之所以是自由的市场经济的最后堡垒,就是因为美国的社会具有一种极端崇尚个人的行动自由的文化环境。在日本这种对上级的忠顺支配着的社会意识的国家中,自然会盛行由权威机构或

---

① 左大培、裴小革:《世界市场经济概论》,中国社会科学出版社2009年版,第39页。
② 左大培、裴小革:《世界市场经济概论》,中国社会科学出版社2009年版,第39页。

个人在市场运行之外来协调集体的行为的做法。而在瑞典那种弥漫着团结互助精神的北欧文化氛围中，福利国家的道路几乎是不可避免的。"① 信任程度高的国家，采取自由市场经济机会大一些，诸如美国、德国和日本；而信任程度低的国家，由于强烈的家族意识损害了没有亲属关系的社会成员之间的信任，采取行政体制的市场经济机会大一些，诸如法国、意大利和中国台湾地区。

第三，文化传统。从本性来说，文化传统承载的文化遗传和集体记忆功能，一国的文化传统很大程度烙印着一国的历史，市场经济的模式选择体现一国的文化特征和文化传统。如美国的"自由的市场经济"源于英国的文化传统，深刻体现"追求自由权利、强调个人自由"等英国传统。美国选择自由的市场经济，主张对个体自由权利的充分保障，必要的合理的范围之内限定政府的权力。

第四，新的外来因素。新的外来因素之所以影响一国的市场经济模式的选择，重要的原因在于这些新的外来因素影响一国的文化环境，促进一国社会心态和社会心理的变化和转型，最终使新的外来的因素成为一国历史发展的一部分，从而深刻影响一国的市场经济的选择。诸如，中国实行社会主义市场经济，面临着严峻的国际经济压力，特别是改革开放以后，西方诸多的文化思潮影响着中国市场经济，最后我国选择"公有制的市场经济"，这种选择一方面基于社会主义的性质，另一方面也吸收西方诸多市场经济的运行机制等。

五　市场经济的不同进入方式

进入市场经济的不同方式也会影响市场经济的发展形态。进入市场经济的方式大体可以分为以下两类。

（一）从传统经济转型进入市场经济

从传统封建或更原始经济形态进入市场经济的国家，会受到传统经济体制的一些影响。这些国家的市场经济体制会在初始发展阶段具有更多自由市场经济的色彩，在进入平衡发展阶段后会更注重经济的协调发展。

---

① 左大培、裴小革：《世界市场经济概论》，中国社会科学出版社2009年版，第57页。

（二）从计划经济转型进入市场经济

从计划经济转型进入市场经济的国家，会继续受到计划经济价值理念的一定影响。这些国家的经济体制在初始发展阶段会保持一定的计划性，并更重视经济的平衡和全面发展。在向平衡发展阶段的过渡中，会让市场机制更多地发挥作用。

第二节 人权保障的概念和类型

一 人权的基本概念

根据最简单的人权定义，人权是人作为人所享有的权利。第一，这意味着人权是所有自然人都应当享有的权利；第二，这意味着人权只是那些与作为人的尊严相联系的权利；第三，这意味着这些权利应当是每个人都平等享有的权利。

人权是与人的尊严相联系的最基本权利，人权共识是人们在权利问题上达成的最低限共识。

（一）人权与特权的区别

人权与特权具有本质的区别。

人权也不同于一般的民事权利。人权是那些应当平等享有的权利，而许多民事权利会根据人的不同状况而有所不同。例如，基本住房权是一项人权，当公民无力购买和租用基本生活住房时，政府有义务提供基本住房保障。但商品住房的购买就是一项民事权利而非一项人权，钱多的人可以购买更昂贵的商品房，而钱少的人就没有权利获得自己支付不起的商品房。同样，九年义务教育属于人权中的受教育权，但学前教育、高中教育和大学教育目前就不属于人权保障的范畴。在健康权利方面，基本医疗服务和基本公共卫生服务属于人权保障的范畴，但非基本医疗服务就不属于人权保障范畴。

人权与权利、法定权利和公民权既有区别，又有联系。

（二）人权与权利的联系和区别

权利是由特定权威所认可、支持与保护的权利主体能够自由支配的各种利益。它包括三个要素：权威、利益和自由。这里所说的利益，不仅包括物质利益，还包括精神利益、人身利益和行为自由等。这里所说的权威，是指这些利益由特定权威所认可，对权利的社会承认可能是习惯的、道德的、宗教的和法律的。根据其承认方式的不同，可以将权利分为习惯权利、道德权利、宗教权利和法律权利。这里所说的自由，是指权利主体对自己所享有的这种利益可以通过作为或不作为予以自由支配和处置，它也被称为"权能"。

人权是一种特殊的权利。其特殊性在于：第一，在本原上，人权源于人的本性、人格、尊严和价值，而其他权利的本原则呈现多样性。第二，在存在形态上，人权的本义是一种应有权利，在被法律认可后才成为法定权利。而其他权利或是在法律的认可之后才能成为权利，或是在约定之后才能成为权利。第三，在主体上，人权的主体是人，以及由人组成的群体、民族和人民。而其他权利的主体是具有各种特殊社会身份或地位的人，如公民、会员、缔约者、夫妻等。第四，人权是一种不可转让的权利，而其他权利是可以转让的。

（三）人权与法定权利的联系和区别

法定权利是根据法律规定而享有的权利。人权与法定权利在逻辑上是交叉关系：一方面，并非所有人权都是法定权利，只有那些被法律认可的人权才是法定权利，还有许多人权不是以法定权利的形式存在，而是以道德权利的形态存在。另一方面，并非所有法定权利都是人权，那些并非基于人的本性、人格、尊严和价值而规定的法律权利，就不属于人权的范畴。

（四）人权与公民权的联系与区别

几乎所有国家的宪法都规定了本国公民即具有本国国籍的个人应享有的权利，这些权利就是公民权。人权与公民权在逻辑上是包含关系：公民权是人权在各国法律上的具体体现，公民权的内容一般都属于人权。但是，人权与公民权有一定的区别。首先，公民权是一种法定权利，而人权首先是一种道德权利，在被法律承认后才成为法定权利。因此，并非所有人权都可能在法律中体现为公民权。其次，公民权是各国以宪法的方式来确定的，因此各国确定的公民权的内容会有一定差别。再次，公民权的享受主体是一国的公民，而人权的享受主体除了该国公民之外，还包括没有公民身份的无国籍人、难民和外国人。因此，公民权的主体要窄于人权的主体。最后，在人权领域中还有"公民权利"的提法。但人权领域中所说的"公民权利"与权利享有者的国籍并没有必然联系，因此与宪法中规定的"公民权"或"公民的权利"不是相同的概念，尽管两者的内容有很大重合之处。

二 人权的基本内容

（一）人权内容的区分

人权包括众多的权利，根据享有权利的不同主体，可以将人权分为个人权利和集体权利。个人权利又可以分为两类：一类是所有个人都应当享有的权利，它包括公民权利和政治权利，经济、社会和文化权利；另一类是具有特殊状况的个人才享有的权利，它又被称为特殊群体的权利。集体权利主要是指民族和人民所享有的各项"国际集体权利"。但也有学者认为，特殊群体的权利也具有"国内集体权利"的性质。

1. 公民权利和政治权利

公民权利是个人作为社会成员所应当享有的基本权利，主要包括生命权、不受酷刑和有辱人道待遇或惩罚的权利，在法律面前的平等权利，不受奴役的权利，人身自由与安全的权利，接受公正审判的权利，在权利受到侵犯时享受有效救济的权利，以及迁徙自由、婚姻自由、隐私权、思想和宗教自由、言论自由、结社自由、和平集会自由等权利等。

政治权利是参与公共事务的权利，主要包括选举和被选举的权利、担任公职的权利、政治参与权，以及与政治权利的行使密切相关的知情权、表达权、监督权等。一些学者认为，结社自由和集体自由也与政治权利的行使具有密切联系。

2. 经济、社会和文化权利

经济权利是在经济生活中应当享有的权利，主要包括工作的权利，享有适当和安全的工作条件的权利，组织和加入工会的权利，财产权利等。

社会权利是在社会生活中应当享有的权利，主要包括社会保障的权利，家庭生活的权利，适当生活水准的权利，以及健康的权利等。

文化权利是在文化生活中应当享有的权利，主要包括受教育的权利，参与文化生活的权利以及享受科学进步及其应用的福利的权利等。

3. 特定群体的权利

特殊群体的权利是那些由于特殊的状态、处境、身份而特别容易遭受权利侵犯的主体所享有的权利。这样的群体主要包括妇女、儿童、老年人、少数民族、残疾人、无国籍人、移徙工人、难民、被羁押者、受害者的权利等。其权利包括两个方面，一是应当与其他社会成员平等享受的各项权利，二是需要加以的各种特殊保护。

特殊群体所享有的权利不是特权。特殊群体的权利是弱者的权利，其目的是要保护这些群体的成员可以平等地享受到所有其他人都可以享受到的人权；而特权则是强者的权利，其目的是要使特定群体的成员享受到高于所有其他人所享受的特殊权利。

4. 集体权利

集体权利的享有主体，是由个人组成的社会共同体，如民族和人民。集体人权主要包括民族自决权、发展权、和平权、环境权、自由处置自然财富和资源权、获得人道主义援助权等。

(二) 人权内容的发展

人权内容的发展大体经历了三个主要阶段，形成了三代权利内容。

1. 第一代人权

第一阶段是资产阶级革命时期以及这一革命在全球范围内取得胜利后的一个很长时期。这一阶段人们所争取和实际已经逐渐争得的人权，主要是人身人格权利、政治权利与自由，如信仰、结社、通信、宗教、普选等自由与权利，免受非法逮捕、无罪推定、公正审判等方面的权利。

2. 第二代人权

第二阶段是伴随着19世纪初开始的反对剥削与压迫的社会主义思潮、运动和革命而出现的人权，其基本内容是经济、社会和文化方面的权利，它在宪法上的反映，在东方是以苏联的《被剥削劳动人民权利宣言》为代表，在西方则以德国的《魏玛宪法》为标志。

3. 第三代人权

第三阶段是在第二次世界大战以后反对殖民主义压迫的民族解放运动中产生并发展起来的人权，其内容包括民族自决权、发展权、和平权、环境权、自然资源权、人道主义援助权等国际集体人权。

三　人权的权利主体

（一）人权主体的区分

人权不只有个人人权，而且包括集体人权。个人权利的主体是所有自然人。集体人权的主体是民族、人民、国家和人类共同体。一些权利既是个人人权，也是集体人权，如发展权、和平权和环境权既是属于所有社会成员的个人权利，也是属于民族、人民、国家和全人类的集体权利。

（二）人权主体的发展

人权主体的保障范围也经历了一个不断扩展的过程。

1. 非普遍人权阶段

在1948年之前，人权的保障主体并不是所有人。早期启蒙运动的思想家们认为，有理性的人才配称为人。在他们看来，男性是先验地理性思维，而女性则是非理性思维或感情用事。因此，妇女是非人或次等人。在此时的自然法哲学、实在法和政治学中，"人"权是平等权，而这里的"人"仅指男人，妇女并不是拥有平等权的公民。法国国民公会1793年确定："儿童，精神病人，未成年人妇女和恢复权利之前罪犯，不是公民"①，法国妇女直至1944年之前都没有选举权。胜雅律指出，因为在中世纪和启蒙运动术语中"人"的有限意义，"人"权的概念自然也受到了限制。妇女既不是中世纪英国各种宣言的受益者（1215年《自由大宪章》，1534年《自由大宪章》，1689年《权利法案》），也不是1776年《弗吉尼亚权利法案》以及同年独立宣言人权条款和1791年美国宪法权利法案修正案的受益者。例如，在弗吉尼亚权利法案中，当其条款"所有的人生而平等"被适用时，"人"这个字根本不包括妇女在内。奥兰普·德·古施（Olympe de Gouges）为争取妇女权利发表了《妇女和女公民权利宣言》，但她的要求被国民议会击败，她本人也在1793年被送上断头台，该宣言的文本从档案馆里消失，近二百年无人问津。

另外，根据同样的理由，非欧洲人也不被纳入"人"的范畴。伏尔

---

① 麦卡布里德·斯帝特森：《法国的妇女权》1987年，第29页。

泰曾经把黑人看成"动物",把犹太人看成"专为自己打算的动物"①。瓦勒·柯勒指出:"当欧洲人民保卫他们的自由和自决权时,欧洲以外的人,特别是亚洲和非洲人民却处于欧洲人统治之下,对于这样一种自相矛盾的和令人气愤的事实,人们不应该忽视。"②瑞士法学家胜雅律(Harro von Senger)将此称为"非欧洲人的兽性化"③。

即便是欧洲男性,也有年龄、收入和种族的限制。法国1789年的《人权和公民权宣言》只限于欧洲男性成年人,而且还必须有一定的收入。在法国人权宣言中的"人"不包括法国殖民地的奴隶和有色人种。18世纪美国宣称的"人"权也不包括黑奴,奴隶和自由人被认为是不平等的。在美国,奴隶在法律上的最坏时期被视为动产,最好时被视为60%的人。直到1963年,美国仍有21个州以法律禁止白人和非白人结婚。此外,还有对印第安人、华人、澳大利亚土著人的长期歧视。

2. 普遍人权阶段

《联合国宪章》和《世界人权宣言》开启了人权普遍化的新时期。在此后的非殖民化运动中,发展中国家在争取政治和经济解放的斗争中所使用的人权概念,已经不再是被动地"接受"西方的概念,而是远远超出了西方"人"的概念,它们对人权的进一步发展作出了独创性的贡献。但在人权的这一阶段,对"人"的概念的界定,也仍然存在着理论和现实的问题。

从现实层面来说,西方宗主国的人权保护并没有扩展到其殖民地。在法国反对阿尔及利亚的战争中,阿尔及利亚人并没有被法国人作为完整的人来看待,对法国战争罪的指控从来没有真正地调查过。同样,英国并没有将《欧洲保护人权和基本自由公约》对个人承担的保护延及当时的英国殖民地香港。

从理论层面来说,"人"的生命权是仅属于已出生的人,还是也属于未出的人,仍然存在着激烈的争论。

---

① 莱昂·波里亚克夫:《音乐家客栈》1981年,第220页。
② 瓦勒·柯勒:《第三世界的人权和人的形象》1982年,第88页。
③ 胜雅律:《从有限的人权概念到普遍的人权概念——人权的两个阶段》,载黄楠森、沈宗灵:《西方人权学说》下册,四川人民出版社1994年版,第254页。

四　人权的义务主体

（一）义务主体

人权义务的承担者，即人权实现的义务主体，是多样的。从应有权利的角度说，权利主体之外的其他一切行为者，包括国家、国际组织、个人以及任何非国家组织，如各种非政府组织、跨国公司等，都对人权保护承担道德义务。《维也纳宣言和行动纲领》第15条指出："无任何区别地尊重人权和基本自由是国际人权法的一项基本规则。迅速和全面消除一切形式的种族主义和种族歧视、仇外情绪以及与之相关的不容忍，这是国际社会的优先任务之一。各国政府应采取有效措施加以防止，与之斗争。促请各团体、机构、政府间组织和非政府组织以及个人加紧努力，合作和协调开展抵制这类邪恶的活动。"但从法定权利的角度来说，承担人权法律义务的主体主要是国家。

1. 国家

《公民权利和政治权利国际公约》和《经济、社会和文化权利国际公约》都在其序言中指出，"各国根据联合国宪章负有义务促进对人的权利和自由的普遍尊重和遵行"。《维也纳宣言和行动纲领》明确指出："保护和促进人权和基本自由是各国政府的首要责任。"国家主要是指一个国家的政府。而"政府"在广义上包括国家的立法、行政与司法机关。国家是人权实现的最主要的义务主体，其作用远远超出其他义务主体之上。第一，国家存在的意义，就是要保护其公民，维护公民的权利。从这个意义上说，国家权力是维护公民权利的手段。第二，从人权所要求的义务来看，人权的消极方面要求义务主体不作为，即通过不予干涉来保证权利的实现。而作为掌握国家权力的政府，便成为履行不作为义务的最重要主体。相反，人权的积极方面要求义务主体必须有所作为，即通过采取积极行动来保障这些权利的实现。而掌握国家资源和权力的政府便成为履行积极作为义务的最重要主体。第三，相对于国际人权保护来说，在当今世界上，各主权国家仍然是保障本国人权的最主要的义务主体。

2. 国际组织

这里说的国际组织可以分为两类：一类是全球性人权保障组织，另一类是地区性人权保障组织。

全球性人权保障组织主要包括联合国及其下属或附属的与人权相关的各种组织，如联合国大会、安全理事会、经济及社会理事会、人权理事会、托管理事会、联合国人权高专办、国际法院、国际劳工组织、世界卫生组织、联合国教科文组织、联合国粮食及农业组织等，还有各种人权条约机构。这些组织在人权领域的活动主要包括制定国际人权文书确立国际人权标准，发动促进普遍尊重人权的各种活动，进行人权问题的调查研究，对大规模粗暴侵犯人权的行为进行谴责和制裁行动，维和与国际救援行动，等等。

地区性人权保障组织主要包括欧洲理事会、欧洲人权法院、美洲国家组织、美洲国家间人权委员会、美洲人权法院、非洲联盟、非洲人权和民族权委员会、非洲人权和民族权法院、阿拉伯国家联盟、阿拉伯人权委员会等。

3. 社会组织

社会组织，在国际上通常被称为非政府组织或非营利组织，在国内则被称为社会组织、民间组织或第三部门。

国际非政府组织是各种并非根据政府间协议建立的国际组织。国际上存在很多以促进人权保障为宗旨的非政府组织，如国际红十字会等。

《联合国宪章》第71条规定："经济及社会理事会得采取适当办法，与各种非政府会商有关本理事会职权范围内之事件。"1946年，第2届经社理事会通过关于非政府组织咨商问题的决议，成立了该理事会的非政府组织委员会。根据该理事会1950年第288号决议，非政府组织如果符合一定条件，可以在联合国各机构中取得"咨商地位"，它分为三类：一般咨商地位、特别咨商地位、列入名册。取得两类咨商地位的组织，可派观察员出席经社理事会及下属各机构的公开会议。

1993年世界人权大会通过的《维也纳宣言和行动纲领》强调了非政府组织在促进人权方面的地位与作用："世界人权会议承认非政府组织在国家、区域和国际各级促进人权和人道主义活动中的重要作用。世界人权会议赞赏非政府组织对提高公众对人权问题的认识。对开展这一领域的教育、培训和研究及对促进和保护人权和基本自由而作的贡献。在承认制定标准的主要责任在于国家的同时，世界人权会议还赞赏非政府组织对这一进程的贡献。"

4. 营利性组织

各种企业，特别是跨国企业，在人权保护方面也承担着重要的责任。特别是在保障员工的各项工作权利、社会保障权利、环境权利等方面，企业承担着不可推卸的重要责任。

5. 个人

《公民权利和政治权利国际公约》和《经济、社会和文化权利国际公约》都在其序言中指出："个人对其他个人和对他所属的社会负有义务，应为促进和遵行本公约所承认的权利而努力。"联合国大会1999年3月8日第53届会议第144号决议所通过的《关于个人、群体和社会机构在促进和保护普遍公认的人权和基本自由方面的权利和义务宣言》中，在强调各国负有首要责任和义务促进与保护人权和基本自由的前提下，明确提出个人、群体和社会团体有权利和义务在国家一级与国际一级促进对人权和基本自由的尊重，增进对人权和基本自由的认识。

（二）义务内容

国家承担国际法下的责任和义务，尊重、保护、满足和促进人权。尊重义务是指国家必须避免干预或限制人们享有人权。保护义务是指国家必须保护个人和群体的人权不受侵犯。满足义务是国家要采取积极行动满足人权的需求。促进义务是指国家必须采取行动促进人权的实现。

五　人权保障形式

（一）人权的保障形式

从人权的实现状态来说，可以分为应有权利、法定权利或实有权利。

应有权利是人按其本性所应当享有的权利。人的应有权利在社会现实中是客观存在的，在一个国家的法律没有确认和保障的情况下，通常受法律之外的各种社会力量与社会因素的不同形式与程度的承认和保护，如政党与社会团体的纲领与章程、乡规民约、社会的传统与习俗、人们的伦理道德观念和政治意识，等等。

法定权利是人们运用法律手段使人的应有权利法律化、制度化，运用国家强制力保障它的有效实现。法律是由人制定的。由于受各种主客观条件的制约，在任何国家里，法律的制定、人权的法律化，都要有一个过程。由于受各种因素的影响，立法者是否愿意或者能否正确运用法律确认与规范人的应有权利，也是不一定的。在某些情况下，法律甚至可以公开明确地剥夺人应当享有的权利，如1991年前的南非政府制定的种族主义法律就是如此。但是，人的应有权利一旦得到国家法律的确认与保障，法定权利也就成了一种更具体与规范化的人权，有望得到切实实现。

实有权利是指人在社会现实生活中真正实现的人权。在某种情况下，一个国家的法律所确认的人权，由于受各种主客观因素的影响与制约，并不一定都得到真正地实现。评价一个国家的人权状况，要看这个国家的法律对人应当享有的权利所作的规定，但更重要的是要看这个国家是否根据本国发展水平保障人的应有权利能够实际享有。

（二）人权保障形式的发展

人权的最初政治立法，可以追溯到英国人身保障制度的建立。它体现在1215年的《自由大宪章》、1679年的《人身保护法》和1689年的《权利法案》中。美国1776年的《独立宣言》和《弗吉尼亚权利法案》，1791年的宪法修正案（也被称为《人权法案》，以及法国1789年的《人权和公民权宣言》，是第一批借助自然权利理论明确提出并确立人权的政治和法律文件。

伴随从19世纪末到20世纪中后期，人权的立法开始由少数国家发展到多数国家，由国内立法发展到国际立法。

1945年制定的《联合国宪章》，将"不分种族、性别、语言或宗教，增进并激励对于全体人类之人权及基本自由之尊重"，作为联合国的基本宗旨之一。1948年12月10日，联合国通过了《世界人权宣言》。1966年12月16日，联合国大会分别通过了《公民权利和政治权利国际公约》和《经济、社会和文化权利国际公约》，并先后制定了《消除一切形式种族歧视国际公约》《消除对妇女一切形式歧视公约》《禁止酷刑和其他残忍、不人道或有辱人格的待遇或处罚公约》《儿童权利公约》《保护所有移徙工人及其家庭成员权利国际公约》《残疾人权利公约》《保护所有人免遭强迫失踪国际公约》等核心人权公约。国际劳工组织、联合国教科文组织也通过了一系列有关人权保护的专门文书。这些核心人权公约的缔约情况,如表 2-1 所示。

表 2-1　联合国核心人权公约缔约情况（截至 2017 年 8 月 20 日）

公约名称	通过时间	生效时间	签署而未批准国数	缔约国数	合计
儿童权利公约	1989 年 11 月 20 日	1990 年 9 月 2 日	1	196	197
消除对妇女一切形式歧视公约	1979 年 12 月 18 日	1981 年 9 月 3 日	2	189	191
消除一切形式种族歧视国际公约	1965 年 12 月 21 日	1969 年 1 月 4 日	5	178	183
公民权利和政治权利国际公约	1966 年 12 月 16 日	1976 年 1 月 3 日	6	169	175
残疾人权利公约	2006 年 12 月 13 日	2008 年 5 月 3 日	13	174	187
经济、社会和文化权利国际公约	1966 年 12 月 16 日	1976 年 3 月 23 日	5	165	170
禁止酷刑和其他残忍、不人道或有辱人格的待遇或处罚公约	1984 年 12 月 10 日	1987 年 6 月 26 日	8	162	170
保护所有人免遭强迫失踪国际公约	2006 年 12 月 20 日	2010 年 12 月 23 日	49	57	106
保护所有移徙工人及其家庭成员权利国际公约	1990 年 12 月 18 日	2003 年 7 月 1 日	15	51	66

资料来源：联合国人权高专办网站：http://www.ohchr.org/CH/ProfessionalInterest/Pages/CoreInstruments.aspx，访问时间：2017 年 8 月 20 日 13:56。

从 20 世纪 50 年代开始，出现了一些地区性的人权文件或公约。如《欧洲人权公约》《美洲人权利和义务宣言》《美洲人权公约》《非洲人权与民族权宪章》《阿拉伯人权公约》《亚洲国家人权宪章》等。

第三节 市场经济与人权保障之间关系的假设

市场经济作为一种新的资源配置方式，不仅涉及人与物关系的改变，而且涉及人与人关系的改变。在人与人的关系中，一个最根本的变化，就是对每个人应当具有的基本权利有了新的要求。

一 市场经济与人权保障的基本关系

市场经济与人权保障之间的关系不是单向度的，而是双向度。一方面，市场经济的发展会要求并促进人权保障制度的建立；另一方面，市场经济的自然发展又会威胁到一些群体基本人权的实现。同样，人权保障在一定条件下会促进市场经济的持续健康发展，但也会制约市场经济的发展方式，并在一定条件下阻碍市场经济的发展。

由于各类人权存在性质上的差别，因此它们与市场经济的关系也会不同。具体来说，公民权利和政治权利与市场经济之间存在着直接的相互促进关系，经济和社会权利与市场经济之间存在相互制约和相互促进的关系，特定群体权利与市场经济之间存在相互制约的关系。据此，我们提出假设1：

假设1：各类人权与市场经济之间的关系存在差异。

（一）市场经济与公民权利保障的相互促进

市场经济运行需要一定的社会条件。当这些社会条件不具备时，市场经济的发展就会受到阻碍。从市场经济发展的实际过程来看，冲破这些阻碍的力量和行动表现为争取权利的运动。与以往历史上争取权利的运动有些不同，市场经济所要求的权利具有普遍和平等享有的特征，因此被冠以"人权"的名称。这些权利与市场经济之间的内在联系，可以用表2-2加以概括。据此，我们建立以下理论假设：

假设1.1：市场经济与公民权利保障是相互促进的。

表2-2　　市场经济、社会阻力与公民权利保障要求

市场经济结构	经济结构要求	社会现实阻力	权利保障要求
市场主体	个人及其自由结合体作为市场主体,自由交换	奴隶制、封建制和家族体制下的人身依附关系	自由权(人身自由、迁徙自由、人身安全、自由择业、自由交易、自由组合)
人与物的关系	个人及其自由结合体合法拥有财产及其处置权利	封建制度下,财产不允许自由买卖	私有财产权(自由获得、自由投资、自由买卖、收益权、自由转让和继承权)
市场主体间的经济关系	平等参与经济活动,等价交换	封建等级制度	权利平等
市场秩序	契约化和法治化,市场经济活动依法进行并受法律保护	各种人为因素干扰	公平审判权

1. 市场对主体的要求与自由权保障

市场经济是通过主体间尽可能充分的自由交换来实现资源的最优配置。因此,市场经济体制一方面要求个人及其自由组合成为经济交换的主体,另一方面要求经济主体具有自由交换的权利。然而,在市场经济建立和成长的过程中,却面临着传统社会结构的阻力,奴隶制、封建制和家族制下所形成的人身依附关系,都使个人不能自由成为经济活动的主体,个人缺乏充分的人身自由和人身安全保障,不能自由选择职业和自由迁徙,不能自由进行经济交换活动,也不能自由结成经济组织。这大大阻碍了市场经济的自由交换活动。因此,在市场经济的建立和成长的过程中,会产生对个人自由权的强烈主张和要求。市场经济所要求的自由权既包括人身自由与安全,也包括迁徙、择业、交易和组合自由等行动自由权。对这些自由权利的保障,会为市场经济提供所需要的经济主体,直接促进市场的发展。据此,我们提出以下理论假设。

假设1.1.1:市场经济体制与个人自由权利保障具有共生性。

2. 市场对人与物关系的要求与财产权保障

市场经济经济主体要求拥有财产并自由支配和交换财产。经济学家希克斯指出:"商业经济要达到繁荣,就必须确立,至少在某种程度上确立对财产的保护。"① 但市场经济在产生和发展的过程中,面临的社会现实阻力是封建财产制,生产资料不能自由获得和交换,只能被封建特权阶层拥有、使用和继承。因此,市场经济体制的建立和发展必须要冲破封建财产制度的阻碍,使每个个人都享有充分的财产权,包括财产的拥有权、使用权、投资权、收益权、交易权、转移权和继承权。而这些权利的确立会有力促进市场经济的充分发展。据此,我们提出以下理论假设:

假设1.1.2:市场经济与财产权保障具有共生性。

3. 市场对主体间关系与权利的平等保障

市场经济要求经济主体以平等的身份进行平等的自由交换,由此产生的价格信息才能有效地引导资源配置。但市场经济体制在建立和运行过程中面临的社会现实阻力,是封建等级关系,市场主体权利不平等。因此,市场经济的发展一定要打破封建等级制度,实现个人基本权利平等和对个人权利的平等保障。据此,我们提出以下理论假设:

假设1.1.3:市场经济体制与权利的平等保障具有共生性。

4. 市场秩序要求与公正审判权保障

市场交换过程是竞争的过程,充满矛盾和冲突,需要明确的规制。正如张文显教授所指出的:"市场经济是多元化的利益主体通过公平的市场获取利益的经济运行机制,利益的多样化必然引起经济利益的交叉、重叠和冲突,因而需要一定的运行、准则对不同的利益进行衡量、选择和确认,需要通过程序来形成关于利益选择和决定的原则或准则。"② 但在市场经济运行过程中,会受到传统社会对经济冲突的任意干预和强制。因此,市场经济的发展一定要遵循严格的规制,并建立公平的司法审判制度,明确无罪推定、罪刑法定、排除非法证据、不溯既往等审判原则,从权利的角度被概括为"公正审判权"。据此,我们提出以下理论假设:

---

① [英]希克斯:《经济史理论》,商务印书馆1987年版,第35页。
② 张文显:《法理学》(第三版),高等教育出版社、北京大学出版社2007年版,第362页。

假设 1.1.4：市场经济要求公正审判权。

（二）市场经济与经济和社会权利保障的相互限制与相互制约

市场经济的自然发展，在一定程度上会加剧经济收入的两极分化。劳动力的市场竞争会导致劳动收入的增长慢于投资收入的增长，并有可能使劳动者的生活水平无法提高，从而导致劳动者的反抗，以及对经济和社会权利的主张。经济和社会权利主要包括各项工作权利、基本生活水准权利、社会保障权利、健康要得和受教育权利。这些权利的保障需要政府通过税收和转移支付的方式来加以满足，短期会降低资本的实际收益和新的投资，但从长远来看，这为市场经济的可持续发展提供必要条件。但二者之间需要保持一定平衡（见表 2-3）。据此，我们提出以下假设：

假设 1.2：市场经济发展与经济和社会权利保障相互制约并在相对平衡的条件下相互促进。

表 2-3　　市场经济与经济和社会权利保障的相互制约

市场经济自然发展对人权的威胁	权利保障要求	权利保障对市场经济发展的制约作用	权利保障对市场经济的促进作用
劳动者面临就业竞争，就业无保障，劳动报酬低、工作条件难以改善	工作权（包括就业权、合理报酬权、安全生产条件的权利）	增加对劳动者的支出，提高企业生产和交换成本	提升劳动者对企业的认同感和工作积极性
劳动者失去劳动机会和能力时缺乏基本生存条件	基本生活水准和社会保障的权利	政府提高税收投入社会保障	使劳动者获得安全感
医疗费用昂贵，低收入公民无力支付	健康权	政府提高税收补贴医疗费用	劳动者身体健康程度提升
受教育水平的差异导致就业机会和收入的巨大差异	受教育权	政府提高税收投入义务教育，并实施义务教育资源均等化	劳动者受教育水平提升

1. 工作权利保障与市场经济的相互制约和促进

市场经济的自然发展所形成的劳动力市场竞争，会使劳动者就业缺乏保障，劳动报酬相对降低，缺乏对安全生产条件的投入。工作权利包括就业权、合理报酬权、安全生产条件的权利、职业培训的权利、组织和参加工会的权利等。对工作权利的保障一方面会增加企业对劳动者的支出，提高企业的生产和交换成本；另一方面会提升劳动者对企业的认同感和工作积极性。同时，市场经济的发展水平也制约着对劳动者工作权利的保障水平。据此，我们提出以下假设：

假设 1.2.1：工作权利保障与市场经济发展相互制约并在相对平衡的条件下相互促进。

2. 基本生活水准和社会保障权利与市场经济的相互制约

市场经济的自然发展会使无就业机会或就业能力弱者的基本生活失去保障。基本生活水准权利和社会保障权利要求政府和企业为公民在失业、受伤、患病、年老、残疾和贫困时提供基本生活保障。这一方面要求企业出资支付社会保险费用，要求政府通过税收提供资金支持，从而增加企业的经济负担；另一方面，市场经济的发展水平也制约着基本生活水准和社会保障权利的保障水平。据此，我们提出以下假设：

假设 1.2.2：基本生活水准和社会保障权利的保障与市场经济发展相互制约。

3. 健康权利保障与市场经济的相互制约和相互促进

市场经济的自然发展会使医疗的成本不断提高，导致多数公民难以支付昂贵的医疗费用，无法获得及时和必要的医疗救治。健康权利要求政府建立公共医疗机构，提供免费公共卫生服务，补贴基本医疗服务。这一方面要求政府增加税收，增加了企业的经济负担；另一方面会提高劳动者的身体健康水平，为生产和交换过程提供更加健康的劳动力。同时，市场经济发展水平也会制约健康权利的保障水平。据此，我们提出以下假设：

假设 1.2.3：健康权利保障与市场经济发展相互制约并在相对平衡的条件下相互促进。

4. 受教育权利保障与市场经济的相互制约和相互促进

市场经济的自然发展会使受教育水平的差异转换为就业机会和经济收入水平的差异。受教育权利要求政府采取积极行动提供免费的义务教育。这一方面会使政府提高税收来投入义务教育，从而提高企业的经济负担；另一方面又能够提高公民的受教育水平，为经济发展提供更高水平的劳动

力资源。同时,市场经济的发展水平也制约着受教育权利的保障水平。据此,我们提出以下假设:

假设1.2.4:受教育权利保障与市场经济发展相互制约并在相对平衡的条件下相互促进。

(三) 特定群体权利保障与市场经济的稳定发展

市场经济的自然发展,会使弱势群体的经济生活和社会地位趋于下降。这会造成弱势群体的社会抗议,并要求对弱势群体的权利予以特殊保护。这些弱势群体包括少数族裔、妇女、儿童、老年人、残疾人等。对弱势群体权利的特殊保护,会使经济付出更高的福利成本,但同时也有助于社会的稳定。但如果不能保持适度,则可能会对市场经济的发展带来过于沉重的负担(见表2-4)。据此,我们以下提出假设:

假设1.3:特定群体权利保障与市场经济的稳定发展具有相互制约作用。

表2-4 市场经济与特定群体权利保障的相互制约

市场经济对人权的威胁	权利保障要求	权利要求对市场经济发展的制约作用	权利要求对市场经济的促进作用
在劳动力市场竞争中处于弱势地位	少数族裔的权利	给少数民族自治权,平等雇佣少数族裔	稳定的社会环境
在劳动力市场竞争中处于弱势地位	妇女权利	平等雇佣妇女,同工同酬	妇女成为重要劳动力
童工受到剥削缺乏父母照顾	儿童权利	禁止雇佣童工	为劳动力市场提供健康劳动力
劳动者丧失劳动能力时失去生活保障	老年人权利	提高税收增加对老年人的社会福利和社会保障	
在劳动力市场竞争中处于弱势地位	残疾人权利	要求企业雇佣残疾人,并提高税收增加对残疾人的社会保障和福利	

1. 少数族裔权利保障对市场经济自然发展的制约作用

由于历史原因，随着市场经济的发展，少数族裔在劳动力市场竞争中处于弱势地位。保障少数族裔的权利，会对劳动力市场竞争构成制约，少数族裔的自治权会对市场的流通构成制约。据此，我们提出以下假设：

假设 1.3.1：少数族裔权利保障会对市场经济的自然发展形成制约关系，同时有助于提供稳定的社会环境。

2. 妇女权利保障对市场经济的制约作用和促进作用

由于历史原因和生理原因，妇女在劳动力市场的竞争中处于弱势地位。对妇女权利的保障，要求平等雇佣妇女，同工同酬，同标准晋升。一方面，它会对劳动力市场的竞争构成制约；另一方面，对妇女权利的保障，又可以为劳动力市场提供重要劳动力来源。据此，我们提出以下假设：

假设 1.3.2：妇女权利保障对市场经济的自然发展构成制约，并对劳动力市场供给提供重要来源。

3. 儿童权利保障与市场经济发展的相互制约和相互促进作用

劳动力市场的自然竞争，会使儿童成为廉价劳动力而受到剥削，并对儿童的身心健康和成长造成负面的影响。对儿童权利的保障，一方面要求禁止雇佣童工，对劳动力市场的自然竞争构成制约；另一方面对儿童的保护，会促进儿童的健康成长，为未来劳动力市场提供健康劳动力来源。据此，我们提出以下假设：

假设 1.3.3：儿童保障权利保障对市场经济的自然发展构成制约，并为未来劳动力市场提供健康劳动力来源。市场经济的发展水平也制约着为儿童提供的福利水平。

4. 老年人权利保障与市场经济发展的相互制约

在市场竞争中，失去劳动能力的老年人是弱势群体，失去生活来源。保障老年人权利，要求保障老年人的生活来源，为老年人提供必要的社会服务，这对市场经济的自然发展构成了制约。据此，我们提出以下假设：

假设 1.3.4：老年人权利保障对市场经济自然发展构成制约，市场经济的发展水平也制约着为老年人提供的福利水平。

5. 残疾人权利保障与市场经济发展的相互制约

残疾人由于其生理残疾而在劳动力市场竞争中处于弱势地位，并由于缺乏就业机会而失去生活来源。保障残疾人权利，要求增加对残疾人的雇佣，并为残疾人提供基本生活保障和必要福利，这对市场经济的自然发展构成制约。据此，我们提出以下假设：

假设1.3.5：残疾人权利保障对市场经济的自然发展构成制约关系，市场经济的发展水平也制约着为残疾人提供的福利水平。

二 市场经济不同发展阶段与人权保障的关系

市场经济的发展经过了不同阶段。市场经济发展的不同阶段面临着不同的问题，每个阶段人权保障的要求会存在一定差异。具体来说，在市场经济的初始发展阶段，对公民和政治权利的要求占主导地位；在市场经济的平衡发展阶段，经济和社会权利要求会对市场经济发展形成约束。据此，我们提出以下假设：

假设2：市场经济不同发展阶段的人权保障会存在差异。

（一）市场经济初始发展阶段的人权诉求和保障

在市场经济最初的初始发展阶段，要求劳动力的自由雇佣，商品的自由买卖，资本的自由投资，市场的公平交易和市场主体间的平等地位。然而，这一时期却仍然存在着封建的人身依附、交换限制、生产垄断、等级差别和特权制度，它们严重阻碍着市场经济的自然发展。市场经济发展在与传统封建制度对抗中，会将自身的要求作为权利诉求，并将其普遍化为社会的一般规则，适用于所有主体。这导致了各项公民权利和政治权利的提出和保障，主要包括法律人格权、不受奴役权、人身自由权、自由迁徙权、财产自由权、平等权、公正审判权、言论表达权和自由选举权等，如图2-2所示。

根据以上分析，我们提出以下假设：

假设2.1：公民权利和政治权利是市场经济初始发展阶段的主要人权诉求。

（二）市场经济平衡发展阶段的人权诉求和保障

市场经济的持续发展需要健康和高技能的劳动力，和谐的劳资关系，工作的职业化和环境资源的保护。但社会上存在的私人医疗体制、贵族教育体制、劳动剥削制度、沉重的家庭负担和环境的无成本使用严重阻碍着市场经济的健康和可持续发展。劳动者在反抗市场经济自然发展所造成的负面效应的过程中，将自身的要求转换为经济和社会权利诉求，其中主要

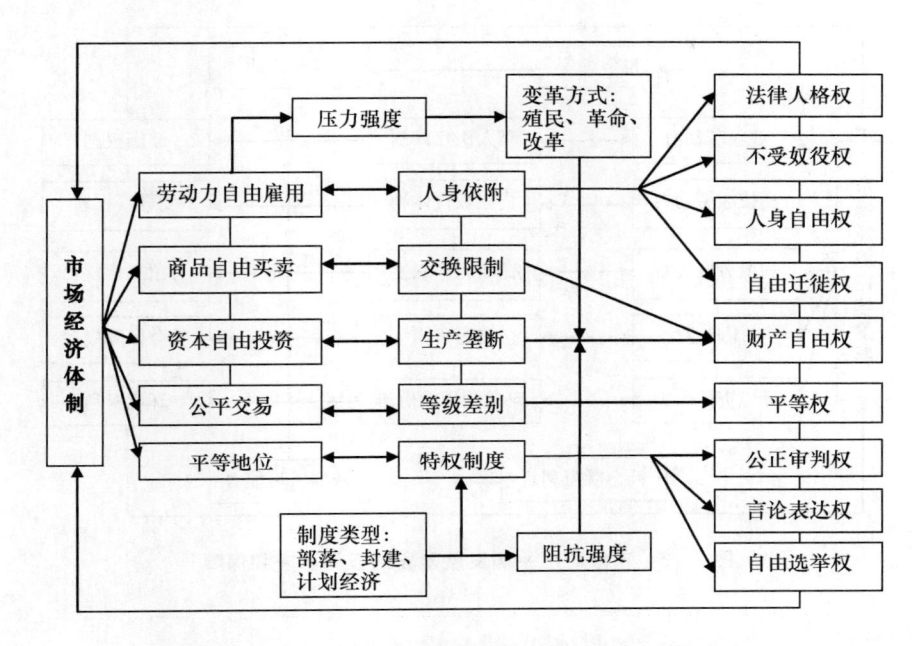

图 2-2 市场经济初始发展阶段的人权诉求和保障

包括各项工作权利、社会保障权利、健康权利、受教育权利和环境权利等，这些权利对市场经济的自然发展构成了约束，使市场经济发展进入规范发展阶段，如下页图 2-3 所示。

根据以上分析，我们提出以下假设：

假设 2.2：市场经济的平衡发展阶段需要进一步保障经济和社会权利。

三 市场经济不同进入时期与人权保障的关系

各个国家进入市场经济体制在时间上有先后之分，而这种时间上的差异同时伴随着进入条件的差异。具体来说，率先进入市场经济体制的国家面临的主要阻力来自传统的束缚个人自由的封建制度，而滞后进入市场经济体制的国家则除了面临传统封建制度的阻力之外，还面临外来资本的入侵、剥削和竞争压力。因此，后发国家的人权保障要求会与先发国家存在一定差异。我们据此作出以下假设：

假设 3：市场经济先发国家与后发国家在人权诉求和保障方面存在一

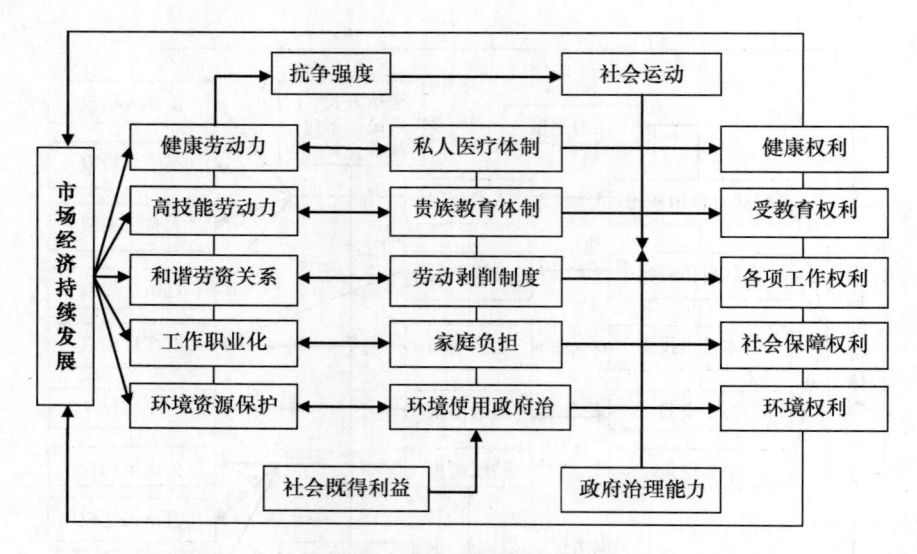

图 2-3 市场经济平衡发展阶段的权利诉求和保障

定差异。

（一）市场经济先发国家的人权保障要求

率先进入市场经济体制的国家在人权保障上会呈现出一些突出的特点，如图 2-4 所示。

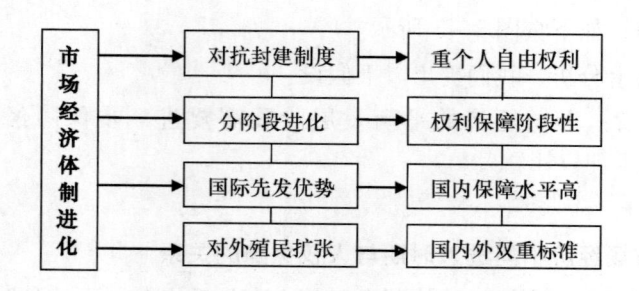

图 2-4 市场经济先发国家的权利诉求和保障

首先，市场经济先发国家在最初阶段没有遭遇强大的外来资本竞争，主要阻力来自国内外的封建制度和闭关锁国，因此在权利诉求上更加强调个人自由权利，并使政府在人权保障方面更多采取尊重和保护的态度，而非积极地介入保障。

其次，随着市场经济的自然发展产生的各种问题，先发国家逐渐建立规制，逐步建立对经济和社会权利的保障。随着市场经济进入成熟阶段，对各类特定群体的权利保障也会逐步健全。因此市场经济先发国家会呈现出人权保障的明显的阶段性特征，人权保障的主体和内容是逐步扩大的。

再次，在国际市场竞争中，先发国家具有先发优势，获取额外利润，从而能为国内人权保障水平的提高提供更充分的经济基础。

最后，随着资本的对外扩张，市场经济先发国家大规模海外殖民，对殖民地人民进行剥削和掠夺，对殖民地人民的反抗进行残酷镇压，并用海外收益来建立和维持国内的高福利。因此，市场经济先发国家的人权保障要求存在着国内和国外的双重标准。

根据以上分析，我们作出以下四个假设：

假设3.1：市场经济先发国家更加强调个人权利保障，国家更加强调政府在人权保障上的消极角色。

假设3.2：市场经济先发国家在国际市场竞争中的先发优势，使其能够为国内人权保障水平的提高提供更充分的经济基础。

假设3.3：市场经济先发国家人权发展显现出明显的阶段性特征。

假设3.4：市场经济先发国家在一段历史时期内会在人权上存在对内和对外的双重标准。

（二）市场经济后发国家的人权保障要求

市场经济后发国家在进入市场经济的过程中，面临着与先发国家不同的国际和国内环境，因此其人权诉求和保障也不同于先发国家。可以从以下几个方面来加以比较分析，如图2-5所示。

首先，后发国家并不完全是以自然进化的方式形成市场经济体制的，而是在先发国家殖民或入侵的过程中"被"市场经济化的。因此在市场经济体制的建立过程中，不仅面对传统社会体制的阻力，而且面对先发国家殖民者的经济剥削和政治压迫，具有明显优势的外国资本的竞争，甚至外国入侵者的直接掠夺。在这种背景下，后发国家的人民并不能在市场经济发展过程中获得应有的利益，因此他们必须首先推翻外国的殖民统治，恢复或建立独立的国家，促进建立国际经济新秩序，对幼稚的民族企业予以一定的市场保护，这样才能使得市场经济的发展收益为本国国民所享有，从而获得本国国民的支持。从人权的角度分析，上述诉求是集体权利

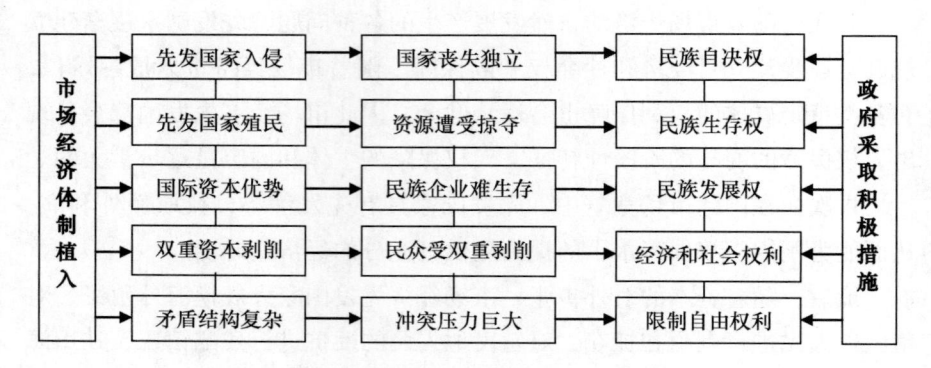

```
┌──────┐ ┌────────┐   ┌────────┐   ┌────────┐ ┌──────┐
│市    │→│先发国家│  →│国家丧失│  →│民族自决│←│政    │
│场    │ │入侵    │   │独立    │   │权      │ │府    │
│经    │ └────────┘   └────────┘   └────────┘ │采    │
│济    │ ┌────────┐   ┌────────┐   ┌────────┐ │取    │
│体    │→│先发国家│  →│资源遭受│  →│民族生存│←│积    │
│制    │ │殖民    │   │掠夺    │   │权      │ │极    │
│植    │ └────────┘   └────────┘   └────────┘ │措    │
│入    │ ┌────────┐   ┌────────┐   ┌────────┐ │施    │
│      │→│国际资本│  →│民族企业│  →│民族发展│←│      │
│      │ │优势    │   │难生存  │   │权      │ │      │
│      │ └────────┘   └────────┘   └────────┘ │      │
│      │ ┌────────┐   ┌────────┐   ┌────────┐ │      │
│      │→│双重资本│  →│民众受双│  →│经济和社│←│      │
│      │ │剥削    │   │重剥削  │   │会权利  │ │      │
│      │ └────────┘   └────────┘   └────────┘ │      │
│      │ ┌────────┐   ┌────────┐   ┌────────┐ │      │
│      │→│矛盾结构│  →│冲突压力│  →│限制自由│←│      │
│      │ │复杂    │   │巨大    │   │权利    │ │      │
└──────┘ └────────┘   └────────┘   └────────┘ └──────┘
```

图 2-5 市场经济后发国家的权利诉求和保障

的诉求。换言之，后发国家在进入市场经济的过程中，其集体权利的诉求成为与先发国家的一个最明显的差异。它们或是将集体权利诉求置于优先地位，或是要求集体权利与个人权利之间保持平衡，或是要求在保障个人权利时不得忽视或侵犯集体权利。这些集体权利包括集体的生存权、发展权、和平权、民族自决权、自然资源和财富主权和环境权等。

其次，市场经济后发国家人权保障观念的形成，会受到先发国家的影响，并往往是从先发国家输入的。由于先发国家的市场经济可能已经进入规范发展阶段，因此它们传送给后发国家的人权保障观念不仅包括对公民和政治权利，而且也包括经济、社会和文化权利，甚至包括特定群体的权利。与此同时，后发国家人民由于受到先发国家资本的剥削和掠夺，无法在市场经济发展中享受到应有的收益，因此其权利需求结构中会更多地考虑经济和社会权利保障，并不像先发国家那样在对各类人权保障方面呈现出明显的阶段性。

再次，在市场经济后发国家，由于对集体权利和经济社会权利保障的重视，使得政府在人权保障中承担比先发国家更加积极的角色，政府必须采取更加积极的措施为这些权利的保障提供或创造必要的条件。

最后，由于后发国家的市场经济发展呈现出阶段压缩式，各类矛盾呈现出更加复杂的结构，冲突压力大，冲突能量趋向于集中爆发。为了维持国内的秩序，后发国家对个人自由权利的限制会比先发国家更加严格。

根据以上分析，我们提出以下假设：

假设 3.5：市场经济后发国家比先发国家更加重视集体权利保障。

假设3.6：市场经济后发国家对各类人权的保障缺乏清晰的阶段性，在初发阶段就会涉及公民权利和政治权利、经济权利和社会权利以及特定群体权利的保障。

假设3.7：在市场经济后发国家，政府在保障人权方面发挥更加积极的作用。

假设3.8：市场经济后发国家对个人自由权利的限制会比先发国家更加严格。

四 市场经济不同结构模式与人权保障的关系

市场经济体制具有不同的模式，大体可以分为自由市场经济、社会市场经济政府主导型市场经济和社团市场经济。由于各种模式的市场经济体制具有不同的内在结构，对各类主体在其中的地位也会存在明显的差异，从而使得其人权的诉求和保障也会存在差异（见表2-5）。

表2-5　　　　　　市场经济不同模式下的人权诉求和保障

市场经济模式	权利主体	权利类别	政府人权保障作用
自由市场经济	重个人权利	重公民和政治权利	消极
社会市场经济	重个人权利	两类权利并重	较积极
政府主导型市场经济	重集体权利	重经济和社会权利	积极

据此，我们提出以下假设：

假设4：各类不同市场经济模式的人权诉求和保障之间存在差异。

（一）自由市场经济模式下的人权诉求与保障

自由市场经济模式强调市场在资源配置上的决定性作用，排斥或尽量减少政府对市场的干预。因此，在自由市场经济模式下，个人自由受到更多的尊重和保护，而政府在人权保障方面的作用相对最为消极，对经济和社会权利的保障相对滞后于对公民权利和政治权利的保障。据此，我们提出以下假设：

假设4.1：在自由市场经济模式下，公民自由权利的保障更加充分，政府在人权保障方面的作用更加消极。

（二）社会市场经济模式下的人权诉求和保障

社会市场经济模式要求通过国家对市场的有限干预，使个人自由创造和社会进步相结合,将经济效率和社会效率相平衡,实现"社会公正"。因此,在社会市场经济模式下,对个人自由权利加以一定限制,对经济和社会权利予以更充分保障,政府在人权保障方面的作用更加积极。据此,我们提出以下假设:

假设4.2:在社会市场经济模式下,经济和社会权利得到更充分保障,特定群体的权利得到更加平等的保障,政府在人权保障方面的作用更加积极。

(三)政府主导型市场经济模式下的人权诉求和保障

政府主导型市场经济不仅重视政府对市场的规制作用,而且强调政府对市场的规划、引导、组织和扶助作用。因此,与社会市场经济模式相比,在政府主导型市场经济模式下,个人自由权利会受到更多限制,政府在人权保障方面会更加积极,对集体权利的保障要重于对个人权利的保障。据此,我们提出以下假设:

假设4.3:在政府主导型市场经济模式下,集体权利会受到更多重视,个人自由权利会受到更多限制,政府在人权保障方面处于主导地位。

五 市场经济不同进入方式对人权保障的影响

各个国家进入市场经济的方式有所不同,一些国家是从传统经济转型进入市场经济;另一些国家是从计划经济转型进入市场经济。这种进入方式的不同会对人权保障的发展脉络造成不同的影响。

据此,我们提出假设以下假设:

假设5:从传统经济体制和计划经济体制进入市场经济的国家在人权保障的发展脉络上会呈现出不同的格局。

(一)从传统经济体制转型国家的人权保障要求

从传统经济体制转型进入市场经济的国家,其市场经济体制会更多地具有自由市场经济的特征,会在初始发展阶段呈现更大的收入两极分化和经济的片面发展,而到了平衡发展期出现更协调的经济发展。这导致这些国家在初始发展阶段的人权保障会更强调个人自由权利和政治权利保障,到了平衡发展期后会更重视经济和社会权利保障以及特定群体权利的保障。

据此,我们提出以下假设:

假设5.1：从传统经济体制转型进入市场经济的国家会在初始发展阶段更注重个人权利特别是公民和政治权利保障，并在向平衡发展阶段过渡的过程中逐步加强对经济和社会权利以及特定群体权利的保障。

（二）从计划经济体制转型国家的人权保障要求

与从传统经济体制转型的国家不同，从计划经济转型进入市场经济的国家会受到计划经济体制的一定影响，在经济发展的初始阶段更强调经济发展的计划性，而在向平衡发展阶段的过渡中会逐渐让市场机制发挥更多作用。这导致这些国家在市场经济的初始发展阶段更强调集体权利保障，并注重公民和政治权利与经济和社会权利的平衡保障。到了平衡发展阶段后，会实现个人权利和集体权利的更平衡保障。

据此，我们提出以下假设：

假设5.2：从计划经济体制转型进入市场经济的国家会在初始阶段更加注重集体权利、经济和社会权利以及特定群体权利的保障，并在向平衡发展阶段的过渡过程中日益注重个人权利与集体权利的平衡保障，以及经济和社会权利与公民和政治权利的平衡保障。

六 根据市场经济状况对一些国家人权诉求和保障特点的假设

对上述有关市场经济与人权保障之间关系作出的假设进行归总，如表2-6所示。

表2-6　　有关市场经济与人权保障之间关系的假设

编号	假设内容
1	各类人权与市场经济之间的关系存在差异。
1.1	市场经济与公民权利保障是相互促进的。
1.1.1	市场经济体制与个人自由权利保障具有共生性。
1.1.2	市场经济与财产权保障具有共生性。
1.1.3	市场经济体制与权利的平等保障具有共生性。
1.1.4	市场经济要求公正审判权。
1.2	市场经济发展与经济和社会权利保障相互制约并在相对平衡的条件下相互促进。

续表

编号	假设内容
1.2.1	工作权利保障与市场经济发展相互制约并在相对平衡的条件下相互促进。
1.2.2	基本生活水准和社会保障权利的保障与市场经济发展相互制约。
1.2.3	健康权利保障与市场经济发展相互制约并在相对平衡的条件下相互促进。
1.2.4	受教育权利保障与市场经济发展相互制约并在相对平衡的条件下相互促进。
1.3	特定群体权利保障与市场经济的稳定发展具有相互制约作用。
1.3.1	少数族裔权利保障会对市场经济的自然发展形成制约关系,同时有助于提供稳定的社会环境。
1.3.2	妇女权利保障对市场经济的自然发展构成制约,并对劳动力市场供给提供重要来源。
1.3.3	儿童权利保障对市场经济的自然发展构成制约,并为未来劳动力市场提供健康劳动力来源。市场经济的发展水平也制约着为儿童提供的福利水平。
1.3.4	老年人权利保障对市场经济自然发展构成制约,市场经济的发展水平也制约着为老年人提供的福利水平。
1.3.5	残疾人权利保障对市场经济的自然发展构成制约关系,市场经济的发展水平也制约着为残疾人提供的福利水平。
2	市场经济不同发展阶段的人权保障会存在差异。
2.1	公民权利和政治权利是市场经济初始发展阶段的主要人权诉求。
2.2	市场经济的平衡发展阶段需要进一步保障经济和社会权利。
3	市场经济先发国家与后发国家在人权诉求和保障方面存在一定差异。
3.1	市场经济先发国家更加强调个人权利保障,国家更加强调政府在人权保障上的消极角色。
3.2	市场经济先发国家在国际市场竞争中的先发优势,使其能够为国内人权保障水平的提高提供更充分的经济基础。
3.3	市场经济先发国家人权发展显现出明显的阶段性特征。
3.4	市场经济先发国家在一段历史时期内会在人权上存在对内和对外的双重标准。

续表

编号	假设内容
3.5	市场经济后发国家比先发国家更加重视集体权利保障。
3.6	市场经济后发国家对各类人权的保障缺乏清晰的阶段性，在初发阶段就会涉及公民权利和政治权利、经济权利和社会权利以及特定群体权利的保障。
3.7	在市场经济后发国家，政府在保障人权方面发挥更加积极的作用。
3.8	市场经济后发国家对个人自由权利的限制会比先发国家更加严格。
4	各类不同市场经济模式的人权诉求和保障之间存在差异。
4.1	在自由市场经济模式下，公民自由权利的保障更加充分，政府在人权保障方面的作用更加消极。
4.2	在社会市场经济模式下，经济和社会权利得到更充分保障，特定群体的权利得到更加平等的保障，政府在人权保障方面的作用更加积极。
4.3	在政府主导型市场经济模式下，集体权利会受到更多重视，个人自由权利会受到更多限制，政府在人权保障方面处于主导地位。
5	从传统经济体制和计划经济体制进入市场经济的国家在人权保障的发展脉络上会呈现出不同的格局。
5.1	从传统经济体制转型进入市场经济的国家会在初始发展阶段更注重个人权利特别是公民和政治权利保障，并在向平衡发展阶段过渡的过程中逐步加强对经济和社会权利以及特定群体权利的保障。
5.2	从计划经济体制转型进入市场经济的国家会在初始阶段更加注重集体权利、经济和社会权利以及特定群体权利的保障，并在向平衡发展阶段的过渡过程中日益注重个人权利与集体权利的平衡保障，以及经济和社会权利与公民和政治权利的平衡保障。

资料来源：根据上述假设整理。

在以上区分和分析的基础上，我们可以对各个国家的市场经济类型和发展阶段作出概括，并在此基础上对各个国家的人权诉求和保障特点作出假设。

(一) 对一些国家人权诉求和保障特点的初步假设

根据以上关于市场经济的进入期、类型和发展与人权诉求和保障特点的各项假设，对一些国家人权诉求和保障特点作出如下初步假设（见表2–7）。

表2–7　一些国家市场经济的类型和发展阶段与人权诉求和保障特点（初步）

国家	进入期	进入方式	市场经济类型	发展阶段	人权诉求和保障特点
英国	先发	传统转型	自由	平衡	假设2.2：两类权利平衡保障 假设3.1：强调个人权利保障，强调政府的消极义务
美国	先发	传统转型	自由	平衡	假设3.2：为权利保障提供更充分的经济基础 假设3.3：明显的阶段性特征 假设3.4：对内外双重标准
加拿大	先发	传统转型	自由	平衡	假设4.1：公民自由权利保障更充分，政府作用更消极
澳大利亚	先发	传统转型	自由	平衡	假设5.1：初始阶段重公民和政治权利，平衡阶段增强经济和社会权利与特定群体权利
德国	先发	传统转型	社会	平衡	假设2.2：两类权利平衡保障 假设3.1：强调个人权利保障，强调政府的消极义务
瑞典	先发	传统转型	社会	平衡	假设3.2：为人权保障提供更充分的经济基础 假设3.3：明显的阶段性特征 假设3.4：对内外双重标准 假设4.2：经济和社会权利和特定群体权利更充分，政府作用更积极
意大利	先发	传统转型	社会	平衡	假设5.1：初始阶段重公民和政治权利，平衡阶段增强经济和社会权利与特定群体权利

续表

国家	进入期	进入方式	市场经济类型	发展阶段	人权诉求和保障特点
法国	先发	传统转型	政府主导	平衡	假设2.2：两类权利平衡保障 假设3.1：强调个人权利保障，强调政府的消极义务 假设3.2：提供更充分的经济基础 假设3.3：明显的阶段性特征 假设3.4：对内外双重标准
日本	先发	传统转型	政府主导	平衡	假设4.3：更重视集体权利，个人自由受限制，政府主导作用 假设5.1：初始阶段重公民和政治权利，平衡阶段增强经济和社会权利与特定群体权利
韩国	后发	传统转型	政府主导	平衡	假设2.2：两类权利平衡保障 假设3.5：更重视集体权利 假设3.6：无明晰阶段性 假设3.7：政府作用积极 假设3.8：限制个人自由权利
新加坡	后发	传统转型	政府主导	平衡	假设4.3：更重视集体权利，个人自由受限制，政府主导作用 假设5.1：初始阶段重公民和政治权利，平衡阶段增强经济和社会权利与特定群体权利

续表

国家	进入期	进入方式	市场经济类型	发展阶段	人权诉求和保障特点
泰国	后发	传统转型	政府主导	初始	假设2.1：注重公民和政治权利保障 假设2.2：两类权利平衡保障 假设3.5：重视集体权利 假设3.6：无明晰阶段性 假设3.7：政府作用积极 假设3.8：限制个人自由权利 假设4.3：更重视集体权利，个人自由受限制，政府主导作用 假设5.1：初始阶段重公民和政治权利，平衡阶段增强经济和社会权利与特定群体权利
墨西哥	后发	传统转型	政府主导	初始	
巴西	后发	传统转型	政府主导	初始	
阿根廷	后发	传统转型	政府主导	初始	
埃及	后发	传统转型	政府主导	初始	
南非	后发	传统转型	政府主导	初始	
俄罗斯	后发	计划转型	政府主导+社会	初始	假设2.1：注重公民和政治权利保障 假设3.5：更重视集体权利 假设3.6：无明晰阶段性 假设3.7：政府作用积极 假设3.8：限制个人自由权利 假设4.2：经济和社会权利和特定群体权利更充分，政府作用更积极 假设4.3：更重视集体权利，个人自由受限制，政府主导作用 假设5.2：初始阶段重集体权利、经济和社会权利及特定群体权利，平衡阶段注重各类权利平衡保障
中国	后发	计划转型	政府主导+社会	初始	
越南	后发	计划转型	政府主导+社会	初始	
印度	后发	计划转型	政府主导+社会	初始	

（二）对一些国家人权诉求和保障特点的调整后假设

考虑到以上各项假设间存在一定的矛盾，因此需要对一些假设的适用范围作出一定的限制：

限制1：考虑到社会市场经济国家需要政府发挥更积极作用，因此，假设3.1关于市场经济先发国家更加强调个人权利保障，国家更加强调政府在人权保障上的消极角色的假设对社会市场经济国家和政府主导型市场经济国家不完全适用。

限制2：考虑到市场经济后发国家人权保障的阶段性不明显，且从计划经济转型进入市场经济的国家会受到计划经济体制的影响，因此，假设2.1关于市场经济初始发展阶段注重公民权利和政治权利保障的假设，不适用于从计划经济转型的国家。

结合以上对假设适用范围的限制，我们对一些国家人权诉求和保障特点的假设进行了调整，并对重复的假设进行合并，对各国人权状况的重新表述如下（见表2-8）。

表2-8　一些国家市场经济的类型和发展阶段与人权诉求和保障特点（调整后）

国家	进入期	进入方式	市场经济类型	发展阶段	人权诉求和保障特点
英国	先发	传统转型	自由	平衡	明显的阶段性特征，初始阶段重公民和政治权利，平衡阶段增强经济和社会权利与特定群体权利；公民自由权利保障更充分，政府作用更消极；为人权保障提供更充分的经济基础；对内外双重标准。
美国	先发	传统转型	自由	平衡	
加拿大	先发	传统转型	自由	平衡	
澳大利亚	先发	传统转型	自由	平衡	
德国	先发	传统转型	社会	平衡	明显的阶段性特征，初始阶段重公民和政治权利，平衡阶段增强经济和社会权利与特定群体权利；经济和社会权利和特定群体权利更充分，政府作用更积极；为人权保障提供更充分的经济基础；对内外双重标准。
瑞典	先发	传统转型	社会	平衡	
意大利	先发	传统转型	社会	平衡	

续表

国家	进入期	进入方式	市场经济类型	发展阶段	人权诉求和保障特点
法国	先发	传统转型	政府主导	平衡	明显的阶段性特征，初始阶段重公民和政治权利，平衡阶段增强经济和社会权利与特定群体权利；更重视集体权利，个人自由受限制，政府主导作用；为人权保障提供更充分的经济基础；对内外双重标准。
日本	先发	传统转型	政府主导	平衡	
韩国	后发	传统转型	政府主导	平衡	无明晰阶段性，初始阶段重公民和政治权利，平衡阶段增强经济和社会权利与特定群体权利；更重视集体权利，个人自由受限制；政府主导作用。
新加坡	后发	传统转型	政府主导	平衡	
泰国	后发	传统转型	政府主导	初始	无明晰阶段性，两类权利平衡保障，但相对重视公民和政治权利；政府主导作用；重视集体权利，个人自由受限制。
墨西哥	后发	传统转型	政府主导	初始	
巴西	后发	传统转型	政府主导	初始	
阿根廷	后发	传统转型	政府主导	初始	
埃及	后发	传统转型	政府主导	初始	
南非	后发	传统转型	政府主导	初始	
俄罗斯	后发	计划转型	政府主导＋社会	初始	无明晰阶段性；更重视集体权利，个人自由受限制；政府发挥主导作用；重集体权利、经济和社会权利及特定群体权利保障。
中国	后发	计划转型	政府主导＋社会	初始	
越南	后发	计划转型	政府主导＋社会	初始	
印度	后发	计划转型	政府主导＋社会	初始	

尽管对所涉及国家的人权诉求和保障特点的假设作出了一些限制，但仍然会存在一定的矛盾。这种逻辑上的矛盾在一定程度上反映着现实存在的矛盾。从各国人权保障演进的历史来看，其发展并不是直线式的，而经

常是螺旋式的，会出现周期性的左右摇摆。特别是在各种力量存在尖锐对立的国家，这种摇摆的幅度会更大甚至更极端，这在市场经济后发国家中表现得更为明显。因此，适当保留假设中的相互矛盾，会为我们解释现实人权保障中的剧烈摇摆现象提供有启发性的解释空间。

在后面的章节中，我们将具体描述和分析所涉及国家在市场经济与人权保障方面的实际情况，用以检验本章所提出的各项假设的解释力。

第三章　自由市场经济先发国家的人权保障

自由市场经济先发国家以英国为代表,还有美国、加拿大、澳大利亚这些原来英国的殖民地国家。在采取自由市场经济的国家中,有两种类型:一种是原发的自由市场经济国家,如英国;另一种殖民的自由市场经济国家,如美国、加拿大和澳大利亚,它们主要是英国殖民地,因此选择了更接近于英国的市场经济体制。

第一节　英国的市场经济与人权保障制度

英国是最早实行市场经济的国家,它选择了自由市场经济模式,并经历一个自然的发展过程,进入了规制发展阶段。英国的人权保障在实行自由市场经济体制的先发国家中是比较典型的。

一　英国的自由市场经济模式

英国的市场经济起始于 15 世纪,是最早形成市场经济体制的国家。15 世纪末到 17 世纪初是英国市场经济发育阶段。地理大发现导致世界市场的突然扩大和需求大爆炸,英国的对外贸易迅速扩张,整个英国从商人到手工业者到农民,都开始为商品生产而忙碌起来。在农村,圈地运动打破了中世纪的沉寂,独立小农被成批地扫除,出现大农场和租佃农场;在城市,行会制度瓦解了,代之兴起的是行业公会和股份公司等。适应商品经济的发展,还出现了银行和交易所,近代金融制度也产生了。①

---

① 高德步:《从传统经济向市场经济的过渡——论近代英国的经济革命》,《学习与探索》1997 年第 4 期。

英国市场经济在对外扩张的过程中，大力开展海外贸易。到 15 世纪末，英国的商港主要有 20 个左右，大部分位于英国南部。16 世纪中期在失去安特卫普市场后，英国商人在政府的支持下，大踏步地开始了海外探险的旅程。通过组建莫斯科公司、波罗的海公司、东地公司等，开辟了北海和波罗的海市场。此外，莫斯科公司从 1558 年开始向南开辟到达土耳其、波斯的贸易商路。与此同时，英国开拓和加强了与地中海及亚洲市场的联系，成立了东印度公司，特许垄断从好望角到麦哲伦海峡的贸易。公司不但通过武力征服逐步实现了对印度的统治，而且在掠夺和贸易中获利甚丰。印度成为英国原始积累的重要来源之一。随着初期香料贸易向原料贸易的转变，英国建立了丝绸和棉纺织业等新兴工业部门，并推动了工业革命的出现。①

英国市场经济的发展经过了几个渐进的发展阶段，每个阶段都面临着不同社会阻力。在英国市场经济的初始发展时期，面临的主要阻力是英国的封建制度。英国封建社会实行的封建土地所有制、骑士领地制、行会制度以及国王推行的垄断制度，这些制度一方面阻碍了资产阶级工业化生产需要的自由劳动力，增加了社会经济发展的负担；尤其市场经济的商人受到排挤，市场经济发展受到严重阻碍。另一方面这些制度让封建统治阶级占有生产资料，独享经济成果，农民受到勒索，经济生活贫困。这最终导致了光荣革命，推翻了封建王权的统治，建立起市场经济体制。

17 世纪和 18 世纪上半期，是英国市场发展至为关键的阶段，即制度建设的阶段。英国政府采取一系列措施保护财产和合同，保护消费者、发明者和投资者。

18 世纪下半期到 19 世纪上半期，是英国自由市场形成阶段。英国市场经过 300 多年的发展，尤其在政府的控制下经过一系列制度创新，已逐渐形成有效的市场机制，商业资本实现了向工业资本的过渡，产业革命顺利展开，各种经济活动已经有序化。因而，政府的控制不仅多余，而且成为市场运行和经济发展的障碍。1776 年，亚当·斯密发表《国富论》，呼吁解除政府控制，实行自由放任。工业资产阶级积极推进自由贸易，与土

---

① 李新宽：《浅析重商主义与英国市场经济体制的形成》，《东北师范大学学报》（哲学社会科学版）2006 年第 3 期。

地贵族、金融贵族大垄断商人展开斗争,并不断取得胜利。从19世纪20年代起,英国与几个主要国家订立了互惠贸易协定,废除所有输出品的限制。1813年,英国废除了东印度公司对印度贸易的垄断;1846年废除了谷物条例;1849年又废除了航海条例。这一系列事件成为英国自由贸易的里程碑。在国内,一系列不合理的干预制度也被废除了。至此,英国实现了自由市场制度,政府基本不干预市场,任"看不见的手"调节。①

英国实行的自由市场经济体制的特点是:最大限度地发挥市场机制的资源配置作用,倡导自由竞争,实行自由放任,坚决反对垄断。注重市场机制的自发调节作用,反对国家干预;私人经济占绝对主导,国有经济比重小;私人资本集中程度高,垄断性强;劳动力市场自由开放程度高,就业竞争压力大。

自由市场经济体制的确立和发展,虽然促进了经济的快速发展,但也带来了一系列负面效应,特别是对工人的残酷剥削和对农民的残酷掠夺。这种剥削和掠夺引发了工人和农民的反抗。

二 英国人权保障制度

(一)公民权利和政治权利保障制度及其发展

在英国市场经济体制的建立和发展过程中,人权诉求主要表现在以下几个方面:一是限制王权,限制王权对人身与生命的迫害,保障公民的生命权、自由权;二是推动土地所有制的改造,使资产阶级能够享有土地所有权;三是禁止非法强迫征税,保障公民的财产权;四是各阶层能够平等地参与到经济活动中,使工商业获得迅速发展。

1. 人身自由权的保障

1215年的《自由大宪章》是诸侯在反对国王的斗争中取得胜利后的成果,这一成果在一定程度上限制了王权,确认了封建贵族和僧侣的特权,规定国王在征税时必须召开由大贵族参与的"大会议",以征得贵族的同意。还规定了"任何自由民非经合法程序不得被逮捕、监禁、放逐和没收财产"。

---

① 高德步:《从传统经济向市场经济的过渡——论近代英国的经济革命》,《学习与探索》1997年第4期。

1628年的《权利请愿书》规定:"非经合法判决,不得逮捕、拘禁、放逐任何自由民或剥夺其继承权和生命。"

1679年《人身保护法》规定:在押人或其代表,有权向王座法院请求颁发"人身保护令状",限期在押人移交法院,以审查其被捕理由。法院如认为无正当拘捕理由,在押人即可获释。否则,法院得酌情准许在押人取保开释,或从速进行审判。为防止在押人被解往英国的海外领地而失去申请"人身保护令状"的可能,该法还规定,禁止将英国居民监禁于海外领地。①

19世纪以前,刑罚制度仍然体现野蛮性、残酷性的特点,死刑仍有二三百种,执行方法有焚烧、轮碾、砍四块等。1689年《权利法案》规定,不得对臣民使用残酷的刑罚。1820年以绞刑代替叛国罪的肢解型,废除妇女的肉刑。1867年废除苦役流刑,实行监禁。1879年的《预防犯罪法》确立了缓刑制度。

2. 对财产权的保障

建立在国王财产权与统治权不分基础上的特许权制度,在都铎王朝末期与斯图亚特王朝早期开始成为众矢之的。1579年,下议院爆发了不满,议员们愤怒地指出:专利权人是国家的吸血鬼,在女王实行的所有措施中,没有比专利权的赐予更有损于她的个人威望,更有害于国家和更为人民所憎恶。近代早期英国普通法院脱离国王,对国王发难的标志性事件是1602年的垄断案。英国普通法院在1602年垄断案件的判决中宣布,国王特许公民私人在本国国土上输入、制造和出卖纸牌的独占权利无效,因为它违反了习惯法及议会通过的法案。布拉德法官把引证的材料一直追溯到1215年,他宣称《自由大宪章》维护了经济自由权。这事实上是把大宪章中的自由等同于习惯法中的自由。②

1628年的《权利请愿书》为抑制和防范国王查理一世滥用职权,宣布"非经国会同意,国王不得强迫征收任何赋税"。

1689年的《权利法案》规定:国王未经国会同意不得颁布法律或停

---

① E. C. S. Wade and G. G. Phillips, *Constitutional and Administrative Law*, p. 453.
② 魏建国:《司法独立:近代英国秩序与市场经济建构的制度之基》,《学习与探索》2006年第2期。

止法律的效力，不得征收和支配税收，不得征集和维持常备军；不得对臣民索取超额的捐税和罚款。

在封建社会时代，英国封建土地关系只承认国王是全国土地的唯一所有者，其他人只能以向国王承担一定的"附带义务"或劳役为条件而成为土地持有人或租借人。这种土地关系无法适应资本、劳动力以及生产要素的市场化。为此，英国国会进行了一系列的土地立法，使土地基本免除封建依附关系。1643年发布了关于没收教会领地的法令，以及关于没收和拍卖国王领地的法令。1646年颁布了关于取消"骑士领有制""庇护制"的法令。1856年英国议会颁布了《地产授予法》（1877年修改），规定经法院认可，可以自由买卖土地。1882年修改的《土地授予法》进一步规定，财产所有人可以自由地出售、出租和抵押包括土地在内的一切财产。① 1925年，英国颁布了《土地授予法》《信托法》《财产法》《土地登记法》《土地特殊权益法》《遗产管理法》六项财产立法，废除了许多封建土地制度。②

3. 对表达自由权的保障

1689年《权利法案》规定，臣民有向国王请愿的权利；议员在国会内有自由发表意见的权利。英国最高法院通过1763年"王室诉威尔克斯案"判决，确立了公民的言论和出版自由权。

4. 对公正审判权的保障

英国普通法院通过司法独立取缔了旧有的通过特权（国王）获取财富的体制，开始保障每个人能公平地参与市场的权利，并将交换正义、市场公正作为法律的价值原则和规定理性以便为市场竞争提供制度保障。普通法院司法独立与以往的政治变革不同，它所带来的不是社会财富占有者的变更，而是社会财富获取方式的变更，它将市场作为获取社会财富的唯一合法渠道。1641年一系列特权法院尤其是星座法院被取消后，新法案规定：凡与财产有关的所有案件都要通过普通法院来审判，从而树立了普通法院在经济事务中的首要地位。市场性的自然法在普通法院那里确立了至上性，它使得英国普通法院在经济活动领域内获得了不受任何挑战的权

---

① 由嵘：《外国法制史》，北京大学出版社1992年版，第524页。
② 林榕年、叶秋华：《外国法制史》，中国人民大学出版社2003年版，第193页。

威，而国王分配特权、分配财富的权力也失去了合法性。它将国王的财产权与统治权分开，政治与经济分开，使财富从属于社会、为民族所有，并去除了通过政治获取财富的机制——超经济的强制，代之以非政治的财富占有机制——市场，将劳动和市场作为获取社会财富的唯一合法渠道。①1689年《权利法案》规定，国王不得设立宗教法院和特别法院。

5. 选举权

在英国，议会的产生与选举权的出现并不是同步的。只是随着商品经济的发展，中小贵族作为重要征税对象才被国王邀请到议会。1295年爱德华一世召开的"模范议会"一般被认为是地方代表成为议会必要因素的起点。但那时的代表往往由郡长任命，至多经郡务会议通过。1406年议会颁布的第一个选举法规规定，选民不应受任何外界压力的影响。根据其后颁布的1429年选举法规，各郡的选举权仅限于年收入40先令以上、居住在该地区的土地所有者。都铎时期，随着社会结构的变化，许多自耕农和公簿持有农获得了选举权。到资产阶级革命时期，资产阶级平等派首次提出了以普选权为中心的改革议会的民主呼声。其纲领性文件《人民公约》要求各选区的议席应按居民人数分配，成年男子应当享有选举权。然而，1653年7月召开的贝本议会的议员是由克伦威尔和军官委员会提名而不是选举产生的，提名的依据是纳税的多少。同年12月发布的《施政纲领》是1832年议会改革前改革选举制的唯一正式文件。它规定，郡的选民须拥有200镑收入以上的地产，其真实用意是确认乡绅所取得的土地所有权及其他利益。因此，当时绝大多数郡的议席都为乡绅把持，这次改革没有改变选举权受财产严格限制的状况。据统计，18世纪中叶英国拥有选举权的选民仅占居民总数的4%。而且议员的选举方法使得当选的议员不具有代表性，并且由于采取公开记名投票制，致使选举中舞弊、恫吓、贿赂之风盛行。

1832年的改革法案规定，在城镇选区年收入10镑以上的房主和每年交纳10镑以上房租的房客有选举权；在各郡，年收入40先令以上的地产所有者和50镑以上的自由租地农享有选举权。这样一来，全国选民人数

---

① 魏建国：《司法独立：近代英国秩序与市场经济建构的制度之基》，《学习与探索》2006年第2期。

增加了50%，但相对于全部成年人口的比例仍极其微弱。

1867年议会改革进一步降低了选民的财产资格限制，新规定使城市里的每个房主和租户都获得了选举权。在各郡乡村，年收入不少于5镑的土地所有者和年缴纳地租额不少于12镑的佃农也获得了选举权。但普通工人如住房的租户、矿工、手工业者和居住在没有代表权的城市贫民仍无选举权，大约一半的成年男子和全部妇女仍被排斥在选举权之外。1872年改革颁布了"秘密投票法"，净化了选举过程，有利于选举权真正发挥作用。

第四次有影响的改革是1884年颁布的"人民代表制法"，它规定无论在郡或自治市，每年只要10英镑价值的任何土地或住房的人即有选举权。这次改革使乡村的农业工人都获得了选举权，选民人数增加了67%，但仍有40%的成年男子和所有妇女未获得选举权。

关于妇女选举权的问题，早在宪章运动时就已浮出水面，并在19世纪70年代开始提出争取妇女选举权的法案，但始终未获通过。随着女权运动的深入开展，一次给予成年妇女选举权的改革呼之欲出。1918年"人民代表法"规定，凡是在选区有住房且其丈夫有选举权的妇女均有选举权，大学选区内年满30岁的妇女与男子一样有选举权。经过这次改革，英国80%的成年男子享有了选举权，同时妇女第一次得到选举权，基本上实现了广泛的选举制。其后的1928年改革使英国所有的成年人不论男女都享有了选举权。1948年则实现了一人一票制，取消了职业前提的选举资格和大学席位。1969年的"国民代表法"明确规定，凡年满18周岁，在其选区内居住满了三个月的英国公民（军人为一个月），不分男女，均有选举权。至此英国的普选制最终确立。①

（二）经济和社会权利保障制度及其发展

从19世纪开始，对经济和社会权利的保障日益受到英国政府的重视，特别是对工作权利、受教育权利、健康权利和社会保障权利的保障逐渐完善起来。

1. 对劳动者工作权利的保护

1802年英国颁布了第一个工厂法，对劳动时间、劳动条件以及女工

---

① 汤敏轩：《英国政治发展的渐进模式——以选举权为例兼作政治文化分析》，《江西行政学院学报》2001年第2期。

和童工的使用等都作了具体限制和规定。①

2. 对受教育权的保障

17世纪之前，英国的贵族阶级垄断了受教育权，英国政府则恪守旧传统，不过问国民教育，故劳动人民的子女基本上无受教育的机会。自17世纪中期始，由教会及民间机构所控制的初等学校渐成规模。这些学校专门收容贫苦儿童，并免费为其提供最基本的生活条件。

18世纪中叶英国产业革命爆发后，面对新兴劳工阶层在政治、经济上争取平等的诉求及大工业生产对劳动者科学文化素质要求的持续提升，英国政府为整合民众意志、推进生产力快速发展，于19世纪初开始抛弃国家不管教育的旧传统，颁布了一系列支持民办初等教育的法规，国库也有配套措施，力图扩展教育对象的范围。然而直到1870年，英国6—10岁的儿童只有40%上了学，10—12岁的儿童只有33%上了学。1870年2月，议会通过了由教育署（Department of Education）署长福斯特（William Edward Forster）提出的《初等教育法》（*The Elementary Education Act*）。该法将全国划分为若干学区，学区设立学校委员会（School Board），管理本地区初等教育。在学校设施不足的学区，学校委员会还负有筹建公立初等学校之责。同时，法案授权学区学校委员会通过地方立法对5—12岁的儿童实施强迫教育，并规定公立初等学校每周的学费不得超过9便士。《初等教育法》的出台为义务性质初等教育的推行奠定了基础。至1876年，英国立法普及初等义务教育的地区占居民居住区的50%。但是，该法案容许初等教育收费，这对于下层阶级子弟受教育权的保障是相当不利的。

1880年，英国议会通过《芒德拉法》（*Mundella's Act*），宣布对全国5—10岁的儿童实行义务教育。至19世纪80年代末，英国学龄儿童入学率已达90%。

1891年，英国政府颁布了《免费教育法》（*Free Education Act*），正式开启义务教育的免费进程。法案规定将以每所公立初等学校3—15岁的在校儿童的平均数目为基准，为每人每年拨10先令的教育补助费，并禁止

---

① 高德步：《从传统经济向市场经济的过渡——论近代英国的经济革命》，《学习与探索》1997年第4期。

接受补助金的生均年教育成本低于10先令的公立初等学校以任何形式向3—15岁的在校儿童收费。该法同时允许接受补助金的上述成本高于10先令的公立初等学校向学生收取差额。该法案进一步加速了义务教育的普及，至19世纪末，绝大多数儿童都能接受6—7年的正规教育，法定义务教育年限亦因此提高到12岁。

1918年，英国议会通过了教育委员会主席费舍（Herbert Albert Lawrens Fisher）主持起草的议案，史称《1918年教育法》（Education Act, 1918）。法案将义务教育年限提升至14岁，规定地方教育当局为本地区11—14岁或16岁的儿童开设足量的继续学校（continuationschools），并禁止所有公立初等学校和继续学校收费。

1944年议会通过了由教育委员会主席巴特勒（R. A. Butler）提交的议案即《1944年教育法》（Education Act, 1944），把义务教育年限提升至15岁，规定所有地方教育当局所属中等学校免收学。至1950年，初等教育至中等教育的入学率由"二战"前的12%提升至75%，1960年升至81%，1970年升至88%。[①]

3. 对健康权利的保障

英国的医院源于中世纪的宗教和慈善机构。机构性的正式医院治疗始于18世纪中叶，到1800年，拥有床位4000余张，一半以上的医院集中在伦敦。到1880年，第一批医院开始向部分患者提供收费服务，收费标准视患者的经济能力而定。根据1834年的《济贫法修正案》，开始出现了由国家创办的济贫院。1929年，地方政府开始管理济贫院。到1938年，约有一半的患者在此接受治疗，从而形成了由政府管理的济贫医院。[②]

1911年通过《国民保险法》，规定所有工资收入者都应参加医疗保险，在指定医院就医。

1944年，英国政府提出"国家卫生服务"的口号和建议，提出医疗保险服务的3个原则：对每个人（包括农民）提供广泛的医疗服务；卫

---

① 陈峥：《英国义务教育福利化的历史发展》，《湖南师范大学教育科学学报》2011年第5期。

② 王毅：《英国全民医疗保障的历史沿革》，《中国卫生产业》2003年第12期。

生服务经费全部或大部分从国家税收中支出；卫生服务由地段初级服务、地区医疗服务和中央医院服务三部分组成。1948 年，颁布《国家卫生法》，政府开始正式实施国民医疗服务体系（NHS），规定凡英国居民都平等享受国家医院的免费医疗，其卫生服务经费全部或大部分从国家税收中支出。1964 年，颁布《国家卫生服务法》，对所有公民提供免费医疗。[1]

4. 对社会保障权利的保障

英国社会保障法律制度是在传统社会救济制度的基础上发展起来的。1601 年英国颁布了世界上第一部《济贫法》，但该法还是将济贫视为政府的恩惠，强调对不劳动者的惩罚。

18 世纪下半叶，工业革命的开始使英国再次面临严重的社会问题。1795 年，英国颁布了《斯宾汉姆法》，该法的核心内容是按照食品这一基本生活资料价格的高低来确定人们的最低生活费用标准，开始把社会救助与基本生活费用的高低联系起来。

1834 年，英国议会通过了新《济贫法》，宣布停止向济贫院以外的穷人发放救济金，强迫他们重新回到习艺所去。新《济贫法》创立了第一个全国性的行政机构——济贫委员会，将济贫由分散变为集中，克服了地方济贫管理腐败和不称职的局限，为在全国范围内建立统一的社会保障制度奠定了基础。

1908 年颁布了《老年年金保险法》，在历史上第一次认为政府有责任为低收入的老年人提供生活保障。1911 年，英国国会正式批准了《失业保险与健康保险法》，这是世界上第一部在全国强制推行的失业保险法。同年，还通过了《国民保险法令》。1918 年，英国通过《妇女儿童福利法》；1925 年颁布了《寡妇孤儿及老年年金法》。1934 年，英国通过新的《失业法》，将长期失业的情况从社会保险计划中分离出来单独给予救济；1936 年通过《国民健康保险法》。至此，英国社会保险法在形式上已经比较完备。

第二次世界大战后，英国社会保障制度向着更为全面和完整的方向发展。1945 年通过了《家庭津贴法》；1946 年通过了《国民保险法》，几乎

---

[1] 胡玲：《英国全民医疗服务体系的改革及启示》，《卫生经济研究》2011 年第 3 期。

每个公民都可以享有失业、生育、死亡、孤寡、退休等方面的保障；同年，英国还颁布了《国民工伤保险法》和《国民健康服务法》；1948年颁布了《国民救助法》，标志着济贫法实施的终结和社会救助制度的正式建立。上述五部法律共同构筑了英国福利国家的社会保障法律体系，实现了社会保障制度的系统化和对公民社会保障权利的全面保障。英国也因此成为世界上社会保障法制最完备的国家，形成了"收入均等化、就业充分化、福利普遍化、福利设施体系化"的社会保障模式。[①]

（三）特定群体权利保障制度及其发展

1. 对妇女权利的保障

关于妇女权利保障，主要在婚姻家庭法中明确规定。传统英国家庭婚姻法是宗教法的重要组成部分，婚姻被认为是神圣的两性结合，严守一夫一妻制；结婚必须举行宗教仪式，并且禁止离婚。1836年颁布的《婚姻法》改变了结婚必须举行宗教仪式的规定，当事人可以选择在教堂举行婚礼，也可以选择在政府部门进行登记结婚。1857年的《婚姻诉讼法》将婚姻案件的管辖权有教会法院移交给新设立的离婚法院，承认夫妻之间可以通过离婚法院判决离婚。但是，在离婚条件上男女有所区别，夫可以妻与人通奸为由请求离婚，而妻要请求离婚必须证明夫与近亲属通奸，犯重婚罪、强奸罪，或虐待、遗弃妻两年以上等事实。1895年《已婚女子法》进一步规定，夫对妻有重大污辱、遗弃，或拒绝给妻和未成年子女生活费时，妻得诉请与夫分居。1902年《特许法》和1902年的《已婚女子法》规定：夫有酗酒习惯、吸毒嗜好，或染有性病，或强迫妻子卖淫，法院得准许妻与夫分居。这几个法令都进一步放宽了妻子请求离婚的条件。1923年的《婚姻法》最终规定了妻子可以夫与人通奸为由请求离婚，从而是妇女在离婚问题上取得了与男子平等的权利。

英国市场经济初创时期，妇女地位逐渐提高，并且在家庭中逐渐获得独立的财产权。中世纪的时候，夫妻财产实行"一体制"，妻子的所有婚前和婚后财产都必须由丈夫管理并支配。为了改善已婚妇女的经济地位，衡平法通过对信托财产的调整和保护，确认已婚妇女可以成为信托财产的

[①] 杨思斌：《英国社会保障法的历史演变及其对中国的启示》，《中州学刊》2008年第3期。

受益人。1882 年颁布的《已婚妇女财产法》，确立已婚妇女的独立的财产权，并可用遗嘱或其他方法处置财产。该法规定，已婚妇女有权将婚前和婚后取得的财产作为独立的财产，单独对该项财产进行管理和处分。1907 年的法律又进一步规定，妻无须征得夫的同意，即可转让其个人财产。

在选举权方面，1918 年的《人民代表法》规定，凡是在选区有住房且其丈夫有选举权的妇女均有选举权，大学选区内年满 30 岁的妇女与男子一样有选举权。这是妇女第一次得到选举权。1928 年改革使英国所有的成年人不论男女都享有了选举权。①

2. 对儿童权利的保障

儿童权益的保护主要体现在父母与非婚生子女的关系的变化。中世纪，非婚生子女在家庭中的地位是完全不受法律保护的，他们没有权利向生父提出任何要求，1235 年的《麦顿条例》明确禁止认领非婚生子女。1926 年的《合法地位法》引入了一项罗马法原则，即非婚生子女因其父母结婚而取得合法地位。由此，非婚生子女的权益获得法律的保障。

1908 年的《未成年人犯罪法》规定这类案件由专门成立的法院审理；同年颁布的《防止犯罪法》规定少年犯罪应在少年感化院中服刑。

3. 对残疾人权利的保障

英国于 1995 年制定了《反残疾歧视法》，并于 2005 年进行了修正。对残疾人社会保障包括残疾和患病补助、独立生活补助、工作安排和补助、收入课税补助和收入支持、家庭和残疾子女税金免除和子女补助、残疾设施补助和电视收费优惠、残疾学生补助、工伤残疾补助和持续看护补助，以及蓝徽停车计划、交通工具计划等。②

三 自由市场经济体制对英国人权保障制度的影响

英国是先发的自由市场经济国家，并已进入平衡发展阶段。我们在第二章根据这类国家的特点对其人权保障作出了四个假设：（1）重视个人自由权利保障，政府作用消极；（2）权利保障有阶段性，各类权利保障

---

① 汤敏轩：《英国政治发展的渐进模式——以选举权为例兼作政治文化分析》，《江西行政学院学报》2001 年第 2 期。

② 周云：《英国残疾人的社会保障》，《社会保障研究》2010 年第 6 期。

趋于均衡；（3）保障水平较高，公民自由权利保障更充分；（4）对国内外存在双重标准。从以上英国人权保障制度及其历史发展的情况来看，上述假设对英国基本都是成立的。

第一，英国非常重视对个人自由权利的保障。特别是对人身自由权、财产自由权、表达权和公正审判权的保障。

第二，英国对各类权利的保障呈现出明显的阶段性，从15世纪开始的市场经济初始发展阶段，英国主要致力于保障的是公民的人身自由权、财产权、表达权、公正审判权以及政治权利。从19世纪开始，市场经济逐步进入平衡发展阶段，英国开始致力于工作权、受教育权、健康权、社会保障权等经济和社会权利的保障；对妇女、儿童和残疾人等特定群体权利的保障随后也逐渐加强。

第三，经过多年发展，英国各项人权的保障水平已经达到较高的水平，但相比之下，英国更加重视公民自由权利的保障。当公民自由权利与其他权利发生冲突时，英国的选择更偏向于保障公民自由权利。

第四，英国是老牌殖民国家，并从对外扩张殖民中获取了大量利益。但在人权保障方面，其对内和对外存在着双重标准。尽管对本国公民的人权保障比较健全并呈现出阶段性发展，但对殖民地国家人民的人权却曾经严重踩躏和侵犯，或不予承认，或部分承认，或保障水平很低。

从各项权利保障与市场经济发展的关系来看，英国的情况也大体印证了我们在第二章中作出的假设。首先，公民权利和政治权利的保障保证和促进了英国市场经济的发展。其次，经济、社会和文化权利与市场经济发展是相互制约的，并在平衡的条件下相互促进。从英国的情况来看，对工作权利、受教育权利、健康权利和社会保障权利的保障，为市场经济提供了健康、可持续的劳动力，而市场经济带来的政府税收增加也为这些权利的保障提供了比较充分的经济基础。但国家福利制度也在一定程度上降低了工作动力，使英国在全球市场竞争中的优势减弱。这导致了英国国内对福利国家制度的激烈而持续的争论。最后，特定群体权利的保障与市场经济的发展也呈现出相互制约的关系。英国政府对妇女、儿童和残疾人等弱势群体权利的保障是在19世纪后才开始出现，并在20世纪后才逐步制度化。一方面，市场经济和科学技术的发展水平决定着对弱势群体权利保障的经济基础和技术条件；另一方面，保障这些群体权利的福利政策需要通过税收的转移支付，它既会减少用于投资的资金，又会增加消费需求。只有在相对平衡的条件下才会促进市场经济的发展。从整体上看，英国在逐步增加这些权利保障的过程中，市场经济仍然呈现出稳定发展的格局，虽不再是世界头号强国，但仍然是欧洲经济上名列前茅的国家。这说明，英国较好地处理了市场经济发展与弱势群体权利保障的关系，使二者大体保持了平衡。

第二节 美国的市场经济与人权保障

美国实行的是自由市场经济。与英国不同，美国曾经是英国的殖民地，经过独立战争，摆脱了与英国的殖民统治，成为独立国家。

一 美国市场经济发展及其特点

美国是一个由多国移民组成的国家，其经济发展直接移植欧洲经济。美国在18世纪获得独立之后，在19世纪也走上独立发展资本主义工业道路。在市场经济初创时期。

美国市场经济的发展经历了四个阶段：在20世纪30年代之前，美国是古典自由主义的市场经济；1929—1933年的世界性经济危机，使美国在20世纪30—70年代实行国家干预的市场经济；20世纪70—80年代，随着经济上出现"滞胀"，美国采取了新自由主义的市场经济，削减政府开支，减轻税负，放松管制，紧缩通货；20世纪80年代末，面对新的经济衰退，美国开始实行干预与自由相混合的市场经济。[①]

美国采取的是自由市场经济体制，但与英国的自由市场经济体制有一些区别。第一，美国实行以私营企业为主体、私人垄断为中心的自由企业制度，政府很少直接拥有和经营企业；第二，市场力量是主导的资源配置方式，企业的微观经济活动基本上由市场引导，在市场发达、竞争充分的基础上，私营企业和个人消费者根据市场供求关系和价格的变动进行自由选择，资源配置的决策是高度分散化的；第三，政府不通过指导性计划对经济活动进行调节，而是以财政金融杠杆为主要手段进行宏观经济调控；

---

① 杨国民、胡海川：《美国市场经济》，《改革与理论》1995年第5期。

第四，以法治方式维护市场秩序。①

二 美国的人权保障制度

（一）公民权利和政治权利保障制度

美国国会在1789年通过了宪法修正案，它被称为《权利法案》。在美国南北战争之后，美国国会又先后通过一系列保障公民权利的宪法修正案。

1. 人身自由权

1789年《权利法案》第2条规定：管理良好的民兵是保障自由州的安全所必需的，不得侵犯人民备置和携带武器的权利。第5条规定：非经法律程序，不得剥夺任何人的生命、自由或财产。

尽管在独立战争期间黑人奴隶为新国家的诞生作出了杰出贡献，但在独立战争结束后并没有废除奴隶制。1787年制定的宪法规定奴隶主有权跨越边界追捕逃亡奴隶，并允许保留奴隶贸易20年。20年后，到1808年，国会通过的新法律虽然禁止从国外输入奴隶，但并没有禁止国内市场的奴隶买卖。黑奴人数由1790年的70万增加到1861年的400万。直到南北战争爆发后，才于1862年9月颁布《解放黑人奴隶宣言》。② 第13宪法修正案宣告废除奴隶制。

2. 财产权

1789年《权利法案》第3条规定：未经宅主同意，平时不得在任何住宅驻扎士兵，在战时也不得驻扎，依法律规范方式除外。第4条规定：人民的人身、住所、文件和财产不受无理搜查和扣押，不得发出搜查证或扣押状，除非有可能的理由，有宣誓或代誓证实并载明搜查地点或扣押的人和物。第5条规定：非经法律程序，不得剥夺任何人的生命、自由或财产；非经公平赔偿，私有财产不得充作公用。

3. 表达权

1789年《权利法案》第1条规定：不得制定以下事项的法律：建立宗教、禁止宗教自由、剥夺言论自由或出版自由、剥夺人民和平集会及向

---

① 项卫星：《美国市场经济体制模式初探》，《世界经济》1996年第8期。
② 张大化：《美国人权状况的历史考察》，《湖北教育学院学报》1999年第1期。

政府请愿的权利。

4. 公正审判权

1789年《权利法案》第5条规定：非经大陪审团的报告或公诉书，任何人不得以死罪或其他重罪案受审；但发生在陆海军或在战时或国家危急时服现役的民兵案件除外；任何人不得因同一犯罪而两次受到生命或身体上的危险；任何刑事案件中，不得强迫任何人自证其罪。该法案第6条规定：一切刑事诉讼中被告享有下列权利：由罪案发生地的州或区域的公正陪审团加以迅速和公开的审理，该区域应以法律预先确定；被告应被通知控告的性质和理由；与对方证人对质，应有以强制程序获得有利于自己的证人并获得律师为其辩护的权利。第7条规定：在普通法诉讼中，如争执的价值超过20元，应保护由陪审团审理的权利；已由陪审团审定的事实，除依普通法规则外，不得在合众国任何法院中重审。第8条规定：不得要求过多的保释金，不得处以过重罚金和施加残酷与非常的刑罚。

第14宪法修正案规定"正当法律程序"。

5. 选举权

早在1620年，首批去北美殖民的"五月花号"船上的清教徒签订了《五月花号公约》，规定殖民者有选择政府的权利，政府必须建立在被统治者认可的基础之上。这是北美新大陆移民按照社会契约理论建立政府的首次尝试。直至今日，这个公约仍然被看作美国政治制度的两大基石之一。殖民地时期，北美各州都按照资产阶级的社会契约理论，相继建立了三权分立的政治制度。到美国独立前夕，除宾夕法尼亚以外的所有殖民地都建立了两院制的立法机构。上议院议员一般由英国国王任命，下议院议员通常由市民选举产生。下议院拥有征税的权力。[①]

美国人民争取选举权的斗争在历史上有三次高潮。第一次高潮发生在安德鲁·杰克逊执政期间（1829—1837年）。当时美国西部新建立的州对选民都没有规定财产资格，这种新风尚大大鼓舞了东部各州人民反对规定选民财产资格的斗争。迫于形势，东部各州也相继取消了对选举权的财产资格规定。

19世纪30年代后期，美国基本上实现了成年白人男子的普选权，享

---

① 陈锡镖：《美国人权运动的历史回顾》，《社会科学》1996年第1期。

有选举权的美国公民扩大到 40% 左右。第二次高潮发生在本世纪 20 年代。世纪末期掀起的声势浩大的妇女运动迫使美国政府于 1920 年通过了宪法第十九条修正案，给予广大妇女参与政治的权利，从而大大增加了美国选民的人数。

20 世纪 60—70 年代是美国选举权扩大的第三阶段。1964 年通过的宪法第二十四条修正案规定不准在联邦政府的选举中向选民征收选举税。这样，美国南部各州的黑人选民在 1964 年至 1970 年间增加了 50%。①

1971 年通过的第二十六条宪法修正案把选民的年龄由各州自定的 20—21 周岁统一降低到 18 周岁，使大批青年获得了选举权。②

美国人民争取选举权斗争的成果具体反映在美国宪法的第十五、十九、二十二、二十四条及第二十六条修正案中。③

6. 民族自决权

随着殖民地经济的发展和美利坚民族的形成，殖民地同宗主国的矛盾日益尖锐。在英国的殖民统治下，殖民地人民无法享受自由平等权利，因而他们喊出了"不自由，毋宁死"的口号。争取民族独立便成了殖民地人民争取人权的首要任务。北美独立战争爆发后，第二届大陆会议通过了人类历史上第一个含有人权内容的《独立宣言》，它既是一个政治纲领，宣布了北美殖民地脱离英国统治而独立；同时也是一个理论性文件，进一步阐明了人权的含义，把人类的自由平等看作与生俱有的权利，人们对生命、自由和幸福的追求是不可转让的天赋人权。在《独立宣言》的指引下，美国人民经过了艰苦卓绝的斗争，终于赢得了民族的独立。④

（二）经济和社会权利保障制度

1933 年，正当美国处在深刻的经济危机之时，刚刚就任的罗斯福总统面对着生活毫无保障的失业工人提出了"保障住宅、生活和社会安定，是我们能够提供给美国人民的最低保证，是每个愿意工作的美国人和他们的家庭应该享受的权利"⑤ 的主张。此后，罗斯福在 1941 年发表的关于

---

① 沈宗灵：《美国政治制度》，商务印书馆 1980 年版，第 147 页。
② 陈锡镖：《美国人权运动的历史回顾》，《社会科学》1996 年第 1 期。
③ 陈锡镖：《美国人权运动的历史回顾》，《社会科学》1996 年第 1 期。
④ 陈锡镖：《美国人权运动的历史回顾》，《社会科学》1996 年第 1 期。
⑤ 《罗斯福选集》，商务印书馆 1982 年版，第 61 页。

"四大自由"的讲话进一步阐明了将人类的生存权列入基本人权的思想。他认为:"人类期待着一个建立在四大自由基础上的世界,即一个言论自由、宗教信仰自由、不愁衣食匮乏、不受恐惧危胁的世界。"① 罗斯福在1944年给美国国会的咨文中,给人权概念重新下了一个定义。他说:"我们已经开始清楚地认识到,没有经济上的独立和安全,就不存在真正的个人自由。贫困的人不是自由的人。……我们已经接受了可以说是第二个《权利法案》,据此,可以为所有的人——不分地位、种族和信仰——建立一个崭新、安全和繁荣的世界。"② 罗斯福提出的第二个《权利法案》的基本权利有:"人们有从事有益工作和获得报酬的权利,有享受医疗保健的权利,有获得良好教育的权利和不受年老、生病和失业威胁的权利。"③ 20世纪60年代以来,美国政府开展了"向贫穷开战"的运动,花费在社会福利上的开支逐年增加,1965年是770亿美元,1973年则增加至2150亿美元。④ 福利国家政策在一定程度上帮助了丧失劳动能力的人们获得基本生活资料。然而,所谓的第二个《权利法案》至今并未被美国宪法所接受。⑤

(三)特定群体权利保障

1. 妇女权利

美国《婚姻家庭法》中规定了对妇女权利的保障,妇女的基本权利逐渐得到扩展。首先,财产权。殖民地时期,已婚妇女没有独立的居住权和其他民事权利。美国独立以后,已婚妇女的地位逐渐改善,各州的法律对已婚妇女的权利作出相应的规定。1787年马萨诸塞州规定:当丈夫离家出走,使妻子陷入贫困时,妻子有权要求法院同意卖掉土地。1839年密西西比州的法律给予已婚妇女拥有和处分奴隶的权利。这一时期当中已婚妇女的财产权是受到诸多的限制的,并不具备完全自由的财产权。19世纪60年代,已婚妇女的地位进一步改善。如在1860年和1862年美国

---

① 《罗斯福选集》,商务印书馆1982年版,第61页。
② 《罗斯福选集》,商务印书馆1982年版,第61页。
③ 《罗斯福选集》,商务印书馆1982年版,第446页。
④ [美]马丁·安德森:《福利——美国福利改革的政治经济学》(英文版),斯坦福大学出版社1978年版,第19页。
⑤ 陈锡镖:《美国人权运动的历史回顾》,《社会科学》1996年第1期。

纽约州的法律中，非常明确地规定已婚妇女具有支配自己财产的权利，并且可以通过贸易、营业、劳务和其他方式取得财产。

2. 儿童权利

青少年权利与关于少年犯罪的刑事责任方面，普通法原则上排除对青少年犯罪进行刑事判决，但是实践中青少年犯罪被判决的现象却经常出现，并引发刑事政策的改革。1869年马萨诸塞州正式将缓刑适用于儿童犯罪，1876年纽约州制定了《爱尔密拉教养院法》，建立教养院，完善青少年犯罪的司法处遇制度。1878年马萨诸塞州议会制定了世界上第一个少年法庭法；1899年，伊利诺伊州也制定了《少年法庭法》，规定了对"无抚养和被遗弃的孩子"以及"违法的少年儿童"的照管、审理和处遇的原则和方法。

3. 非洲裔美国人权利

1787年的美国宪法第一条第二款规定，众议员按各州人口比例选出。除自由人外，黑奴按3/5人口计算。印第安人则不计算入各州人口之内。①

南北战争结束后，虽然奴隶制已经废除，但美国南部各州制定了一系列对非洲裔美国人实行种族隔离或种族歧视的法律，被称为《黑人法典》，剥夺非洲裔美国人选举和被选举的权利，非洲裔美国人发表"煽动性议论属非法"。1866年，密西西比州首先公布，南方各州陆续效仿。1871年联邦军队撤出南部后，南部各州又先后推出《吉姆·克劳法》，全面推行种族隔离制度，包括禁止黑白人通婚，在各公共设施如教堂、学校、住宅区、戏院、餐馆、旅店、交通工具、图书馆、公园、电话亭等处实行种族隔离，禁止非洲裔美国人进入或使用这些设施。1890年后，南方各州又相继制定《祖父法案》，规定必须祖父有选举权的非洲裔美国人才有选举权。而非洲裔奴隶1862年以后才获得解放，根据这个法案，90%以上的非洲裔美国人都被排斥在合法选民之外。②

1948年，杜鲁门总统签署了在军队中废除种族隔离制度的《行政命令9981号》。1950年后，美国最高法院又相继取消了黑白通婚的限制和

---

① 张大化：《美国人权状况的历史考察》，《湖北教育学院学报》1999年第1期。
② 张大化：《美国人权状况的历史考察》，《湖北教育学院学报》1999年第1期。

在公共场合实行的种族隔离。1957年9月，艾森豪威尔总统签署了《民权法案》，正式承认非洲裔美国人的选举权。①

4. 印第安人权利

1607年4月，来自英国的一批殖民在北美建立了第一个居民点。多亏热情好客的印第安人的相助，他们才得以生存下来。此后欧洲移民不断涌来。起初他们同印第安人的关系是和睦友好的。然而随着欧洲移民人口的增加，殖民者为了掠夺更多的土地和印第安人之间的冲突也越来越加剧：殖民者仗着先进的火器，对印第安人进行种族灭绝式的屠杀。他们残酷地将印第安人的头皮剥下来放在公园里展览，以炫耀"战绩"。1787年美国宪法制定时，由于南方奴隶主的坚持，在分配议员名额时，黑人奴隶被当作3/5人口统计，而印第安人则被排斥在人口统计之外。这就是说，北美的最早主人印第安人在这个新建的国家里竟得不到宪法的承认。②

1795年8月，政府军队在打败印第安12个部落联盟后，强迫他们签订协议划定居留地，将他们祖辈生存的大片土地交给白人移民占据。19世纪初，美国政府又推行强迫印第安人迁移的政策。1784—1894年的110年里，美国政府强迫印第安人签订720多项转让土地的协议，印第安人被迫"让出"几千万英亩的地，并被驱赶到密西西比河以西的荒凉地区去。在印第安人被迫背井离乡的过程中，政府派出军队执行押送任务，成千上万印第安人死于迁徙途中。印第安人被迫迁移到西部以后，厄运并没有终止。随着美国历史上的"西进运动"，大批白人移民到西部拓荒，白人移民与印第安人的流血冲突不断发生，政府军加入对印第安人的"征伐"中，大批印第安人被屠杀，幸存的被赶进俄克拉荷马州狭小的"保留地"。美国殖民地时期北美印第安人约有500万人，到1860年时只剩下34万，1910年时又减少到2万。③

到了20世纪以后，美国印第安人的状况有所改善。1924年6月，美国国会通过法案，凡在美国出生的印第安人均为美国公民。这等于承认，以前印第安人是没有宪法保证的任何权利的。印第安人在被承认为美国公

---

① 张大化：《美国人权状况的历史考察》，《湖北教育学院学报》1999年第1期。
② 张大化：《美国人权状况的历史考察》，《湖北教育学院学报》1999年第1期。
③ 张大化：《美国人权状况的历史考察》，《湖北教育学院学报》1999年第1期。

民后，仍居住在以前划定的西部 20 多个"保留地"中，其生活设施、卫生条件、教育机构都比其他地区落后。今日的印第安人仍属于最贫困的阶层，30% 的印第安家庭处于贫困线之下。①

三　自由市场经济体制对美国人权保障制度的影响

美国是先发的自由市场经济国家，并已进入平衡发展阶段。我们在第二章根据这类国家的特点对其人权保障作出了四个假设：（1）重视个人自由权利保障，政府作用消极；（2）权利保障有阶段性，各类权利保障趋于均衡；（3）保障水平较高，公民自由权利保障更充分；（4）对国内外存在人权双重标准。根据以上对美国市场经济发展与人权保障制度的描述，可以看到以上假设基本成立，但由于美国的一些特殊情况，美国人权保障又呈现出一些与英国不同的特点。

一方面，尽管与亚洲和非洲许多国家相比，美国是市场经济先发国家，但美国又是一个被殖民国家。殖民者将英国的自由市场经济体制带到了美国，殖民者又在镇压了原住民反抗的过程中成为了新国家的主人，这使得美国的人权保障体制与英国有许多相似之处。这包括重视个人自由权利保障，政府在人权保障方面作用相对消极；各项权利保障呈现出明显的阶段性，在 20 世纪 30 年代经济大萧条之前强调公民权利和政治权利保障，在 20 世纪 30 年代之后开始注意经济和社会权利保障；对妇女、儿童、黑人、印第安人等特定群体的权利保障明显滞后；各项权利总体保障处于较高水平，但公民自由权利的保障相对更加充分，经济和社会权利及弱势群体权利相对保障不足。

另一方面，与作为殖民输出国的英国不同，美国是一个被殖民国家，在争取民族独立的过程中更注重民族自决权，更加强调个人自由权。但随着美国经济的对外扩张并成为世界新的霸主，美国在对内和对外日益呈现出人权的双重标准，将美国人的人权看得至高无上，而对世界其他国家人民的人权却经常通过对外战争予以无情践踏。

---

① 张大化：《美国人权状况的历史考察》，《湖北教育学院学报》1999 年第 1 期。

第三节　加拿大的市场经济与人权保障制度

加拿大的历史可以划分为三个时期，即法属殖民地时期（1608—1763 年）、英属殖民地时期（1763—1867 年）、自治领时期（1867—1982年）、主权国家时期（1982 至今）。加拿大市场经济初创时期大概在 20 世纪初期之前，也就是处于自治领时期。

一　加拿大的市场经济的发展与模式

加拿大是年轻的移民国家。16 世纪后，法、英殖民者先后侵入加拿大；1763 年沦为英国殖民地。18 世纪末，加拿大爆发了独立运动，1867年成为英国自治领。1931 年进一步确立了与英国的"平等地位，不再互相隶属"。两次世界大战之后，削弱加拿大与英国之间的关系，反而加强加拿大与美国之间的关系。无论是市场经济初创时期，还是进入市场经济调整期，加拿大的经济高度依赖美国。加拿大的市场经济体制是自由经济与中央集权经济的组合。"加拿大经济是建立在私有制基础上，完全按照市场经济的规则操作和运行的。"[①] 加拿大社会经济活动主体主要是股份制有限公司，这些企业的经济行为覆盖社会经济活动的各个方面，诸如工农业生产、商品流通、交通运输、银行业务以及证券交易等，还包括某些公共事务。加拿大除了私有制企业之外，还注重政府在经济活动作用，尤其表现为政府对企业的干预。一方面，当企业发生经营危机，政府关注雇员较多的企业，并利用经济手段控制失业率的增长与社会稳定；另一方面，政府也成立国营企业，经营事关民生，但经营收效期长、利润薄或风险大的业务。正因为加拿大在经济发展中，既注重发挥私有制企业的作用，也注重政府对关键行业与企业的干预，在 20 世纪 70 年代进入了高收入国家行列，成为世界上经济发达国家。

二　加拿大的人权保障制度

1867 年的加拿大宪法并不包括《权利法》，法院通过适用普通法的方

---

① 张志华：《加拿大经济初探》，《集团经济研究》1992 年第 8 期。

式对公民的自由和权利进行保护。随着国际社会人权运动的兴起，1960年加拿大政府通过了《权利法》，作为联邦议会的一项普通法律予以颁布，只对联邦法律产生约束力。在整个市场经济初期，加拿大规定公民权利的法律为《权利法》，直到1982年，加拿大《权利和自由宪章》通过之后，《权利法》失去了重要性。但是，值得指出的是《权利法》中保护的大部分权利和自由都体现在《权利和自由宪章》当中。

（一）公民权利与政治权利保障及其发展

1. 人身自由权

加拿大《权利法》第1条第1款规定："自然人的生命、自由、人身安全和财产权利不受侵犯，非经正当法律程序不得剥夺。"第2条规定："（a）不得对任何人加以武断地拘留、拘禁或放逐；（b）不得施加残忍和非常的惩罚对待；（c）对于已经被逮捕或拘禁的人享有以下不被剥夺的权利：迅速获知被捕或拘禁的理由；无迟疑地聘请和通知律师；须有人身保护令才可被拘禁，并且如果拘禁非法应获得释放。"[①]

除了《权利法》规定了公民的人身自由权利之外，在1892年的《加拿大刑法典》第34条规定了人身保护，即"任何人在未挑起攻击，而遭非法攻击时，如使用武力仅系自卫所必要而并非意图导致死亡或严重人身伤害，其以武力抵抗武力，应视为正当"。该法典第37条"任何人，如果使用武力仅系防止攻击之必要，或防止攻击再发生必要，其使用武力保护自己或受其保护者免遭攻击，应视为正当"。

2. 生命权

加拿大《权利法》第1条第1款规定"自然人的生命、自由、人身安全和财产权利不受侵犯，非经正当法律程序不得剥夺"。1976年，经过立法程序，加拿大修改刑法，正式废除了死刑，更好地保障公民的生命权。1982年的《加拿大权利与自由宪章》的第7条规定，任何人都享有生存权、自由权和人身的安全，如果不是根据基本公正原则，此权不得被剥夺。

3. 财产权

加拿大《权利法》第1条第1款规定"自然人的生命、自由、人身

---

① Edward McWhinney. The New Canadian Bill of Rights. *The American Journal of Comparative Law*, Vol. 10, No. 1/2 (Winter–Spring, 1961), pp. 87–99.

安全和财产权利不受侵犯，非经正当法律程序不得剥夺"。

《加拿大刑法典》第34条也规定"和平拥有私人财产及其合法协助者，只要未殴打或伤害不法入侵者，而采取的阻止不法入侵者摄取其财产或向摄取其财产的不法入侵者取回财产的行为，视为是一种正当行为"。第40条规定"和平占有住宅者以及其合法协助者，或经其授权之人，为阻止他人未经法许可强行破门而入，或强行闯入其住宅而使用必要的武力，应视为正当"。但是，"为占有住宅或不动产而于日间和平进入其中，应视为正当"①。

4. 表达、宗教、集会与结社自由权

加拿大《权利法》第1条规定，公民享有以下人权和基本自由，不因种族、国籍、肤色、宗教和性别而受到歧视。这些自由主要有"……(b) 公民享有法律上的平等权和平等受法律保护的权利；(c) 宗教自由；(d) 言论自由；(e) 集会和结社自由；(f) 出版自由"②。为此，加拿大在《权利法》中规定表达自由权，其包括言论与出版自由。1982年的加拿大《权利与自由宪章》第2条规定公民享有以下基本自由：良心和宗教自由，思想、信仰、观点和表达自由，包括新闻和其他大众传播媒体的自由、和平集会自由、结社自由。

5. 平等权

加拿大《权利法》第1条规定，公民享有以下人权和基本自由，不因种族、国籍、肤色、宗教和性别而受到歧视。并且"公民享有法律上的平等权和平等受法律保护的权利"。1967年的《公务员雇佣法》中严禁任何人基于人种、国籍、伦理背景、肤色、宗教信仰、年龄、性取向、婚姻状况、家庭状况、残疾或是罪错观等原因而在公务员任用中受到歧视。《加拿大养老年金计划》中"取消养老年金的性别差异，男性和女性捐助者以及其配偶、普通法上的伴侣和抚养的子女享有同样的待遇"。1982年的《加拿大权利和自由宪章》（后文简称"加拿大宪章"）第15条第1款规定："每一个人在法律前、法律下平等，有权在无歧视下得到法律平等

---

① 《加拿大刑事法典》，卞建林等译，中国政法大学出版社1999年版，第30—32页。
② Edward McWhinney. The New Canadian Bill of Rights. The American Journal of Comparative Law, Vol. 10, No. 1/2 (Winter – Spring, 1961), pp. 87 – 99.

的保护和利益,特别是不因种族、国家或民族的起源、肤色、宗教、性别、年龄,或智力或身体残疾而有所歧视。"第 2 款规定:"第(1)条不取消任何法律、计划或活动,目的为改善不利的个人或团体,包括因种族、国家或民族起源、肤色、宗教、性别、年龄,或智力或身体残疾而不利者。"1960 年的《加拿大权利法案》与 1982 年《加拿大权利与自由宪章》是加拿大平等权的基础,在此基础上,加拿大的平等权不断地得到发展。

6. 获得国家赔偿的权利

1953 年,加拿大制定了《王权赔偿责任法》规定公民有获得国家赔偿的权利。《王权赔偿责任法》第 3—7 条规定了国家赔偿责任的具体情形:政府雇员的过错行为对公民造成损害;女王因监管不力致使其所有的或所监管的财产对公民造成的损害;女王在公路上行驶的交通工具对公民造成的损害以及公民在实施民事救助行为中遭受的损害。与此同时,该法律第 8 条对上述损害的赔偿责任进行了限制。1847 年的《由于事故死亡的家庭赔偿法》"任何人由于其不法行为、疏忽或过错而引起他人死亡的,对此承担赔偿责任"。

(二) 经济和社会权利保障制度及其发展

加拿大在市场经济初创时期,已经初步建立起了养老、失业、医疗、残疾人社会保障等方面的法律制度。在这一时期,深受两次世界大战以及 20 世纪 30 年代的经济大萧条时期,加拿大的失业者、年老退休者以及各种原因丧失劳动能力人的基本生活受到影响,这些都需要政府提供适当的社会保障来稳定社会秩序。为此,加拿大政府在 20 世纪二三十年代开始,有目的实施社会保障计划;到了 20 世纪四五十年代,加拿大政府开始重视社会保障制度的建设。如在失业保险和援助方面,制定了 1935 年《就业和社会保障法》、1940 年《失业保险法》、1955 年《失业援助法》;在公民收入保障方面,制订了 1945 年《家庭津贴计划》;在医疗保障方面,制定了 1957 年的《医疗设施和服务法》,这些法律制度保障了公民的工作权利、基本生活水准权利以及健康保健权利等。

(三) 特定群体权利保障及其发展

1. 老年人权利保障

加拿大在市场经济初创时期就注重老年人权利保障,并建立相应的法律制度，其主要三个方面：一是1952年颁布了《老年保障法》，而后又经过了多次修改。这部法律"规定了加拿大公民享有最基本的养老保障，依据该法提供给加拿大公民的是纯福利性的老年收入保障"①。这部法律经过几次修改，建立完备的保障老年人权利制度，较为全面地保障老年人的基本生活水准。1965年的修改，将老年人获得保障的年龄从1927年的70岁降低到65岁，扩大了老年人受益范围；1967年建立了收入保障补充制度，以确保了老年保障金接受者每月的最低补助；1972年引入全年消费指数来计算养老金，1973年改为季消费指数，使养老金的数额能够反映物价的变化；1975年建立配偶补助金制度。二是1965年通过并于1966年生效的《加拿大养老年金计划》，为公民提供退休、伤残等基本保障。这部法律也经过了多次修改，规定了"运用全年消费指数计算养老年金，取消养老年金的性别差异，男性和女性捐助者以及其配偶、普通法上的伴侣和抚养的子女享有同样的待遇"等。三是1957年通过的《登记退休储蓄计划》与1967年通过的《登记养老金计划》，这两部法律制度规定了个人养老金计划，这与雇主与企业强制性的养老金计划不同，政府通过税收支持鼓励企业和个人自愿参加养老金储蓄计划。

2. 妇女权利保障

1968年以来，联邦的"法律改革委员会"对婚姻家庭法提出一些重要改革，有些改革保护妇女的权益。诸如，夫妻财产及对其的处分，规定对结婚后的财产问题，加拿大基本上照搬19世纪英国已婚妇女财产法，使已婚妇女获得不动产和动产的享有所有权和处分权，改变了过去已婚妇女对丈夫的财产无共有权的状况。《公务员雇佣法》中也规定了任用中严禁性别歧视。《加拿大养老年金计划》中"取消养老年金的性别差异，男性和女性捐助者以及其配偶、普通法上的伴侣和抚养的子女享有同样的待遇"。这些都保护了妇女的财产权、参与政治的权利等。

3. 儿童权利保障

1968年以来，加拿大联邦的"法律改革委员会"在对婚姻家庭法的改革中，重视对儿童权利的保护。如加拿大法律承认养子女的身份及奸生子女在其父母结婚后可以成为合法的婚生子女。《加拿大刑事法典》第13

---

① 王立民：《加拿大法律发达史》，法律出版社2004年版，第279页。

条规定:"12岁以下儿童不得因其作为或不作为被判决有罪。"这就是说12岁以下儿童不得被追究刑事责任。

三 自由市场经济体制对加拿大人权保障制度的影响

加拿大是先发的自由市场经济国家,并已进入平衡发展阶段。我们在第二章根据这类国家的特点对其人权保障作出了四个假设:(1)重视个人自由权利保障,政府作用消极;(2)权利保障有阶段性,各类权利保障趋于均衡;(3)保障水平较高,公民自由权利保障更充分;(4)对国内外存在人权双重标准。根据以上对加拿大市场经济发展与人权保障制度的描述,可以看到以上假设基本成立,但由于加拿大的一些特殊情况,加拿大人权保障又呈现出一些与英国、美国不同的特点。

一是虽然加拿大与英国、美国都属于先发的自由市场经济国家。由于加拿大属于英国殖民地,其一直谋求独立。但是,基于英国与加拿大的殖民与被殖民关系,加拿大实行的市场经济深受英国市场经济的影响,加拿大的经济发展与英国联系紧密。加拿大在1926年获得外交上的独立,1931年不再从属于英国,与英国属于平等关系。从此,加拿大独立地发展市场经济。但是,加拿大在市场经济起步阶段,遭遇了20世纪30年代的大萧条,以及第二次世界大战。所以,加拿大除了借鉴英国和美国发展自由市场经济之外,注重公民权利和政治权利保障之外,更注重经济与社会权利的保障。尤其失业、养老、医疗等社会保障方面水平较高,尤其在20世纪70年代进入发达资本主义国家之后,是名副其实的福利国家。

二是加拿大在市场经济初创时期主要由《权利法》规定公民的权利与自由。与1982年加拿大宪法相比较而言,《权利法》规定的权利和自由还是比较少的,而在1982年的加拿大宪法规定的公民权利和自由比较全面。这是因为到了20世纪80年代,加拿大已经进入了市场经济调整期,并且跨入了国民高收入系列,公民需要保障的权利与自由更为广泛。值得注意的是,虽然1982年加拿大宪法规定较多的权利和自由,但还是以公民权利与政治权利为主,经济与社会权利规定的较少。在1982年加拿大宪法中一个新的变化是关注了少数人权利,规定了少数民族语言教育的权利、加拿大土著民族的权利等。

第四节　澳大利亚的市场经济与人权保障制度

澳大利亚原属英国的殖民地。1901年，澳大利亚联邦成立，澳大利亚从英国的海外殖民地变为了英国的自治领，国家的政治制度日趋成熟，经济实力快速增长。

一　澳大利亚的自由市场经济模式及其发展

澳大利亚在政治上采取联邦制政体，经济上实行自由市场经济。在第二次世界大战之前，由于长期受到英国长期殖民统治的影响和控制，澳大利亚国民经济以农牧业为主，严重依赖出口贸易。在第二次世界大战以及战后，澳大利亚的国民增长速度较快。根据表格列举的数据可以发现，在20世纪六七十年代，澳大利亚经历经济高度发展时期。进入80年代以后，国民经济增长进入缓慢期。澳大利亚经济的快速增长，降低失业率，提高人们的生活水平，尤其提高了人们的消费水平，也为医疗、养老等提供经济条件。虽然，澳大利亚实行自由市场经济，但是政府在80年代之前对宏观经济干预较强，主要表现在："（1）高关税政策，据统计，1977—1978年度关税高达26%；（2）高补贴和高福利政策，包括对企业的直接与间接补贴和对个人的福利；（3）对金融的严格控制，包括政府对中央银行、中央银行对各商业银行的直接控制，也包括对汇率和利率的直接控制；（4）公有经济成分比重高，中央财政收入比重大，直到1987—1988年度，公营部门总收入仍占国内生产总值的37%，中央税收占全部税收的80%。"①

二　澳大利亚人权保障制度

澳大利亚属于普通法国家。在澳大利亚的宪法中，缺乏专章《权利法案》，但是在澳大利亚的宪法及其普通法中，澳大利亚对公民的基本权利保障存在潜在的或明示的条款。

---

①　《澳大利亚宏观经济政策的制订与协调》。

表3-1　　　　　　　澳大利亚十年期 GDP 年均增长率　　　　　　　单位:%

增长\时期	1960—1969年	1970—1979年	1980—1989年	1990—1998年	1992—1998年
实际增长 GDP 增长	5.1	3.3	3.2	3.1	4.0
人口增长	1.9	1.4	1.5	1.2	1.2
人均实际 GDP 增长	3.1	1.9	1.7	1.9	2.7

数据来源：史蒂夫·多里克（SteveDolick）：《澳大利亚的经济增长》，付超译，《经济资料译丛》2002年第3期。

(一) 公民权利与政治权利保障制度及其发展

1. 平等投票权

《澳大利亚联邦宪法》第24条规定，"众议院应由联邦人民直接选举产生的成员组成，并且，其成员的人数应尽可能地为参议员人数的两倍。各州选出的众议员人数应与各州的人口数成比例，并且，除非国会另有规定，无论如何都应按以下办法决定其议员数额：1. 通过以参议员人数的两倍去除最近的联邦统计显示的联邦人口总数，来确定一份额单位；2. 每州选出的众议员人数应通过用一份额单位所含人口数去除最近的联邦统计显示的该州人口数来确定；如果这样划分得出的剩余人数大于1/2份额单位时，则该州增选一人。但是，无论本条如何规定，每一个创始州至少要选出五名众议员。"紧接着，《澳大利亚联邦宪法》规定"为实现上条之目的，无论何州的法律如果取消了任何种族的全体人民投票选举州议会两院的权利，那么，在计算该州的人口数或联邦的人口数时，居住在该州的那一种族的居民都不被计算在内"。这两个条款结合在一起，暗含着澳大利亚公民享有的平等的投票权。虽然在很大程度上平等投票权为宪法隐含的权利；但是很多案件却确立这一权利。1992年的里斯和联邦案件中（Leeth v. Commonwealth），迪恩与托海两位法官认为，法律平等的原则是宪法的"必要的含义"。1996年的麦克吉尼梯案件中（McGinty V. Western Australia），多数法官主张《澳大利亚联邦宪法》第24条的"直接由人民选举"的关键用词确立了在联邦选举中政府无权剥夺成年公民的普选权利。①

2. 反歧视权利

《澳大利亚联邦宪法》第 51 条规定了议会有贸易、征税、货物生产与出口的奖金等 24 项法律权利，其中第 2 款规定"征税，但各州间和各州的各地区间不得有差别"与第 3 款规定"货物生产和出口的奖金，但整个联邦内奖金应一致"表明在征税与货物生产与出口的奖金上应该是平等的。第 117 条规定"居住于任何州的女王的臣民，不受其他任何州的任何限制或歧视，如该限制或歧视并不同样适用于居住于该州的女王的臣民者"。这一条款表明公民享有免受居住在不同州而受到歧视的自由。除了宪法之外，澳大利亚还从联邦与州或领地两个维度制定反歧视法律，从种族、性别、残疾人等方面进行立法，保障了公民反歧视权利。如 1975 年《种族歧视法》、1984 年《性别歧视法》、1986 年《人权和平等机会委员会法》、1992 年《残疾歧视法》等。从州或领地的法律来看，主要是 1977 年《新南威尔士州反歧视法》、1984 年《南澳大利亚平等机会法》、1984 年《西澳大利亚平等机会法》、1991 年《澳大利亚首都领地歧视法》、1991 年《昆士兰州反歧视法》、1995 年《维多利亚州平等机会法》、1996 年《北领地反歧视法》、1998 年《塔斯马尼亚州反歧视法》等。

3. 宗教自由

《澳大利亚联邦宪法》第 116 条规定："联邦不得制定关于建立国教、规定任何宗教仪式或禁止信教自由的法律，不得规定参加宗教考试作为担任联邦公职的资格。"在澳大利亚，为了保障公民的宗教自由，"联邦不能反对宪法的第 116 条，在实践中较好地尊重宗教自由"②。

4. 公正审判的权利

在大多数案件中，犯罪嫌疑人有要求案件由陪审团和法官共同审判的权利，部分州的法律规定，对于专业性强的商业犯罪案件，应当由法官审理。当然，如果犯罪嫌疑人主动认罪，审判程序将直接进入由法官根据罪

---

① 何勤华：《澳大利亚法律发达史》，法律出版社 2004 年版，第 79 页。

② Gerhard Robbers. *Encyclopedia of World Constitutions*. An imprint of Infobase Publishing, 2007. p. 55.

行对其量刑的阶段。

澳大利亚的诉讼法有两大原则：第一，法官必须不带偏见地进行审判；第二，当事各方应当有充分表达自己意思的权利，并且法庭应当足够重视他们的意见。在法院审判当中，大部分民事案件均接受旁听，但是有些刑事案件以及涉及特殊群体的案件，不对外开放，如涉及恐怖分子的案件与儿童法院的案件。

（二）经济和社会权利保障制度及其发展

1. 对劳动工作权利的保障

19 世纪末 20 世纪初，澳大利亚已经开始用法律来规定仲裁庭或"工资委员会"的建立，并以它们来解决劳资纠纷。1896 年，维多利亚制定了一个工资委员会法律制度规定某些行业的最低工资；1900 年，西澳大利亚通过立法确定了调停和仲裁制度；1911 年，新南威尔士也确立了调停和仲裁制度。1901 年，澳大利亚联邦宪法授权联邦议会制定相关法律来防止并通过法律调停和仲裁的方法解决涉及州及州之间的劳资纠纷。1904 年，澳大利亚联邦制定了《调停和仲裁法令》，这是一部关于劳动关系的法律。该法规定，澳大利亚设立调解委员会和仲裁委员会以及澳大利亚联邦法院劳资纠纷法院，专门处理劳资纠纷。1946 年，澳大利亚还制定了关于煤矿工业的产业关系法；1949 年，制定了关于电力工业和海港与码头工业的产业关系法，还制定了关于公共事业的仲裁法，针对具体工业部门的劳动关系进行调整，保障公民的劳动工作的权利。

2. 社会保障权利

1901 年，澳大利亚于 19 世纪末开始关注失业问题，并从新西兰引进一套社会救济方案。[①] 1901 年 1 月，澳大利亚联邦政府成立之后，制定颁布了一系列的社会保障措施和法律规范。1908 年，联邦政府颁布了《残疾抚恤和养老金条例》，在全国范围内推行养老金制度。根据该条例规定，凡男性年满 65 周岁，女性年满 60 周岁，本地出生的和归化的英国臣民，只要个人年收入低于 104 澳元或家庭财产累计不到 620 元的，并且在澳大利亚连续居住满 25 年，就可以申请领取养老金。1910 年和 1912 年，

---

① N, G, Gash, *A History of the Benevolent Society of New South Wales*, University of Sydney, 1967, p. 7.

澳大利亚联邦政府又开始实施残疾抚恤金和产妇津贴①；1917年，实施残疾儿童津贴。1976年，澳大利亚实施家庭津贴。根据社会保障法修正案规定，凡抚养或监护一个或一个以上未满16周岁儿童的家庭，都可申请领取家庭津贴。对于有3个或3个以上的多子女者，则附加津贴，至子女16岁为止。澳大利亚在1909年制定了《联邦海上保险法》，1945年，建立了《人寿保险法》。1944年，澳大利亚制定了失业和疾病救济金法。该法规定，凡男性在16—65岁，女性在16—60岁，在澳大利亚居住满1年，即可申请领取失业和疾病救济金。澳大利亚在1975年还建立并实施"疾病银行"的健康保险方案，它属于全民规划，由政府在财政收入中统一拨款，无须私人掏钱。

（三）特定群体权利保障制度及其发展

澳大利亚建立很多关于老年人、妇女、儿童以及残疾人的权利保障制度。但是，比较突出的主要是针对妇女权利、残疾人权利保障。

1. 妇女权利保障

澳大利亚在家庭法中加强对妇女权利的保障。澳大利亚的家庭法主要适用英国教会法；1857年英国通过《婚姻案件法》，废除了教会法院的管辖和禁止离婚制度，采用过错主义的离婚标准，保留了别居制度和婚姻可撤销制度。在1884—1901年先后继受了英国1870年的《已婚妇女财产法》和1882年的《已婚妇女财产法》，这些法律的继受改变了传统普通法中妇女人格被吸收和婚前与婚后的财产归丈夫管理的规定，确立妻子在家庭中的地位与享有独立的财产权，并有权对外签订合同的权利。② 这些法律制度保障妇女的婚姻自由以及财产权。

除此之外，澳大利亚还实施针对产妇的津贴与寡妇的抚恤金。1912年，澳大利亚制定了专门的产妇津贴法。规定，凡已婚或未婚的母亲每生育一个孩子都可以得到10澳元的津贴。到了1934年，财政救济法对原有的产妇津贴法进行了修改，规定生育第一个孩子可得到9澳元的津贴，生育第二个孩子可得10澳元的津贴，生育第三个乃至更多的孩子，每人将

---

① T, H, Kewley, *Australian Social Security Today*, Sydney University Press, 1980, p. 25.

② H, A, Finlay, A, J, Bradbrook, R, J, Bailey - Harris, *Family Law*, 2nd edition, Butterworths (1993), pp. 524 - 525.

得到 15 澳元的津贴。关于产妇津贴，澳大利亚政府一直在执行 1934 年的法律制度。1942 年，澳大利亚制定了寡妇抚恤金法，规定凡年满 50 周岁以上的离婚妇女，被丈夫遗弃至少达半年以上的妻子或丈夫被监禁达半年以上的妇女，在澳大利亚连续居住满 5 年的，可以申领寡妇抚恤金。但是，领取者必须接受财产和收入调查。

2. 儿童权利保障

澳大利亚在第二次世界大战以后开始推行社会福利制度，对儿童给予比较完善的福利保障，同时还建立起了儿童权利保护制度。特别是从 20 世纪 70 年代开始，《1975 年家庭法法案》《儿童和青少年法案》的颁布实施使澳大利亚的儿童权利保护趋于成熟。尤其在州的法律层面上，澳大利亚各种的法律对儿童权利作了明确的规定。诸如 1996 年的新南威尔士州《子女身份法》明确规定政府应当向登记在册的孩子提供公共保障和福利，非婚生子女享有与婚生子女平等的权利。1998 年的新南威尔士州《儿童和青少年（照顾和保护）法》，"明确了照顾和保护儿童和青少年的目标、原则和责任，对现实生活中可能发生的儿童和青少年请求援助、儿童或青少年的父母请求援助及社区服务部主任针对援助申请和报告应采取的措施，对需要照管和保护的儿童和青少年的医学检查和医治，儿童监护人，儿童服务，儿童雇佣，与儿童和青少年有关的犯罪等诸多方面的问题都作出了详尽而明确的规定"。除此之外，新南威尔士州还制定了《儿童工作守则》《儿童保护法》《儿童和青少年委员会法》等法律制度，对儿童权利进行保护。

3. 残疾人权利保障

1910 年，澳大利亚实施《残疾抚恤条例》。该法规定，凡年满 16 周岁，由于意外事故或不可抗力导致永久性丧失劳动力并且在澳大利亚连续居住满 5 年的居民，或者永远失明的人，可以申请领取残疾人抚恤金。1947 年的社会保障法进一步规定，残疾人抚恤金领取人如单方面照料不满 16 周岁的孩子，还可领取儿童津贴。

1917 年，澳大利亚制定并实施残疾人儿童救济法。该法规定，凡身体残疾、智力缺陷或精神失常的 16 岁以下儿童，其父母或监护人可以申请领取残疾儿童津贴。

三 澳大利亚市场经济体制对人权保障制度的影响

澳大利亚是先发的自由市场经济国家，并已进入平衡发展阶段。我们在第二章根据这类国家的特点对其人权保障作出了四个假设：（1）重视个人自由权利保障，政府作用消极；（2）权利保障有阶段性，各类权利保障趋于均衡；（3）保障水平较高，公民自由权利保障更充分；（4）对国内外存在双重标准。从以上澳大利亚人权保障制度及其历史发展的情况来看，上述假设对澳大利亚基本都是成立的。从澳大利亚人权保障制度发展来看，它与英国、美国和加拿大相比较，既有相同的地方，也有不同的地方。

作为先发的自由市场经济国家，澳大利亚在市场经济初创时期，以及进入调整期之后，都较为重视个人权利。但是，澳大利亚在这些方面又存在着特殊的地方，表现为以下几个方面：其一，澳大利亚宪法中没有专章《权利法案》。虽然英国、美国与加拿大同属于普通法国家，但是他们都为公民的基本权利制定成文法。所以，澳大利亚的基本权利在制度保障方面存在缺陷。其二，尽管如此，澳大利亚还是非常重视个人权利的保障，相关的宪法条文以潜在的规定中推断出来。诚然，在宪法中也有一些条款明确地规定公民的基本权利。其三，更为重要的是，澳大利亚在市场经济不断发展中，基于普通法的优势，以判例的形式确立公民的一些基本权利。如政治交流自由。这一权利是由 1992 年 Australian Capital Television V. Commonwealth 案件、Nationwide New V. Wills 案件中确立的。其四，澳大利亚实行的自由市场经济，20 世纪 80 年代之前，注重政府的宏观干预；到了 20 世纪 80 年代之后，澳大利亚逐渐减少了政府在经济活动中的行为，进入完全的自由市场经济调整期。基于此发现，澳大利亚在市场经济初创时期政府为公民权利的实现提供坚实的基础，比较注重保障公民的社会保障权利，在公民社会保障权利方面投入较多的财政，诸如社会保障法中规定的养老津贴、产妇津贴、寡妇津贴、失业救济金等，都是由政府为公民提供的津贴和保障。

第五节 自由市场经济先发国家人权保障的特点

我们选择了四个自由市场经济先发国家，分别是英国、美国、加拿大和澳大利亚。这四个国家的都是由传统经济转型为市场经济的先发国家，采用了自由市场经济的模式，已经进入平衡发展期。我们对这一类国家人权保障状况的假设是：（1）明显的阶段性特征，初始阶段重公民和政治权利，平衡阶段增强经济和社会权利与特定群体权利保障；（2）公民自由权利保障更充分，政府作用相对消极；（3）人权保障具有更好的经济基础；（4）在市场经济发展初期人权保障存在着明显的双重标准。根据对这四个国家人权保障制度的分析显示，其人权保障状况基本符合我们作出的假设，但相互之间也存在一些不同之处。

一 四个国家在人权保障方面的共同点

从总体上看，这些国家在建立和发展市场经济体制的过程中都建立了人权保障制度。在市场经济体制运行和发展过程中，人权保障的内容逐步增加和完善。比较以上国家的人权保障状况，可以发现存在着明显的共同点。

（一）人权保障呈现显明的阶段性

这些国家在人权保障方面呈现明显的阶段性。在市场经济发展的初建阶段，人权的享有主体受到很大限制，主要限于有产的男性白人，妇女、原住民、奴隶、贫穷者并没有包括在人权主体的范围内。在人权的内容上，主要专注于公民和政治权利保障，对经济和社会权利缺乏关注，对各种弱势群体的权利保障不足。在市场经济发展的平衡阶段，人权的主体范围逐渐扩大到所有社会成员，人权的内容也逐渐增加了对经济和社会权利的保障和对弱势群体权利的保障。英国从15世纪开始进入市场经济初建阶段，主要致力于保障公民的人身自由权、财产权、表达权、公正审判权以及政治权利。从19世纪开始，市场经济逐步进入平衡发展阶段，英国开始致力于工作权、受教育权、健康权、社会保障权等经济和社会权利的保障；对妇女、儿童和残疾人等特定群体权利的保障随后也逐渐加强。美国在20世纪30年代经济大萧条之前强调公民权利和政治权利保障，在

20世纪30年代之后开始关注经济和社会权利保障，而对妇女、儿童、黑人、印第安人特定群体的权利保障明显滞后。加拿大和澳大利亚作为英国曾经的殖民地，在市场经济体制和人权保障制度方面深受英国的影响，在人权保障制度的发展上也呈现出比较明显的阶段性特征。

（二）更加偏重公民权利和政治权利保障

在对公民、政治权利和经济、社会和文化权利的保障方面，这四个国家更加偏重对个人自由权利和政治权利保障，强调政府对个人自由权利的尊重和保护义务。当公民的自由权利与其他权利发生冲突时，更偏向于保障公民个人的自由权利。

（三）具备人权保障的更强物质基础

作为市场经济先发国家，这些国家占尽了市场经济发展的先机，积累了相当的经济基础，能够为人权保障提供更充分的物质基础，人权的物质保障水平达到相对较高的水平。这主要体现在国家提供的各种福利方面，如英国建立的全民免费医疗制度，澳大利亚在社会保障法中规定政府提供的养老津贴、产妇津贴、寡妇津贴、失业救济金等。

（四）存在对内对外的双重人权标准

这些国家在人权方面的对内和对外政策呈现出双重标准，不仅老牌的殖民国家英国在对待本国与殖民地的人权政策有着显著的差别，曾经作为殖民地的美国、加拿大和澳大利亚在成为发达国家之后，在对内人权政策和对外人权政策方面也呈现出明显差异。英国人权保障存在对内和对外的双重标准。尽管对本国公民的人权保障比较健全并呈现出阶段性发展，但对殖民地国家人民的人权却曾经严重践踏和侵犯，或不予承认，或部分承认，或保障水平很低。随着美国经济的对外扩张并成为世界新的霸主，美国在对内和对外日益呈现出双重人权标准，将美国人的人权看得至高无上，而却经常通过对外战争践踏其他国家的人权。

二　四个国家在人权保障方面的不同点

尽管这四个国家在人权保障制度的建设方面有许多共同点，但受到各国历史发展和政治、经济、文化方面的差异的影响，在人权保障制度方面也存在着一些不同点。

（一）在人权制度发展阶段上的差异

虽然四个国家在人权制度的发展上都存在着明显的阶段性差异，但由于各国市场经济发展在时间上存在差异，使得在人权制度发展阶段性的明显程度也存在着一定差异。相对来说，英国是最早建立市场经济体制的国家，也是向外殖民的国家，在人权制度发展的阶段性上最为明显。而美国、加拿大和澳大利亚作为被殖民的国家，市场经济体制的形成和发展晚于英国，人权制度发展的阶段性也相对弱于英国。

（二）在人权保障内容偏重上的差异

尽管这四个实行自由市场经济体制的国家在人权保障的内容上都更加偏重公民权利和自由权利的保障，但四个国家间还是存在一定的差异。其中美国更加注重公民权利和政治权利保障，而对社会经济权利的保障要弱于其他三个国家。加拿大在市场经济起步阶段遭遇了20世纪30年代的大萧条和第二次世界大战，使得加拿大在保障公民权利和政治权利的基础上，比较注重保障经济和社会权利，特别是在失业、养老、医疗等方面的社会保障，在20世纪70年代成为比较典型的福利国家。

（三）在人权保障水平上的差异

尽管这四个市场经济先发国家都具备了比较充分地保障人权的物质基础，但各国在人权保障的实际水平上却存在着明显的差异。如英国建立了全民免费医疗体制，而美国的医疗体制却要求个人购买医疗保障，医疗服务会根据个人购买保险的不同而有明显差异。

（四）在人权内外双重标准上的差异

尽管这四个国家在人权的标准上都存在着内外差异，但由于历史经历的不同，在人权内外标准差异上也相应有所不同。英国作为老牌殖民国家，在历史上对殖民地国家人民的人权不予尊重，并通过各种殖民战争屠杀和压迫殖民地人民。美国、加拿大和澳大利亚作为原先的殖民地，在过程中和独立后强调民族自决权。但美国在成为世界超级大国后，尽管对本国人民的人权予以制度性保障，但却经常为了维护霸权而践踏其他国家的人权。

第四章　社会市场经济先发国家的人权保障

社会市场经济主要盛行于欧洲大陆国家，特别是西欧、北欧和南欧国家。社会市场经济先发国家经过几百年的逐步发展，现在都已经进入平衡发展期。本章选择了西欧的德国、北欧的瑞典和南欧的意大利作社会市场经济先发国家的典型代表，考察其人权保障的发展过程。

第一节　德国的市场经济与人权保障

德国在发展市场经济的初期，遭遇的社会阻力与其他欧洲大陆国家有所不同，导致其人权诉求不同，并形成不同的人权保障法律制度。

一　德国市场经济的特点与发展

（一）德国市场经济体制形成与发展

在1750年前后工业革命自英国发展的同时，尚不存在一个统一的德国。直到1871年，才以强大的普鲁士为主要邦国建立了统一的德意志帝国。虽然起步较晚，但自19世纪中叶开始的工业化在普鲁士迅速发展。而后以电气工业和石油化工业的迅速发展为标志，德国与美国一同引领了1870年前后开始的第二次工业革命。在俾斯麦担任首相时期，德国基于其广泛覆盖的邮政网络建立了人类历史上第一个系统的社会保险体系。到第一次世界大战之前，德国已经超过英国成为当时仅次于美国的世界第二经济大国。[①]

[①] 李稻葵、伏霖：《德国社会市场经济模式演进轨迹及其中国镜鉴》，《改革》2014年第3期。

在第一次世界大战中战败后，德国进入魏玛共和国时期。这一时期是德国建立民主共和国的第一次尝试，普遍实行基于政党选举的议会制。代表工人阶级、奉行民主社会主义的社会民主党作为议会大党积极参政。这一时期建立了工资集体协商制度，广泛建立了各企业的职工委员会，建立了职工代表参与企业最高决策机构的制度，以保障职工的经济民主权利，同时巩固并加强了社会保障制度。① 德国在魏玛共和国时期的一系列制度和实践为"一战"后所建立的社会市场经济制度提供了重要的参考和借鉴。②

魏玛共和国初期，德国经济总量较"一战"前大幅下滑，并由于失控的货币政策在1921—1923年经历了一次超级通货膨胀。这一时期的经历和"二战"结束后1945—1948年的通货膨胀经历共同导致了德国对于物价稳定的渴望和诉求。1924—1929年，德国经历了一次持续的经济复苏，经济总量迅速恢复并超越了"一战"之前的水平。1929—1933年，受大萧条的影响，德国经济也遭受了较大打击，失业人口达500万。在社会不满情绪中，德国国家社会主义工人党趁机夺取了政权。魏玛共和国宪法名存实亡，德国进入纳粹统治阶段。纳粹德国时期，国家加强了对经济的全面干预，并迅速转入了战时统制经济。③

"二战"后，德国被美、英、法、苏四国分区占领，直到1949年在美、英、法占区举行普选建立了联邦德国，同时，在苏占区成立了民主德国。这段时间对于社会市场经济在德国的建立是一个关键时期。在当时的社会思潮下，导致了大萧条的自由放任资本主义已成为大众反思的对象，而当时苏联所取得的巨大成就赋予了社会主义中央计划经济在民众中的号召力。当时的社会民主党明确主张仿效苏联建立社会主义计划经济，接管大企业，对中小企业仍然保留私有制。④ 在1949年的联邦选举中，德国选择了一条既不同于自由放任资本主义也不同于苏联式社会主义中央计划

---

① 王友明：《跨越世纪的德国模式》，世界知识出版社2013年版，第67—70页。
② 李稻葵、伏霖：《德国社会市场经济模式演进轨迹及其中国镜鉴》，《改革》2014年第3期。
③ 李稻葵、伏霖：《德国社会市场经济模式演进轨迹及其中国镜鉴》，《改革》2014年第3期。
④ 刘光耀：《德国社会市场经济：理论、发展与比较》，中共中央党校出版社2006年版，第78页。

经济的社会市场经济道路。之后德国在 20 世纪 50 年代的经济迅速增长又反过来强化了这一制度在民众中的号召力。①

(二) 德国市场经济体制的特征

德国采取的是典型的社会市场经济模式,它以私有制为主体,鼓励和发展市场经济,强调个人自由和市场竞争,同时主张宏观调控和政府干预,消除市场缺陷,实行广泛的社会保障制度,以保证整个经济和社会的公平、效率、发展、稳定的经济发展。②

第一,市场调节基础上的企业独立决策与自由经营。德国企业主要是面向市场决策,遵从市场竞争提供的各种信息来调整生产与经营的状态,企业对政府并不承担税收以外的特殊义务。政府以保障自由企业制度为己任,其宏观调控不直接指向企业,即使推出经济计划,也是强调计划的参考性和指导性,并不以此影响企业的决策。③

第二,德国通过立法保护竞争,充分发挥市场机制作用。德国制定了《反对不正当竞争法》《促进经济特定与增长法》《反对限制竞争法》(卡特尔法) 等,为市场经济体制规定了总体经济秩序,并采用财政手段支持与鼓励中小企业,使其能够与大型企业进行有效竞争。

第三,为了保护竞争和实现公平,德国政府对经济生活进行适度的宏观调控,其范围包括对一些牵涉国计民生的重要经济部门,进行国家保护,完全不参加竞争,或只是部分地参加竞争;国家承担维持通货稳定、发展交通运输和人才培训的任务;国家还实行某种程度的收入再分配,如通过财政税收政策降低高收入者的收入水平,资助盈利较少的中小企业,对失业者和收入最低的家庭进行补助、救济等。通过这样的国家干预,在一定程度上弥补私人企业制度和自由市场经济的不足,校正市场机制带来的某些不良后果。④

---

① 李稻葵、伏霖:《德国社会市场经济模式演进轨迹及其中国镜鉴》,《改革》2014 年第 3 期。

② 谢汪送:《社会市场经济:德国模式的解读与借鉴》,《经济社会体制比较》2007 年第 2 期。

③ 肖勤福:《德国市场经济体制的特征及其运行方式》,《特区理论与实践》1995 年第 4 期。

④ 谢汪送:《社会市场经济:德国模式的解读与借鉴》,《经济社会体制比较》2007 年第 2 期。

第四，实行独立的中央银行体制以确保货币稳定。德国是世界上唯一把稳定币值写进法律的国家。中央银行在独立行使货币政策时具有独特的地位和权力。中央银行不接受政府指示，但它有义务一般地支持政府的经济政策；政府官员有权参加中央银行理事会会议，但只有创议权而无表决权；政府不能任意从中央银行透支，只能得到短期资金贷款，且贷款数量和范围都受限制。①

第五，德国政府利用行政和立法的手段，建立了以社会保险、社会福利和社会救济为核心内容的社会保障制度。德国的社会保障制度是建立在以下三项基本原则基础之上：一是要有利于发挥市场经济的作用，即所有扩大"社会保障"或"社会公正"的措施，都不得影响市场机制发挥作用。二是社会保障要保持在收入再分配的合理范围内，以维护经济效率与社会公正两者的内在统一。所谓收入再分配的合理范围，是指社会保障应不使人们的进取精神有所减弱，以及不对经济效率和市场机制的功能产生消极影响。三是不以政府作为社会保障体系的主导，而是强调社会自治原则，充分发挥社会力量的作用，从而减轻了政府的负担。②

第六，实行劳资合作"共参制"让工人参与企业管理。由雇主组成的雇主协会和由雇员组成的工会结合起来，共同参与管理企业的内部事务。"共参制"拥有广泛的权力，凡是涉及劳动者权益的所有问题，如培训、解雇、工资、劳动时间、劳动组织等都得采用"共参制"，由劳资双方协商解决。在此基础上，德国实行工资自治，工资类别、工资水平的高低以及近期、远期工资增长的幅度，不是由政府确定，而是由企业主和企业工会双方协商解决，其目的是让劳资双方共同从关心提高企业劳动生产率的角度平抑对增加工资的过高要求。与此同时，德国实行"共同决定权"，即让工人代表进入企业最高决策层，与资方共同参与企业管理。在德国的企业里，雇员代表和雇主代表一起共同组成企业的最高决策机构——监事会（相当于一些国家的董事会），共同决定企业的方针大计。自1952年起，有关法律就规定：每个股份公司的监事，必须有1/3是由

---

① 项卫星：《德国市场经济体制特点述评》，《吉林大学社会科学学报》1997年第5期。
② 谢汪送：《社会市场经济：德国模式的解读与借鉴》，《经济社会体制比较》2007年第2期。

选举产生的职工代表。随后政府又规定这一法规也适用于中小型企业。①

二　德国人权保障制度的发展

1850 年的《普鲁士宪法》是普鲁士国王迫于当时的革命形势而颁布的一部钦定宪法。该宪法共计 119 条。宪法规定，普鲁士实行君主立宪制，国王是行政首脑，任军队总司令。国王具有无比强大的权力，而赋予公民的基本权利很少甚至没有。

1867 年《北德意志联邦宪法》是过渡性宪法，规定公民的权利非常少。1871 年德意志统一之后，德国以《北德意志联邦宪法》为蓝本制定了《德意志帝国宪法》。该宪法赋予皇帝和宰相极大权力，立法权由联邦参议会和帝国议会两院行使，但是帝国议会完全处于从属地位；没有规定公民的基本权利，就连帝国议会议员的选举也有诸多限制。

第一次世界大战后，1919 年制定了《德意志共和国宪法》，又称《魏玛宪法》。这部宪法当中详尽地规定了公民的基本权利，宣布德国人民在法律面前人人平等、男女平等，废除因出身和阶级带来的不平等待遇。规定公民有言论、迁徙、通信、请愿、结社、集会、学术研究和宗教信仰等自由。国家保护公民的财产所有权、继承权、工作权、休息权、失业救济和受教育的权利。

第二次世界大战后，1949 年 5 月 23 日颁布并于翌日生效实施的德国《基本法》在 1952 年 5 月成为联邦德国宪法。《基本法》第一条明确规定了人的尊严和人权作为立法、行政和司法的约束原则："一、人之尊严不可侵犯，尊重及保护此项尊严为所有国家机关之义务。二、因此，德意志人民承认不可侵犯与不可让与之人权，为一切人类社会以及世界和平与正义之基础。三、下列基本权利约束立法、行政及司法而为直接有效之权利。"

（一）公民权利和政治权利保障制度

第二次世界大战后制定的《基本法》详细规定了公民所享有的各项自由权利和政治权利，同时也对这些权利的行使作出了比较明确的

---

① 谢汪送：《社会市场经济：德国模式的解读与借鉴》，《经济社会体制比较》2007 年第 2 期。

限制。

1. 人格和人身自由权

《基本法》第二条规定："一、人人有自由发展其人格之权利，但以不侵害他人之权利或不违犯宪政秩序或道德规范者为限。二、人人有生命与身体之不可侵犯权。个人之自由不可侵犯。此等权利唯根据法律始得干预之。"

第一百零四条规定："一、个人自由非根据正式法律并依其所定程序，不得限制之。被拘禁之人，不应使之受精神上或身体上之虐待。二、唯法官始得判决可否剥夺自由及剥夺之持续时间。此项剥夺如非根据法官之命令，须实时请求法官判决。警察依其本身权力拘留任何人，不得超过逮捕次日之终了。其细则由法律定之。三、任何人因犯有应受处罚行为之嫌疑，暂时被拘禁者，至迟应于被捕之次日提交法官，法官应告以逮捕理由，加以讯问，并予以提出异议之机会。法官应实时填发逮捕状，叙明逮捕理由，或命令释放。四、法官命令剥夺自由或延续剥夺期间时，应实时通知被拘禁人之亲属或其信任之人。"

2. 信仰自由权

《基本法》第四条规定："一、信仰与良心之自由及宗教与世界观表达之自由不可侵犯。二、宗教仪式应保障其不受妨碍。三、任何人不得被迫违背其良心，武装服事战争勤务，其细则由联邦法律定之。"

3. 表达自由权

《基本法》第五条规定了言论自由权："一、人人有以语言、文字及图画自由表示及传布其意见之权利，并有自一般公开之来源接受知识而不受阻碍之权利。出版自由及广播与电影之报道自由应保障之。检查制度不得设置。二、此等权利，得依一般法律之规定、保护少年之法规及因个人名誉之权利，加以限制。三、艺术与科学、研究与讲学均属自由，讲学自由不得免除对宪法之忠诚。"

第八条规定了集会自由权："一、所有德国人均有和平及不携带武器集会之权利，无须事前报告或许可。二、露天集会之权利得以立法或根据法律限制之。"

第九条规定了结社自由权："一、所有德国人均有结社之权利。二、结社之目的或其活动与刑法抵触或违反宪法秩序或国际谅解之思想者，应禁止之。三、保护并促进劳动与经济条件之结社权利,应保障任何人及任何职业均得享有。"

第十七条规定了请愿权:"人民有个别或联合他人之书面向该管机关及民意代表机关提出请愿或诉愿之权利。"

第十七条之一规定了表达自由权的限制:"有关兵役及代替勤务之法律的规定,对于军队及代替勤务之服役人员于服役或从事代替勤务之期间,限制其以语言、文字及图画自由表示及传布意见之基本权利(第五条第一项)、集会自由之基本权利(第八条)及请愿之权利(第十七条),但得规定许其联合他人提出请愿及诉愿。"

第十八条规定了对滥用表达自由权的禁止:"凡滥用言论自由,尤其是出版自由(第五条第一项)、讲学自由(第五条第三项)、集会自由(第八条)、结社自由(第九条)、书信、邮件与电讯秘密(第十条)、财产权(第十四条)或庇护权(第十六条之一),以攻击自由、民主之基本秩序者,应剥夺此等基本权利。此等权利之剥夺及其范围由联邦宪法法院宣告之。"

4. 隐私权

《基本法》第十条规定了个人信息受保护权:"一、书信秘密、邮件与电讯之秘密不可侵犯。二、前项之限制唯依法始得为之。如限制系为保护自由民主之基本原则,或为保护联各邦之存在或安全,则法律得规定该等限制不须通知有关人士,并由国会指定或辅助机关所为之核定代替争讼。"

第十三条规定住所受保护权:"一、住所不得侵犯。二、搜索唯法官命令,或遇有紧急危险时,由其他法定机关命令始得为之,其执行并须依法定程序。三、根据事实怀疑有人犯法律列举规定之特定重罪,而不能或难以其他方法查明事实者,为诉追犯罪,得根据法院之命令,以设备对该疑有犯罪嫌疑人在内之住所进行监听。前开监听措施应定有期限。前述法院之命令应由三名法官组成合议庭裁定之。遇有急迫情形,亦得由一名法官裁定之。四、为防止公共安全之紧急危险,特别是公共危险或生命危险,唯有根据法院之命令,始得以设备对住所进行监察。遇有急迫情形,亦得依其他法定机关之命令为之;但应立即补正法院之裁定。五、仅计划用以保护派至住所内执行任务之人而为监察者,得依法定机关命令为之。除此之外，由此获得之资料，只准许作为刑事诉追或防止危险之目的使用，唯须先经法院确认监察之合法性；遇有急迫情形，应立即补正法院之裁定。六、联邦政府应按年度向联邦议会报告有关依前三项规定执行监察之情形。由联邦议会选出委员会根据该报告进行议会监督。各邦应为同样的议会监督。七、除上述情形外，除为防止公共危险或个人生命危险，或根据法律为防止公共安全与秩序之紧急危险，尤其为解除房荒、扑灭传染疾病或保护遭受危险之少年，不得干预与限制之。"

5. 迁徙自由权

《基本法》第十一条规定："一、所有德国人在联邦领土内均享有迁徙之自由。二、此项权利唯在因缺乏充分生存基础而致公众遭受特别负担时，或为防止对联邦或各邦之存在或自由民主基本原则所构成之危险，或为防止疫疾、天然灾害或重大不幸事件，或为保护少年免受遗弃，或为预防犯罪而有必要时，始得依法律限制之。"

第十七条之一规定了对迁徙自由权的限制："有关国防及保护平民之法律得规定限制迁徙之基本权利（第十一条）及住宅不可侵犯权（第十三条）。"

6. 财产权

在1871年统一之前，德国在民法适用存在多元状况：有的适用法国民法典，有的适用普鲁士民法典以及有的适用罗马法和教会法等。1871年统一之后，德意志帝国制定了民法典，但是德意志帝国民法典的制定经历了漫长的时间，国内曾经为是否要制定统一的民法典、应该制定一部怎么样的民法典进行过激烈的争论，最后德意志帝国民法典于1900年1月1日正式生效。《德国民法典》共5篇，2385条。它在保障公民权利方面，确立了私有财产不受侵犯。《民法典》第903条规定，"物的所有人在不违反法律和第三人权利的范围内，得自由处分其物，并排除对物的一切干涉"。但是，对所有权又设定必要的限制，《民法典》第226条规定，"权利的行使不得只以损害他人为目的"。确立契约自由原则，但是契约自由受到不用程度的限制。如"向他方要约成立契约者，因要约而受拘束"（第145条），"对要约立即承诺或在承诺期限内作出承诺，契约即告成立"（第147、148条）。"垄断组织常常迫使比自己软弱的一方接受自己事先为契约所规定的条件、格式,这样,逐渐由格式契约取代了合意契约,契约自由受到限制。"① 确立了"过失责任原则",也确立了"无过失责任原则"。如第 823 条规定,"因故意或过失不法侵害他人生命、身体、健康、自由、所有权或其他者,对他人负因此所发生损害的赔偿义务"。

《基本法》第十四条规定了财产权及其限制:"一、财产权及继承权应予保障,其内容与限制由法律规定之。二、财产权负有义务。财产权之行使应同时有益于公共福利。三、财产之征收,必须为公共福利始得为之。其执行,必须根据法律始得为之,此项法律应规定赔偿之性质与范围。赔偿之决定应公平衡量公共利益与关系人之利益。赔偿范围如有争执,得向普通法院提起诉讼。"第十五条规定:"土地与地产、天然资源与生产工具,为达成社会化之目的,得由法律规定转移为公有财产或其他形式之公营经济,此项法律应规定赔偿之性质与范围。关于赔偿,适用本《基本法》第十四条第三项第三、四两段。"

7. 国籍权和受庇护权

《基本法》第十六条规定了国籍权:"一、德国人民之国籍不得剥夺之。国籍之丧失须根据法律,如系违反当事人之意愿时,并以其不因此而变为无国籍者为限。二、德国人民不得引渡于外国,在符合法治国原则的情况下,得以法律就引渡至欧盟会员国或国际法庭为其他规定。"

第十六条之一规定了受庇护权:"一、受政治迫害者,享有庇护权。"

8. 选举权和抵抗权

根据早期的选举法规定,只有有产者才享有议员选举权,而有产者内部又按纳税多少分为若干个等级,享受不同的权利。1867 年《北德意志联邦宪法》和 1871 年《德意志帝国宪法》都规定国家议院的议员由各邦根据普遍、直接和秘密的选举法选举产生。但 1869 年的选举法规定,妇女、25 岁以下男子、受救济的穷人和现役军人均无选举权。

1949 年的《基本法》第二十条第二款规定了人民选举和投票确定国家权力的权利:"国家权力,由人民以选举及公民投票,并由彼此分立之立法、行政及司法机关行使之。"第四款规定了抵抗权:"凡从事排除上述秩序者,如别无其他救济方法,任何德国人皆有权反抗之。"

---

① 张培田:《外国法律制度史》,人民出版社 2005 年版,第 223 页。

第二十八条第一款规定选举权："各邦之宪法秩序应符合本基本法所定之共和、民主及社会法治国原则。各邦、县市及乡镇人民应各有其经由普通、直接、自由、平等及秘密选举而产生之代表机关。于县市与乡镇之选举，具有欧洲共同体成员国国籍之人，依欧洲共同体法之规定，亦享有选举权与被选举权。在乡镇得以乡镇民大会代替代表机关。"

9. 组织政党的权利

《基本法》第二十一条规定："一、政党应参与人民政见之形成。政党得自由组成。其内部组织须符合民主原则。政党应公开说明其经费与财产之来源与使用。二、政党依其目的及其党员之行为，意图损害或废除自由、民主之基本秩序或意图危害德意志联邦共和国之存在者，为违宪。至是否违宪，由联邦宪法法院决定之。三、其细则由联邦立法规定之。"

10. 担任公职的权利

《基本法》第三十三条规定："一、所有德国人民在各邦均有同等之公民权利与义务。二、所有德国人民应其适当能力与专业成就，有担任公职之同等权利。三、市民权与公民权之享有，担任公职之权利及因担任公务而取得之权利，与宗教信仰无关。任何人不得因其信仰或不信仰某种宗教或哲学思想而受歧视。四、国家主权之行使，在通常情形下，应属于公务员之固定职责，公务员依据公法服务、效忠。五、有关公务员之法律，应充分斟酌职业公务员法律地位之传统原则而规定之。"

11. 公正审判权

德国统一之后，制定了统一的《德意志帝国刑法典》，刑法典由总则加两编组成，共70条。总则部分规定了罪的分类、刑法适用的原则和范围，第一篇规定了"刑例"；第二篇规定了"罪及刑"。就人权保障而言，它表现在以下几个方面：一是在总则中将犯罪分为重罪、轻罪和违警罪，并确立了资产阶级刑法的原则，诸如法无明文规定不为罪、法不溯及既往等原则，在总则中规定了议员的豁免权原则、保护帝国公民不受外国政府引渡原则以及适用法律从轻原则等。二是建立假释制度，规定犯罪未遂和从犯减轻处罚等。三是废除封建时代的体刑和侮辱刑。

《基本法》第一百零三条规定："一、在法院被控告之人，有请求公平审判之权。二、行为之处罚，以行为前之法律规定处罚者为限。三、任何人不得因同一行为，而依一般刑法多次受罚。"

（二）经济和社会权利保障制度

在经济和社会权利保障方面，德国继承了重视社会保障的传统，同时强调经济和社会权利的自由选择的维度。

1. 工作权利

1869 年工业条例承认职工会合法化，当然，这种承认是附带种种限制条件的，并且对罢工权也有诸多限制。

根据魏玛宪法的有关规定，国民议会在 1920 通过了《企业会议法》，对劳动会议的组织原则、形式以及权力作出规定。该法规定，企业劳动会议依对等原则，由工人代表和企业主组成，共同管理企业。劳动会议享有经济权力和社会权力，可以参加企业行政会议，向企业提出新的工作方法等；可以监督法令、协定和裁决的执行，反对任意开除工人，协助解决有关工资、劳动保护、医疗和住房等问题。劳工会议制度的设立，主要是为了协调劳资双方的关系、减少纠纷，以利于企业的严格管理和提高经营效率。但是，这部法律没有得到真正实施。后来被联邦德国继承，在德国市场经济的发展中期以及成熟时期发挥重大作用。

《基本法》第十二条规定："一、所有德国人均有自由选择其职业、工作地点及训练地点之权利，职业之执行得依法律管理之。二、任何人不得被强制为特定之工作，但习惯上一般性而所有人均平等参加之强制性公共服务，不在此限。三、强迫劳动仅于受法院判决剥夺自由时，始得准许。"

2. 社会保障权利[①]

德国是最早建立社会保险制度的国家。各类社会保险经历了由分散到统一的过程。

1881 年，德国首相俾斯麦提出工伤事故保险法案，保险费用由雇主负担 2/3，工人承担 1/3，年收入在 750 马克以下的工人由国家负担其应承担的比例。经过国会反复争论和修改，该法案于 1884 年 6 月 27 日获得国会通过，并于 1885 年 10 月起生效。此后，工伤保险法的适用范围逐步扩大到由帝国与各州举办的工业企业的工人、农业和林业从业者以及建筑业和造船业的工人，参加社会保险者的年收入条件也从原来的 2000 马克

---

① 丁建定：《德国社会保障制度的发展及其特点》，《南都学坛》（人文社会科学学报）2008 年第 4 期。

提高到 3000 马克。

1882 年，俾斯麦提出了疾病保险法案，保险的对象是从事工业生产的工人，不包括农业从业人员；疾病保险费由工人承担 2/3，雇主承担 1/3；工人患病时，医疗和药品均实行免费。该法案在 1883 年 5 月 31 日获得国会通过，并于 1884 年 12 月 1 日生效。1903 年的一项关于疾病保险的修正案又将疾病保险津贴的领取时限从 13 周提高到 26 周。

1889 年 5 月 24 日，德国国会以微弱多数票通过老年和残疾社会保险法，并于 1891 年 1 月 1 日开始生效。法案规定，工人和低级职员一律实行老年和残疾社会保险，费用由雇主和工人各负担一半，国家对领取老年和残疾保险金者每人补贴 50 马克，退休工人的收入依原工资等级和地区等级而定，年满 70 岁并缴纳 30 年以上养老保险费者可以领取老年和残疾保险津贴。申请领取残疾保险者必须证明确实失去工作能力，并缴足 5 年保险费方可领取老年和残疾保险津贴。1899 年，德国颁布残疾保险法，对残疾人提供必要的医疗服务。

1911 年，德国颁布社会保险法典，1912 年 1 月 1 日起在养老保险制度中开始生效，从 1913 年 1 月 1 日起在工伤保险制度中开始生效，从 1914 年 1 月 1 日起在疾病保险中开始生效。

1911 年，德国还通过了雇员保险法，该法覆盖年收入在 2000—5000 马克之间的雇员，雇员保险的费用由雇主和雇员各承担一半，雇员保险的缴费率高于工人保险缴费率，雇员退休年龄为 65 岁而不是老年和残疾保险的 70 岁，雇员保险还提供不附带条件的寡妇年金和比较宽松的残疾保险，还为孤儿提供年金至 18 岁而不是老年和残疾保险所规定的 15 岁。

据统计 1885—1914 年，德国疾病保险制度的参加者从 430 万人增加到 1560 万人；1882—1907 年，德国依靠养老金为生者的人数从 81 万人增长到 230 万人；同期，70 岁以上男性老人继续接受雇佣的比例从 47.3% 下降到 39%，60、70 岁者继续接受雇佣的比例也从 78.9% 下降到 71.2%。[①]

[①] Gerhard A, Ritter, Social Welfare in Germany and Britain, Origins and Development, New York, 1986, p, 119,

1919 年颁布的魏玛宪法第 161 条对社会保险做出明确规定：为保持健康及工作能力，保护产妇及预防因老年和疾病所导致的生活困难，联邦应该建立综合社会保险制度。宪法第 129 条还规定官吏的养老金和遗属抚养金另以法律规定。① 魏玛宪法对德国社会保障制度的初步发展产生了直接的促进作用。1919—1932 年，德国平均每年通过 6 部社会保险立法，其中 1921 年通过 12 部，1922 年通过 21 部，1923 年通过 16 部。② 这些法律扩大了社会保险制度的受益对象。

　　1927 年，德国颁布《劳动介绍和失业保险法》，并于同年 10 月 1 日起开始生效。该法规定废除以往的失业救济，实行失业保险制度，失业保险缴费率为雇员工资的 3%，由雇主和雇员各承担一半，并通过疾病保险基金筹集，国家对失业保险收支之间的差额提供财政平衡，失业保险津贴标准依据工资等级确定，基本标准为相当于被保险人失业前工资的 50%—80%，失业保险的领取时限为 26 周，此后失业者可以领取危机救济金，其标准根据个人需要确定，由公共救济基金承担，公共救济基金由国家财政承担 4/5，地方财政承担 1/5。

　　1929 年开始的经济危机使德国社会保障制度处于极度不稳定状态，1930 年德国政府发布 5 次紧急法令；1931 年发布 44 次紧急法令；1932 年发布 66 次紧急法令；实施社会保障紧缩政策，包括提高缴费率，延长领取津贴的等待期，降低津贴标准。社会保障紧缩政策收效甚微，却伤及广大德国民众的利益。1929—1932 年，德国人口的 1/4 即 1500 万—2000 万人口平均每月依靠 15 马克生活。③ 这引起民众的强烈不满，导致德国社会的剧烈动荡。

　　1933 年，德国民族社会主义党上台执政，取消德国社会保障自治性管理体制，建立高度中央集权的社会保障管理体制，进一步扩大了一些社会保障的适用范围，并对社会保险提供财政补贴。1937 年，德国政府宣布，所有 40 岁以下的城市居民有权参加自愿性年金保险；1938 年，德国

---

　　① 姜士林等：《世界宪法全书》，青岛出版社 1997 年版，第 813—822 页。
　　② Peter A, Kohler, The Evolution of the Social Insurance, 1881 – 1981, Studies of Germany, France, Great Britain, Austria and Swithland, New York, 1982, p.44.
　　③ [德] 洛赫：《德国史》（中册），生活·读书·新知三联书店 1976 年版，第 819—820、823 页。

通过手工业者养老金法，将强制性老年和残疾保险扩大到大部分自我雇佣的手工业者，自我雇佣的手工业者须向雇员保险基金缴费，除非他们已经向私营人寿保险缴纳达到该法规定的费用；1939 年，强制工伤保险的适用范围扩大到所有的农业从业者及其妻子；1941 年，疾病保险和养老金制度的适用范围扩大到自我雇佣者如艺术工作者、家庭作坊雇员以及佣人；1942 年，废除了工伤受害者必须证明其确实受到工伤的影响方可领取工伤保险津贴的规定。

第二次世界大战后，德国于 1949 年颁布社会保险调整法，废除了战时乃至战前的一些特殊法令，调整了社会保险的津贴和费率，取消了国家对失业保险的补贴。1951 年通过了养老金提高法和生活费用补贴法，1952 年通过了疾病保险津贴提高法，1953 年通过了疾病保险津贴提高法和基本补贴提高法。1950 年通过了战俘返家人员法和联邦养老金法，1953 年通过了严重残疾人员法。

1951 年，德国通过社会保障自治管理法，该法因袭德国社会保障管理中的自治传统，将社会保障管理重新恢复为各种社会保险协会的自我管理，原来的由不同利益群体代表合作管理社会保险事务的原则不再使用，改为实行由各社会保险协会中的被保险人与雇主代表合作管理原则，社会保险协会中的代表由选举产生，并由代表选举产生执行机构。

1954 年，德国实施家庭补贴法，给被雇佣者提供从第 3 个孩子开始的家庭补贴，家庭补贴的财政来源于雇主缴费。1961 年，德国规定从第 2 个孩子开始提供家庭补贴。1964 年，德国对家庭补贴制度进行调整，联邦政府开始承担家庭补贴的费用，并在联邦劳工局建立家庭补贴机构。

1957 年，德国实施老年农场主救助法，规定当农场被转给继承人或出租时，老年农场主将获得老年补贴，老年农场主只要证明自己曾经是一个农场主就可以得到老年补贴而不需缴纳任何费用。

1957—1961 年，德国疾病保险参与率从 90% 提高到 100%；1963 年，德国公共社会支出占国民生产总值的比例为 17.1%，高于英国与瑞典等福利国家。20 世纪 50 年代末，德国人平均收入的 12%—13% 用于缴纳社会保障。

1965—1966 年，德国经济出现短暂的萎缩，这使得德国社会保障财政开始面临压力。1966 年，社会公平调查委员会提交的一份报告开始对疾病保险与养老金制度进行经济学分析，政府认为，必须通过降低社会保险津贴标准并提高社会保险缴费率来应对社会保障制度的财政压力。1967年，德国通过财政修正法，降低国家对养老金的补贴，分阶段提高养老金缴费率。1968年提高到15%，1969年提高到16%，1970年提高到17%。①

3. 教育和受教育权利

《基本法》第7条规定："一、整个教育制度应受国家之监督。二、子女教育权利人有权决定其子女是否接受宗教教育。三、宗教教育为公立学校课程之一部分，唯无宗教信仰之学校不在此限。宗教教育在不妨害国家监督权之限度内，得依宗教团体之教义施教，教师不得违反其意志而负宗教教育义务。四、设立私立学校之权利应保障之。私立学校代替公立学校者，应经国家之许可并服从各邦法律。私立学校如其教育目的与设备及教导人员之学术训练不逊于公立学校，并对于学生不因其父母之财产情况而加以区别者，应许可其设立。如其教导人员之经济上与法律上地位无充分保障者，不得许可。五、私立国民学校唯有教育行政机关认其设立具有特殊教学利益时，或经儿童教育权利人之请求以之作为乡镇公学、宗教潜修或理想实践学校时，而该乡镇又无此类公立国民学校时，始得准其设立。六、先修学校禁止设立。"

（三）特定群体权利保障制度

1. 平等和不受歧视的权利

《基本法》第3条规定："一、法律之前人人平等。二、男女有平等之权利，国家应促进男女平等之实际贯彻，并致力消除现存之歧视。三、任何人不得因性别、出身、种族、语言、籍贯、血统、信仰、宗教或政治见解而受歧视或享特权。"任何人不得因其残障而受歧视。

2. 妇女和儿童的权利

1900年1月1日正式生效的《德国民法典》充分保障了容克贵族和大资产阶级的利益以及保障封建夫权。但是对农民的权利、妇女的权益没有进行保障，甚至还有损农民和妇女等特定群体的利益。"为了保证容克

---

① Peter A, Kohler, *The Evolution of the Social Insurance, 1881 – 1981, Studies of Germany, France, Great Britain, Austria and Swithland*, New York, 1982, pp. 70 – 71.

地主对农民土地的掠夺和兼并,法典规定,土地抵押期满,债权人只要通知土地所有人,然后在土地登记机关进行登记,就可取得该土地的所有权。"法典还维护男女不平等的法律地位和中世纪的家长制。"法典规定,婚姻成立后,妻的婚前财产即由夫占有、管理和收益,夫有权决定有关共同婚姻生活的一切事物。法典虽然规定妻有行为能力和诉讼权利,但是具体条款中又加以限制或剥夺,如未经夫的同意,妻不能处分自己的财产。"①

在德国统一之前,德国就出现了关于童工的法律。1853 年的法律规定禁止 12 岁以下儿童工作,并限定 12—14 岁童工的工作时间为 6 小时。1891 年工人保护法进一步规定禁止 13 岁以下儿童工作,限定 13—16 岁童工及妇女工作时间为 6 小时。

《基本法》第 6 条规定:"一、婚姻与家庭应受国家之特别保护。二、抚养与教育子女为父母之自然权利,亦为其至高义务,其行使应受国家监督。三、唯在养育权利人不能尽其养育义务时,或因其他原因子女有被弃养之虞时,始得根据法律违反养育权利之意志,使子女与家庭分离。四、凡母亲均有请求社会保护及照顾之权利。五、非婚生子女之身体与精神发展及社会地位,应由立法给予与婚生子女同等之条件。"

三　社会市场经济体制对德国人权保障制度的影响

德国采取的是典型的社会市场经济体制,这对其人权保障体制产生了一定的影响。

首先,对个人自由权的规定伴有明确的限制。《基本法》第 19 条规定:"某一基本权利可以受法律限制或依法予以限制。"② 在确定财产权时,规定了该权利的行使对公共福利应当承担的相应义务。在确定迁徙自由权和住宅不受侵犯的权利时,规定了国防及保护平民的法律可以对这两项权利予以限制。德国基本法还特别规定了对滥用言论自由、讲学自由、集会自由、结社自由、书信、通信秘密、财产权和庇护权,将会剥夺权

---

① Peter A, Kohler, *The Evolution of the Social Insurance, 1881 - 1981, Studies of Germany, France, Great Britain, Austria and Swithland*, New York, 1982, pp. 70 - 71.

② 《德意志联邦共和国基本法》,载董云虎、刘武萍主编《世界各国人权约法》,四川人民出版社 1994 年版,第 81 页。

利。《基本法》第 15 条还规定,"土地、自然资源和生产资料,为社会化的目的可以由法律规定转为公有或其他形式的公控经济,这种法律应规定赔偿的性质和程度"①。

其次,《基本法》对经济和社会权利的规定偏重其自由权的维度。例如,在工作权的规定上,强调"所有德国人都有自由选择他们的营业、职业或专业,工作地点和受培训地点的权利","不得强迫任何人从事某一特定职业"②。

最后,在人权的保障方式上更多采用了社会管理。例如,在社会保障权利的保障上,先是采取由不同利益群体代表合作管理社会保障事务,后来改为由各社会保险协会中的被保险人代表与雇主代表合作管理。

第二节 瑞典的市场经济与人权保障

一 瑞典的市场经济体制及其发展

瑞典在 19 世纪中叶以前曾是一个贫穷的农业国,市场经济起步较晚。但在建立市场经济体制后,逐步发展成一个工业发达国家。在 1974 年,瑞典的人均国民生产总值曾经超过美国,居世界第一。其成功的经济发展主要是由于有比较丰富的自然资源、迅速发展科学技术、长期的和平环境,以及稳定的经济政策。

瑞典是采取社会市场经济体制的国家。一方面,私有企业享有充分自由。政府只在例外的情况下进行干预,自由价格,无计划;另一方面,政府又实行高额税制,用于社会福利建设。

瑞典的私有企业约占企业总数的 90%。在经济发展初期,瑞典实行的是自由竞争的企业制度。19 世纪末以后,垄断企业开始出现,瑞典经济的垄断化程度不断提高。20 世纪 70 年代初期,瑞典工业产量的近 1/2 是由 100 家最大的私营公民提供的 22 家大的企业垄断了瑞典出口产品的

---

① 《德意志联邦共和国基本法》,载董云虎、刘武萍主编《世界各国人权约法》,四川人民出版社 1994 年版,第 80 页。

② 《德意志联邦共和国基本法》,载董云虎、刘武萍主编《世界各国人权约法》,四川人民出版社 1994 年版,第 79 页。

一半以上。①

政府工业部的职责是制定法律草案和工业政策，指导工业、商业的分配、瑞典企业的外购、技术研究和工业发展等的结构变化及部门发展，以及解决多国企业、国有制企业、小企业政策、旅游和其他等方面的问题。

瑞典存在大量小企业。瑞典政府认为，小企业对工业的长远发展是至关重要，它们有利于生产活动的广泛分布，并且是普及新工艺、新实践和新工作方法的前提条件。其结构的迅速变化，往往促进了劳动力的解放。小企业担负着吸收劳动力的使命。此外，小企业还能利用地方劳动力。调动地方资源和满足市场对大部分产品及劳务的需要。基于这些认识，瑞典政府竭力通过各种途径支持小企业这种帮助是系统的、多样性的和广泛的，政府为支援小企业而建立了专门的基金和机构，用于贷款、信息、援助和培训的拨款，以及支持建立新企业。小企业专门基金还支援那些同外资建立联合公司的小企业，国家合作发展研究所同国家工业发展委员会合作，组织和开办适合中小企业的培训班。地方当局在执行支持小工业的政策中发挥重要作用，如负责基础教育、能源分配和地方运输网的运营。②

瑞典仍然存在一些国有制公司，归工业部统管，主要包括大工业公司、同外资合营的、从事瑞典空间活动的、从事科研和地质勘探的公司等。国家所有制公司像其他所有公司一样在自由市场的条件下从事经营活动。保留国家所有制的主要目的是摆脱所有制过分集中于私人手中所产生的风险，促进较弱的和受危机打击的工业部门生产结构合理化措施的实施，帮助经济基础部门，尤其是战略性部门和军事部门的运营，刺激保证经济现代化的新部门（电子、生物工程、电讯）的发展。此外，20世纪70年代以来，瑞典政府还采取措施让国营企业同某些濒临破产的私营企业的合并，为某些贫困地区或为因产品无需求而解散的企业所在地区提供劳动岗位，以及从事新的利用劳动力的活动。国营企业必须在不依赖预算拨款的情况下用自己的力量从事自身的活动。长时期的赢利是这些公司继

---

① 郭枫：《英国和瑞典的市场经济模式》，《经济管理学报》1996年第3期。
② 阿乌列尔·杨库：《瑞典模式——强调社会目标的市场经济》，刘开铭译自罗马尼亚《经济论坛》1990年第21—22期，《国际经济评论》1990年第11期。

续存在的根本前提。① 从 20 世纪 80 年代开始，瑞典政府对国营企业的管理进行了一系列改革，中心指导思想是简政放权，让企业完全自主经营，发挥市场机制的作用。国家不再统负国营企业的盈亏，仅是从宏观上对企业进行引导和监督。②

瑞典企业的工资水平是由作为雇员代表的全国总工会与作为雇主代表的全国雇主协会通过谈判决定的，两者达成的协议在全国范围内实施，工资协议通常以两年为一期。20 世纪 70 年代以后，瑞典企业内部的劳资关系也进行了改革，推行民主化管理，雇员有权参与企业的决策过程，但没有实际决策权。雇主在生产、经营、劳资关系等方面做出改变之前，必须同相应的工会组织协商、谈判。企业工会有权获悉企业经营活动的信息并提出自己的建议。③

瑞典社会保障制度的获益者，要自付一定数额的保障金。自付保障金数额小于他从社会保障制度得到的福利费用。其差额由所得税支付；在某些情况下（尤其是在工伤事故情况下），由企业主支付。社会保障制度受益者的绝大部分缴款来自所得税，他们支付的保障金，仅仅是象征性的。在有些情况下还予以免除。另外，企业主支付的费用迅速增加，他们支付社会服务费的部分越来越大，企业主的支付额和受益者的预付额之和，仍不能弥补整个费用，其差额由省市支付。瑞典整个社会服务费用中，来自国家收入占 40%，来自省市收入占 30%，其余为企业主支付的补贴金。政府通过国家预算承担基本退休金、儿童补贴和经济补贴；企业主根据法律规定支付补充退休金体系、医疗保健、对病人帮助和其社会保险；省市委员会负责各类贫困者的医疗帮助和专门服务等资金。④

税收是执行社会政策的主要支柱。为了发展居民的公共免费服务和为各类居民设立补贴金及救济金，瑞典政府肩负着日益沉重包袱。为了完成国家所承担的义务，瑞典的税额和捐款在欧洲是最高水平之一，瑞典税收

---

① 阿乌列尔·杨库：《瑞典模式——强调社会目标的市场经济》，刘开铭译自罗马尼亚《经济论坛》1990 年第 21—22 期，《国际经济评论》1990 年第 11 期。
② 郭枫：《英国和瑞典的市场经济模式》，《经济管理学报》1996 年第 3 期。
③ 郭枫：《英国和瑞典的市场经济模式》，《经济管理学报》1996 年第 3 期。
④ 阿乌列尔·杨库：《瑞典模式——强调社会目标的市场经济》，刘开铭译自罗马尼亚《经济论坛》1990 年第 21—22 期，《国际经济评论》1990 年第 11 期。

制度包括多种税收和直接及间接税。直接税包括全国和地方所得税、国家资本税、继承税和免费出卖财产税。企业主对社会保障活动的纳税大部分用于退休和医疗费。间接税收的主要来源是：增值税、某些特定产品税。在所得税方面，自然人既是全国的也是地方的纳税人，而法人只是全国的纳税人。①

瑞典实行的社会市场经济也遇到了一些经济难题。从20世纪80年代起，瑞典的价格比其他国家上涨的幅度更大，工资大幅度上升，甚至超过劳动生产率的增长。由于最熟练劳动力同资本一道外流和执行充分利用劳动力的政策，以及由于出生率逐年下降和制止劳动力流动，劳动力匮乏成为劳动市场的主要问题。除此之外，还出现了大部分瑞典居民的生活靠补贴和救济的状况。生产领域有直接收入的从业人员同以靠税收的收入再分配而生活的人的比例为：1970年为1∶0.87，1980年为1∶1.52，1988年为1∶1.5。②

二 瑞典的人权保障制度及其发展

瑞典是君主立宪国家，拥有成文宪法。宪法中规定了政府的组织形式，立法权和行政权的关系，以及公民的基本权利和自由。瑞典宪法包括四个重要文件，包括政府组织法、继位法、媒体自由法和表达自由法。

（一）瑞典对公民权利和政治权利的保障

在宪法的政府组织法第1章第1条明确规定："瑞典所有公共权力都来自于人民。"③ 第2条规定："公共权力的行使应当尊重所有人的平等价值和个人的自由与尊严。"④

政府组织法第2章专门规定了基本权利和自由。其中包括发表意见的自由（第1—3条）、人身安全与迁徙自由（第4—8条）、法治（第9—11条）、免受歧视（第12—14条）、财产保护和公众知情权（第15条）、版

---

① 阿乌列尔·杨库：《瑞典模式——强调社会目标的市场经济》，刘开铭译自罗马尼亚《经济论坛》1990年第21—22期，《国际经济评论》1990年第11期。
② 阿乌列尔·杨库：《瑞典模式——强调社会目标的市场经济》，刘开铭译自罗马尼亚《经济论坛》1990年第21—22期，《国际经济评论》1990年第11期。
③ 《瑞典宪法》，http://www.wipo.int/edocs/lexdocs/laws/en/se/se122en.pdf, p.80。
④ 《瑞典宪法》，http://www.wipo.int/edocs/lexdocs/laws/en/se/se122en.pdf, p.80。

权（第16条）、交易自由（第17条）、义务教育和研究自由（第18条）。① 在该章第19条还明确规定："任何法律或其他规定都不得违背瑞典根据《欧洲保护人权和基本自由公约》所作出的承诺。"②

特别值得注意的是，在政府组织法第2章中，除了规定权利和自由之外，还专门用第20—25条来规定"权利和自由的限制条件"，规定可以由法律加以限制的权利和自由包括表达自由、信息自由、集会自由、示威自由、结社自由、免受暴力、搜身、住宅搜查和其他对隐私的侵犯和对个人邮件及生活环境的监控、迁徙自由、法院公开审理程序（第20条）。表达自由和信息自由可以受到王国安全、国民商品供给、公共秩序和公共安全、个人声誉、不可侵犯的私生活、预防和审理犯罪等的限制。表达自由也会在商务活动中受到限制（第23条）。集会自由和示威自由可以受到在集会和示威中维护公共秩序和公共安全要求或交通环境的限制，在考虑到王国安全和防治流行病时也会对这些自由加以限制（第24条）。外国人在权利和自由方面会受到一些特殊限制，包括表达自由、信息自由、集会自由、示威自由、结社自由、祈祷自由、免受强制吐露意见、免受暴力、搜身、住宅搜查和其他对隐私的侵犯和对个人邮件及生活环境的监控、自由不受剥夺和只因犯罪并经法庭审理才能被剥夺自由的权利、法院公开审理程序、作品知识产权、交易或从事专业的权利、研究自由权以及免受因言获罪的权利（第25条）。③

（二）经济和社会权利保障

在瑞典宪法的政府组织法第2条明确规定："个人的人身的、经济的和文化的福利应为公共活动的根本目的。特别是，公共机构应当保障就业、住房和教育权利，应当促进社会关怀和社会保障，并为促进健康提供有利条件。"④

瑞典建立了一个包括整个社会服务网络的发达的社会保障体系，其中包括医疗保健网络。在社会保障制度的发展和实施政策中，瑞典政府坚持以下一些基本原则：（1）社会保障制度不是恩惠，而是一种权利。

---

① 《瑞典宪法》，http://www.wipo.int/edocs/lexdocs/laws/en/se/se122en.pdf, pp.81-88。
② 《瑞典宪法》，http://www.wipo.int/edocs/lexdocs/laws/en/se/se122en.pdf, p.86。
③ 《瑞典宪法》，http://www.wipo.int/edocs/lexdocs/laws/en/se/se122en.pdf, pp.86-89。
④ 《瑞典宪法》，http://www.wipo.int/edocs/lexdocs/laws/en/se/se122en.pdf, p.80。

（2）任何一个获益者，只要达到法律规定的条件，无须提出任何要求，就能获得这种权利。（3）虽然贫困消除了，但仍存在相对贫困。某些社会阶层尚无充分的生活条件（如住房）和没有适应所有服务费用要求的相应收入。（4）为了保持社会稳定，政府必须干预收入间巨大差距的进一步扩大。这种干预不是直接的而是间接的，即利用税收制度以及国家预算和地方预算对收入进行再分配。（5）一个富足的社会是可以用较大部分的国内总产值来发展社会保障制度的，然而，必须保持一个最佳的限度。超越它，就会导致平均主义。

在工作权利保障方面，瑞典在劳动市场方面采取的政策措施主要包括四个方面：第一，促进劳动力需求同寻求空缺劳动岗位的愿望之间的平衡，这类措施包括必要的信息和指导方法，以服务于培养新劳动岗位所需要人才的规划的制定和实施。第二，通过劳动力供给促进对劳动力的有效利用，这方面的措施包括为确保劳动力的地区流动提供某些补贴和便利条件，如对实际的搬家费实行补贴；劳动市场范围内的职业培训（不包括公司培训），影响和改变劳动力供应。劳动市场培训计划的宗旨是帮助失业者，帮助那些用现有技能难以找到劳动岗位的人，这类培训教育是免费的。第三，对劳动力需求施加影响，为此采取的措施涉及个人和公司。涉及个人的措施，包括帮助寻找工作的方案，这一方案的宗旨是为由于多种原因不能在通常劳动市场上找到工作的失业者提供临时劳动岗位。另一类帮助涉及地方政府服务部门的劳动岗位，以及保健和公共场所服务方面的劳动岗位。帮助对象是青年人、超过失业救济期限的失业者和有困难者。涉及公司的措施包括培训劳动力的多种形式。从1984年开始制定了四种类型的由国家提供助学金的培训："冷门岗位"的培训；适应结构变化的职业培训；对过剩劳动力的职业培训；考虑到性别因素的职工培训。第四，把省作为改善劳动力供求平衡的重要环节来帮助其发展，为此，通过某些规划刺激劳动力供求之间实现平衡。[①]

在健康权利保障方面，瑞典将医疗保健作为社会保障制度的重要部分，其原则是保证所有公民平等地享受这种待遇，而不论他的居住地位和物质

[①] 阿乌列尔·杨库：《瑞典模式——强调社会目标的市场经济》，刘开铭译自罗马尼亚《经济论坛》1990年第21—22期，《国际经济评论》1990年第11期。

状况。省和城市委员会负责医疗保健,它们拥有省医院、各种区和乡医院,以及保健中心和医疗之家。在某些特定地区还存在着私人医疗保健机构。在私人单位工作的医生约占全国医生的5%(牙医师占50%以上)。住院、医疗和药品都是免费的,这些费用由医疗单位的社会保险机构用固定税收支付。保健和医疗主要由省和区委员会从所得税中拨款,这种税收可以弥补保健和医疗成本的60%,国家补贴约为15%,国家教育、科研和精神病学研究基金补贴12%,国家保证健康体系的补偿金占8%,病人税占4%。①

在失业保险方面,瑞典对失业者实行两种类型的货币救济:提供失业保险金,向劳动市场提供帮助,或者实行公共救济。约3/4的劳动力有权获得失业保险,这种保险金由失业救济公司向加入该公司保险的职工发放。其余1/4劳动力未加入失业救济公司,他们在劳动市场帮助下或以公共救济的形式获得帮助。有权获得失业货币救济(以保险金的形式)的失业者,可以获得相当于以前工作收入的90%的救济金。劳动市场帮助或公共救济形式的救济金,比从失业救济公司获得的失业保险金要少得多。②

在受教育权利保障方面,瑞典的教育达到很高水平。它包括如下形式:(1)9年普及义务教育;(2)2—4年大专教育;(3)高等教育;(4)城市成人教育;(5)所有儿童都受学龄前教育,即在7岁入学前至少受1年的教育。所有教育形式都有灵活的和严格的教学大纲,并为所有青年人提供平等的学习机会。瑞典私立学校相对较少,它们都得到国家的补贴,但仅补贴一部分必要的开支。初级和中级教育费用,由国家和市政府平均分摊。在公立学校中,义务教育免费范围包含函授课教材、伙食、交通费。中专和大专教育以及高等教育的学生如果需要帮助,可得到助学金和无息贷款。③

(三)特定群体权利保障

瑞典宪法的政府组织法第1章第2条指出:"政府公共部门应当促进

---

① 阿乌列尔·杨库:《瑞典模式——强调社会目标的市场经济》,刘开铭译自罗马尼亚《经济论坛》1990年第21—22期,《国际经济评论》1990年第11期。
② 阿乌列尔·杨库:《瑞典模式——强调社会目标的市场经济》,刘开铭译自罗马尼亚《经济论坛》1990年第21—22期,《国际经济评论》1990年第11期。
③ 阿乌列尔·杨库:《瑞典模式——强调社会目标的市场经济》,刘开铭译自罗马尼亚《经济论坛》1990年第21—22期,《国际经济评论》1990年第11期。

所有人有机会参与社会生活和实现社会平等,使儿童的权利得到保障。政府公共部门应当反对基于性别、肤色、民族或种族出身、语言和宗教、残障、性取向、年龄或其他影响个人的情形的歧视。应促进萨米人和种族、语言及宗教少数群体保存和发展自己文化和社会生活的机会。"①

在儿童权利保障方面,市政府根据法律负责提供照顾儿童的条件。通常儿童照顾按住地划分。儿童照顾金的拨款来源是:地方所得税、父母缴纳的税、企业主缴纳的工资税。瑞典照顾儿童的服务分多种形式:学龄前儿童组的教育活动,6岁前儿童的活动集中在教育中心(一天或半天),7—12岁儿童自由时间活动中心等。政府每年为照顾儿童的各种不同形式支付一系列补贴金,父母每年支付的税额不超过养育一个儿童年总费用的15%。小孩出生后,母亲享受12个月的假期,9个月内拿90%的工资,其余3个月的比例要小一些。②

在老年人权利保障方面,退休金是社会费用的重要部分之一。国家退休金的构成大体包括三部分:(1)任何人都可以获得的基本退休金;(2)追加退休金,支付给没有收入或收入很少的人,作为基本退休金的补充;(3)补充退休金,按在职期间获得的收入为基础计算。获得追加退休金者,无权获得补充退休金。基本退休金和追加退休金由国家拨款,以及由地方当局用其收入实行拨款。而补充退休金来自企业主的纳税。在瑞典,大部分居民获得基本退休金加补充退休金,两者相当于本人工作期间最佳15年平均收入的2/3,相当于工业工人的平均工资。退休金数额由政府根据消费品价格指数每年确定一次。除退休金外,还有各种补贴和某些免费服务,如获得基本退休金者,有权获得市政府的居住补贴。此外,还有健康保健、医疗服务和其他社会服务的补贴。③

三 瑞典社会市场经济对其人权保障制度的影响

瑞典作为北欧国家的典型代表,实行的是社会市场经济体制,它对其

---

① 《瑞典宪法》,http://www.wipo.int/edocs/lexdocs/laws/en/se/se122en.pdf,p.80。
② 阿乌列尔·杨库:《瑞典模式——强调社会目标的市场经济》,刘开铭译自罗马尼亚《经济论坛》1990年第21—22期,《国际经济评论》1990年第11期。
③ 阿乌列尔·杨库:《瑞典模式——强调社会目标的市场经济》,刘开铭译自罗马尼亚《经济论坛》1990年第21—22期,《国际经济评论》1990年第11期。

人权保障制度产生了重要的影响。

瑞典重视公民权利和政治权利的保障,但同时也在宪法中规定了权利和自由的限制条件,特别是规定可以由法律对表达自由、信息自由、集会自由、示威自由、结社自由、免受暴力、搜身、住宅搜查和其他对隐私的侵犯和对个人邮件及生活环境的监控、迁徙自由、法院公开审理程序等权利和自由加以限制。同时,对外国人在瑞典的权利和自由予以了更多的限制。

与此同时,瑞典高度重视工作权利、社会保障权利、健康权利和受教育权利的保障,宪法将经济和文化福利作为"公共活动的根本目的",要求公共机构保障就业、住房和教育权利,促进社会关怀和社会保障,并为促进健康提供有利条件。它还建立了对儿童和老年人权利的保障措施。

第三节 意大利的市场经济与人权保障制度

从古罗马帝国时代到中世纪,再到文艺复兴运动,这些文明都深刻烙印于地中海沿岸的意大利,尤其《罗马法》,作为大陆法系的蓝本,影响深远。公元14—15世纪,资本主义在地中海沿岸的意大利萌芽,但其发展很缓慢。直到16世纪,意大利的市场经济还一直落后于英国、德国、法国等国家。

一 意大利的市场经济及其发展

意大利资产阶级民族国家的形成和封建势力的扫除比欧洲大多数国家都晚。所以,意大利的工业化与资本积累比较缓慢。1848年意大利革命之前,意大利都处于封建统治专制统治之下。在1848年意大利革命之后,意大利被肢解为八个封建制小国,封建专制统治被复辟,封建势力的各项特权和制度被恢复,意大利的经济仍然受到封建势力的影响。所以,"一八六一年到一八九七年,意大利国民总产值(按一九三八年的不变价格计算)的每年平均增长率只有0.75%。从一八九七年到一九一三年,工业化过程虽然加速了,但国民总产值的每年平均增长率也只有 3.06%"①。意大利的农业与工业的在国民经济中的比重,"一八六一年到一八六五年,意大利国民净产值中农业所占比重为 57.7%,工业占 19.8%;一九一一年到一九五五年的平均数字来看,农业产值仍占到 43.8%,工业产值仍只有 25.8%"②。

意大利经济在发展过程中,深受国家政府的干预。意大利在法西斯政权统治时期,推行"经济自足"政策。这一政策的结果之一是使法西斯政权加强对国民经济的控制,保证了垄断资本,特别是与军事生产有关的垄断资本的高额利润,但却使意大利非常有限的资源用在非生产性的部门和生产效率不高的部门,妨碍了生产技术的现代化。另一结果是,导致资本实力、技术条件和竞争力都比较差,无法承受 19 世纪 30 年代经济大萧条的冲击,意大利许多工业破产或濒临破产。为了应对经济的这些问题,意大利实行国民经济的"国有化"以对濒临破产的企业进行挽救。"二战"之后,意大利的经济遭受严重破坏,国家仍然实行"国有化"的方式以恢复国民经济,"国有化"经济也因此获得恢复与发展起来。意大利战后,基于"国有化"方式,国民经济获得快速发展,在 20 世纪的 50 年代末到 60 年代初,步入发达资本主义国家行列。但是,意大利在进入市场经济调整期之后,国民经济发展也遇到很多的问题,尤其人均 GDP 在持续地递减。

二 意大利人权保障制度

意大利市场经济发展明显落后于英美国家,同时也落后于同处于欧洲大陆的德法。虽然从 18 世纪中期开始,意大利各邦或多或少地进行一些政治经济改革,并且制定了宪法草案或颁布了宪法。但是,由于受到与法国交战的失败,建立起来的法律制度也随之消散,经济也被战争拖累。在法国拿破仑统治期间,意大利宪法模仿法国模式建立起来。后来意大利深受法国大革命的影响,在拿破仑在意大利统治结束之后,意大利也发生了资产阶级革命,尤其以意大利南部山区的资产阶级民主主义组织——烧炭

---

① 尤舒:《意大利的国家垄断资本主义和"国有化"经济》,《国际贸易问题》19975 年第 3 期。

② 尤舒:《意大利的国家垄断资本主义和"国有化"经济》,《国际贸易问题》19975 年第 3 期。

党进行积极的革命,他们的政治纲领是争取立宪,改革现存的专制国家,争取民族独立和意大利的统一。1811年到1816年期间,烧炭党的激进分子制定《亚夫佐尼共和国约法》,这部宪法贯穿了自由、平等的思想以及削弱财富不均等的状况,规定一切公民享有平等的权利,宣布废除世袭的头衔以及封建特权;实行累进税制,贫穷的人支付收入的1/7,富人则要支付6/7。烧炭党希望建立君主立宪制,相继发动了1820—1821年以及1830年的资产阶级革命,但是这两次革命没有得到社会各阶级的支持,最终失败。

1848年,深受法国二月革命的影响,意大利也发生了革命,掀起民主共和运动。1849年,从威尼斯到佛罗伦萨再到罗马,形成了共和制度的轴心。但在建立共和国的各邦当中,只有罗马制定了共和国宪法。1849年的宪法规定公民的基本权利,规定民主制度的准则是平等、自由和博爱;民主共和国致力于促进所有公民的精神条件和物质条件的改善;结社自由;每个公民享有选举权和被选举权;公民的权利和义务建立在"一切权利来自人民"的前提之上。除了罗马共和国宪法之外,撒丁王国宪法,即阿尔伯特宪法也是非常重要的。这部宪法在第2章规定了"国民之权利和义务",规定了法律面前人人平等(第24条)、保障人身自由(第26条)、住宅不可侵犯(第27条)、有限的出版自由(第28条)、私有财产神圣不可侵犯(第29条)、保护债权(第31条)、按照财产平等纳税的义务(第25条)、不得公开集会的义务(第32条),还规定了公开审判原则和禁止设立特别法庭原则。但是,意大利的市场经济最重要的制度是1947年制定的宪法,这部宪法对公民的基本权利作出了明确规定。

19世纪50年代统一运动陷入低谷,但是封建势力复辟后在政治上的高压统治及1857年遍及欧洲的工商业危机所造成的人民生活状况恶化使意大利50年代末又开始了革命危机。1870年,意大利获得了独立和统一。统一后的意大利继续沿用撒丁王国的1848年阿尔伯特宪法。后来到了"二战"之后,意大利建立了新宪法。由此可见,意大利市场经济初创时期,比较重视个人权利的发展,尤其重视公民政治权利的保障。进入1947年之后,意大利注重经济与社会权利的保障。所以,意大利的人权制度发展显现出明显的阶段性。

（一）公民权利和政治权利保障

1. 人身自由权

1947年意大利《宪法》第13条规定："人身自由不受侵犯。不得以任何形式进行拘留，检查或者人身搜查，亦不得对人身自由加以任何其他限制，但依司法当局发出的附有理由的令状，并在法律规定的情况下，依法律规定的方式进行的不在此限。在法律明确指示必要的和紧急的例外情况中，公安机关可以采取临时措施，但必须在四十八小时内通知司法当局；如果司法当局在随后四十八小时内没有批准，该临时措施即视为予以撤销并且丧失任何效力。对不论以何种方式被限制自由的人施加肉体上和精神上的暴行的人，应予惩罚。法律规定预防性羁押的最高期限。"

2. 住宅不受侵犯权

1947年意大利《宪法》第14条规定："住宅不受侵犯。不得进行检查、搜查或者扣押，但在法律规定的情况下，依法律规定的方式，遵守为保护人身自由所规定的保证而进行的不在此限。由于公共卫生和公共安全的理由或者为了经济和财政的目的而进行的检验和检查，由特别法规定。"

3. 通信自由权

1947年意大利《宪法》第15条规定："通信及其他各种方式通信的自由与秘密，不受侵犯。只有依司法当局发出附有理由的令状并且有法律规定的保障，才能够限制上述自由。"

4. 迁徙权

1947年意大利《宪法》第16条规定："每一个公民都可以在国家领土的任何地方自由迁徙或者居住，但由于卫生和安全的理由法律一般性的规定限制时除外。不得以政治理由设定任何限制。每一个公民都可以自由离开或者返回共和国领土，但应履行法律规定的义务。"

5. 集会权

1947年意大利《宪法》第17条规定："公民有和平地、不携带武器举行集会的权利。集会，即使在对公众开放的场所，亦无须事前报告。在公共场所举行的集会，必须事前报告当局，当局只有根据公安和公共安全的正当理由，才可以禁止集会。"

6. 结社权

1947年意大利《宪法》第18条规定："公民，有不经许可为了刑法对个人不加禁止的目的自由结社的权利。秘密结社，以及利用军事性的组织，即使是间接地，追求政治目的的结社，概予禁止。"

7. 宗教信仰自由

1947年意大利《宪法》第19条规定："任何人都有权以任何方式，不论个人的方式或者团体的方式，自由地宣示自己的宗教信仰，进行传教并且私自地或者公开地举行礼拜，但其仪式不得违反善良风俗。"第20条规定："不得因为某一团体或者机构的教会性质，宗教目的的或者礼拜的目的，对它们的成立，法律能力或者各种方式的活动，设立特别的立法限制或特别的财政负担。"

8. 言论、出版自由

1947年意大利《宪法》第19条第1款规定了言论自由："任何人都有以口头、书面和任何其他传播手段，自由地表述自己思想的权利。"从第2款到第6款，规定了出版自由，"出版无须经准许或者检查。如有犯罪，出版法为此明文准予扣押时，都只有根据司法当局发出的附有理由的令状，才可以进行扣押。在这种情况下，如绝对紧急而司法当局又不可能及时干预时，定期出版物的扣押，可以由司法警察官员执行，该司法警察官员至迟必须在二十四小时内报告司法当局。如果该司法当局在其后二十四小时内未予批准，扣押即视为被撤销并且缺乏任何效力。法律可以依一般性的规则，规定定期出版物的经费来源应公开发表。违反善良风俗的印刷品出版物、演出及其他一切表演概予禁止。法律应规定适当措施以预防和遏制此项违法行为。"

9. 财产权

1947年意大利《宪法》第23条规定："除非根据法律，不得强令任何人从事劳务或者财产上的给付。"1865年的意大利民法典，将物权的内容称为"所有权"，并区分为集体所有权和个人所有权，而集体所有权主要是指部族和家庭的所有权。

10. 公正审判权

1947年意大利《宪法》第24条规定诉讼权利，规定辩护是不可侵犯的权利，规定"一切人都可以为保护自己的权利和合法利益，提起诉讼程序。辩护，是在诉讼程序的任何状态和阶段中不可侵犯的权利。依特别的制度，保障贫穷者能够获得在一切法院提起诉讼和进行辩护的手段。法律应当规定关于司法错误的赔偿条件和方法"。第25条规定获得适当的审判，"不得剥夺任何人获得法律规定的适当的审判官审判的权利。除非根据犯罪前施行的法律：不得对任何人加以惩罚。除非在法律规定的情况下，不得使任何人受保安处分"。

11. 选举权与被选举权

1861年，阿尔伯特选举法在意大利各地推行，实行小选区制，投票和选举权均以人口普查为基础。规定，受过教育并且每年支付40里拉财产税的年满25周岁的男子才享有选举权。为此，真正符合条件的能够真正参与到选举活动中的男子非常少，仅占1.9%。1882年，选举法修改，降低了财产税定额，从40里拉降低到19.6里拉，年龄也从25周岁降低到21周岁，受教育文化程度规定为小学二年级程度。经过修改，符合参加选举的人数从1.9%提高到了8%，增多部分为中产阶级。1912年，新的选举法，扩大了选举权。首次采取了男子半普选制度，规定，凡年龄超过30周岁的男子及完成兵役的男子都享有选举权，所有超过21岁的有文化的男子也享有选举权，为此，1913年选民递增到23.2%，标志着大众选举的开端。从意大利选举法的变迁可以看出，意大利的选举权深受财产、性别、年龄以及教育程度的限制。1947年意大利《宪法》第24条规定"一切公民，不分性别，都可以依照法律规定的必要条件，在平等的条件下，担任公职和选举产生的职务。关于允许担任公职和选举产生的职务的问题，法律可以将非共和国公民的意大利人与公民同等看待。被选举担任公职的人，都有权要求为履行此项职务所必需的时间，并且有权保持其工作岗位"。

12. 平等权

意大利《宪法》中规定的平等权包括三个方面：一是选举平等权，在宪法第24条有明确的规定；二是男女婚姻平等权。《宪法》第29条第2款规定："婚姻，应当在法律为保障家庭团结所设定的范围内，根据夫妻在道德上和法律上的平等原则调整。"三是男女同工同酬。《宪法》第37条第1款规定："女劳动者享有与男劳动者同样的权利，并且同工同酬。"

与此同时，意大利民法也规定公民的平等权，表现为：一是民事权利主体的人的权利能力和行为能力的规定。该法规定，权利能力人人平等，所有人（包括妇女）在法律面前都是平等的。任何年满25周岁的自然人，都享有行为能力。二是夫妻地位平等。家庭法及继承法中，规定教会婚姻和民事婚姻具有相等的地位，夫妻在家庭生活中地位平等。

13. 罢工权

1947年意大利《宪法》第24条规定："罢工权应当在调整此项权利的法律范围内行使。"

（二）经济和社会权利保障制度及其发展

1. 健康权

意大利《宪法》第31条规定："共和国以健康作为个人的基本权利和社会利益予以保护，并且保证贫穷者获得免费治疗。任何人不得被强迫接受特定的保健处理，但依法律的规定除外。在任何情况下，法律不得违反为尊重人身所设定的限制。"

2. 劳动权

意大利《宪法》第35条、第36条对劳动权的规定。第35条规定国家保护公民的劳动："共和国保护一切方式的劳动和劳动的运用。共和国关心劳动者的培训和业务上的提高。共和国促进并且赞助旨在确保和调整劳动权利的国际协议和国际组织。除法律为公共利益规定限制的情况外，共和国承认移居他国的自由，并且保护意大利人在国外的劳动。"第36条规定了获得劳动报酬、劳动日以及休息权，"劳动者有获得与其劳动的量和质相称的报酬的权利，并且此项报酬在任何情况下都必须足以保证本人及其家庭维持自由的体面的生活。劳动日的最高限度，由法律规定。劳动者有每周一次的休息权和每年一度的有酬的休假权，并且不得放弃此项权利"。宪法还规定了男女同工同酬，法定的受薪年龄等。

3. 社会保障权

意大利《宪法》第35条第1款和第2款规定了公民享有的社会保障权："凡没有劳动能力并且缺乏必需生活资料的公民，都有受社会扶养与救济的权利。劳动者在发生事故、疾病、不能劳动、年老、和不由己的失业时，有获得规定和保障的适合其生活需要的手段的权利。"

4. 受教育权利

意大利《宪法》在第 33 条、第 34 条规定了如何保障公民受教育权的实现。第 33 条第 2 款规定,"共和国规定教育的一般准则,并且设立各种和各级的国立学校"。第 34 条规定,"学校向一切人开门。授予至少为期八年的初等教育,是义务的和免费的。有才能和成绩优良的学生,纵使缺乏资金,亦有获得最高级教育的权利。共和国采取通过竞争性考试授予奖学金、家庭津贴以及其他措施,使上述权利获得实现"。

(三) 特定群体权利保障制度及其发展

1. 妇女权利保障

意大利市场初创时期法律对妇女权利保障主要体现在以下几个方面:一是与男子享有同工同酬的权利。《宪法》第 37 条第 1 款规定:"女劳动者享有与男劳动者同样的权利,并且同工同酬。"二是平等的参政权,包括选举、担任公职情况。《宪法》第 48 条规定:"所有成年的男女公民都是选民。投票是属于个人的和平等的,自由的和秘密的。"《宪法》第 51 条第 1 款规定:"一切公民,不分性别,都可以依照法律规定的必要条件,在平等的条件下,担任公职和选举产生的职务。"三是妇女在家庭当中的关系受到保障。《宪法》第 31 条第 2 款规定:"共和国保护母性、幼童和青少年,赞助为此目的所必需的各种设施。"

2. 未成年人权利保障

未成年人权利在家庭关系的规范中得到充分保障,《宪法》第 30 条规定"抚养、训导和教育子女,包括非婚生子女,是父母的义务和权利。如父母无能力时,由法律规定履行其职责的方法。法律保证非婚生子女享有同合法家庭成员的权利相一致的一切法律的和社会的保护。法律规定寻查生父的准则和范围。"《宪法》第 31 条第 2 款规定:"共和国保护母性、幼童和青少年,赞助为此目的所必需的各种设施。"未成年人的成长获得国家宪法保障。另外,宪法还规定了未成年获得免费的教育权利,《宪法》第 34 条规定:"初级教育至少为 8 年,是义务的、免费的。"意大利还制定特别法律保护未成年的劳动,《宪法》第 37 条第 3 款规定:"法律以特别法规保护未成年人的劳动,并保证母亲和儿童获得适当的照顾。"

3. 残疾人权利保障

残疾人有权获得物质帮助权和受教育权。《宪法》第38条第2款规定："共和国保护母性、幼童和青少年，赞助为此目的所必需的各种设施。"接着第3款规定："无工作能力的人和残废人都有受教育和职业训练的权利。"

4. 语言少数人权利保障

《宪法》第6条规定，"共和国以特别规定保护语言上的少数民族"。

三 社会市场经济对意大利人权保障制度的影响

意大利曾经在相当长一段时间实行法西斯统治。法西斯统治在经济上的明显烙印在于推行"经济自足"政策，其保证了垄断资本，特别是与军事生产有关的垄断资本的高额利润，为对外战争提供经济基础。所以，在"二战"前期，意大利经济的工业化比较缓慢，现代技术革新受到阻碍，人们生活水平并未在经济发展中获得明显的提高，尤其经济和社会权利保障方面水平不高。到了"二战"之后，意大利市场经济在"国有化"方式逐渐恢复与发展起来，由于深受"二战"的影响，意大利注重公民权利与政治权利和经济与社权利的平衡保障。在战后十多年，意大利国民人均收入水平跨入了高收入国家行列，国家在人权保障方面表现积极。

意大利的人权保障制度受到其社会市场经济体制的深刻影响。

首先，意大利重视公民自由权利的保障。宪法规定了人身自由、住宅、通信、迁徙自由、表达自由、宗教信仰自由、财产自由、获得公正审判的权利等不受侵犯，但同时也规定了这些权利的限制条件。例如，第十四条规定了"由于公共卫生和公共安全的理由或者为了经济和财政的目的"可以对住宅进行检验和检查[1]；第十六条规定法律可以"由于卫生和安全的理由"对自由迁徙或居住权加以限制；第十八条规定"秘密结社，以及利用军事性的组织，即使是间接地、追求政治目的的结社，概予禁止"[2]；第十九条规定宗教仪式"不得违反善良风俗"[3]；第二十一条规定

---

[1] 潘汉典译注：《意大利共和国宪法》1967年修改版。
[2] 潘汉典译注：《意大利共和国宪法》1967年修改版。
[3] 潘汉典译注：《意大利共和国宪法》1967年修改版。

"违反善良风俗的印刷品出版物、演出及其他一切表演概予禁止"①。第四十二条在确定财产权利时,规定"法律承认并且保障私有财产,同时为了保证其社会职能并且使一切人都能获得,规定私有财产的取得和享有的方式及其范围。在法律规定的情况下并且予以补偿时,可以为了公共利益征用私有财产。

其次,意大利重视经济、社会和文化权利保障,同时强调权利保障中的公民自由维度。例如,宪法第三十二条在确定健康权时一方面规定"保证贫穷者获得免费治疗",另一方面又规定"任何人不得被强迫接受特定的保健处理","在任何情况下,法律不得违反为尊重人身所设定的限制"②。

再次,意大利宪法强调保障公民对社会生活的参与权。宪法第三条规定"一切公民,不分性别、种族、语言、宗教、政治见解、个人地位和社会地位,享有平等的社会身份,并且在法律面前一律平等。共和国的任务是:消除由于实际上限制公民的自由平等,妨碍人格的充分发展和全体劳动者有效地参加国家的政治、经济和社会组织的一切经济和社会制度上的障碍"③。第四十六条规定"共和国承认劳动者依法律规定的方式并且在法律规定的范围内,有参加企业管理的权利"④。

最后,在保障各项人权的同时强调公民的社会性及其应当承担的义务。宪法第二条规定:"共和国承认并保障作为个人或者作为在发展其人格的社会组织中的成员享有不可侵犯的人权,并且要求履行在政治、经济和社会上团结一致的不得违反的义务。"⑤ 宪法强调公民的劳动义务,第一条规定"意大利是基于劳动的民主共和国",第四条规定"共和国承认所有公民都有劳动权,并且促进使此项权利实现的各种条件。每一个公民都有义务按照自己的能力和选择,从事有助于社会的特质和精神进步的活动或者职务"⑥。

---

① 潘汉典译注:《意大利共和国宪法》1967 年修改版。
② 潘汉典译注:《意大利共和国宪法》1967 年修改版。
③ 潘汉典译注:《意大利共和国宪法》1967 年修改版。
④ 潘汉典译注:《意大利共和国宪法》1967 年修改版。
⑤ 潘汉典译注:《意大利共和国宪法》1967 年修改版。
⑥ 潘汉典译注:《意大利共和国宪法》1967 年修改版。

第四节 社会市场经济先发国家人权保障制度的特点

我们选择了三个社会市场经济先发国家,分别是德国、瑞典和意在利。它们都是由传统经济转型为市场经济的先发国家,采用了社会市场经济模式,已经进入市场经济的平衡发展阶段。我们对其人权发展的假设是:(1)具有一定的阶段性特征,初始阶段重公民和政治权利,平衡阶段增强经济和社会权利与特定群体权利,但进入平衡阶段要早于自由市场经济体制先发国家;(2)对个人自由权利的行使予以一定的限制;(3)对经济和社会权利及弱势群体权利的保障更加制度化;(4)强调经济和社会权利的自由维度。根据对这三个国家情况的分析,其人权保障制度及其发展基本符合我们的假设,但相互之间也存在一些不同之处。

一 三个国家人权保障制度的共同点

(一)较早进入人权保障的平衡阶段

尽管三个社会市场经济先发国家的人权保障制度也呈现出明显的阶段性特征,与自由市场经济体制先发国家相比,社会市场经济体制先发国家更早地进入人权保障的平衡时期。德国是最先提出经济和社会权利保障的国家,在1919年的魏玛宪法中就提出了对工作权、休息权、失业救济权和受教育权的保障。意大利的人权制度发展显现出明显的阶段性,在市场经济初创时期比较重视个人权利的发展,尤其重视公民政治权利的保障。进入1947年之后,更加注重经济与社会权利的保障。

(二)对个人自由权利施加更多的限制

与自由市场经济先发国家相比,三个社会市场经济先发国家对个人自由权利的行使都施加了一定限制。德国对个人自由权的规定伴有明确的限制。瑞典重视公民权利和政治权利的保障,但同时也在宪法中规定了权利和自由的限制条件,特别是规定可以由法律对表达自由、信息自由、集会自由、示威自由、结社自由、免受暴力、搜身、住宅搜查和其他对隐私的侵犯和对个人邮件及生活环境的监控、迁徙自由、法院公开审理程序等权利和自由加以限制。同时,对外国人在瑞典的权利和自由予以了更多的限制。意大利重视公民自由权利的保障,同时也对各项自由权利规定了限制条件，在保障各项人权的同时强调公民的社会性及其应当承担的义务。

（三）对经济社会权利和弱势群体权利的保障更加制度化

与自由市场经济先发国家相比，三个社会市场经济先发国家对经济社会权利和弱势群体权利保障得更加充分。德国通过立法保护竞争，对经济生活进行适度宏观调控，实行共参制让工人参与企业管理。在战后的基本法和其他相关法律中，除了规定对各项公民权利和政治权利的保障之外，还规定了工作权利、社会保障权利和受教育权利，并建立了比较完善的社会保障制度。瑞典高度重视工作权利、社会保障权利、健康权利和受教育权利的保障，宪法将经济和文化福利作为"公共活动的根本目的"，要求公共机构保障就业、住房和教育权利，促进社会关怀和社会保障，并为促进健康提供有利条件。它还建立了对儿童和老年人权利的保障措施。意大利也是同样，相比自由市场经济国家，意大利在经济和社会权利保障方面投入更多。

（四）强调经济社会权利和弱势群体权利保障的自由维度

虽然社会市场经济先发国家比自由市场经济先发国家在对经济和社会权利的保障以及对弱势群体权利的保障方面更加制度化，但在对社会和社会权利的规定上更加强调这些权利的自由维度。德国在对经济和社会权利的规定中明确了个人自由选择和权利。意大利在规定经济、社会和文化权利时也强调权利享受中的公民自由选择，强调公民对社会生活的参与权。

二 三个国家人权保障制度的不同点

尽管本研究所考察的三个社会市场经济先发国家在人权保障方面有明显的共同点，由于三个国家历史经历不同，因此在人权保障制度的内容和发展上也存在着一定的差异。

首先，从时间上，德国最先提出经济和社会权利保障，意大利和瑞典提出的稍晚。

其次，在经济和社会权利的规定内容上，德国和意大利更加强调这些权利的自由选择维度，而瑞典对社会福利的保障水平要高于其他两国。

第五章　国家主导型市场经济先发国家的人权保障

国家主导型市场经济可以区分先发国家和后发国家。在先发国家中，我们选择了法国和日本作为典型代表。

第一节　法国的市场经济与人权保障制度

1789年，法国资产阶级攻占了象征封建统治的巴士底狱，拉开法国资产阶级革命的序幕。资产阶级革命之后，法国制定了一系列的法律制度，保障法国市场经济的确立和发展。

一　市场经济初创时期法国的社会阻力与人权诉求

（一）法国市场经济体制的形成和发展

法国在市场经济初创时期遭遇的社会阻力主要来自以下几个方面。

第一，封建农业国。18世纪末，法国农村人口占据绝大多数，工商业中心也比较少，农产品的产值超过工业品产值的2.5倍，农村对城市占绝对优势。此时，法国的商品经济已经孕育起来，尤其在东北部出现了新兴的资产阶级化的地主，他们建立以雇佣劳动力为基础的大农场。在这一时期，新兴的资产阶级迫切需要农民与土地分离，形成大量的自由劳动力，来满足其雇佣劳动力的需求。但是，封建农业的主导地位阻碍这一需求的实现。

第二，封建的大土地所有制。法国封建生产关系的经济基础是封建的大土地所有制。全国90%以上的耕地属于国王、贵族和天主教会，农民与新兴资产阶级无法享有土地所有权以及其他财产所有权。在封建大土地所有制下，国王、贵族和天主教会利用封建的土地占有关系，残酷剥削农民，独享经济与劳动成果，严重破坏和阻碍农村生产力的发展，阻碍资本主义市场经济发展。在这种情况下，资产阶级必然提出财产权的要求。

第三，封建诸制度。在市场经济初创时期，法国的行会制度、工业条规、商业专卖权等制度与市场经济要求的自由买卖与等价交换原则相冲突，关卡制度、货币与度量衡的不统一阻碍了市场经济要求的统一国内市场，苛捐杂税增加了资产阶级负担，阻碍资本主义工商业的进一步发展。为此，资产阶级必然提出自由权的要求。

第四，等级制度。18世纪末，法国的居民被划为三个等级：僧侣为第一等级；贵族为第二等级；除此之外的人为第三等级。第一等级和第二等级为特权阶级，他们拥有各种特权，享有巨额收入，并且不缴纳赋税。如僧侣中的高级阶层享有政治、司法和财政的重要特权；贵族拥有财政特权，垄断军队指挥权。农民、城市贫民和资产阶级各阶层组成的第三等级，在政治上处于无权的地位，经济上受到残酷的剥削。农民和城市贫民生活极端困苦，资产阶级虽然拥有强大的经济实力，但是在政治上无权，也受尽特权阶级的压榨。所以，第三等级迫切需要改变等级制度，废除特权阶级。

（二）法国市场经济体制的特点

孔丹霞认为，法国的经济体制是实行市场调节与国家计划相结合的国家主导型市场经济体制。这种体制的基本特征是：国家与企业、国有经济与私营经济、计划调节与市场调节有机地结合在一起，共同发挥着调节资源配置的作用。[①]

从企业所有制来看，法国企业可以分为三类：私人企业、合作社和国有企业。

私人企业在法国占据主导地位。1976年，法国最大的500家工商业公司中，国家控制的占12.4%，私人垄断控制的占60.2%。在农业、工业和服务行业中，有众多的家庭所有的小厂商。私人企业根据市场的供求关系和价格信号决定生产和销售计划，实现自身利润最大化目标。国家只

---

① 孔丹霞：《法国国家主导型市场经济体制探析》，《世界经济》1997年第3期。

是通过政策来影响制约私人企业决策的因素，间接影响私人企业决策①。

合作社是适应地区或地方集体的需要而建立的一种经济组织，包括农业、渔业、手工业的生产者合作社，互助信贷、农业信贷、合作信用和大众银行这样的储蓄者和使用者合作社，以及消费、供销、住宅或服务的消费者合作社。社员集体拥有资产；社会可以自由加入和退出合作社；有权参与合作社所有重大问题的讨论和决策，有一人一票的表决权；合作社的收益归社员所有，一部分用于合作事业的发展，一部分按照使用服务或参与业务活动的比例分配。合作高级理事会作为政府特设的行政机构负责对合作社的行政管理。②

国有企业在国民经济中占有相当大的比重。1990年，全国由国家直接控制或控股50%以上的国有企业2268家；国有企业产值占国内生产总值的18%，投资额占全国的27.5%，出口额占25%。③ 国有企业在生产、销售和库存管理方面拥有高度的自主权，国家只是通过计划规定某些指标和特殊约束。在人员管理方面，国家控制不太严格，企业在人员任免、调配、培训、报酬、晋升等方面拥有自主权。但在财务方面，企业自主权很小，国家对企业投资、税制和利润分配、亏损补贴和价格制定方面具有领导、监督和控制权。国家通过三种方式对国有企业行使领导权和监督权：第一种是计划，政府通过与国有企业签订计划合同，明确国家与国有企业的责权利关系，合同期一般与国家计划期一致。第二种是监督，经济和财政部的财政总监对所有国有企业进行监督；国家审计法院对国有企业进行审计检查，检查企业财务收支，评估企业经营效率和效益；议会对国有企业进行全局性、政策性监督。第三种是监护，国家向企业派驻国家稽查员和主管部门代表，对国有资产经营进行监督。政府对于垄断性国有企业采取直接管理和间接管理相结合的方法，控制程度较高，管理严格，企业的自主权相对较少；对于所处部门存在大量私人企业、国内和国际市场上有众多的竞争对手的竞争性国有企业，国家仅实行间接管理，给予它们较充分的自主权，实行自主经营、自负盈亏。④

---

① 孔丹霞：《法国国家主导型市场经济体制探析》，《世界经济》1997年第3期。
② 孔丹霞：《法国国家主导型市场经济体制探析》，《世界经济》1997年第3期。
③ 叶祥松：《法国国有企业管理体制资料》，《经济研究资料》1996年第2期。
④ 孔丹霞：《法国国家主导型市场经济体制探析》，《世界经济》1997年第3期。

在法国的市场经济体制下，市场在资源配置中发挥基础性作用，国家运用计划手段对经济进行必要的指导和调节，以保证整个经济的平衡协调发展。国家计划要完成两个基本职能：第一，在市场机制不能达到预定目标时，通过指明市场的发展方向、控制企业资金来源和提供优惠等方式，诱导企业做出合乎政策期望的决策。第二，在制订计划的过程中，使企业决策者对所有其他市场主体的计划有比较清楚和及时的了解，弥补市场机制调节滞后的缺陷。在编制计划的过程中，政府官员与"社会伙伴"共同协商，评估经济发展总方针，制定反映社会各阶层利益的计划。计划的内容包括经济发展的战略方向和总体目标，一些重大的总量预测指标，确定优先发展部门和项目，以及为实现计划目标而采取的配套措施。政府计划只具有指示性，而不具有指令性。它通过向企业提供综合的市场信息和预测信息影响企业的决策，通过投资和信贷政策、信贷杠杆、税收政策、价格合同、国有企业、计划合同和控制债券发行等手段来间接贯彻计划目标，并借助社会再分配把40%以上的国民收入集中在自己手中，直接干预和调节整体国民经济活动。①

二 法国人权保障制度及其发展

法国革命爆发后，国民议会初步取得政权，但被代表金融资产阶级的立宪派所把持。他们和封建主相妥协，建立了立宪君主政体，并于1791年9月14日迫使国王路易十六签署并公布宪法，这是法国历史上的第一部宪法。这部宪法以1789年《人权宣言》为序言，正文由前言和8篇组成。1791年宪法宣布废除封建制度，强调公民享有《人权宣言》中规定的权利，并增加了集会、迁徙、请愿等权利。但是这些权利的行使受到严格的限制，诸如公民在遵守治安法规的条件下，允许安静而不带武器的集会自由。1789年的《人权宣言》的核心内容。宣言强调了天赋人权是神圣的不可侵犯的原则。它规定，人权是与生俱来的、天赋的、不可剥夺的，人人在权利上都是平等的；一切政治结合的目的都在于保存和发展自由权、财产权、安全权和反抗压迫权等自然的、不可消灭的人权；造成公众不幸和政府腐败的唯一原因是不知人权、忽视人权或轻蔑人权；人人都

---

① 孔丹霞：《法国国家主导型市场经济体制探析》，《世界经济》1997年第3期。

有言论自由、写作和出版自由权。①

1793年，资产阶级民主革命激进雅各宾党人制定宪法。1793年宪法以新的《人权宣言》为序言，宪法正文124条。关于人权方面的内容除了原来的《人权宣言》规定的人权之外，还增加了公民受教育权、请愿权、劳动权、起义权和公共幸福、社会救济及罪刑相当等权利。但是，这部法国资产阶级革命时期最激进的宪法没有付诸实施。

雅各宾政权被推翻之后，取得胜利的新兴资产阶级颁布了《共和国三年宪法》，即1795年宪法。在法国资产阶级革命结束之后，资产阶级为了巩固革命的成果，需要镇压人民革命继续的态势，也需要封建贵族的复辟，基于此背景下他们制定一部反映新兴资产阶级需求的宪法。这部宪法削减历次宪法和人权宣言所宣布的公民的权利和自由，选举权与被选举权限制在狭小的范围之内。1799年，拿破仑夺取政权，颁布了《共和国八年宪法》，即1799年宪法，这部宪法为拿破仑的独裁提供了法律基础。1804年宪法，拿破仑独裁开始。1814年拿破仑帝国崩溃，波旁王朝复辟，但是经过了法国资产阶级革命之后，封建制度的根基已经被摧毁，资本主义关系已经获得了决定性胜利，所以复辟的波旁王朝与大资产阶级妥协，在承认现存制度下颁布了《钦定宪章》，宪政承认公民权利平等和基本人权，但选举权限制在很小的范围内。1814年宪法颁布之后的第二年，发生了拿破仑百日复辟，颁布了《帝国宪法附加法》，重新确认了1804年帝国宪法的内容，并未对公民权利和自由作出明确规定。1830年法国革命推翻了波旁王朝的复辟，并颁布了宪法，对1814年的宪法内容进行修改。

1848年宪法是在1848年革命之后颁布的，它以人民主权为基本原则，对于人权也作了较广泛的规定，尤其宣布公民享有劳动权、免费初级教育以社会救济等权利。立法机关实行一院制，选举制度也较民主。1848年宪法实施之后，拿破仑侄子发动政变，实施了独裁统治，并颁布了1852年宪法。后来为了应对国内矛盾，进行宪法制度改革，并出现了"新"宪法，即1870年宪法。1870年普法战争后，建立第三共和国，并颁布了1875年宪法，1875年宪法由《参议院组织法》、《政权组织法》和

---

① 林榕年、叶秋华：《外国法制史》，中国人民大学出版社2003年版，第271页。

《政权关系法》组成，它缺乏对公民权利的规定，在内容方面很不完备。但是这部宪法实施的实践很长，法国市场经济初创时期都在实施这部宪法。

1945年10月21日，法国经全民投票产生了战后第一届制宪会议，着手起草宪法。宪法草案分为新人权宣言和宪法本文两个部分，由制宪会议分别草拟通过，最后作为完整的宪法草案提交全民复决。1946年5月5日在对整个宪法草案进行全民公决时，有80%的选民参加了投票，投票人中53%的人投了反对票，只有47%的人投赞成票。这样，连同《新人权宣言》草案在内的整个宪法草案就被全民投票否决了。《新人权宣言》草案虽然未能被正式批准生效，但其仍然有着巨大的历史意义。因为，《新人权宣言》草案对1789年人权宣言的补充和扩展，不仅在1946年10月13日生效的法兰西第四共和国宪法序言中被大部分保留下来，而且也得到1958年9月28日生效的法兰西第五共和国宪法即法国现行宪法序言的再度肯定。①

（一）公民权利和政治权利保障制度

1. 人身自由权保障

1848年4月27日的法律禁止奴隶制。1848年宪法规定，除经法律外，任何公民不得被逮捕或拘留。

2. 经济活动自由权保障

1793年6月3日、6月10日和7月17日国民公会分别颁布法令规定，"宣布取消国内关卡、行会制度，免税特权、封建政府颁布的工业法规和它对商业的垄断权；实行协议自由和贸易自由；废除就业限制，任何人均可自由选择职业等"②。1804年法国民法典确立了契约自由原则，契约自由不受公共秩序法的强制法的限制。

3. 平等权保障

1804年法国民法典确立民事权利平等原则。《民法典》第8条规定："所有法国人都享有民事权利。"1848年2月29日的法律废除了贵族称号。

4. 财产权保障

1844年颁布了关于发明专利权的法律。1855年3月23日颁布关于不

---

① 张亮：《法国人权发展模式研究》，硕士学位论文，山东大学，2008年。
② 由嵘：《外国法制史》，北京大学出版社1992年版，第266页。

动产转让公示制度的法律。1866年,财产的概念扩大到非物质财富方面(指文学艺术)的法律,等等。

5. 宗教信仰自由权

法国大革命初期,三级会议强烈不满教会对政治、经济生活的干预和垄断、对土地的封建占有以及对宗教信仰的专制和对文化教育的蒙昧主义 1790年7月制宪会议颁布了《教士法》,规定教区划分与行政区划分一致,教会受国家支配,主教和神甫由选举产生,教士薪金由国家发给。[①] 1790年11月27日制宪议会通过教士宣誓法令。根据这个法令,一切神职人员就职前必须宣誓效忠国家,全力维护宪法,遵守各项法律;凡不履行宣誓的神职人员均予以撤职,剥夺薪俸,剥夺积极公民资格,丧失选举权。教皇和大主教以开除教籍来威胁宣誓的教士,政府则以剥夺公职和薪俸来施加压力。结果全国只有1/3的教士宣誓。[②] 1791年冬,立法议会宣布一大批教士为嫌疑分子,予以监视或逮捕。1792年5月,又下令将所有拒绝宣誓的教士驱逐出境;拒绝离境者,由宪兵押送到边境;私自回国者处以10年徒刑。不久,国民公会宣告罗马天主教为共和国敌人,将其一切追随者流放到圭亚那。[③] 到了雅各宾派专政时期,在同国内外封建复辟势力的殊死斗争中,发起了一场非基督教化运动。城市和乡村的教堂都被封闭,教堂的钟被拆除,金银器皿被搬走,宗教仪式的用品被销毁。一种特殊的"理性教"开始传播。[④]

1795年2月21日的法令重新开放天主教活动,但附加了一系列条件:教堂仍是国有财产,而且可用来进行共和立法规定的礼拜或召开选举会等;在公共大路上不准举行任何宗教仪式;教士外出不准穿教服;教会不准组织教徒列队游行;人们不准在教堂以外佩戴十字架;教会无权鸣钟召集教徒集会;不准对教会举行仪式给予津贴,也不准搞私人捐款;不准教士结社。只有在遵守这些规定的前提下,才能进行宗教活动。[⑤] 因而,教会的势力范围日益缩小,教士纷纷出逃。到1795年,有31个主教、1

---

① 张亮:《法国人权发展模式研究》,硕士学位论文,山东大学,2008年。
② 张亮:《法国人权发展模式研究》,硕士学位论文,山东大学,2008年。
③ 张亮:《法国人权发展模式研究》,硕士学位论文,山东大学,2008年。
④ 张亮:《法国人权发展模式研究》,硕士学位论文,山东大学,2008年。
⑤ 参见刘宗绪《人的理性与法的精神》,中国社会科学出版社2003年版,第348页。

万多教士流亡在英国,有近 2 万教士流亡于西班牙、瑞士和意大利等国。① 拿破仑在上台不久就颁布了三项法令:准许教堂开放,取消强迫教士宣誓的做法,恢复礼拜日。随后,拿破仑又主动与教皇谈判,以取得教皇的谅解和支持。双方在 1801 年 7 月 16 日签署了"政教协定",天主教被定为大多数法国人信仰的宗教,而非国教;主教由第一执政任命,经教皇授职,本堂神父则由主教任命;什一税永不恢复,教士薪金由政府支付,教皇不得以任何方式干扰教会财产的购置者。② 同时,为了体现宗教平等的原则,政府同时颁布新教信仰组织法,正式承认新教的地位。6 年后,犹太教也受到了政府的保护。③

在 1814 年宪法中,保留了宗教信仰自由,但天主教被重新确立为法国的国教。在 1830 年宪章中,天主教不再是国教,而只是大多数人的宗教。1848 年宪法规定公民有信仰自由。④ 在费里的教育改革中,费里打出尊重宗教的鲜明旗帜,屡次表明自己反教权主义而不反宗教的立场。"1882 年费里法"第二条明确规定:"公立小学每周除星期日外,另放假一日,以便父母根据自己意愿,令其子女在校外接受宗教教育。"1883 年 11 月费里在《致小学教师书》中也断言"宗教教育属于家庭和教会,道德教育属于学校"。立法者的"首要目标无疑在于分离教会与学校,保证教师与学生的信仰自由,最终区分两个长期混淆的领域,即个人的、自由的与可变的信仰领域以及共同的、人人必需的知识领域"。费里的言行充分显示了温和共和派世俗化运动的根本原则就是"分离"⑤。1905 年 7 月的《政教分离法》保证了公民的信仰自由。该法第一条明确规定,共和国保障信仰自由,共和国保障宗教仪式的自由进行。该法取消了天主教的国教地位,并规定共和国对任何宗教仪式既不承认,也不给予工资或津贴。宗教机构占用的公共建筑宣布为国家财产,免费交由宗教管理协会支配。这一法令实现了国家的世俗化,保障了公民的信仰自由,具有重要的

---

① 张亮:《法国人权发展模式研究》,硕士学位论文,山东大学,2008 年。
② 参见李宏图《法国大革命与宗教》,《徐州师范学院学报》(哲学社会科学版)1989 年第3 期。
③ 参见张芝联主编《法国通史》,辽宁大学出版社 2000 年版,第 274 页。
④ 参见张芝联主编《法国通史》,辽宁大学出版社 2000 年版,第 274 页。
⑤ 张亮:《法国人权发展模式研究》,硕士学位论文,山东大学,2008 年。

意义。①

6. 表达自由权保障

在表达自由权保障方面，法国从18世纪到19世纪经历了跌宕起伏的变化过程。

1789年法国《人权宣言》第10条规定："意见的发表只要不扰乱法律所规定的公共秩序，任何人都不得因其意见甚至传教的意见而遭受干涉。"第11条规定："自由传达思想和意见是人类最宝贵的权利之一；因此，各个公民都有言论、著述和出版的自由，但在法律所规定的情况下，应对滥用此项自由负担责任。"1791年宪法规定："各人都有言论、著述、出版和发表其思想的自由，在出版之前著述不受检阅或审查，各人有行使其所皈依的宗教的自由。"在具体执行方面，政府采取了具体措施。如1791年宣布取消封建的书业印刷业行会，使人人可以办印刷厂、开书店。一时间书业印刷业大发展。封建王朝时期，巴黎只有36个印刷厂，200家左右的书店。大革命时期陡然增加到600多个。②

1792年8月10日，巴黎民众起义推翻了君主立宪政体，随后便加强对社会舆论的控制。1792年12月4日，国民公会通过一项法令，对主张恢复君主立宪制之人要进行惩罚。与此法令相适应，1793年3月29日根据拉马克的报告，对新闻出版作了如下规定：凡在著述中建议在法国建立王国或解散国民代表机构者，应送交革命法庭并处以死刑。③

雅各宾派当政后，1793年宪法中的序言部分《人权宣言》第7条申明："用出版或各种其他方法发表自己的思想和意见的权利、安静集会的权利以及信教自由，都不得受到禁止。"《权利的保障》中第120条规定："宪法保障全体法国人民的平等、自由、安全、财产、公债、信教自由、普通教育、公共救济、无限的出版自由、请愿权、结成人民团体的权利并享有一切的人权。"尽管这部宪法对人民许下了美好的承诺，但是迫于当时的革命形势，根本没有来得及实施。革命法制吞并了宪法精神。④ 1793年夏，雅各宾派成立公安委员会，制定《嫌疑犯条例》，对言论活动实行

---

① 张亮：《法国人权发展模式研究》，硕士学位论文，山东大学，2008年。
② 张亮：《法国人权发展模式研究》，硕士学位论文，山东大学，2008年。
③ 参见孙娴《1789—1852年法国新闻出版法剖析》，《世界历史》1992年第1期。
④ 张亮：《法国人权发展模式研究》，硕士学位论文，山东大学，2008年。

钳制。其矛头不仅指向王党，连一些资产阶级派别的报刊也不能幸免。1793年8月8日，国民公会公布法令："查禁所有阳奉阴违的学院、学术机构、医学机构、艺术团体、法律机构。"在1789年至1799年的10年中，1792年8月10日至1794年7月27日这段时间，报刊出版数目最少。雅各宾派于1793年8月2日发布法令规定：任何剧院如上演败坏公众思想，唤起对王政可耻迷恋时剧本将被关闭，负责人将遭逮捕，依照法律予以惩处。与此同时，政府成立的专门审查剧目的委员会多达12个，在2个月内就查禁了150部戏剧，其中33部被禁演，25部被勒令修改。①

雅各宾派倒台后，国民公会通过了一项法令：内容为凡其著作和言论具有叛乱性、企图挑动群众鄙视国民代表制度和恢复王国者，将被永远驱逐出共和国，但这一法令不久后便被废除。1795年的新宪法353条规定："任何人要说出、印刷和发表自己的思想都不应该受到阻止。作品在发表之前不应受到任何检查。"1796年，督政府规定，凡以言论或著作挑动要求解散国民代表制或督政府、对其成员行刺，要求恢复王国或1791年宪法、1793年宪法，都被视为危害共和国的安全和公民个人安全，应处以死刑或流放。②1799年，拿破仑结束了督政府统治，成立了执政府。1804年，拿破仑称帝并建立了法兰西第一帝国。在他统治期间，法国的言论自由几乎消失殆尽。与此同时，拿破仑建立了一整套钳制人们思想的制度。（1）授权邮政局长开启私人信函，检录不利于政府的言论。（2）建立书报检查制度。由帝国出版署负责事实，聘请帝国检查官对历书、画册、教材等进行审查。（3）成立由警务部长领导、受警察严密控制的隶属于警察部的"新闻局"。即便报纸、书籍检查通过甚至出版之后，一旦发现不利言论，该部门仍有权没收。1810年，拿破仑又通过法律规定，除赛纳省外，每省只能在省长的监督下发行1份政治性的报刊。1811年的法律规定，在巴黎只能出版4份政治性的报纸。③

1814年宪法保留了公民的言论自由和出版自由。1817—1819年间，政府通过了出版自由制度，建立了出版业的事后审查制度，取消了从第一

---

① 参见朱宁《三色旗下的缪斯——试论法国大革命文化的地位和作用》，《华东师范大学学报》1995年第1期。
② 张亮：《法国人权发展模式研究》，硕士学位论文，山东大学，2008年。
③ 张亮：《法国人权发展模式研究》，硕士学位论文，山东大学，2008年。

帝国延续下来的书报审查委员会，作者无须等待批准即可发表文章，倘若违法犯罪再行追诉。①

19世纪30年代，法国工人运动频繁。为了加强对国家的控制，1834年议会通过法令，一切叫卖报纸者均须事先登记获准；并通过修改刑法第291条，禁止一切由少于20人参加的各小组组成的协会。简化对政治叛乱的"罪行"的起诉和判决手续，规定一切冒犯国王、攻击"政府的原则与形式"的行为将受到严厉处分，甚至"共和主义"一词也被取缔，自称共和主义者被宣布为非法。30多种报纸被禁止发行。②

1848年宪法规定公民有言论自由、集会自由、结社自由，报刊不需官方检查。③

1849年，巴黎工人大游行，政府在采取了各种措施限制公民的权利。1849年6月的法令规定，禁止危害社会治安的俱乐部与公众集会。7月27日的新闻法规定：凡攻击总统权力及其人身者，将判处3个月到5年的监禁以及罚金，凡出版报纸杂志必须缴纳保证金。此外，还规定在赛纳省出售书籍、刊物，须经警察局长批准，在外省须由省长批准。同年11月27日法令禁止罢工。1850年法令对政治报刊缴纳保证金与恢复印花税，作了27条具体规定。④ 专制帝国时期，帝国取消了"自由、平等、博爱"这一口号，各种政治俱乐部无权公开活动，公民结社必须事先获得官方批准。政府设立了政治宣誓制度，"服从宪法与忠于皇帝"成为检验官员与议员可靠程度的政治标准。最高特别法庭专门审讯反对皇帝和危害国家的罪行，被判罪者无权上诉。新闻报刊业仍然受到高额保证金的限制。⑤ 帝国借助天主教会加强对教育的控制，奉行愚民政策：平民子弟只须学习教义与手艺，政府下令取消中学的哲学课。世俗的师范学校遭到封闭，耶稣教会代替公立中学，小学教育基本上为宗教教育。拿破仑三世于1858年2月27日批准并公布"治安法"，严惩反对皇帝与政府、"破坏社会安宁"、进行谋杀活动的人。

---

① 张亮：《法国人权发展模式研究》，硕士学位论文，山东大学，2008年。
② 张亮：《法国人权发展模式研究》，硕士学位论文，山东大学，2008年。
③ 参见张芝联主编《法国通史》，辽宁大学出版社2000年版，第274页。
④ 张亮：《法国人权发展模式研究》，硕士学位论文，山东大学，2008年。
⑤ 张亮：《法国人权发展模式研究》，硕士学位论文，山东大学，2008年。

19世纪50年代末，法国国内形势趋于稳定，在外交方面重建了欧洲优势地位，在国内共和派的压力以及工人运动不断高涨的背景下，拿破仑三世决定进行政治变革，以打消人们的不满情绪。① 1859年的大赦，标志着政治改革的开始。根据大赦令，一切政治犯获得赦免，流放者、监禁者，皆得到释放，流亡国外的反对派人士可以自由地返回法国，而不受惩处。② 1860年的法令规定，此后元老院与立法团每日会议的记录将于次日在政府公报上公布，以便让社会舆论知晓。1864年法令基本恢复结社权和罢工自由。1867年法令规定，元老院和立法团成员可以对政府提出质询。新的新闻法于1868年5月公布，从此报刊出版不必经过官方的事先批准，只须事先申报。向报刊征收的印花税也有所减少。关于公众集会的法令，于同年6月6日公开实施，不用官方预先批准即可召开公众集会。③ 1881年6月的《集会自由法》规定公民集会无须经过官方批准，1881年7月的《出版自由法》确认一切报刊不必预先许可均可出版。1901年的《结社自由法》和1907年的《集会自由法》开始放宽了对公民集会、结社、游行示威的限制。20世纪30年代成立的第一届人民阵线政府扩大了法国公民权，并进一步使其法治化和制度化。④

7. 结社自由权保障

1864年废除了大革命时期颁布的关于禁止结社和罢工的《沙伯利厄法》；1884年3月21日的法律允许成立工团联合会；1898年4月1日的法律允许成立互助团体，到1901年6月1日法律的颁布，基本实现了组织联合会的自由，这个法律规定，除宗教团体和外国人团体应按特别程序成立外，工人可以不必事先批准即可成立职工会。

8. 选举权保障

法国在选举权的保障上也经历了反反复复的变化。

1789年8月26日通过的《人权宣言》第11条规定："全国公民都有权亲身或经由其代表去参与法律的制定。……在法律面前，所有的公民都是平等的，故他们都能平等地按其能力担任一切官职、公共职位和职务，

---

① 张亮：《法国人权发展模式研究》，硕士学位论文，山东大学，2008年。
② 张亮：《法国人权发展模式研究》，硕士学位论文，山东大学，2008年。
③ 张亮：《法国人权发展模式研究》，硕士学位论文，山东大学，2008年。
④ 张亮：《法国人权发展模式研究》，硕士学位论文，山东大学，2008年。

除德行和才能上的差别外不得有其他差别。"

1789年12月，制宪会议在讨论选举问题时，把公民分为积极公民和消极公民两类，实行限制选举制，只有积极公民有选举权。但迫于社会压力，在1791年宪法中，只保留了积极公民的概念，将消极公民的概念弃之不用。这部宪法将"积极公民"界定为：年满25岁以上的男性，非家仆，在其居住区住过相当长的时间，参加过公民宣誓，缴纳过至少相当于3个工作日价值的直接税，既没有遭到破产也不曾在法庭受过控告。这部宪法还规定只有"积极公民"才有权出席各地推举立法议会代表选举人的初级议会和参加国民自卫军。①

1793年宪法写入了普选权，规定由人民直接选举代表，凡出生在法国并在法国有住所的年满21岁的男子均为法国公民，享有选举权。年满21岁在法国有1年以上住所的外国男子，并以其劳动为生者或置有财产者，或娶法国女子为妻者，或收养子女者，或赡养老人者，亦可成为法国公民，享有选举权。因当时正处于战争时期，该宪法所规定的普选权未能实现。②

1795年宪法重新恢复革命初期实行的有财产资格限制的两级间接选举制。该宪法规定：只有年满21岁，缴纳直接税、土地税或个人税，在法国居住1年以上（入籍的外国人须连续居住7年）的公民才有选举权。③

在拿破仑执政时期制定的1799年宪法中，名义上恢复了被1795年宪法取消的普选权。凡年满21岁的法国公民在法国居住1年以上（入籍的外国人须连续居住10年），都有参加市镇选举的权利，并无财产限制。但它实行市镇、省和全国名流名单选举制，按1/10的比例逐级选出，由元老院从全国名流名单中选任立法院和保民院议员、执政、最高法院法官和审计专员，一般选民无法当选。这使得这种普选权沦为一种虚幻的权利，而且这种金字塔式的复杂选举制度也并未有效实行过。④

1802年抛弃名流名单制，代之以区和省的选举会议，只有区选举会

---

① 吴绪、杨人梗编：《十八世纪末法国资产阶级革命》，商务印书馆1962年版，第56页。
② 张亮：《法国人权发展模式研究》，硕士学位论文，山东大学，2008年。
③ 张亮：《法国人权发展模式研究》，硕士学位论文，山东大学，2008年。
④ 张亮：《法国人权发展模式研究》，硕士学位论文，山东大学，2008年。

议实行普选。区和省的选举会议只有一种推荐权。每个区选举会议向第一执政准荐 2 名治安法官的候选人,向省长推荐 2 名作为 5000 人以上城市的市政议会的补缺候选人。省的选举会议成员必须从纳税最多的 600 名公民中挑选。第一执政有权直接任命 10 名区选举会议的候补成员,20 名省选举会议的候补成员。①

根据 1814 年宪章的规定,选民的资格进一步提高。只有缴纳 300 法郎直接税和年满 30 岁的男性公民才有选举权;只有缴纳 1000 法郎直接税且年满 46 岁的人才有当选众议员的资格。1817 年的选举法对此进行了详细的规定。该法在法国历史上首次实现了直接选举。当时法国 3300 多万人口中享有选举权者约 10 万人,享有被选举权者不足 2 万人。② 宪章确立了君主立宪制度,国王有很大权力:有权任命国家机关和军队的一切高级官员,掌握外交大权,召集和解散议院,有权在议会休会期间为确保法律的执行和国家安全不经过议会而颁布法令,国王还有权否决议院通过的法案。③

1830 年,巴黎爆发起义,复辟王朝被推翻。新政权对 1814 年宪章进行了大幅度的修改,史称 1830 年宪章。取消双重投票法,降低选举的年龄和财产资格;承认国民主权原则。1848 年宪法恢复了 1793 年宪法中的普选权,重申取消政治犯死刑。

1850 年 5 月通过法令废除普选权,规定具有下列条件的男性公民方可获得选举权:在法国居住为期 3 年,缴纳属人税或养路捐。由于选举资格的限制,约有 280 万人丧失了选举权。1852 年宪法规定实行普选制,必要时进行公民投票。

9. 公正审判权保障

1789 年《人权宣言》在保护公正审判权方面提出了一些基本原则,如宣布"一切公民在法律面前人人平等"(第 6 条);"法律只有权禁止有害于社会的行为。凡未经法律禁止的一切行动,都不得受阻碍,并且任何人都不得被迫从事未经法律命令的行动"(第 5 条);"法律只应当制定严

---

① 张亮:《法国人权发展模式研究》,硕士学位论文,山东大学,2008 年。
② 张亮:《法国人权发展模式研究》,硕士学位论文,山东大学,2008 年。
③ 参见张芝联主编《法国通史》,辽宁大学出版社 2000 年版,第 311 页。

格的、明显的、必需的刑罚，而且除非根据在违法行为之前制定、公布并且合法地适用的法律，任何人都不受处罚"（第8条）；"任何人在被宣判有罪之前都推定为无罪"（第9条）。

根据《人权宣言》确立的这些原则，革命政府对刑法制度进行了改革。1790年1月21日的法令规定：犯罪与刑罚必须公平划一，不论犯罪者的等级身份如何，凡属同一种犯罪，均处同一刑罚。刑罚的后果只能触及犯罪者本人，不能株连家庭成员，不能有损于他们的人格和名声，不能影响他们的职业。同年颁布的另一份法令宣称，刑罚必须与犯罪相适应，而且必须限制在确实需要的范围内。1791年7月22日的法律规定了轻罪，以区别犯罪行为的轻重程度。1791年制定了刑法典，减少了犯罪种类和死刑的适用范围，但是，1810年刑法典，贯穿《人权宣言》的精神，明确表述"罪刑法定"原则，并将犯罪分为违警罪、轻罪和重罪三类。对于犯罪人所应受到的惩罚也应该由法律规定，法官不能擅自决定。值得注意的是，在1810年的刑法典中，被废除的无期徒刑、终身苦役等也被恢复过来。

1832年七月王朝时期对刑法典进行了第一次修改。这次修改以减轻刑罚的严酷性为目的，涉及90个条文，如减少死刑的种类、废除烙印、死刑前断右手等酷刑。1863年又进行了第二次修改，共修改了65个条文，进一步减轻了某些刑罚手段，增补了一些新的犯罪种类。刑法内容的变化还体现在单行法规上，19世纪法国颁布了几个重要的法律，如1885年《累犯惩治法》和《累犯防治法》，确立了流刑和假释；1891年减轻和加重刑罚的法律，规定了缓刑；1912年7月20日法律免除年满13岁以下未成年的刑事责任，实行教育措施。

10. 权利的限制

值得注意的是，法国《人权宣言》依据公共利益的要求对各项权利的行使作出了限制性规定。《人权宣言》第4条、第10条和第11条对公民的自由权作出了限制性规定。第4条规定："自由就是指有权从事一切无害于他人的行为。因此，各人的自然权利的行使，只以保证社会上其他成员能享有同样权利为限制。此等限制仅得由法律规定之。"第10条规定："意见的发表只要不扰乱法律所规定的公共秩序，任何人都不得因其意见，甚至信教的意见而遭受干涉。"第11条规定："自由传达思想和意见是人类最宝贵的权利之一……但在法律所规定的情况下，应对滥用此项自由负担责任。"此外，《人权宣言》第5条还规定"法律仅有权禁止有害于社会的行为……"①。

《人权宣言》的一个突出特点是把"公共利益"和"公共秩序"放在重要的位置，并作为限制人权行使的依据。《人权宣言》第1条指出"……除了依据公共利益（common good）而出现的社会差别外，其他社会差别，一概不能成立"。第4条指出"自由就是指有权从事一切无害于他人（do not harm others）的行为……"第6条指出"法律是公意（general will）的表现……"第10条指出"意见的发表只要不扰乱既定法律和公共秩序（established Law and Order），任何人都不得因其意见，甚至信教的意见而遭受干涉"。第12条指出"人权的保障需要有武装的力量；因此，这种力量是为了全体的利益（the benefit of all）而不是为了此种力量的受任人的个人利益而设立的"②。

（二）经济和社会权利保障

法国市场经济初创时期，随着资本主义进一步发展，尤其为了保障市场经济的劳动力，政府对工人的相关权利特别是劳动权作出明确的规定。

1. 工作权利保障

在就业权保障方面，1848年2月28日的法令宣布成立国家工场，吸收失业工人工作。法国政府把通过各种措施增加就业、扩大就业范围作为调节居民之间收入分配的政策理念，以年轻人和低收入者为重点，实施促进收入分享的积极的就业政策，通过经济手段即免税、减税等促进就业。建立"社会帮助合同"制度，帮助合同使得企业和协会能用最低成本雇佣员工，即凡雇佣职业能力较弱、身处贫困的人员，由国家承担所雇员工一定比例的工资。③

在合理薪酬权保障方面，1936年6月24日关于集体合同的法令规定，由雇主、职工会代表和地区工商代表组成混合委员会，协商签订集体合同，有关争端由劳工部长解决。

---

① 张亮：《法国人权发展模式研究》，硕士学位论文，山东大学，2008年。
② 张亮：《法国人权发展模式研究》，硕士学位论文，山东大学，2008年。
③ 张亮：《法国人权发展模式研究》，硕士学位论文，山东大学，2008年。

在休息权保障方面，1841 年，法国立法禁止 9 岁以下童工做夜工，12 岁以下童工每天工作限制为 8 小时，16 岁以下的限制为 12 小时。1892 年 11 月的立法，规定禁止使用 13 岁以下的童工，16 岁以下的少年实行 10 小时工作制，16—18 岁的少年工和女工一样，实行 11 小时工作制。1900 年 3 月的法律规定 10 小时工作制扩大到成年工人；1905 年又规定了低下工作限制为 9 小时。1936 年人民阵线成立后，进一步规定每周不得超过 40 小时工作；凡受雇满一年以上者得享受保留工资的 15 天假期。①

2. 基本生活水准权利保障

法国于 1988 年颁布了最低收入标准法。该法规定了融入社会的最低收入标准。最低收入补贴发放对象为 25 岁以上在法长期居留的人口，2002 年法国的最低生活保障对于单身者的标准是每月 406 欧元，无子女的配偶是 608 欧元；老年人补贴是每月 569 欧元。最低收入补贴是法国居民的基本权利，是法国社会进步的重要标志，即国家保证没有一个法国公民月收入低于 406 欧元。设立最低收入补贴旨在帮助贫困人口重新融入社会。每一个领取者都要与国家有关部门签订"承诺融入社会合同"，即社会帮助其融入社会的同时，其本人应承诺努力融入社会。合同对政府和当事人双方都有约束力。②

为保证贫困人员的居住权，法国采取了以下几方面的措施。一是提供低租金住房（也叫社会住房），以较低的价格出租给低收入者，建房费用主要来自企业工资总额 1% 的缴费（分摊金），部分由国家出资。全国共有 25% 的住房属社会住房。二是对低收入者发放住房补贴。法国的福利制度中有若干条款专门对低收入家庭提供住房方面的经济援助，主要有家庭住房补助、社会住房补助、个人住房补贴、搬家补贴等。这项措施解决了上百万人的租房问题。三是由各省政府出资建立团结基金，对有正当理由交不起房租、水电费者给予帮助，使其能够继续居住下来。③

此外，法国各地还建立了收留中心，为无住房者提供住处。居住收留中心时间最长不超过一年。中心不仅给贫困者提供临时住处，还有专门的

---

① 张亮：《法国人权发展模式研究》，硕士学位论文，山东大学，2008 年。
② 张亮：《法国人权发展模式研究》，硕士学位论文，山东大学，2008 年。
③ 张亮：《法国人权发展模式研究》，硕士学位论文，山东大学，2008 年。

社会工作人员帮助其融入社会,有病者还可得到医疗。中心一般由社会团体开办,其经费全都来自国家财政,较好地解决了穷人住房困难的问题。尽管政府采取了此项措施,但还是有部分交不起房租的人被赶出了住房。为此,法国政府还规定,每年的冬季,房东不可驱赶交不起房租的租房者。①

3. 健康权保障

法国于1893年开始实行公费医疗,但人口覆盖面很窄。1999年颁布了医疗保险基本权利法(CMU),规定收入低于最低限额(单身者为每月560欧元)者可享有免费看病、治疗的权利。在法国享受医疗保险的人几乎达到百分之百,因为每一个受薪者不仅他本人享受医疗保险,他的配偶子女以及他所赡养的老人都能享受医疗保险。这种连带关系使医疗保险覆盖了全社会。②

4. 社会保障权利

1793年宪法的人权宣言第23条规定,"社会就是全体人民保证各人享受并保存其权利的行动;此种保障是以人民的主权为基础的";第21条规定"公共救助是神圣的义务。社会对于不幸的公民负有维持其生活之责,或者对他们供给工作,或者对不能劳动的人供给生活资料"③。法国社会保障制度经历了约200年的漫长发展过程,19世纪初开始出现,"二战"后逐步完备,逐渐达到了今天的规模和水平。张亮将法国社会保障制度的发展分为三个阶段。④

第一阶段,从19世纪初至19世纪80年代末为法国的社会保障制度的萌芽阶段。其间,只有某些阶层,如受雇于国家的职员、军人、海员和矿工等才有权享受社会保险。国家的作用更多地体现在促进公共卫生事业方面。当时用于社会事务的支出还不到法国国内生产总值的0.5%。⑤

---

① 参见方和荣《让低收入者共享发展成果的法国社会保障制度》,《厦门特区党校学报》2006年第1期。

② 张亮:《法国人权发展模式研究》,硕士学位论文,山东大学,2008年。

③ 《法国1793年宪法》,载董云虎、刘武萍主编《世界各国人权约法》,四川人民出版社1994年版,第43页。

④ 张亮:《法国人权发展模式研究》,硕士学位论文,山东大学,2008年。

⑤ 张亮:《法国人权发展模式研究》,硕士学位论文,山东大学,2008年。

1813年,法国即通过最初的保护工伤者的条例,规定矿业部门的雇主要对工伤事故提供救济。1848年二月革命以后,制宪议会把"劳动权和享受社会救济的权利"写进宪法草案,1850年正式通过了《公共救济与预防法》,逐步建立最早的社会保障制度。

第二阶段,从19世纪80年代末至1945年,法国社会保障制度进入转折阶段。虽然国家作为保护人所起的作用仍相当有限,但社会保障制度的构想渐趋成熟,有关社会保险的必要基础已经建立。这一阶段,有关基本法律相继问世:1894年的《强制退休法》规定,工人退休金由雇主和工人按比例缴纳,由国家退休金管理局统一管理。1898年通过《工伤保险法》,开始对因公受伤者给予补助;1910年颁布法律,在工人和农民中实行普遍退休制度,规定退休年龄为65岁。第一次世界大战以后,法国的社会保障制度有了进一步的发展,1919年通过对战争受害者给予补偿的法案。1930年通过第一部《社会保障法》,初步建立了对雇佣劳动者的普遍保险制度。此后,法国通过了一系列有关儿童、老人、贫困病人、多子女家庭和产妇的法律,这些法律体现的原则构成了现今法国《社会救助法》中有关如何救助社会弱势群体的基本框架。①

第三阶段,从1945年10月至今,法国社会保障制度向全国逐步推广并日渐完善,全国统一的社会保障体制正式运作,由国家作为保护人承担各种社会风险。1945年10月,法国国民议会通过《社会福利法》,标志着社会保障体制的正式建立。但法国社会保障制度的普及却历经几十年时间,1945年仅有一半法国人享受社会保障,到1978年,才基本普及全民。②

在失业保险方面,法国的失业保险机构是受法国1901年7月1日法律管辖的对等民营社团,这些组织的全国和地方性决策由雇主和职工代表机构作出,他们既是社会伙伴又是失业保险公约的签署者。1958年法国创立了一个混合委员会,一方是资方代表,另一方是工人代表,由法国团结就业部制定法规。法国有两种失业保险机制:第一种是由雇主和职工交纳分摊金,国家予以资助,失业保险体制由雇主和职工缴纳的分摊金资

---

① 张亮:《法国人权发展模式研究》,硕士学位论文,山东大学,2008年。
② 参见丁和顺《法国社会保障之我见》,《山西财税》2001年第3期。

助,这部分应纳分摊金以收入截留的方式扣除。第二种是完全由国家资助的失业互助体制,向两类失业者提供互助金:一类是丧失领取失业保险金权利的长期失业者,另一类是在重新就业中遇到特殊困难者。进入 21 世纪以来,法国对失业金的发放制度进行了改革,在发放失业金的同时帮助失业者找工作,一是鼓励学新的技能;二是使失业金随着领取时间增加而递减;三是对年龄大些的外籍劳工,出资鼓励其回到原国家安家,以腾出工作岗位;四是在企业倒闭时出资进行转岗培训;五是鼓励企业聘用失业者,并提供部分费用。①

5. 教育权利保障

1793 年宪法的《人权宣言》第 22 条规定,"教育是个人所必需的。社会应尽其一切可能来赞助公共教育的发展,并使各个公民都得享受教育"②。1833 年,法国制定了初等教育法。

(三) 妇女儿童权利保障

1901 年 6 月 1 日的法律,基本上确立了组织联合会的自由,家长权和夫权被削弱。19 世纪中后期,已婚妇女的行为得到认可,1881 年 4 月 15 日的法律规定:允许妻子可以自由地在银行开立账户而无须丈夫的参与;对于神志丧失或精神衰弱,不能处理自己的事务,经法院宣告丧失行为能力者应设监护人,通过监护人保护其身体和利益。非婚生子女的地位得到提高,有权向其父请求抚养和认领。1883 年的法令又恢复离婚自由。

三 国家主导型市场经济体制对法国人权保障制度的影响

法国是比较典型的国家主导型市场经济体制,国有企业占有重要比重,国家通过计划来对市场进行调控和干预。在这种体制下,其人权保障制度也呈现出一些显著的特点。

第一,市场经济体制对法国人权保障制度的影响主要表现在对人身自由权、经济行为自由权、平等权、财产权、公正审判权等权利的保障方面。

第二,对宗教信仰自由和表达自由的保障受到革命和转型时期社会压

---

① 张亮:《法国人权发展模式研究》,硕士学位论文,山东大学,2008 年。
② 《法国 1793 年宪法》,载董云虎、刘武萍主编《世界各国人权约法》,四川人民出版社 1994 年版,第 43 页。

力的制约，呈现大起大落的动荡局面，法律对这两项自由权利的规定施加了许多限制，在现实的实施中更是打了很多折扣。国家和社会的利益是限制这两类权利行使方式的最重要考虑。

第三，尽管法国很早就提出的普选制，但在很长时期都对选举权的享有资格规定了居住、纳税、性别、年龄等方面的严格限制，并采取了复杂的多层次的选举制度，使实际享受选举权的公民范围和行使行选举权的选择范围被限制在很有限的范围内。

第四，国家对市场经济的主导作用，不仅体现在对经济发展的调控方面，而且体现在对经济和社会权利以及妇女儿童权利的保障方面。特别是在工作权利、基本生活水准权利、健康权利、社会保障权利和受教育权利方面，法国都起步较早，并形成了相对比较完善的保障机制和体制。

第二节 日本的市场经济与人权保障制度

日本经过明治维新走上了近代化的道路，较早地完成了工业化，成为世界发达国家。日本走向市场经济发展道路之时，选择和形成有别于自由市场经济、社会市场经济的新的市场经济模式——社团市场经济。在亚洲，日本是第一个制定宪法、实现立宪政体的国家，为市场经济的确立与发展奠定宪法基础，与此同时，制定了一系列法律制度满足市场经济初创时期的各种权利诉求。

一 日本市场经济体制的特征和发展

（一）日本市场经济体制的发展

1868 年明治维新前的日本是个封建专治占绝对统治的国家，尽管德川幕府后期随着社会经济的发展，和商品货币关系的进一步确立，规模化的商品市场开始加速形成，但由于德川幕府始终企图通过强行创造一个静止的经济环境来保持政治上的稳定，因而便依其强大的权威来控制经济活动，使其经济活动始终受其国家政权的控制，当时较为简单的商品货币关系也带有浓厚国家色彩。[①]

---

① 孙世春：《日本市场经济的建立及其一般特征》，《日本研究》1999 年第 1 期。

自 1858 年签署日美通商条约时期起，封建制度逐渐趋于崩溃。明治维新后日本然虽选择了市场经济道路，但是，其市场经济从建立伊始便带有极强的国家资本主义色彩，国家政权与资本的紧密结合构成了近代日本经济制度和市场体制的基本框架。战前，日本国家政权对经济生活的直接干预和统制占据了主导地位，国家垄断基本代替了"自由竞争"和"一般垄断"，对整个国民经济体系进行了垂直的统制管理。[①]

从甲午战争后，日本市场经济在国家政权的大力扶植下，得到了迅速的发展并出现了由大企业持股控制的"家族康采恩"等企业组织和"股份公司"，市场机制尽管没有得到充分的发挥，但依然在夹缝中顽强生存着，经济活动中仍多多少少地带有一些市场机制的因素，而就整体国民经济的运营机制看，仍处在国家政权的管制下运行的，而且，随着对外侵略战争的不断扩大，国家垄断资本主义又进一步演变成军事国家资本主义，统制经济完全取代了根本就发育不全的市场经济，国家管理代替了市场机制。可以说，自日本走上了资本主义道路后，其经济发展无一不是在国家政权的直接干预下取得的，以其相对合理、公正、平等的竞争机制为基点的市场经济既没有得到充分发展，也没有对资本主义经济发展发挥自发的调节作用。但是，战前以私有制为基础建立起来的经济制度和传统的国家管理经济模式却为战后日本式的市场机制的形成奠定了基础。[②]

战后日本的市场经济是 40 年代末期至 50 年代初期，随统制经济向市场经济转变后而逐渐建立完善起来的。[③]

1945 年日本投降后，工业生产陷入停顿状态，整个国民经济也都处于一种瘫痪状态中。在这一特殊的历史条件下，统制经济仍居主导地位，如物资统制、价格统制、资金统制和外贸统制等。战后初期严格的统制经济使得自发调节的市场经济和市场机制被限制在了极小的范围内。[④]

从 1949 年开始，随着战后初期国民经济的恢复与发展和战后各项民

---

① 孙世春：《日本市场经济的建立及其一般特征》，《日本研究》1999 年第 1 期。
② 孙世春：《日本市场经济的建立及其一般特征》，《日本研究》1999 年第 1 期。
③ 孙世春：《日本市场经济的建立及其一般特征》，《日本研究》1999 年第 1 期。
④ 孙世春：《日本市场经济的建立及其一般特征》，《日本研究》1999 年第 1 期。

主改革的逐步完成，日本政府逐步取消或放宽了各种统制，到1952年已基本完成了向市场经济的过渡，市场机制也随之逐步建立起来。在市场机制的建立过程中，企业体制的改变所发挥的作用是巨大的。战前，日本的企业纯属家族式的企业组织形态，母公司持股控制下的企业系列自上而下呈紧密的控管型，企业无法甚至不可能成为市场的主体，它们是在国家垄断资本主义和家族双重调控下被动于市场开展各种生产活动的，因而市场机制无从发挥作用。战后，随着企业体制的改革，封建式的家族企业组织演变成现代的法人企业组织，以银行为核心的相互持股企业关系把市场引入企业内部，市场机制不仅有了建立的基础而且也有了发挥作用的客观条件。在以后的经济运行过程中，市场机制能够在有效的市场竞争的经济环境下，通过价格机制对产销活动进行自发调节，从而实现整个社会经济活动的协调运行。①

（二）日本市场经济体制的特点

战后日本市场经济是在新的历史条件下建立起来的，但是，其市场经济却是市场机制和政府机制有机结合后形成的一种变形的市场经济模式。在这一新的市场经济模式中既有"看不见的手"的自发作用，又带有行政管理的因素，是一种新的国家垄断资本主义形式。②

俞宜国和吴学文将战后日本经济体制的主要特点概括为：政府干预部分大，经济计划性强；其典型的表现是"产业政策"和"行政指导"；政府与企业分工合作，共同谋求社会保障和社会稳定，其典型的表现是"充分就业"、"稳定物价"和"分配公平化"；社会经济活动以企业为中心，自由公平有序地竞争，发挥规模经济效益；其典型的表现是法人资本为主，企业的实权掌握在经营者手中，建立"企业集团"，实行"日本式经营管理"；依靠技术革新促进经济发展；其典型的表现是科技主力在企业，建立"产、学、官一体"的科技体制。③

1. 市场竞争与政府计划干预相结合

通过产业政策有计划地发展经济，是日本市场经济体制的一大特色。

---

① 孙世春：《日本市场经济的建立及其一般特征》，《日本研究》1999年第1期。
② 孙世春：《日本市场经济的建立及其一般特征》，《日本研究》1999年第1期。
③ 俞宜国、吴学文：《论日本市场经济体制的建立及特点》，《世界经济与政治》1995年第5期。

日本经济的基础是市场，同时日本又通过政府干预，加强计划性来防止和弥补"市场缺陷"，"日本的立法和行政机关把80%的时间用在处理经济和产业界的有关问题上"。从1955年到1991年的36年里，日本根据不断变化的国际国内环境和不同时期的经济目标，总共制订了12个中长期经济计划，譬如经济企划厅的"国民经济计划"、国土厅的"国土开发计划"等，还有年度计划，并且不断地修正不符合变化了的实际情况的计划，淘汰已经过时的计划。但是，政府仅仅通过这些计划进行宏观指导，并不要求企业非执行不可，政府也从不强调必须完成计划或者力争超额提前完成计划。①

除了中央政府的综合性经济计划外，各产业、各行业及各专项事业也都分别订有计划，譬如空港修建计划、上下水道修建计划等。各地区则订有地区发展计划。企业更是各自订有周密详尽的运营计划，有的甚至含有"订货生产""即时供货""零库存"这样的内容。整个社会以经济活动为中心表现出严密的组织性和计划性。②

日本在不同的时期实行了不同的产业政策：20世纪50年代重点发展电力、钢铁、煤炭、化肥等基础产业；60年代重点发展重工业和化学工业；70年代重点发展知识密集型产业；80年代重点发展"国际协调型产业"③。

在日本政府干预市场时运用的诸多手段中，用得最多的是"行政指导"，其对象主要是企业，而它的运用范围则极其广泛。官方解释行政指导的说法是："行政指导不具有限制国民的权利，或对国民课以义务的法律上的强制力。它是行政机关在法律所赋予的权限及所管辖的事务的范围之内，为得到行政对象的合作并实现一定的行政目的而进行劝诱或诱导，使其采取或不采取某种行为。"行政指导通过"政府和企业双方协商合作"的方式进行，把企业的活动纳入国家经济目标的轨道，使企业的经

---

① 俞宜国、吴学文：《论日本市场经济体制的建立及特点》，《世界经济与政治》1995年第5期。

② 俞宜国、吴学文：《论日本市场经济体制的建立及特点》，《世界经济与政治》1995年第5期。

③ 俞宜国、吴学文：《论日本市场经济体制的建立及特点》，《世界经济与政治》1995年第5期。

营在一定程度上向着计划化、组织化和秩序化的方向开展。①

2. 政府积极维护市场经济秩序

政府除了通过计划影响企业决策之外，还采取一系列措施维护市场经济秩序。这主要表现在禁止垄断和不正当竞争、稳定物价和缩小收入差距。

首先是禁止垄断和不正当竞争。日本政府为了维护市场经济的竞争秩序，采取积极的措施禁止垄断和不正当竞争。日本 1947 年制定了《禁止垄断法》，并分别于 1953 年和 1971 年修订；1956 年制定了《防止承包费用等迟付法》，1962 年制定了《防止不正当馈赠和不正当优待法》。其中，《禁止垄断法》被日本学者称为"经济宪法"，它的第一条开宗明义规定："禁止私人垄断，禁止对交易的不正当限制，禁止不公正的交易方法"，"防止事业控制力过度集中"，"排除联合或协定对生产、销售、价格和技术等的不正当限制以及对其他一切事业活动的不正当束缚"；并且规定通过禁止私人企业的垄断行动来"促进公平自由的竞争，发扬事业活动的创造精神，使事业兴隆，提高就业水平和国民实际收入水平，进而确保一般消费者的利益，促进国民经济民主健全地发展"。查处违反《禁止垄断法》行为的机关，是直属内阁总理的像法院一样拥有独立权限的"特殊行政机关"公平交易委员会。这个机关依照上述三项法律，对于"不正当廉价销售""以不正当利益引诱顾客""对顾客进行欺骗引诱""搭配销售""强迫销售"之类很具体的损害消费者的行为都进行查处。②

其次是稳定物价。稳定物价是日本经济政策的重要政策目标之一。战后，日本的物价经历了恢复时期的上涨、高速增长时期的基本稳定、石油危机后的猛涨以及进入稳定发展时期后的稳中有降四个阶段。日本物价相对稳定，通货膨胀率较低，这同政府的物价政策有着密切的关系。政府着重推行总需求管理政策，即通过财政和金融政策把国民总支出控制在适当的水平上，并且把促进生产率的提高作为重要的物价政策。同时大力创造

---

① 俞宜国、吴学文：《论日本市场经济体制的建立及特点》，《世界经济与政治》1995 年第 5 期。

② 俞宜国、吴学文：《论日本市场经济体制的建立及特点》，《世界经济与政治》1995 年第 5 期。

完善的竞争条件以充分发挥市场的价格调节功能，政府还通过各种渠道把有关供求和价格动向的正确信息迅速而又广泛地告知国民，防止哄抬物价。①

最后是缩小收入差距。自由市场经济体制的重要缺陷之一是分配不平等。为了在市场经济体制下尽可能缩小收入差距，日本实行了一系列分配平等化政策。这种政策从"取得收入的条件""收入创造过程""最终收入再分配"三个方面着手，促进机会均等化，维护自由竞争条件，保障充分就业，对于"非劳动收入"进行一定的限制，实行最低工资制，实行以公平和累进制为原则的所得税收政策，提供各种社会福利和社会补助等社会保障制度。在经济合作与发展组织的成员国中，日本的个人收入平等程度是最高的。②

3. 企业通过规模、管理和科技提高竞争能力

日本企业在市场竞争中，主要是通过规模经济效益、构建"命运共同体"的企业管理方式和以企业为主导的科技创新来取得竞争优势。

首先，是发挥规模经济效益。日本自由市场经济的基础是法人持股为主的股份制，虽然中小企业占日本企业总数99%以上，占日本职工总数80%以上，但经济的主导力量是企业集团。通过市场机制形成的企业集团，有金融企业集团和工业企业集团两大类。金融企业集团有三菱、三井、住友、第一劝业等，由在战前财阀资本的基础上成立的大银行为核心集结一些大企业组成，集融资、生产、销售和投资于一身，是资本的集合体，在国民经济中占有举足轻重的地位。工业企业集团，如新日铁集团、丰田集团、松下集团、日本电气集团等，实际上是某个工业部门的联合体，以一个独立的拥有雄厚的资金和技术实力的大企业为核心，通过控股、投资、资本分离和资本合并等方式，把一大批相关企业纳入其生产体系，形成企业系列。这些企业集团和大企业都采取股份公司形态，其股票在股票市场上自由买卖，但是，经营权不在股东手中，而为法人所掌握，所有权和经营权基本上分离，经营者能够"非常独立自主地作出经营决

---

① 俞宜国、吴学文：《论日本市场经济体制的建立及特点》，《世界经济与政治》1995年第5期。

② 俞宜国、吴学文：《论日本市场经济体制的建立及特点》，《世界经济与政治》1995年第5期。

策和开展经营活动"①。

其次,构建"命运共同体"的企业管理方式。日本企业的管理重视企业员工形成合力,企业采取终身雇用制、年功序列制和企业工会制来促成员工合力的凝聚。终身雇用制保证了职工队伍的相对稳定,失业率比较低以及社会稳定性比较好,因此博得"日本企业经营第一大支柱"的评价。年功序列工资制的特点是,以职工确实尽心尽力付出劳动、创造价值为前提和基础,承认在本单位连续工作的时间越长其贡献则越大,因此获得的劳动报酬也相应地多。所谓企业工会制,就是按企业组织工会。它在组织工人参与企业管理、培育集团精神、保持比较协调缓和的劳资关系方面,实际上起到了一种组织保证作用。为了培植广大职工的参与及归属意识,结为"命运共同体"关系,更好地谋求企业的发展,日本的大企业普遍实行职工持股制度。这一点又成了日本企业经营的又一个特色。此外,大企业特别注重选拔和培养企业经营者。在企业内部采取到生产第一线实践、岗位转换、部门培养等措施,一步一个台阶地任用具有在本企业主要部门或主要工作岗位工作的丰富经验的人才,让他们承担企业经营者的重任,其中不乏企业工会的领导干部。②

最后,企业通过技术革新进行竞争。日本实行以竞争为基本手段的自由市场经济体制,企业只有通过创造出领先一步的技术及其产品,才能在竞争中取胜,而不断变化更新的市场需求则推动着企业去不断研究开发新的技术和产品。日本企业在科技活动中的主导作用十分突出。日本全国研究经费的大约80%来自企业(主要是大企业)的科研投资,大企业普遍设有自己的研究所。政府则高举"技术立国"的大旗,通过采取扶植、保护、引导等政策手段,为企业的科研创造合适的环境和良好的条件,推动科技发展。为了在国际竞争中成为胜利者,日本建立了极富特色的所谓产学官一体的科技体制。以民间企业为主,以大学和政府研究机关为辅,以市场竞争为主要推动力,在政府的方针、政策和计划的引导下,各有侧

---

① 俞宜国、吴学文:《论日本市场经济体制的建立及特点》,《世界经济与政治》1995年第5期。

② 俞宜国、吴学文:《论日本市场经济体制的建立及特点》,《世界经济与政治》1995年第5期。

重,互相协调配合。①

4. 中间经济组织发挥协调作用

中间经济组织是日本企业为了共同利益以自愿参加为原则而成立的民间团体。这种组织在日本有近10万个,大、中、小型法人企业几乎都加入了某种经济组织,相当多的企业甚至是多种经济组织的成员。它的类型归纳起来主要有三个层次:第一个层次是若干企业之间的结合形态,包括大企业结合而成的企业集团,大企业与中小企业间结合而成的企业系列,以及中小企业结合而成的企业组合。第二个层次是全行业企业的结合形态,包括各个行业的联合会、联盟、联谊会等。有的大行业内部存在若干个小企业组织。第三个层次是各行业的结合形态,主要是全国性经营者团体,其成员遍及各个产业和各个行业,如"经济团体联合会""日本经营者团体联盟""经济同友会""日本商工会议所"组成的"财界四团体"、全国中小企业团体总联合会、日本中小企业团体联盟等。②

中间经济组织作为企业之间横向联系和企业与政府之间纵向联系的结合部,在经济生活中发挥了主要的作用:第一,提高行业或企业界的国际竞争力。各个中间经济组织都有专门机构从事世界市场的信息收集与预测、先进国家技术研究、新产品开发、产品标准化、人才培训等。这些功能都是企业十分需要但又无法独立完成的,因而每个企业均极为重视中间经济组织的作用。连那些很小的家庭企业也会积极参加以充分信息为根据的有关世界市场战略的讨论,也正是从这些共同讨论中产生了企业间共同从事研究和技术开发的计划。另外,出于一致对外、共同提高竞争力的需要,一些经济组织也会承担在通常情况下应由企业承担的一些功能,如银行的共同贷款、出口中的共同对外谈判、市场活动中的共同销售和共同采购等。经济组织的这类功能使内部各企业获得了只有更大的公司才具有的竞争优势,为它们尤其是竞争能力较低的小企业带来巨大的好处。第二,协调企业间的利害关系。中间经济组织是为各企业的共同利益服务的。但对于任何一个涉及多方利益的问题,各企业都可能因从中获得的个别利益

---

① 俞宜国、吴学文:《论日本市场经济体制的建立及特点》,《世界经济与政治》1995年第5期。

② 彭金荣:《日本市场经济模式的特点及启示》,《天津师范大学学报》1993年第4期。

有别而态度有所不同。即使对大家都有好处的事也会发生分歧。在这种情况下,中间组织发挥着协调者的作用。当出现意见分歧时,它们采取反复磋商、讨论说服的做法,以求得内部的统一。第三,沟通民间企业与政府之间的联系。中间经济组织可派代表向主管政府机关或国会反映意见和要求,并能直接参加政府的各种审议会,对政府的决策施加影响。这会形成一种集团压力,引起社会各界和政府的重视。政府的愿望首先要同中间组织磋商,如得不到认同,任何政策都会变为废纸。因此,中间组织成了企业与政府之间纵向联系的桥梁,是政府参与经济的必要保证。第四,形成分层次的竞争和有利于经济整体现代化的大中小企业关系。日本中小企业占企业总数的99%以上,无法与大企业站在同一起跑线上竞争。中间经济组织的建立使不同企业各有相对明确的活动领域,激烈的竞争主要在大企业之间和中小企业之间分别展开。这既可以减少全方位竞争对社会的消极影响,又不会弱化竞争的积极作用。此外,大企业与中小企业的承包关系使小企业借助企业间的高度分工,同样实现技术更新和生产规模化。这有助于在现代化的前提下理顺不同规模企业之间的关系。①

二 日本人权保障制度及其发展

1868年3月发表五条御誓文,具体内容是:(1)广兴会议,万机决于公论。(2)上下一心,盛展经纶。(3)官武一体,以至庶民,各遂其志,毋使人心倦怠。(4)破除旧有之陋习,一本天地之公道。(5)求知识于世界,大振皇国之基业。②

1881年,根据天皇开设国会的敕令,政府开始着手起草《宪法》;但是,在此之前,即在1880年,元老院成立"国宪委员会",起草了日本历史上第一部《宪法》草案。该草案的第三篇,以"国民及其权利义务"为名,规定了有关人权的内容。该草案虽然以自由权为中心,用17个条文规定了相关内容,但是,有法律保留的规定。与此相比,1881年由植木枝盛负责起草的日本国《宪法》草案,在该草案的第四篇,规定了"日本国民及日本人民自由权利",除了自由权之外,用35个相对详细的

---

① 彭金荣:《日本市场经济模式的特点及启示》,《天津师范大学学报》1993年第4期。
② 参见郑泽善《日本人权发展进程及现状》。

条款规定了请愿权、革命权等事关人权宣言的内容。在草案的保障形式中，并没有法律保留，这一点可以说与美国、法国的人权宣言相近。①

1887年，伊藤博文在考察欧洲立宪主义的理论与实践之后，完成了宪法的起草工作；1888年，经过讨论和修改，草案最终形成；1889年经过枢密院审议后发布；1890年经过帝国议会，正式开始实施。这部宪法是日本市场经济初创时期最重要的宪法。该宪法的体系，基本上模仿了1850年制定的普鲁士《宪法》，在第二章规定了"臣民之权利义务"，从第18条至第32条规定了这方面的内容。②但是，明治宪法规定的基本权利是受到很大限制的，表现在两个方面：一是"臣民"称谓。在规定国民的基本权利时，明治宪法采用了"臣民"一词，反映了国民"被统治"的地位，而宪法规定的基本权利并不是"天赋"或"不证自明"的，而是来源于天皇。二是明治宪法在权利条款中大量适用了法律保留原则，这也就意味着，一方面，国民只能在不违反"臣民"这一地位的范围内主张自己的权利；另一方面，只要依据法律即可剥夺或限制国民的权利。③1889年宪法中虽然规定了各种自由权利，但在保障形式上都附有法律保留（第22条、第23条、第25条、第26条、第27条第2款、第29条），在规定中还有不少例外条款，比如戒严（第14条）、特别权（第31条）等。由此可见，该《宪法》属于形式上的人权宣言，缺乏实质性内容。④

1946年2月13日由麦克阿瑟负责起草的《宪法》第三章，在第9条至第39条规定了"国民权利及义务"。其中的大部分内容被同年11月3日公布的新《宪法》所采纳。该宪法第11条有明确的规定："国民所享有之一切基本人权不受妨碍。本《宪法》对于国民所保障之基本人权，作为不可侵犯之永久权利，赋予现在及将来之国民。"1946年制定的日本国《宪法》与1889年的明治《宪法》相比，不仅人权条款的数量，有明显的增加，增加了保障社会权的内容，而且删除了明治《宪法》所具有的法律保留和人权保障的例外规定。此外，第81条规定了法院（裁判

---

① 参见郑泽善《日本人权发展进程及现状》。
② 参见郑泽善《日本人权发展进程及现状》。
③ 祝捷：《外国宪法》，武汉大学出版社2010年版，第205页。
④ 参见郑泽善《日本人权发展进程及现状》。

所）具有违宪立法审查权，强化了人权保障的制度性。①《宪法》第 13 条规定了"生命、自由及追求幸福之国民权利"。该幸福追求权，最初被一般地理解为《宪法》第 14 条以下所列举的个别性人权的总称，而不能从中直接推导出具体的法律性质的权利。不过，20 世纪 60 年代以来，社会、经济的剧烈变动产生了诸多问题，对此法律上加以对应的必要性就随之增大，因而其意义也得到了重新估量。其结果是，基于尊重个人之原理的幸福追求权，就逐渐被解释为作为未被宪法所列举的新人权之根据的一般性且概括性的权利。以这种幸福追求权为基础的各种权利，也被理解为可以得到裁判上救济的具体权利，判例也肯定了其具体的权利性。②

（一）公民权利和政治权利保障

1. 人身自由与安全权利保障

1889 年宪法第 23 条规定了人身自由权："日本臣民非依法律，不受逮捕、监禁、审讯及处罚。"

1964 年宪法第 13 条规定："全体国民都作为个人而受到尊重。对于谋求生存、自由以及幸福的国民权利，只要不违反公共福利，在立法及其他国政上都必须受到最大的尊重。"第 18 条规定："任何人都不受任何奴隶性的拘束。又，除因犯罪而受处罚外，对任何人都不得违反本人意志而使其服苦役。"第 31 条规定："不经法律规定的手续，不得剥夺任何人的生命或自由，或课以其他刑罚。"第 33 条规定："除作为现行犯逮捕者外，如无主管的司法机关签发并明确指出犯罪理由的拘捕证，对任何人均不得加以逮捕。"第 34 条规定："如不直接讲明理由并立即给予委托辩护人的权利，对任何人均不得加以拘留或拘禁。又，如无正当理由，对任何人不得加以拘禁，如本人提出要求，必须立刻将此项理由在有本人及其辩护人出席的公开法庭上予以宣告。"第 36 条规定了免受酷刑的权利："绝对禁止公务员施行拷问及酷刑。"

2. 平等权保障

1889 年宪法第 19 条规定了平等担任公职的权利："日本臣民依法律命令规定之资格，均得就任文武官员及其他职务。"1946 年宪法第 14 条

---

① 参见郑泽善《日本人权发展进程及现状》。
② 参见郑泽善《日本人权发展进程及现状》。

规定了法律平等权利："（1）全体国民在法律面前一律平等。在政治、经济以及社会的关系中，都不得以人种、信仰、性别、社会身份以及门第的不同而有所差别。（2）华族以及其他贵族制度，一概不予承认。（3）荣誉、勋章以及其他荣誉称号的授予，概不附带任何特权。授予的荣誉称号，其效力只限于现有者和将接受者一代。"第24条规定了两性平等权利："（1）婚姻仅以两性的自愿结合为基础而成立，以夫妇平等权利为根本，必须在相互协力之下予以维持。（2）关于选择配偶、财产权、继承、选择居所、离婚以及婚姻和家庭等其他有关事项的法律，必须以个人尊严与两性平等为基础制定之。"

3. 迁徙自由权保障

1869年通过废除关卡制度，允许国内移动自由。1889年宪法第22条规定了居住及迁徙自由权："日本臣民于法律规定范围内有居住及迁徙之自由。"1946年宪法第22条规定了居住与迁徙自由权："（1）在不违反公共福利的范围内，任何人都有居住、迁移以及选择职业的自由。（2）不得侵犯任何人移往国外或脱离国籍的自由。"

4. 财产权利保障

1873年7月制定了地租改正条例，废除封建制度下的诸多限制，赋予土地所有权以近现代意义。1889年宪法第27条规定了财产所有权保障："日本臣民之所有权不得侵犯。因公益需要之处分，依法律之规定。"

1898年民法典，成为"新民法"，也称为"明治民法"。这部民法典共5篇36章组成，它参照了德国民法典草案，结合日本国情制定本部民法典。在基本权利保障方面，既有适应资本主义市场经济发展需要的规范，也有保留了封建主义的身份规范。第一，规定了权利主体的平等权利，即"私权的享有，始于出生之时"（第1条）。第二，确立了资本主义私有财产无限制的原则。"所有人于法令限制的范围内，有自由使用、收益。处分所有物的权利"。第三，确立了契约自由原则和当事人"意思自治"原则。第四，在家庭法和婚姻关系方面，保留了大量的封建主义的身份法。确立了家长在家庭中的权威及族长（户主）在家族中的地位，规定了夫妻之间的不平等，丈夫对妻子的权威。

1946年第29条宪法规定："（1）不得侵犯财产权。（2）财产权的内容应适合于公共福利，由法律规定之。（3）私有财产在正当的补偿下得收归公用。"

5. 思想、良心和学术自由权利保障

1946 年宪法第 19 条规定:"思想与良心自由不容侵犯。"第 23 条规定:"保障学术自由。"

6. 信仰自由权利保障

1889 年宪法第 28 条规定了信教自由权,但具有一定的限制:"日本臣民在不妨碍安宁秩序,不违背臣民义务下,有信教之自由。"1946 年宪法第 20 条规定:"(1) 对任何人的信教自由都给予保障。任何宗教团体都不得从国家接受特权或行使政治上的权利。(2) 对任何人都不得强制其参加宗教上的行为、庆祝典礼、仪式或活动。(3) 国家及其机关都不得进行宗教教育以及其他任何宗教活动。"这些规定表明了国家在宗教上的中立性。

7. 表达(表现)自由权利保障

在明治维新后的若干年,与开放经济自由权相反,表达自由权却逐渐趋于限制。19 世纪 70 年代,自由民权运动。自由民权论者开始主张天赋人权说,同时开始介绍欧美的自由人权思想,要求开设民选议会,实行君主立宪,保障言论与集会的自由,减免地租,修改不平等条约。[①]

1872 年 1 月制定的出版条例和 1873 年 10 月制定的《报纸发行条目》,规定新闻必须通过相关审查。同时,针对自由民权运动,政府 1875 年制定了《诽谤律》和《新闻报纸条例》,加强了对新闻的控制力度。[②] 1889 年宪法第 29 条规定了表达(表现)自由权:"日本臣民在法律规定范围内,有言论、著作、印行、集会及结社之自由。"1946 年宪法第 21 条第 1 款规定:"保障集会、结社、言论、出版及他一切表现的自由。"

8. 隐私权利保障

1889 年宪法第 26 条规定了通信秘密的权利:"日本臣民除法律规定情况之外,其书信秘密不受侵犯。"第 25 条规定了住宅不受侵犯的权利:"日本臣民除法律规定的情况之外,未经其许诺不得侵入其住宅及搜索。"

---

① 参见郑泽善《日本人权发展进程及现状》。
② 参见郑泽善《日本人权发展进程及现状》。

1946年宪法第21条第2款规定了通信秘密的权利："不得进行检查，并不得侵犯通信的秘密。"第35条规定住所不受侵犯的权利："（1）对任何人的住所、文件以及持有物不得侵入、搜查或扣留。此项权利，除第三十三条的规定外，如无依据正当的理由签发并明示搜查场所及扣留物品的命令书，一概不得侵犯。（2）搜查与扣留，应依据主管司法官署单独签发的命令书施行之。"

9. 公正审判权利保障

明治维新之后，虽然日本进行刑事制度改革，但是大体上都沿袭了封建法律模式，丝毫未看到资产阶级刑法的痕迹。1875年日本政府着手制定西方式刑法典，于1880年公布，1882年开始实施。这部刑法典以法国1810年刑法典为蓝本，史称"旧刑法"。这部刑法典将犯罪分为重罪、轻罪和违警罪3种，确立了"法无明文规定不为罪""法不溯及既往"等原则，而且为了限制法官的自由裁量权，对量刑幅度作了比较严格的规定。这部刑法典不符合日本长期封建主义传统的国情，也不利益维护稳定明治维新之后日本激烈动荡的社会局势，颁布后不久，遭受各界反对后进行修改。

1889年宪法规定了非依法律不受逮捕、拘禁、审判、处罚等权利。宪法第24条规定了接受裁判的权利："日本臣民接受法定法官审判之权不得剥夺。"

1875年刑法典实施20多年之后，日本参考德国刑法典并吸收了新派刑法理论，提出新的刑法典草案。在日俄战争之后进一步修改，于1907年提交两院会议通过，予以公布，次年开始实施，被称为"新刑法"。这部新刑法在具体的人权保护方面，表现在以下几个方面：一是废除了旧刑法中的重罪、轻罪的划分，并将违警罪从法典中抽出，制成《警察犯处罚令》这一单行法规。二是取消旧刑法中的徒刑、流刑等名称，废除监视附加刑，将主刑定位死刑、惩役、监禁、罚金、拘留、科料（罚款）六种，没收作为附加刑，剥夺公权由特别法加以规定，未列入刑法典中。三是规定了缓刑（刑之犹豫执行）制度，进一步完善假释制度。法典规定，被判处2年以下惩役或监禁，而过去又未受过监禁以上刑训或虽被处监禁以上刑训，执行完毕或免除执行已满7年者，得由司法机关视情况实行缓刑（第25条）。被判处惩役或监禁者，在狱中有悔改之意时，在有期刑执行1/3，无期徒刑执行10年以后，经批准可假释出狱（第28条）。

另外，法典中还有犯罪被发觉前自首减刑（第42条）或在犯罪行为完成前自首免刑的规定（第80条）。四是保护地主资产阶级的私有财产权。诸如规定盗窃及强盗罪，侵犯居住罪、侵占罪、欺诈及恐吓罪，都是为了保护地主资产阶级的经济利益不受侵害。五是规定"内乱罪"，针对镇压工农运动和劳动人民的斗争。六是颁布《改正感化法》，规定对8岁以上18岁以下的少年犯罪实施矫正教育。

1946年宪法第32条规定了受裁判的权利："不得剥夺任何人在法院接受裁判的权利。"第37条规定了刑事被告人的权利："（1）在一切刑事案中，被告人享有接受法院公正迅速的公开审判的权利。（2）刑事被告人享有询问所有证人的充分机会，并有使用公费通过强制的手续为自己寻求证人的权利。（3）刑事被告人在任何场合都可委托有资格的辩护人。被告本人不能自行委托时，由国家提供之。"第38条规定了排除非法证据的权利："（1）对任何人都不得强制其作不利于本人的供述。（2）以强迫、拷问或威胁所得的口供，或经过非法的长期拘留或拘禁后的口供，均不得作为证据。（3）任何人如果对自己不利的唯一证据是本人口供时，不得被判罪或课以刑罚。"第39条规定禁止追溯处罚和双重处罚的权利："任何人在其实行的当时为合法的行为或已经被判无罪的行为，均不得再追究刑事上的责任。又，对同一种犯罪不得重复追究刑事上的责任。"第40条规定了获得刑事补偿的权利："任何人在拘留或拘禁后被判无罪时，得依法律规定向国家请求赔偿。"

10. 政治权利保障

明治《宪法》规定"日本臣民依法律行政法规所定之处之资格，得均等就任文武官及其他公职"（第19条），就只是保障了公务就任资格的平等这种形式。与此不同，日本现行《宪法》第14条第1款中宣示了法之下平等的基本原则，并进而专门特别设置了废止贵族制度（第14条第2款）、禁止荣典附带的特权（第14条第3款）、普通选举的一般原则（第15条第3款）、选举人资格的平等（第44条）、夫妇平等与两性的本质平等（第24条）、教育机会的均等（第26条）等规定，以期平等权或平等原则的彻底化，唯世袭天皇制是该原则的巨大例外。①

---

① 参见郑泽善《日本人权发展进程及现状》。

1889年宪法第30条规定了请愿权："日本臣民遵守相当之礼貌并遵照所定规程，得实行请愿。"第35条规定了众议员的选举产生："众议院依选举法之规定，由公选之议员组织之。"但第34条规定贵族院议员的世袭和任命："贵族院依贵族院令之规定，由皇族、华族及被敕任之议员组织之。"

1946年宪法第15条规定了公务员的选定罢免权："（1）选举和罢免公务员是国民固有的权利。（2）一切公务员都是为全体服务，而不是为一部分人服务。（3）关于公务员的选举，由成年人普选保障。在一切选举中，不得侵犯投票的秘密，由成年人普选保障。（4）在一切选举中，不得侵犯投票的秘密，对于选举人所作的选择，不论在公的或私的方面，都不得追究责任。"第16条规定了请愿权："任何人对损害的救济，公务员的罢免，法律、命令以及规章的制定、废止和修订以及其他有关事项，都有和平请愿的权利，任何人都不得因进行此种请愿而受到歧视。"第17条规定了国家及公共团体的赔偿责任："任何人在由于公务员的不法行为而受到损害时，均得根据法律的规定，向国家或公共团体提出赔偿的要求。"第43条第1款规定议员由选举产生："两议院由选举产生的代表全体国民的议员组成之。"第44条规定了选举人的平等资格："两议院的议员及其选举人的资格，由法律规定之。但不得因人种、信仰、性别、社会身份、门第、教育、财产或收入的不同而有所差别。"第47条规定了选举事项由法律规定："有关选举区、投票方法以及其他选举两议院议员的事项，由法律规定之。"

11. 对权利及其行使的限制

虽然1946年《宪法》没有对各类人权个别地规定其限制，但却采用了将因"公共福利"而受限制作为一般规定的方式。该宪法第12条中规定："受本宪法保障的国民的自由与权利，国民必须以不断的努力保持之。又，国民不得滥用此种自由与权利，而应经常负起用以增进公共福利的责任。"第13条规定："对于谋求生存、自由以及幸福的国民权利，只要不违反公共福利，在立法及其他国政上都必须受到最大的尊重。"此外，第22条针对迁徙和择业自由权规定："在不违反公共福利的范围内，任何人都有居住、迁移以及选择职业的自由。"第29条针对财产权规定："（2）财产权的内容应适合于公共福利，由法律规定之。（3）私有财产在正当的补偿下得收归公用。"

(二) 经济和社会权利保障

1. 工作权利保障

1898 年,明治政府制定了日本历史上第一部劳工法案——《工场法案》,但是由于资本家的极力反对,该法案为能付诸实施。1911 年,明治政府又起草一部新的"工场法"并于同年 3 月颁布,1916 年开始实施,主要内容为限制劳动者的最低年龄,给予贫困职工以生活补助。第一次世界大战之后,为了解决失业问题,缓解因失业引起的社会矛盾,日本政府相继制定了和实施了《职业介绍法》(1921 年)、《船员职业介绍法》(1922 年)、《劳动者募集取缔令》(1924 年) 和《营利职业介绍事业取缔规则》(1925 年)。1926 年又制定了《劳动争议调停法》。

1964 年宪法对工作权利作出的规定是:"(1) 全体国民都有劳动的权利与义务。(2) 有关工资、劳动时间、休息以及其他劳动条件的基本标准,由法律规定之。"第 28 条规定了集体交涉权:"保障劳动者的团结、集体交涉以及其他集体行动的权利。"

2. 基本生活水准和社会保障权利的保障

1964 年宪法第 25 条规定了社会保障的权利:"(1) 全体国民都享有健康和文化的最低限度的生活的权利。(2) 国家必须在生活的一切方面为提高和增进社会福利、社会保障以及公共卫生而努力。"日本实行社会保险制度、国家救济制度、社会福利制度和公共卫生与医疗制度。社会保险包括医疗保险、年金保险、雇用保险和业务灾害保险。国家救济涉及生活、医疗、教育、住宅、分娩、谋生和安葬七个项目。[①] 为此先后制定了《生活保护法》《国民年金法》《民生年金保险法》《雇用保险法》《国民健康保险法》《看护保险法》等保障社会保障权利的法律。

3. 健康权利保障

1922 年日本政府制定了以劳动者为对象的《健康保险法》。1964 年宪法第 25 条规定国家必须为提高和增进公共卫生而努力。日本先后制定了《老人保健法》《保健所法》《食品卫生法》《环境基本法》《大气污染

---

① 俞宜国、吴学文:《论日本市场经济体制的建立及特点》,《世界经济与政治》1995 年第 5 期。

防治法》等保障健康权的法律。

4. 受教育权保障

1964年宪法第26条规定了受教育权："（1）全体国民，按照法律规定，都有依其能力所及接受同等教育的权利。（2）全体国民，按照法律规定，都有使受其保护的子女接受普通教育的义务。义务教育免费。"

《教育基本法》《学校教育法》《关于义务教育诸学校之教科书免费措施的法律》。

（三）特定群体权利保障

1964年宪法第25条第3款规定："不得虐待儿童。"日本的社会福利包括老人福利、儿童福利和残疾人福利三项，并制定了《儿童福利法》《老人福利法》《残疾人福利法》等各种社会福利立法。

三 国家主导型市场经济体制对日本人权保障制度的影响

日本实行的也是国家主导型市场经济体制，政府通过产业政策和行政指导对市场进行调控和干预，以保障充分就业、物价稳定和分配公平化，并采取了产学官一体的科技体制来推动技术革新。这对日本的人权保障体制产生了一定的影响。

首先，市场经济推进了各项公民自由权利的保障，特别是人身自由、迁徙自由、财产权、隐私权、公正审判权的保障。

其次，日本对公民自由权利的保障方式带有传统的封建遗迹，后来又受到美国占领的影响。明治宪法模仿了1850年制定的普鲁士宪法，但却采用了"臣民"一词，对公民的自由权利作出了严格的限制性规定，只要依据法律即可剥夺或限制国民的权利，在规定自由权利时大都附有法律保留，还规定了一些例外。1946年由麦克阿瑟负责起草的《宪法》与1889年的明治《宪法》相比，增加了人权条款的数量，增加了保障社会权的内容，而且删除了法律保留和例外的规定。

再次，日本的国家主导型市场经济体制对经济和社会权利保障产生了明显的影响，日本建立了比较健全的工作权、基本生活水准权、健康权、社会保障权、受教育权的保障制度。

最后，日本在政治权利的保障方面受到传统封建制度的影响。明治宪法只是在形式上保障了公务就任资格的平等，但仍然保留了贵族制度和荣典附带的特权。尽管日本现行《宪法》废止了贵族制度和荣典附带的特权，但仍然保留了世袭天皇制。

第三节　国家主导型市场经济先发国家人权保障制度的特点

我们选择了两个国家主导型市场经济先发国家，分别是法国和日本。它们都是由传统经济转型为市场经济的先发国家，采用国家主导型市场经济模式，已经进入平衡发展阶段。我们对其人权发展假设是：（1）具有明显的阶段性特征，初始阶段重公民和政治权利，平衡阶段增强经济和社会权利与特定群体权利，但阶段较早转换；（2）个人自由权利更多受到公共利益限制；（3）比自由市场经济国家更加偏重于经济社会权利和弱势群体权利保障；（4）更加强调公民对国家的义务。根据对这两个国家情况的分析，其人权发展基本符合我们的假设，但相互之间也存在一些不同之处。

一　两个国家人权保障制度的共同点

两个国家主导型市场经济先发国家在人权保障制度方面有一些共同的特点。

（一）人权保障阶段的较早转换

这两个国家在人权保障方面都呈现出明显的阶段性：在市场经济初建时期专注于个人自由权利和政治权利的保障，在市场经济发展的平衡时间注重个人自由权利与经济社会权利的更平衡保障。但与自由市场经济国家相比，国家主导型市场经济先发国家更早地开始关注经济社会权利，并建立相应的社会保障制度。法国1789年的《人权与公民权宣言》涉及的几乎都是公民自由权利和政治权利。1813年法国通过了保护工伤者的条例。1848年二月革命以后，制宪议会把"劳动权和享受社会救济的权利"写进宪法草案；1850年正式通过了《公共救济与预防法》；1894年制定《强制退休法》；1898年通过《工伤保险法》；1930年通过《社会保障法》，逐步建立社会保障制度。同时，尽管法国很早就提出的普选制，但在很长时期都对选举权的享有资格规定了居住、纳税、性别、年龄等方面的严格限制，到20世纪后才逐渐扩大到所有公民。日本1889年《大日本帝国宪法》中只规定了公民的自由权利和政治权利。1911年3月颁布、1916年开始实施的"工场法"限制了劳动者的最低年龄，并给予贫困职工以生活补助。1964年宪法增加了保障社会权的内容。

（二）个人自由权利受到公共利益的限制

这两个国家主导型市场经济先发国家在对个人自由权利的表述中，规定这些权利要受到公共利益的限制。法国人权宣言提出，"各人的自然权利的行使，只以保证社会上其他成员能享有同样权利为限制。此等限制仅得由法律规定之"（第4条）；"法律仅有权禁止有害于社会的行为"（第5条）；意见的发表不应"扰乱法律所规定的公共秩序"（第10条）；任何人的财产不得受到剥夺，"除非当合法认定的公共需要所显然必需时，且在公平而预先赔偿的条件下"（第17条）。日本1889年宪法规定：臣民"在法律规定范围内"有居住及迁徙之自由；"在法律规定的情况之外"其书信秘密不受侵犯；所有权"因公益需要之处分，依法律之规定"；"在不妨碍安宁秩序，不违背臣民义务下"有信教之自由；"在法律规定范围内"有言论、著作、印行、集会及结社之自由；"遵守相当之礼貌并遵照所定规程"得实行请愿。1946年宪法进一步规定，只有在"不违反公共福利"的前提下，谋求生存、自由以及幸福的国民权利才应在立法和其他国政上受到最大的尊重（第13条）；"在不违反公共福利的范围内"才有居住、迁移以及选择职业的自由（第22条）；"财产权的内容应适合于公共福利"，"私有财产在正当的补偿下得收归公用"（第29条）。

（三）偏重经济和社会权利及弱势群体权利的保障

法国制定了《社会保障法》《社会救助法》《社会福利法》，建立了比较全面的经济和社会权利以及弱势群体权利的保障体系。日本建立了比较健全的工作权、基本生活水准权、健康权、社会保障权、受教育权的保障制度。

（四）强调公民对国家的义务

与自由市场经济先发国家和社会市场经济先发国家相比，国家主导型市场经济先发国家在权利与义务的规定方面更多强调公民的义务。法国人权宣言提出，公民应对滥用言论、著作和出版的自由"负担责任"（第11条）。日本将公民表达为"臣民"，在1889年宪法中规定了公民有报兵役、纳税等义务。1946年宪法进一步规定，公民应经常负起"增进公共福利的责任"（第12条）。

二 两个国家人权保障制度的不同点

尽管这两个国家主导型市场经济先发国家在人权保障制度方面有着明显的共同点，但由于传统和历史经历的差异，在人权保障制度方面也存在着一定差异。

首先，法国市场经济起步早于日本，在人权保障方面比日本更加强调个人自由权利；而日本在学习西方市场经济体制的过程中，受到更多传统文化和制度的制约，比法国更多强调个人对国家的义务。

其次，法国在大革命时期就废除了王权，尽管经历过王权复辟，但最终还是比较彻底地消灭了封建等级制度，因此在人权保障制度的建设中，特别强调反对特权，保障权利的平等享有。而日本在实行市场经济体制后，仍然保留着天皇制度，使得对公民权利的保障受到这种封建传统制度的影响。明治宪法模仿了1850年制定的普鲁士宪法，但却采用了"臣民"一词。在政治权利方面，明治宪法只是在形式上保障了公务就任资格的平等，但仍然保留了贵族制度和荣典附带的特权。日本现行《宪法》废止了贵族制度和荣典附带的特权，但仍然保留了世袭天皇制。

第六章 从传统经济转型的市场经济后发国家的人权保障

从传统经济转型的市场经济后发国家中,实行的市场经济体制不仅存在差异,而且存在变化。很多亚洲国家实行政府主导型市场经济体制,许多拉丁美洲国家和非洲国家实行自由市场经济体制。一些国家逐渐向自由市场经济体制转变,而一些拉美国家和非洲国家则在自由市场经济体制和政府主导型市场经济体制之间徘徊。本章选择了亚洲的韩国、新加坡、泰国,南美的墨西哥、巴西和阿根廷,以及非洲的南非作为研究对象。

第一节 韩国的市场经济与人权保障制度

韩国建立市场经济较晚,但发展速度较快。其市场经济经历了从国家主导向市场主导转变。在对个人权利保障方面,韩国也经历了从更严格的限制到放松限制的转变。

一 韩国市场经济体制的特征与发展

(一)韩国市场经济的发展

根据郭来生的分析,韩国市场经济体制的发展经历了几个不同阶段:从20世纪40—50年代,韩国在饱受两次战争创伤之后,经济处于崩溃边缘,市场建设处于起步过程,市场发育仍处于幼稚阶段,市场主体弱小,市场结构残缺,生产要素缺乏流动,没有一个健全的市场体系,市场运行缺乏规则。在这种情况下,政府介入市场,对市场进行了直接干预和间接干预。到了20世纪60年代,由于政府的经济增长偏好和市场的幼稚性,政府对金融、贸易、企业决策进行了广泛的干预,在实现经济增长这个首要目标的前提下达到次优目标,即培植市场主体,发展并健全市场体系。到了 20 世纪 70 年代,政府的健全工业体系意向,导致政府倾斜于重化工业的发展,也导致了政府仍不能从直接干预中抽身。20 世纪 80 年代以后,政府实施自由化战略,开始由政府主导向市场主导转变,但由于先前政府干预余波的影响,使以金融自由化和贸易自由化为措施的由政府主导向市场主导转变受到了阻碍。① 到 1998 年底,废除的政府管制措施达到 70% 以上,政府对经济的干预逐渐由主导经济发展转为引导方向,政府的职能被定位在为企业和金融改革创造良好的外部环境和竞争条件。②

(二) 韩国市场经济体制的特点

根据郭来生的分析,韩国市场经济的重要特点,就是政府对市场予以强有力的干预。从朴正熙政府开始,历届政府都把发展经济作为首要任务。总统被赋予很大权力,使得一些经济发展计划和决策能很快地制定并迅速地得到贯彻执行。政府直接控制金融部门,控制了中央银行并把商业银行收归国有以控制企业资金来源,并通过差别信贷政策来引导企业实现政府目标。政府制定了详细的出口和进口鼓励措施,以保护国内幼稚产业,并积极扩大出口。政府控制了汇率,并通过汇率措施诱导企业在不同的项目和产品上保持与政府合作,实现政府目标。③

1. 政府制订经济发展战略和计划

韩国政府把制定发展战略作为政府的一项重要职能。20 世纪 50 年代,韩国政府为了重建国内经济,实行了进口替代战略;20 世纪 60 年代,为了摆脱贫困,实现经济增长,摆脱狭小的国内市场限制,政府制定并实施了出口导向战略;20 世纪 70 年代,为了实现工业的合理结构,健全工业体系,并使产业结构升级换代,在政府的主导下,实施了重化工业发展战略;20 世纪 80 年代,鉴于经济的发展,经济运行变得更加复杂,更难驾驭,政府便实施了自由化战略。为了实施发展战略,韩国政府定期制订国家经济发展计划。朴正熙政府制订了第一个五年计划 (1962—1966 年),此后每五年制订一次。④

---

① 郭来生:《论韩国政府主导型市场经济体制》,《世界经济文汇》1993 年第 6 期。
② 陈雷:《韩国市场经济体制改革简述》,《中外企业家》2008 年第 9 期。
③ 郭来生:《论韩国政府主导型市场经济体制》,《世界经济文汇》1993 年第 6 期。
④ 郭来生:《论韩国政府主导型市场经济体制》,《世界经济文汇》1993 年第 6 期。

2. 政府主导产业结构升级

韩国政府主导了韩国产业结构的升级。在韩国经济发展初期，韩国还没有一个能带动整个经济发展的战略产业和实际上有着强大竞争力的大规模私人企业，依靠产业结构的自然演进和私人企业的自然发展，不可能达到产业结构的快速增长目标。在韩国在推行出口导向型发展战略过程中，遇到的竞争对手都是在资本和技术方面拥有绝对优势的西方发达国家，因此，在20世纪60—70年代，韩国政府主动承担了产业结构升级的任务，并采取一系列政策措施来发展某些具有比较优势的产业，这些政策包括财政补贴、优惠信贷以及进出口保护。同时政府针对比较优势的变化，对这些产业的重组进行干预。20世纪60年代，考虑到韩国的劳动力素质高而成本低，韩国政府积极推进发展以纺织工业为主的劳动力密集型产业。20世纪70年代，韩国政府根据自身比较优势的变化，重点发展了重化工业，政府利用财政和金融政策把资源引向重化工业。20世纪80年代，韩国政府根据国内外经济环境的变化，大力发展以电子工业为核心的技术知识密集型产业。①

3. 政府对金融部门实施全面控制

韩国政府对金融部门实施了全面的控制。20世纪60年代初，韩国政府面临的是低收入、低储蓄、资金供给不足、经济增长乏力问题，因此，政府对金融实行了全面控制，把稀缺的资金投入政府所选择的目标产业。为此，政府设立了企化院，并把金融部门置于企化院的领导之下。政府把企业获得国外贷款的审批权力也交给了企化院，使企业的国外资金来源也置于政府的控制之下。政府把商业银行收归国有。政府还通过差别利率来引导企业与政府合作，使企业的经营符合政府的发展目标。如果企业的投资项目符合政府的发展目标，便会得到长期的低利率的优惠政策信贷，否则就会受到政府的冷遇。②

20世纪80年代以来，韩国政府开始推行金融自由化战略，逐步实现由政府主导向市场主导转变。采取的金融自由化措施有：（1）商业银行的非国有化，1981年政府通过抛售商业银行的股份，对五家商业银行实行了私有化。（2）重新安排了银行利率结构、提高了银行存款利率，使

---

① 郭来生：《论韩国政府主导型市场经济体制》，《世界经济文汇》1993年第6期。
② 郭来生：《论韩国政府主导型市场经济体制》，《世界经济文汇》1993年第6期。

实际利率保持在正数。1982 年，政府废除了优惠的贷款利率制度；1984 年，政府扩大了银行利率的浮动范围；1988 年政府做出了开放货币市场和资本市场的决定；1991 年政府公布了新外汇管制法，实行外汇对外开放；从 1992 年起，韩国股市将允许外资直接投资。（3）政府放松了对非银行金融部门的管制，鼓励非银行金融部门发展以及各金融机构之间的竞争。（4）政府减少了外国银行进入韩国金融市场的限制，并允许其从事原先禁止其从事的业务。①

1997 年亚洲金融危机后，韩国采取了一系列新的金融改革措施，包括（1）关闭或接管陷入困境的各类金融机构；（2）要求商业银行按照国际清算银行（BIS）的标准增加自有资本，对丧失增资能力的要求限期合并；（3）允许外国投资者收购银行或增加在银行的股份；（4）加强股市和债券市场规章制度的建设，推动资本市场和机构投资者的发展。在此基础上，韩国政府又提出了操作性较强的方案，要求优良金融机构通过进行合并、增资或与外国银行合作，扩大规模，提高信誉度；对于不良金融机构，首先要求其自救——与其他优良金融机构合并或者出售给第三者，若自救失败，即对其进行强制性的合并或撤销。按照国际货币基金组织（IMF）的要求，韩国政府同意全面开放国内金融市场，大力吸引外资。1997 年 12 月 12 日，韩国政府决定将外国对上市股票的占有率限额提高到 55%，1998 年 4 月 1 日取消最高限额，允许外国人对国内债券市场投资；1998 年 1 月后，又允许外国资金无限制地进入货币市场；1998 年 3 月 31 日，允许外国银行和证券公司在韩国设立分支机构。②

4. 政府对汇率实施控制

韩国政府对汇率实施了强有力的控制。为了成功地发展出口导向型经济，韩国政府并没有让汇率自由浮动，而是由政府主导汇率变动。例如，为了扩大出口，政府使汇率趋于下降，通过货币贬值来增强韩国产品在国际上的竞争能力。③

5. 政府对贸易实施控制

20 世纪 60 年代，韩国意识到国内市场的狭小，全力发展外向型经

---

① 郭来生：《论韩国政府主导型市场经济体制》，《世界经济文汇》1993 年第 6 期。
② 陈雷：《韩国市场经济体制改革简述》，《中外企业家》2008 年第 9 期。
③ 郭来生：《论韩国政府主导型市场经济体制》，《世界经济文汇》1993 年第 6 期。

济,并通过政府对贸易的干预来促进外向型经济的发展,鼓励扩大出口,限制进口。政府出口鼓励的措施有两类:一是对出口生产所需中产投入品予以免除关税和自由进口的优惠;二是允许企业就出口活动所需要的流动资金可以不受限制地获得银行低利率的优惠性贷款;三是政府对那些完成出口指标实绩好的企业予以奖励,设立了不同等级的奖牌,以奖励那些生产更多、出口更多、在海外建设项目更多的企业家。①

20世纪80年代以来,为了提高国内部门效率,实现国内市场与国际市场接轨,韩国政府开始推行贸易自由化的战略,其措施主要表现在两个方面:一是放松进口管制,如政府首先在对受到管制的商品的类目在实际放松管制前向企业公布,并将许多类目的原先受到管制的商品列入所谓的"自动批准名单"。二是逐步减少乃至最终取消出口鼓励并在关税方面进行改革,如减少出口优惠信贷,减少税收减免商品的类目等。②

6. 政府对大企业的扶持

在发展外向型经济过程中,为了在国际市场上与国外企业相抗衡,韩国政府大力扶持企业集团,采取了一系列政策和措施,使现代集团、大宇集团、三星集团这样的企业集团迅速壮大。③

7. 国有企业控制垄断行业

1948年韩国第一共和国政府成立后,便着手将包括铁路、电力、通信、邮政和烟草在内的日本殖民统治时期建立的工业收归国有。20世纪60年代起,韩国政府为配合经济开发计划的执行,在运输和航运、采矿和能源、重化工业及金融业等领域加快扩张,以实现基础设施和重化工业部门的发展,从而带动私人及全国经济发展。据统计,60年代,韩国新建扩建及合并成立35家公营企业,其中金融行业建成1家,占31%强。④

1963—1972年,是韩国经济高速增长时期,国营企业的增长速度为14.5%,比整个经济9.5%的增长率高出5个百分点。国营企业在国内总资本的形成中所占比重为30%左右,并且集中于资本密集型和技术密集

---

① 郭来生:《论韩国政府主导型市场经济体制》,《世界经济文汇》1993年第6期。
② 郭来生:《论韩国政府主导型市场经济体制》,《世界经济文汇》1993年第6期。
③ 郭来生:《论韩国政府主导型市场经济体制》,《世界经济文汇》1993年第6期。
④ 湛柏明:《韩国市场经济与公有制》,《亚太经济》1999年第4期。

型的战略性骨干产业。①

韩国国有企业以多种形式构成。从 1984 年韩国中央政府投资的 90 家国有企业看，5 家政府企业由财政部专卖局和交通部铁路管理局管理，分别经营烟草、人参、铁路运营；25 家政府投资企业，政府拥有 50% 以上的股份；54 家政府投资企业的子公司，根据规定，政府在该类企业拥有的股份限定在 50% 以内；6 家政府支持的企业。② 这些国有企业主要从事那些具有天然垄断性的经济活动，或需要高度集中的经济活动，如铁路、通信、邮政等。③

在对国有企业的管理上，韩国政府一般不插手经营管理的具体事务，只给企业确定发展方针，下达指令性计划指标，设立评价机构体系，用一套独特的绩效评价制度来评估国有企业的经营实绩。这使得韩国国有企业具有较大自主权，企业效率普遍较高。④

8. 政府制定法律法规约束市场经济发展

韩国政府对市场经济的管理，除了采用政策手段外，还建立了一系列法规。政府根据各个时期的经济发展战略的重点，先后制定了 1600 多项法规。20 世纪 60 年代，为了推行出口导向政策，政府颁布了《出口振兴法》《出口工业区建设法》《外资引入促进法》；到 70 年代，为发展重化工工业，政府先后颁布了《造船工业发展法》《钢铁工业发展法》等；20 世纪 80 年代以后，为了加强市场管理，促进公平竞争，先后制定了《限制垄断及公正交易法》《促进企业公开法》《产业援助法案》等，旨在逐步实现经济体制由政府主导型向"民间主导型"的转变。⑤

二 韩国人权保障制度及其发展

（一）韩国人权保障制度的发展阶段

近代韩国的历史，是从被日本帝国主义侵略、殖民到争取并重新获得独立的历史。1910 年，日本侵略者吞并朝鲜半岛，韩国沦为日本殖民地。

---

① 湛柏明：《韩国市场经济与公有制》，《亚太经济》1999 年第 4 期。
② Paul Streeten, *Beyond Adjustment: The Asian Experience*, IMF, February 1988, p. 124.
③ 湛柏明：《韩国市场经济与公有制》，《亚太经济》1999 年第 4 期。
④ 湛柏明：《韩国市场经济与公有制》，《亚太经济》1999 年第 4 期。
⑤ 郑成宏：《〈韩国市场经济模式〉简介》，《当代韩国》1997 年第 4 期。

为实现把韩国归为日本的梦想，日本在整个朝鲜半岛实施了残酷的同化政策和扼杀朝鲜民族精神的政策。日本不仅歪曲和扼杀韩国的历史和文化，还禁止使用朝鲜民族的语言和文字，并强迫韩国人把自己的姓名一律改成日本名字。韩国人民进行了英勇的反抗，1919年爆发了著名的"三·一独立运动"，被日本侵略者残酷镇压。1945年日本投降后，韩国恢复了主权国家的地位。此后，韩国的人权发展经历了跌宕起伏的动荡过程，从军事独裁统治到逐渐民主化，政府更迭政策变化，但总体来看，人权保障呈现逐步提升态势。①

根据金东日的分析，现代韩国人权保障的发展大体可以分为两个阶段。②

1. 第一阶段

第一阶段是自1948年建国到1987年。在这一时期，韩国经历了三年的南北战争和几十年的军事独裁统治。

1948年，韩国摆脱日本殖民统治之后，通过并颁布韩国历史上第一部宪法。这部宪法借鉴日本宪法、美国宪法、德国魏玛共和国宪法的经验和做法。这部宪法的主要特点是：强调人民主权、国际主义与和平主义，规定公民的社会经济权利，详细规定宪法对经济秩序的调整，规定设立专门行使违宪审查权的宪法委员会和行使弹劾权的弹劾裁判所。③

韩国宪法颁布之后，经历9次修改，分别为1952年、1954年、1960年6月、1960年11月、1962年12月、1969年、1972年、1980年、1987年。第一次宪法修改和第二次宪法修改都是李承晚为延长自己的总统任期；在推翻李承晚独裁政权的"4·19"民主运动之后的第三次宪法修改，反映了人民实现民主化愿望，删除了对基本权利的法律保留条款，将基本权利从实定权提升为自然权，进一步扩大了出版与言论自由，取消了提前许可制和审查制，放宽了新闻出版领域的准入条件。第四次宪法修改是由民主政治意识充分成长的市民势力主导的，它为制定对反民主行为者

---

① 金东日：《人权保障的关键路径探析：以韩国为例》，《广州大学学报》2014年第9期。该文是本课题研究的阶段性成果。

② 金东日：《人权保障的关键路径探析：以韩国为例》，《广州大学学报》2014年第9期。

③ 黄如玉：《韩国宪法变迁中的宪法修改研究》，硕士学位论文，复旦大学，2009年。

及不当蓄财的贪污腐败者予以处罚的特别法提供了宪法依据。①

第五次修改是军事政变上台的朴正熙为获得政权而进行的。在保障基本权利方面，强化了人民的自由权、生存权、参政权等，但以维持国家安全和社会稳定秩序为目的，对言论、出版、集会、结社等自由权加以了限制。第六次修改宪法是为了朴正熙三选连任，延长执政期限。第七次修改也是朴正熙为成为"终身总统"作出法律和制度上保证，它对工人罢工、学生罢课、公民游行和言论自由作出了更严格的限制，国民参与政治、表达民意等诸多政治权利受到严格限制和禁止，并对违背行为规定了严厉的惩罚措施，特别是禁止传播共产主义思想和讨论南北统一问题。第八次修改虽然是全斗焕为了掌握政权，但它对朴正熙时代的"维新宪法"加以全面修改，削弱了总统的权利。它将基本权利视为自然法上的权利而不是实定权，取消了各个基本权个别规定的法律保留条款，只规定了一般性法律保留条款；明确规定即使在法律进行限制的情况下，仍不得损害基本权利的本质内容；言论、新闻、集会和结社的自由得到了保障。②

由于韩国与朝鲜处于分裂状态，朝韩双方存在严重的不信任和敌视。在这种背景下，1948年12月1日，韩国制定了《国家安全法》，其宗旨是镇压"以推翻政府或主张政府权力违背国家宪法为目的的组织"，并规定这种组织包括朝鲜政府以及对其怀有同情的任何组织。1949年期间，188621人因触犯《国家安全法》被逮捕。③ 与此同时，数次的工人运动因被政府谴责为前共产主义运动或同情朝鲜的运动而受到镇压，比较典型的如政府当局制造的"光州惨案"和"釜林事件"。"光州惨案"又称"光州起义"，发生于1980年3月下旬到5月下旬，韩国全境爆发学生运动，要求已掌握总统实权的全斗焕下台。5月17日当局宣布全城戒严后，18—27日全罗南道光州爆发大规模学生、市民起义，与执行戒严的军队发生激烈战斗，学生、市民一度完全掌握光州，起义波及半个全罗南道。当局派军队残酷镇压了起义，导致死伤500多人，逮捕2000多人。④ 所谓

---

① 黄如玉：《韩国宪法变迁中的宪法修改研究》，硕士学位论文，复旦大学，2009年。
② 黄如玉：《韩国宪法变迁中的宪法修改研究》，硕士学位论文，复旦大学，2009年。
③ Ian Neary, *Human Rights in Japan, South Korea and Taiwan*, London: Routledge, 2002, p.80.
④ 参见侯尚智、孔庆峒《韩国概览》，人民出版社1996年版，第170页。

"釜林事件"("釜山学林事件"的简称),是第五共和国(全斗焕政府时期)初期为打压民主化运动而制造"反政府及颠覆国家"罪的事件。1981年9月,在釜山没有经过法律程序的情况下共三次逮捕总共22名大学生、教师、职员,并对这些人进行了非人道的拷打,法院对这些人判了5—7年的刑罚。

2. 第二阶段

第二阶段是自1987年民主化开始。1987年6月29日,韩国执政党民主正义党总统候选人卢泰愚发表宣言,接受反对党8项主张,即实行总统直接选举的制度、实施公正选举法、对受监禁的政治犯实行大赦、保证基本人权和法治、保证新闻自由、实施地方自治、确保政党的基本权利、保障社会稳定,促进公共福利,史称"629宣言"①。此后,韩国修改宪法和选举法,赦免政治犯,保障公民自由权,成立韩国宪法法院和国家人权委员会,加入了一些核心国际人权公约。

韩国1987年修改后的宪法第10条规定:"所有国民拥有人的尊严和价值,并享有追求幸福的权利。国家担负确认和保障个人拥有的不可侵犯之基本人权的义务。"与1972年宪法只是规定了"最大限度地加以保障"比较抽象的"作为人的尊严和价值"相比,1987年宪法中不仅规定了"所有国民拥有人的尊严和价值",而且规定了国民"享有追求幸福的权利",将其确认为"不可侵犯之基本人权",并明确"国家担负确认和保障"的义务,这些规定从内容到程度都比1972年宪法进了一大步。此外,在列举了公民所享有的各项人权之后,第37条还规定了兜底条款:"(1)国民的自由和权利并不因没有列举在宪法而被轻视。(2)国民的所有自由和权利,限于为保障国家安全、维持秩序或公共福利而所需时,可由法律进行限制,但即使限制也不得侵犯自由和权利的本质内容。"新修改的宪法进一步扩大了公民政治的自由权利,包括言论、出版、集会、结社,也扩大了建立政党和选举的自由等国民参与政治的机会。

韩国政府先后批准加入了《消除一切形式种族歧视国际公约》(1978年)、《消除对妇女一切形式歧视公约》(1984年)、《公民权利和政治权利国际公约》(1990年)、《经济、社会和文化权利国际公约》(1990年)

---

① 李可书:《韩国人权保障法律制度研究》,《陕西行政学院学报》2002年第4期。

《儿童权利公约》（1991年）、《禁止酷刑和其他残忍、不人道或有辱人格的待遇或处罚公约》（1995年）、《残疾人权利公约》（2008年）等一系列国际核心人权公约。韩国宪法承认"根据宪法缔结、公布的条约及普遍得到承认的国际法规具有国内同等效力"，因此，宪法法院在行使宪法审查权时，一方面以宪法为最高依据，另一方面也可适用本国批准加入的国际公约和虽未加入但普遍得到承认的国际法规。这样，对于所加入的人权公约中规定而在宪法中未规定的基本权利，只要韩国没有作保留，宪法法院也可给予保障。

2001年成立的人权委员会，是根据韩国《国家人权委员会法》而成立的。根据该法案，建立国家人权委员会是为了保护所有国民不可侵犯的人权并提升其质量，实现作为人的尊严和价值，并帮助确立民主基本秩序。该委员会具有不隶属于立法、司法、行政的独立地位，并独立履行自己的职责。委员会成员由国会选举产生4名、总统任命4名、大法官任命3名，共11名成员。受人权法保护的客体，除了韩国国民之外还包括在韩国领土范围内的外国国民。国家人权委员会的职责具体包括以下四个方面：（1）政策业务。包括有关人权方面的法律、制度、做法的调查研究以及改善相关事宜（还包括加入国际人权条约及及其履行方面）的劝告或意见表达。（2）调查救济。调查国家机关或地方政府及拘禁保护设施是否侵犯人权或歧视行为、性骚扰行为、对残疾人的虐待行为、在就业上的年龄歧视行为等，并对受侵人员予以救济。（3）教育宣传。为提高国民的人权意识的教育，以及扩散人权文化的宣传活动。（4）国内外在人权事务上的协调。国内外有关人权事务方面的团体和个人活动以及外国人权机构进行交流与协作。[①]

（二）公民权利和政治权利保障

韩国现行宪法对公民权利和政治权利保障作出了比较详细的规定。

1. 人身自由权保障

1987年宪法第12条规定了人身自由权："（1）所有国民享有身体自由。未经法律许可，任何人都不受逮捕、拘留、扣押、搜查或审讯；未经

[①] 薛进文、常健：《中国特色人权发展道路研究》，中国社会科学出版社2016年版，第519—522页。

法律和合法程序，任何人不受处罚、保安处分或强制劳役。（2）所有国民不受刑讯逼供，不得被强迫做出刑事上不利于自己的陈述。（3）逮捕、拘留、扣押或搜查时，应按合法程序，应提示根据检察官的申请法官签发的令状。但是，现行犯和犯有相当于三年以上长期刑的犯罪并在逃或有毁灭证据之顾虑的，可以事后申请令状。（4）任何人均有受到逮捕或拘留时立即得到辩护人帮助的权利。但是，刑事被告人不能自行选任辩护人时，依照法律规定，由国家提供辩护人。（5）任何人在未被告知逮捕或拘留理由和享有获得辩护人帮助之权利的情况下，不受逮捕或拘留。应向受到逮捕或拘留者的家属等法律规定者，不得迟延地通知其理由和时间、场所。（6）任何人在受到逮捕或拘留时，享有向法院请求适法性审查的权利。"

1995年韩国对刑事诉讼法进行修订，将宪法中所确定的人权价值观加以具体化，并在刑事诉讼程序的各个环节中体现了人权的基本要求。新的刑事诉讼法对涉及保障人身自由的有关制度作了较大完善，在人身约束制度、强化辩护权和保护受害人权利等方面作了许多改进。其新确立的制度的主要内容有：（1）逮捕令制度中规定，依据逮捕令逮捕犯罪嫌疑人后，48小时内不申请拘留令的，应当及时予以释放；（2）令状实际审查制度中规定，逮捕和移送时间计入拘留时间；被逮捕的犯罪嫌疑人可以请求审查逮捕原因和程序的合法性；（3）人身拘留制度中规定，为慎重起见，司法机关在发出拘留证之前应当先审问犯罪嫌疑人；加强检察官对拘留所的法律监督，对于被警方非法逮捕、拘留的人，应立即予以释放；拘留犯罪嫌疑人时，应当向其律师或家属告知事件名称、拘留理由和犯罪事实；律师的先行介入权；进一步明确了美国法传统上的米兰达权利。此外还规定，起诉前一定阶段内，犯罪嫌疑人如符合条件并缴纳保证金可获得保释；被告人在诉讼阶段享有证据材料的查阅、复制请求权和申辩权等。[①]

2. 平等权保障

1987年宪法第11条规定了法律平等权："（1）所有国民在法律面前

[①] 赵嵩：《韩国人权保障机制的发展——对韩国保障人权的若干法律制度的考察》，《当代韩国》2001年夏季号。

人人平等。任何人均不因性别、宗教或社会身份而在政治、经济、社会、文化生活的所有领域受到歧视。（2）社会特殊阶级制度不予认可，不得以任何形态创设。（3）勋章等荣誉称号仅对受此称号的当事人有效，并不伴随任何相应特权。"

3. 良心和宗教自由权保障

1987年宪法第19条规定了良心自由权："所有国民享有良心的自由。"第20条规定了宗教信仰自由权："（1）所有国民享有宗教自由。（2）国教不予认可，宗教和政治相分离。"

4. 表达自由权保障

1987年宪法第21条规定了表达自由权："（1）所有国民享有言论、出版的自由和集会、结社的自由。（2）不承认对言论、出版的许可或审查和对集会、结社的许可。（3）通信、广播电视的设施标准和为保障报纸之功能而所需事项，以法律规定。（4）言论、出版不得侵害他人的名誉、权利或公共道德、社会伦理。言论、出版侵害他人的名誉或权利的，被害人可就此提出损害赔偿请求。"

5. 学术和艺术自由权和知识产权保障

1987年宪法第22条规定了学术和艺术自由与知识产权："（1）所有国民享有学问和艺术的自由。（2）著作者、发明家、科学技术人员和艺术家的权利，受法律保护。"

6. 财产权利保障

韩国民事立法模式来说实行的是民商分立的模式，也就是说除了民法典之外，还有商法典，1958年韩国颁布民法典，1962年颁布商法典。这两部法典，都是韩国市场经济初创时期重要的法律制度，它对规范和调整韩国的民事行为和商事行为发挥重要的作用。韩国民法典是1958年2月22日颁布的，截至1970年已经修改了四次。在韩国颁布民法典之际，也正是韩国经济开始振兴的时刻，同时也掀起了韩国在五六十年代的大规模立法。在民法典之外，韩国于1980年4月4日颁布了民事诉讼法典，1961年9月12日颁布了外国人土地收购法，1961年10月17日颁布了工厂抵押法，1962年1月15日颁布了拍卖法、法律冲突法，1962年1月20日颁布了和解法、破产法，1963年7月31日颁布了家事法庭程序法，1966年3月16日颁布了仲裁法，1967年3月3日颁布了国家赔偿法等。① 在商事立法方面，除了商法典之外，1962年还颁布了票据法、支票法以及公司重整法。

1987年宪法第23条规定了财产权："（1）所有国民的财产权得到保障。其内容及限度，以法律规定。（2）财产权的行使应适合公共福利。（3）根据公共需要之财产权的征用、使用或限制及其补偿，以法律规定，应支付正当的补偿。"

7. 居住和迁徙自由权保障

1987年宪法第14条规定："所有国民享有居住、迁移的自由。"

8. 隐私权保障

1987年宪法第16条规定了住所不受侵犯的权利："所有国民的居住自由不受侵害。对住处进行扣押或搜查时，应提示依检察官的申请由法官签发的令状。"第17条规定了私生活秘密权："所有国民的私生活的秘密和自由不受侵犯。"第18条规定了通信秘密权："所有国民的通信秘密不受侵犯。"

9. 政治权利保障

1987年宪法第24条规定了选举权："所有国民依照法律规定享有选举权。"第41条规定了议员的选举方式："（1）国会由国民通过普通、平等、直接、秘密选举来选出的国会议员组成。（2）国会议员人数由法律规定，应为200人以上。（3）国会议员的选举区和比例代表制及其他有关选举的事项，由法律来规定。"第67条规定了总统的选举方式："（1）总统由国民以普通、平等、直接、秘密选举来选出。（2）在第1款规定的选举中，如最高得票人为2人以上时，以国会在籍议员过半数出席的公开会议中取得多数票者为当选者。（3）总统候选人为1人时，若其得票数不超过有选举权人总数的三分之一，则不得当选。（4）可选为总统者，须有国会议员之被选举权，并且选举当日达到四十岁。（5）关于总统选举的事项，以法律规定。"第25条规定了担任公职的权利："所有国民依照法律规定享有公务担任权。"第26条规定了请愿的权利："（1）所有国民依照法律规定，享有以书面形式向国家机关请愿的权利。（2）对于请愿，国家负有审查的义务。"第50条规定了知情权："（1）国会的

---

① 邹海林：《韩国市场经济法律体系架构》，《外国法译评》1993年第4期。

会议公开举行。但是，有出席议员过半数赞成或议长认为为了保障国家安全而必要的，可不公开。（2）公布未公开的会议内容时，依照法律规定。"

10. 获得救济的权利

1987年宪法第29条规定了因职务侵权行为获得补偿的权利："（1）因公务员的职务侵权行为而受到损害的国民，可依照法律规定向国家或公共团体请求正当的补偿。此时，公务员本身的责任不予免除。（2）对于军人、军务员、警察公务员及其他法律规定者因战斗、训练等与职务执行相关所受的损害，除法律规定的补偿外，不得向国家或公共团体请求因公务员职务侵权行为而导致的赔偿。"第30条规定了罪行受害者获得救助的权利："因他人的犯罪行为而受到生命、身体侵害的国民，可依据法律规定从国家获得救助。"

11. 公正审判权

1987年宪法第27条规定了接受裁判的权利："（1）所有国民享有接受由宪法及法律所规定的法官依据法律作出之裁判的权利。（2）非军人或军务员的国民，在大韩民国领域内，除关于军事机密、哨兵、哨所、提供有毒饮食物、俘虏、军用品的罪中法律规定的情形及被宣布非常戒严的情形外，不受军事法院的裁判。（3）所有国民享有接受迅速裁判的权利。刑事被告人除有相当理由外，享有不迟延地接受公开裁判的权利。（4）刑事被告人至有罪判决确定之前，被推定为无罪。（5）刑事被害人依照法律规定，可在该案件的裁判程序中进行陈述。"第12条第7款规定了排除非法证据的权利："被告人的自白被认为是因刑讯逼供、暴行、胁迫、不当的长期拘留或欺瞒及其他方法导致而不是自愿陈述的；或在正式审判中，被告人的自白构成对其不利的唯一证据时，不得将其作为有罪证据或以此为由进行处罚。"第13条规定了法不溯既往和不受牵连的权利："（1）所有国民均不因行为时按法律不构成犯罪的行为而被追诉，并不因同一犯罪而受到重复处罚。（2）所有国民均不因溯及立法而参政权得到限制或被剥夺财产权。（3）所有国民均不因非自己行为之亲属的行为而受到不利待遇。"第28条规定了获得赔偿的权利："作为刑事嫌疑人或刑事被告人曾被拘禁者，在得到法律规定的不起诉处分或无罪判决时，可依法律规定对国家请求正当补偿。"

(三) 经济和社会权利保障

1. 工作权利的保障

1987年宪法第15条规定了择业自由："所有国民享有选择职业的自由。"第32条第1—3款规定了劳动的权利和义务以及最低工资和安全生产条件的权利："（1）所有国民享有劳动的权利。国家应以社会、经济方法，为保障劳动者雇用的增加和适当工资而努力，并依照法律规定施行最低工资制。（2）所有国民负有劳动的义务。国家将劳动义务的内容及条件，按民主主义原则以法律规定。（3）劳动条件的标准，用法律来规定，以保障人的尊严。"第33条规定了团体交涉的权利："（1）劳动者为了劳动条件的提高，享有自主的团结权、团体交涉权及团体行动权。（2）身为公务员的劳动者，限于法律规定者享有团结权、团体交涉权及团体行动权。（3）从事法律规定之主要防卫产业的劳动者的团体行动权，可根据法律规定受到限制或不予认可。"

韩国创制了一系列保护工作权利的法律，包括1953年5月15日颁布的劳动标准法，1963年4月17日颁布的劳动工会法、劳动争议处理法、劳动委员会法，1963年11月5日颁布的工伤赔偿保险法、社会保障法等。这些法律多数都进行了多次修改以适应发展变化的新形势。①

韩国的劳动立法主要规定了四个方面的内容：第一，劳动标准制度。这一制度主要包括劳动条件的平等自由协商、劳动合同的条款与期限、最低工资标准、标准劳动时间、劳动安全、社会保障，还有学徒制度、雇佣管理、劳动监察和罚则等。这些劳动标准制度的确立，目的在于保障劳动者的最低生活水平，达到国民经济的均衡发展。它必须符合国家法律的规定，并且在自由平等协商基础之上形成，禁止歧视性待遇、强迫劳动、暴力和中间剥削，保障劳动者的人权。第二，劳动工会。劳动工会是劳动者自由结社权利的具体实现，劳动者有不受限制的组织和参加劳动工会的权利，劳动工会得取得法人的地位。劳动工会代表或工会授权之人有权代表工会或工会成员，同雇主或雇主组织进行谈判，法律对劳动工会的设立、管理、解散等作出了详细的规定。第三，劳动争议处理。韩国劳动争议处理法规定了劳动争议的范围，要求争议双方当事人及政府要及时迅速地处

---

① 邹海林：《韩国市场经济法律体系架构》，《外国法译评》1993年第4期。

理争议,并规定了行政机构的调解、劳动委员会的和解以及劳动委员会的仲裁三种处理程序。第四,劳动委员会。劳动委员会是促进劳动管理民主化和公正协调劳动管理关系的机构,由工人代表、雇主代表和公共利益代表三方组成,设主席和副主席。法律对劳动委员会的组织结构形式、会议制度、职权等事项作出了相应的规定。

2. 社会保障权利的保障

1987年宪法第34条规定了社会保障的权利:"(1)所有国民享有享受人类生活的权利。(2)国家负有为增进社会保障、社会福利而努力的义务。(3)国家应当为提高女性的福利和权益而努力。(4)国家负有实施旨在提高老人和青少年福利的政策之义务。(5)残疾人和因疾病、老龄及其他事由而无生活能力的国民,依照法律规定受到国家的保护。(6)国家应当为预防灾害并从其危险中保护国民而努力。"

根据杨玲玲的分析,韩国的社会保障制度长期遵循着"经济增长第一,福利第二"的原则,社会福利的开支始终低于经济增长。20世纪60至70年代社会保障基本停留在法律文本上,直到20世纪80年代中后期才有实际起色,但在20世纪90年代初期又被政府预算大幅削减。其发展大致经历了四个阶段。[①]

20世纪60年代是社会保障制度的起步阶段。1961年,朴正熙政府上台后把发展经济和建设福利国家定为国政目标。20世纪60年代,韩国宪法中明确提出国民生存权和福利国家义务,并制定了一批有关社会福利的法律。如1960年制定了第一个社会福利法《生活保障法》以及《文官养老金法》,1963年通过了《军人养老金法》和《工业事故保险法》等。不过,这一时期虽然制定10多部法律,但是付诸实施的很少,主要停留在救济和抚恤上,实行的只有公务员年金、军人年金等特殊部分的社会保险和产业灾害补偿保险。[②]

20世纪70年是社会保障制度的试行阶段。由于经济有了较大发展,政府打算实行以扶贫为主的社会福利政策。1970年制定了《社会福利事

---

① 杨玲玲:《韩国社会保障体制建立的过程、特点及成因》,《科学社会主义》2008年第6期。

② 杨玲玲:《韩国社会保障体制建立的过程、特点及成因》,《科学社会主义》2008年第6期。

业法》，1973 年通过《国民福利年金法》（由于世界能源危机，该法直到 1988 年才开始实行），还设立了国民年金特别会计。1976 年通过了《医疗保险法》，并开始在全国范围内推行综合医疗保险项目。不过，该法一直处于试点阶段，其原因是政府看到发达国家的社会保障制度出现了财政赤字，认为经济发展优先时期不应该过早地实行医疗保险。但是，1976 年通过的为贫困者服务的医疗援助项目和为全体公民服务的国家医疗保险体制体现了韩国社会保障事业开始加快步伐。①

20 世纪 80 年代至 1997 年是社会保障制度的成形阶段。实行了 20 多年的"先增长后分配"政策导致了收入分配扭曲和两极分化等，使得韩国政府从 20 世纪 80 年代起更加重视社会保障。1980 年制定的第五部共和国宪法在国民的权利和义务中增加了追求幸福权、适当工资请求权、社会福利权、环境权等，而且在经济条款中规定了保护社会上的弱者。1982 年开始的第五个五年计划改名为"经济社会发展计划"，且就社会保障问题制定了有关法律。但此时政府的福利政策仍是消极的，因为认定实行福利政策的费用是非生产性的。从 1987 年起，这种消极状态出现了转机。韩国在 1986 年国际收支转为黑字，由此落实了全民医疗保险、国民年金、最低工资制等三项措施。1989 年通过了地方自治法，地方要成立议会，把区域福利问题提到日程上，从以设施收容保护为中心的社会福利事业开始转向以区域福利和家庭福利为中心。同时，托儿事业有较大发展，政府对残疾人的关心增加，配备社会福利部门的专职人员等。这样，社会保障政策从与市场经济原则对立的领域变成了与政治、经济不可分离的领域。1993 年金泳三政府上台后，社会保障方面的重点放在现有制度的落实上。新出台的法规是设立雇佣保险金，它超出了失业保险范围，包括预防失业、促进就业、改善雇佣结构以及劳动者的能力开发等。②

1997 年以来是社会福利制度的强化阶段。1997 年的经济危机给整个韩国的社会经济带来了巨大打击，特别是企业倒闭以及人员削减使得失业者急速增加，成为贫困人群扩大的主要原因 1998 年初，金大中政府根据

---

① 杨玲玲：《韩国社会保障体制建立的过程、特点及成因》，《科学社会主义》2008 年第 6 期。

② 杨玲玲：《韩国社会保障体制建立的过程、特点及成因》，《科学社会主义》2008 年第 6 期。

IMF 以及世界银行所开具的处方,在金融、企业、劳动、行政、财政等各领域推行了结构调整政策。1998 年设立了劳资政委员会,引入了"公民基础生活保障制度",扩大了社会保险适用范围,力图强化社会安全网。社会开支规模从 1996 年的 5.29% 增加到 1998 年的 10.86%,并且社会保险适用范围迅速扩大,制定了国民基本生活保障法,实现了国民年金与保险的全覆盖。这标志着韩国社会福利制度正式建成。2004 年 2 月,卢武铉政府将扩大就业作为解决收入不均与两极分化问题的最优先课题,推动劳、资、政三方于签署了《创造出就业岗位的社会协定》。2006 年 2 月国民经济咨询委员会的总统报告书的名称就是《共同发展的新愿景与战略:向创造出就业岗位的模式转换》。不过,结果不是十分显著,消除两极分化的前景还是十分暗淡。①

韩国的社会福利立法包括社会保障法、工伤赔偿保险法、医疗保险法、养老保险法与生存保障法等,这些法律制度主要内容有:第一,工伤赔偿保险。这种保险的被保险人是商事企业,保险利益为医疗福利、休假福利、丧失行为能力福利、抚养待遇、特殊抚养待遇、丧葬费用、赔偿金。被保险人根据其支付给工人的工资总额,依规定算定保险费上缴保险企业。第二,医疗保险。这要包括疾病、受伤、生育和死亡事项的医疗保险。医疗保险存在两种方式:自愿保险和强制保险。强制保险是雇员依规定承担部分保险费用。第三,养老保险。韩国的养老保险包括国家福利养老保险、国内服务养老保险、私立学校教师养老保险和军事人员养老保险。第四,其他社会保障项目。如社会优抚帮助,尤其对老人、未成年人、需要扶助的母亲和丧失行为能力的人所提供的特别救济。

3. 健康权利保障

1987 年宪法第 36 条第 3 款规定:"所有国家的健康受到国家保护。"

韩国医疗保障制度的发展历程与其经济发展紧密相连,大致可分为非政府主导下的民间分散医疗救助、国家主导下的分阶段建立医疗保险阶段和社会环境大变化下的医疗保障制度整合三大阶段,分别对应其经济发展

---

① 杨玲玲:《韩国社会保障体制建立的过程、特点及成因》,《科学社会主义》2008 年第 6 期。

阶段的恢复期、高速发展期和稳定调整期。①

（1）非政府主导下的民间分散医疗救助阶段（1948—1963年）

韩国政府在1948年建立之初就通过宪法规定保障公民的基本生存权。韩国宪法第19条规定"政府依法保障因老龄、疾病以及其他没有劳动能力的人的基本生活"，但宪法规定的该项基本权利由于战争和经济因素并没有得到真正实施，有关医疗保障政策只是出现在学术层面。由于当时韩国刚刚经历战后恢复的困难阶段，受经济力量不足的制约，韩国政府不仅无法满足大多数公民的医疗需求，而且也没有能力提出解决公民医疗问题的政策性构想。在这一阶段，韩国医疗保障的对象大多局限于特殊人群，如对战争难民、流浪者、灾民等的医疗救助，以及一部分医科大学学生举行的农村医疗服务。②

（2）国家主导下的分阶段建立医疗保险阶段（1963—1990年）

韩国医疗保险制度始于1963年，经历了自愿保险和强制保险两个阶段。在自愿保险阶段，由于缺乏加入保险制度的强制性，该阶段医疗保险发展的极为迟缓。自1977年开始，医疗保险正式实施，雇用500人以上的企业强制性加入医疗保险，其后强制加入的范围逐渐扩大到300人、100人、16人、5人，到1989年，全体公民都享受到了医疗保险的给付待遇。该阶段的医疗保险发展呈现出强烈的国家主导色彩，医疗保险制度的整体发展规划由政府统一制定，并由国家行政力量来强制推行，排除了由于适用对象的不同步造成的各种干扰。但这一阶段在保证了医疗保险制度顺利实施的同时留下了许多历史问题，如自由职业者的医疗保险待遇问题，过度保障大企业职员、公务员、公办学校教职工的利益等。③

（3）社会环境大变化下的医疗保障制度整合阶段（1990年之后）

进入20世纪90年代之后，韩国经济进入调整阶段，发展进入低速平稳阶段。1997年12月，韩国制定颁布了《国民医疗保险法》。1998年10

---

① 刘春平：《韩国医疗保障发展中的社会历史因素探析》，《郑州轻工业学院学报》（社会科学版）2015年第1期。

② 刘春平：《韩国医疗保障发展中的社会历史因素探析》，《郑州轻工业学院学报》（社会科学版）2015年第1期。

③ 刘春平：《韩国医疗保障发展中的社会历史因素探析》，《郑州轻工业学院学报》（社会科学版）2015年第1期。

月，组建了国民医疗保险管理公团，对既有的227个劳动组合保险和公务员、教职工团体医疗保险公团进行统一管理，实施统一的医疗保险制度。1999年2月，制定颁布了《国民健康保险法》。2000年1月1日，对公民健康保险管理运营体系实施了一体化管理。从2000年7月起，所有医疗保险组合的管理、运营都纳入国民健康保险管理公团，实现了医疗保险组合的再次整合。2002年1月，国家颁布了《国民健康保险财政健全化特别法》。2003年7月，对健康保险财政实行统一管理。①

4. 受教育权利保障

1987年宪法第31条规定了受教育权利："（1）所有国民享有按能力接受教育的权利。（2）所有国民负有使其所保护的子女至少接受初等教育及法律规定教育的义务。（3）义务教育为无偿。（4）教育的自主性、专业性、政治中立性及大学的自律性，依照法律规定得到保障。（5）国家应振兴终身教育。（6）包括学校教育及终身教育的教育制度及其运营、有关教育财政及教师地位的基本事项，以法律规定。"

5. 健康环境权利保障

1987年宪法第35条规定了健康环境权利："（1）所有国民享有健康并生活在舒适环境中的权利，国家和国民应当为保全环境而努力。（2）关于环境权的内容和行使，由法律来规定。（3）国家应通过住宅开发政策等，为国民能过上舒适的居住生活而努力。"

（四）对特定群体权利的保障

1. 妇女权利保障

1987年宪法第32条第4款规定："女性的劳动受特别保护，在雇用、工资及劳动条件方面，不受歧视。"第34条第3款规定："国家应当为提高女性的福利和权益而努力。"第36条规定："（1）婚姻和家庭生活应以个人尊严和两性平等为基础成立并维持，国家对此进行保障。（2）国家应当为保护母性而努力。"

1987年还制定了《男女雇佣平等法》；1995年颁布了《妇女发展基本法》。

---

① 刘春平：《韩国医疗保障发展中的社会历史因素探析》，《郑州轻工业学院学报》（社会科学版）2015年第1期。

2. 儿童权利保障

1987 年宪法第 32 条第 5 款规定"青少年的劳动受特别保护。"第 34 条第 4 款规定:"国家负有实施旨在提高老人和青少年福利的政策之义务。"

3. 老年人权保障

1987 年宪法第 34 条第 5 款规定,"老龄及其他事由而无生活能力的国民,依照法律规定受到国家的保护"。

从 1991 年起,国家给 70 岁以上生活保障对象,发放老龄津贴。1997 年 8 月,韩国出台《老年人福祉法》,引入了敬老年金制。从 1998 年 8 月起,给生活保护对象老年人和低收入老年人,每月发放敬老年金。①

从 1999 年 4 月起,韩国以全体国民为对象,实行养老金制度。②

1995 年起,韩国通过医疗保险,对老年人进行定期健康检查,对生活保障对象,实行免费定期检查。韩国于 1996 年取消了医疗保险期限限制,对 70 岁以上老年人,在医疗机构接受诊疗时,总费用不超过 12000 韩元的,减免到 1200 韩元。2000 年 7 月起,医疗费减免对象扩大到 65 岁以上老年人,大幅放宽了对老年人的医疗服务领域。③

为了奖励老年人就业,给老年人每季度发放就业奖励金 9 万韩元,并每年增加发放奖励金的企业。政府为了促进老年人的就业,开发了不少适合老年人的行业,1999 年为 60 种,到 2000 年为 80 种;扩大了老年人共同工作岗位,1999 年为 510 所,到 2003 年增加至 610 所;增加了老年人就业介绍中心,1999 年为 70 个,到 2003 年为 90 个。2010 年制定的《关于禁止雇用方面年龄歧视促进雇用高龄人的法律》规定,在雇用问题上如果以年龄为由差别对待,当事人或第三方可以诉求国家人权委员会,而该机构如果确认其事实就提出纠正劝告。如果不履行这一劝告,劳动部可

---

① 车松虎:《韩国人口老龄化与老年人社会保障制度研究》,硕士学位论文,吉林大学,2007 年。

② 车松虎:《韩国人口老龄化与老年人社会保障制度研究》,硕士学位论文,吉林大学,2007 年。

③ 车松虎:《韩国人口老龄化与老年人社会保障制度研究》,硕士学位论文,吉林大学,2007 年。

下令纠正，法务部就可以命令3000万韩币以下的罚款，而拒绝雇用的企业主可罚款500万韩元以下的罚款。①

4. 残疾人权利保障

1987年宪法第34条第5款规定："残疾人和因疾病、老龄及其他事由而无生活能力的国民，依照法律规定受到国家的保护。"

韩国残疾人社会保障的发展历程可以分为4个阶段②：

（1）初创期（建立政府以后—20世纪70年代末）

20世纪60年代因朝鲜战争的影响，针对军人或警察等特殊团体的各种制度开始逐步建立。这种制度并不能看作在残疾人社会保障的层面上建立起来的，而仅是为增进军人与警察的权益而制定。1977年韩国正式制定颁布了《特殊教育振兴法》。③

（2）转换期（1981—1987年）

韩国1981年6月5日制定颁布了《身心残疾人社会保障法》，作为韩国历史上最初有关残疾人社会保障的综合法律，该法具有非常重要的意义。此法包括身心残疾的标准、康复咨询及医疗机构或身心残疾人社会保障机构的规范，保障用具的交付，促进就业，优先利用机构、公共建筑、交通、通信等辅助设施，残疾人扶养津贴，身心残疾人的福利机构的种类和设立及运营，辅助用具制度与修理许可等。身心残疾人社会保障机构可分为脑力残疾康复机构、视力残疾康复机构、听力语言功能残疾康复机构、精神发育迟滞康复机构、身心残疾人就业机构、盲文图书馆、盲文出版机构等。这一期间还实施了残疾人就业介绍事业、残疾人辅助设施的义务化，开设国立康复院、残疾人登记示范事业等。④

（3）发展期（1988—1997年）

残疾人登记制度1988年11月1日在全国扩大实施。1988年首尔残奥会为参赛运动员提供了与奥运会运动员相同的设施和场地进行比赛，大量招聘和培养了一大批参加过首尔奥运会服务的体育和技术官员为残奥会服

---

① 车松虎：《韩国人口老龄化与老年人社会保障制度研究》，硕士学位论文，吉林大学，2007年。
② 金炳彻：《韩国残疾人社会保障制度考察》，《残疾人研究》2012年第3期。
③ 金炳彻：《韩国残疾人社会保障制度考察》，《残疾人研究》2012年第3期。
④ 金炳彻：《韩国残疾人社会保障制度考察》，《残疾人研究》2012年第3期。

务。残奥会的举行给予残疾人社会保障制度新的发展动力,推动了人类文明和社会的进步,促使社会更多地关注残疾人。[1]

(4) 跃进期(1998年以后)

韩国建立并实施了《残疾人社会保障发展五年计划(1998—2002年)》,1999年修订了《残疾人社会保障法》和《特殊教育振兴法》,2000年完成了《促进残疾人就业及职业康复法》的修订,实施四类残疾人相关法令,以此在制度层面上保障残疾人作为社会成员的权利。从2000年1月1日开始残疾范围由已存的五种类型扩大为10种类型。2003年7月1日再次扩大了残疾人范围,新增了面部障碍、癫痫病、肠道病、肝病、呼吸系统疾病,登记残疾人在总人口中所占的比率从1989年的0.41%增加到2009年的5%。[2] 2008年制定的《关于禁止歧视残疾人及权利救济的法律》规定,残疾人如果受到歧视,当事人或第三方可以诉求国家人权委员会,而该机构如果确认其事实就提出纠正劝告。如果不履行这一劝告,法务部就下令予以纠正,法务部就可以命令3000万韩币以下的罚款。

韩国残疾人社会保障制度主要包括:(1) 收入保障制度,直接收入保障包括残疾年金、残疾津贴和工伤保险;间接收入保障包括医疗费援助、残疾人子女教育费援助、残疾人创业资金贷款、提供残疾人康复辅助器械、医疗进口物品、减免医疗用具关税、减免残疾人车辆高速通行费用、通信费折扣等。(2) 医疗保障制度,包括医疗费援助、辅助器械援助和康复医疗服务体系建设。(3) 雇用保障制度,包括一般雇用和保护雇用;(4) 教育制度,包括特殊教育和融合教育;(5) 出行权及信息获取权保障,包括便利设施和设备,消除出行障碍。[3]

三 市场经济体制对韩国人权保障制度的影响

韩国是从传统经济体制向市场经济体制转型的后发国家,政府长期对市场经济进行宏观调控和多种形式的干预,到20世纪80年代后对市场的

---

[1] 金炳彻:《韩国残疾人社会保障制度考察》,《残疾人研究》2012年第3期。
[2] 金炳彻:《韩国残疾人社会保障制度考察》,《残疾人研究》2012年第3期。
[3] 金炳彻:《韩国残疾人社会保障制度考察》,《残疾人研究》2012年第3期。

各种限制逐渐放开,进入到更自由化的市场经济体制。在政治方面,20世纪初曾被日本侵略、占领并实施殖民统治,第二次世界大战后又经历了朝鲜战争,由于得到美国的支持,因此受到美国的强烈影响。此外,由于国内冲突压力巨大,曾经历几十年军政府独裁统治时期,直到1987年后才由民选政府执政。这些因素都对韩国的人权保障产生了一定的影响。

首先,在市场经济体制运行初期,韩国就制定了民法典,对市场经济所要求的财产权利予以了比较严格的保障。

其次,由于韩国与朝鲜处于分裂状态,对韩国国内也形成了较大的冲突压力。因此,在民选政府执政之前,对公民的对言论、出版、集会、结社等自由权利,对公民参与政治、表达民意等诸多政治权利予以严格限制和禁止。直到1987年民选政府执政后,才逐步放松了对政治权利的各项限制。

再次,20世纪80年代后,随着政府在经济方面实行更加自由开放的政策,以及军事独裁统治的结束,韩国在保障公民各项自由权利方面建立了一套比较严格的制度。

最后,韩国的社会保障制度长期遵循着"经济增长第一,福利第二"的原则,社会福利的开支始终低于经济增长。20世纪六七十年代社会保障基本停留在法律文本上,虽然经济高速增长,但人民的生活水平却没有得到充分的提高,社会保障制度处于初级阶段,保障范围极其有限。随着市场经济的发展和收入水平的提高,韩国从20世纪80年代起开始转变"先增长后分配"的发展战略,更加重视社会保障,在保障经济和社会权利以及特定群体权利方面逐步建立起了一整套比较完善的制度体系。

第二节 新加坡的市场经济与人权保障制度

在19世纪之前,新加坡只是一个普通的岛屿。随着世界航运技术的发展,新加坡因其优越的地理位置而得到重视。在1819年,英国为扩张在东南亚的势力,开始将新加坡发展为一个港口与贸易城市,成为英国殖民地。1942—1945年被日本侵占;1946年后成为英国的"直辖殖民地";

1959 年成立自治政府；1963 年并入马来西亚联邦；1965 年被迫独立建国。① 新加坡实行政府主导型的市场经济，强调政府在市场经济中的作用。

一 新加坡市场经济体制的特点和发展

（一）市场经济发展背景

新加坡在市场经济初创时期面临一些比较特殊的问题：首先，转口贸易受到严重威胁，失业问题严重。殖民统治时期，新加坡经济历来以转口贸易为基础，几乎没有任何的工业和科技基础；战后，东南亚地区一些近邻国家纷纷取得了政治独立，并相继采取了发展对工业发达国家的直接贸易政策，新加坡的转口贸易受到了严重的威胁，加上战后新加坡人口剧增，失业成为严重的社会问题。政府通过推行发展进口替代工业化政策，发展多元国民经济，解决失业问题。其次，社会与住房保障体系缺失，新加坡国土面积小，人口多，城市基础建设薄弱。人们要求居住权、财产权等。再次，种族冲突严重。新加坡是移民国家，存在多元民族。种族冲突要求平等权。最后，外部势力的威胁。尤其受到西方发达国家的政治、经济方面的压力，要求国家的发展。

（二）自由主义的经济政策

新加坡实行自由主义的经济政策。首先，鼓励自由竞争。新加坡鼓励自由兴办企业，对私人企业予以大力扶持。新加坡从 20 世纪 70 年代开始对私人资本实行两项财政资助计划，即"资本资助计划"和"小型工业资助计划"。其次，实行贸易自由化政策。新加坡除了在独立初期实行过几年的贸易保护政策以外，绝大多数时期采取的是自由贸易政策配以适度的出口鼓励政策。再次，实行自由价格政策。新加坡政府除对少数公用事业，如公共汽车、出租汽车、铁路、通信、邮政等实行行业性收费和少数与居民生活密切相关的商品价格实行严格的控制外，其他一切商品价格全部放开，使其依赖于市场价格调节机制。最后，实行自由金融货币政策。新加坡政府实行自由汇率和自由利率政策。②

---

① 王健康：《新加坡混合型市场经济体制之我见》，《时代经贸》2008 年 S2 期第 6 卷。
② 王健康：《新加坡混合型市场经济体制之我见》，《时代经贸》2008 年 S2 期第 6 卷。

（三）国家对市场的调控和干预

新加坡实施的是政府主导型的市场经济，政府在市场经济当中的地位比较特殊，对经济发展过程的干预比较大。它一方面可以通过法定机构直接管理经济发展过程；另一方面还可以通过财政部、国家发展部、国有企业等部门和企业直接参与社会经济活动，控制着国民经济命脉。根据王健康的分析，新加坡政府对市场的干预主要通过以下手段[①]：

第一，计划手段。政府通过制定国家各个时期的国民经济发展计划，对国家经济活动进行必要的调节，指导国家经济的发展。当然政府制订的经济发展计划对企业并无直接的约束力，企业可以根据自身需要和实际情况自主经营。[②]

新加坡政府在不同时期采取了不同的发展战略。在1959—1970年的经济恢复时期，实行内向的进口替代战略，发展劳动密集型工业，推行工业化计划。在1970—1990年的经济繁荣阶段，实行外向的出口导向型战略，引进高科技型制造业，大力发展外向型经济。1990年后，新加坡提出"建立外层经济力量"，积极谋求向海外投资，为本国游资寻找新的生存和增值空间，其海外发展目标是：用20年左右的时间，使海外经济规模达到相当于GDP 25%—30%的水平，从而在国外形成一个新的新加坡。[③]

第二，控制重要资源和权力。包括：（1）垄断土地资源的分配和使用。政府拥有占全国土地面积70%的土地，并可根据国家发展的需要，以一定的价格征用其他土地。这就使政府掌握了最重要的生产资料和最宝贵的资源，能够以较小的代价去推行其雄心勃勃的工业化计划、建屋计划和市区重建计划。（2）垄断全国的基础设施和社会服务事业。政府可以向国内外企业、事业单位以及个人提供港口、码头、机场、道路、邮政、电话、工业用地、广播电视以及医疗、保健、娱乐、旅游等一系列服务。政府还向居民提供居住条件和接受教育的机会。（3）控制货币的发行和资本。新加坡没有中央银行，政府通过半官方的金融机构，如金融管理

[①] 王健康：《新加坡混合型市场经济体制之我见》，《时代经贸》2008年S2期第6卷。
[②] 王健康：《新加坡混合型市场经济体制之我见》，《时代经贸》2008年S2期第6卷。
[③] 储东涛：《新加坡市场经济的特征及其启迪》，《中国妇女管理干部学院学报》1994年第4期。

局、货币发行局、投资局、中央公积金局、邮政储蓄银行、发展银行以及三家控股公司，控制全国50%以上的资本。政府又通过控制货币发行、利率、汇率、消费基金以及实行强制储蓄（如中央公积金制度）等手段，对全国物价的总水平和通货膨胀率进行宏观调控。①

第三，发展国有企业，参与国家社会经济发展进程。新加坡成立之初，国内一系列的产业部门均掌握在外国垄断资本的控制之下。为了改变这种局面，新加坡通过政府投资，大量发展国有企业。新加坡国有企业主要有两种形式：一是政府所属的控股公司，二是半官方的有国会批准建立的法定机构。在这些控股公司和法定机构中，其所有权和经营权是严格分开的，董事会成员由政府任命，大的经营方针由董事会决定，企业日常经营活动由企业总经理负责，但政府对具体经营活动不予干涉。国有企业同其他外资和私人企业一样平等参与市场竞争，自主经营、自负盈亏，不享有任何特权。②

第四，其他宏观管理措施。新加坡政府成立经济发展局和建屋发展局，分别对国民的就业与住房问题进行专门的管理。另外，还对物价和工资进行一定的管制，始终把稳定物价和控制通货膨胀作为宏观调控措施的重要内容。政府直接控制一部分物价，主要包括进口汽车、大米、烟、酒等与居民生活密切相关的商品的价格。政府还对少数公用事业，如公共汽车、出租汽车、铁路、通信、邮政等实行行业性收费。③

第五，法律手段。新加坡政府十分重视国家的法制建设，陆续颁布各种法规法令，如企业法、外国投资法、外贸法、金融法、会计法和税法等，逐步形成了一套系统的法律体，为经济运行创造了和谐的外部环境。④

二 新加坡人权保障制度及其发展

（一）新加坡人权保障制度的特点

1965年12月，新加坡议会制定《新加坡共和国独立法》，用法律的

---

① 储东涛：《新加坡市场经济的特征及其启迪》，《中国妇女管理干部学院学报》1994年第4期。
② 王健康：《新加坡混合型市场经济体制之我见》，《时代经贸》2008年S2期第6卷。
③ 王健康：《新加坡混合型市场经济体制之我见》，《时代经贸》2008年S2期第6卷。
④ 王健康：《新加坡混合型市场经济体制之我见》，《时代经贸》2008年S2期第6卷。

形式确认了新加坡的独立地位。与此同时，新加坡的《独立法》与 1955 年《新加坡州宪法》共同组成《新加坡共和国宪法》。直到 1979 年，新加坡议会修改宪法，才把两个法律正式合并为一个宪法法典，即《新加坡共和国宪法》。① 新加坡作为英国的前殖民地，宪法是仿照英国的政治制度模式建立起来的。宪法主要规定政府制度、议会制度和司法制度，包括政府的组成与基本形式、国家元首的产生和职权、政府首脑的产生和任期、议会的产生、构成、职权、议事规则、司法机关的构成和职能等。② 新加坡在发展过程中不断根据自己的实际情况来创造适合自己的制度，新加坡宪法在独立后的 33 年（截至 1998 年 10 月）中总共修改了 39 次，平均每年 1.18 次，为世界所罕见。③

新加坡人权保障制度的突出特点，是强调集体利益的重要性，强调社会秩序在国家政治生活中的首要地位。韩大元指出："从新加坡的政治哲学与法治原理看，个人利益受到社会利益的合理限制是可以接受的，个人在社会中的定位要服从社会的整体利益。"④ 李光耀认为："给以人权更大的尊重是一个可贵的目标。唯一实际的前进办法，就是采取逐步渐进的方式。"⑤

新加坡宪法中所规定的人权并不是一种绝对的权利，在法律上和实践上都受到了诸多限制。公民权利的有限性主要表现在两个方面：其一，公民享有的权利数量有限。新加坡宪法规定的权利数量非常有限，仅在第 4 篇规定了 9 种公民基本权利。这 9 种权利绝大多数都属于消极权利的范畴，而大量的经济权利和社会权利都未在宪法中规定。其二，基本权利的行使受到限制。人权并不是绝对的，在新加坡警察或肃毒人员有权对行为可疑的人强制进行验尿，以判断其是否吸毒。以公共安全法令拘捕政治犯，以刑事法律（临时条款）法令对付私会党徒，不顾司法程序先行拘捕再调查审讯等行为，就严重地与西方法治思想相背离。就如李光耀所

---

① 何勤华、李秀清：《东南亚七国法律发达史》，法律出版社 2002 年版，第 466 页。
② 廖丹：《试析新加坡宪法的特点》，《东南亚纵横》2004 年第 5 期。
③ 参见韩大元主编《外国宪法》，人民大学出版社 2000 年版，第 335 页。
④ 韩大元：《东亚法治的历史与理念》，法律出版社 2000 年版，第 240 页。
⑤ 转引自杨圣坤《新加坡人权保障法律制度建设及启示》，《山西省政法管理干部学院学报》2014 年第 12 期。

说:"我们必须明白,如果我们废除逮捕和扣留的权力,而坚持根据刑事诉讼案中的严格法律证据,来进行公开审讯,那么,法律秩序就站不住脚。"① 新加坡宪法肯定了这种行为,对公民的人身自由权有所限制。而公民的言论、集会和结社自由这样的政治性权利更是受到严格的限制。规定公民的言论、集会和结社自由的宪法第 14 条,与其说是为了保证公民有此基本权利,不如说是旨在表明只是为了限制此权利才在宪法中予以规定。因为宪法第 14 条首先开宗明义,在第 2、3 款限制下,公民有言论表达自由,不带武器和平集会的自由和结社自由。在对待新闻自由方面,新加坡更是不遗余力地通过各种立法或其他方式如成立报业控股公司控制新闻自由,力图使新闻与政府保持一致。②

(二) 公民权利和政治权利保障

新加坡现行宪法第四篇规定了公民享有的基本自由。

1. 个人自由权

宪法第 9 条第 1—4 款规定:(1) 不得剥夺任何人的生命或个人自由,除非依据法律。(2) 如果高等法院或任何法官接到有关被非法拘禁的申诉,法院应当询问申诉人;除非认为该拘禁合法,否则应当责令将被拘禁者带至法庭并予以释放。(3) 当逮捕一个人时,应尽快通知他他被捕的理由,并允许他咨询他所选择的律师并让该律师为其进行辩护。(4) 当一个人被逮捕并未被释放时,应当在 48 小时内(不包括任何必要的行程时间)将其带至在法官面前,或依法通过视频会议(或其他类似的技术)的方式与法官联系,不得无故拖延。未经法官批准,不得继续拘禁。

该条第 5—6 款对个人自由权作出了限制。根据第 5 款、第 3 款和第 4 款的规定不适用于任何外敌,也不适用于因藐视国会而由议长亲手发出命令逮捕的人。根据第 6 款,第 9 条的规定并不影响以下法律的效率:a. 在本宪法颁布之前生效的关于授权因公共安全、和平和良好秩序的利益而对任何人予以逮捕和拘留的法律;或 b. 为了治疗和康复的目的而授权逮捕和拘留任何滥用毒品或麻醉品的人的法律。不得以这样的法律不符合第 3 款和第 4 款的规定而宣布其非法,特别是,第 9 条规定并不影响在

---

① 《李光耀 40 年政论选》,现代出版社 1994 年版,第 320 页。
② 廖丹:《试析新加坡宪法的特点》,《东南亚纵横》2004 年第 5 期。

1978年3月10日之前制定的这样的法律的效力或运行。

2. 禁止奴役和强迫劳动

宪法第10条第1—2款规定：（1）任何人不得被使为奴。（2）禁止所有形式的强迫劳动。

该条第2款的后半部分对不得强迫劳动作出了限制：议会可以根据法律规定为国家提供义务服务。该条第3款规定：在法院判处的监狱服刑期间所从事的工作，不应被视为10条意义上的强迫劳动。

3. 法不溯及既往和不得双重处罚

宪法第11条第1款规定了法不溯及既往和罪刑法定：任何人的作为或不作为，如果当时的法律没有对其处罚的规定，就不应受到处罚；任何人因其所犯罪行而受到的处罚，不应大于当时法律所规定的处罚。

宪法第11条第2款规定了一罪不得双重处罚：一个人被判定有罪或无罪，不应以同一罪名被再次审，除非有罪或无罪的判定是无效的，并且发生再审指令的法院在级别上高于对其定罪或宣告无罪的法院。

4. 平等保护

宪法第12条第1—2款规定法律面前平等保护和不受歧视的权利：（1）所有人在法律面前，并享有法律的平等保护。（2）除本宪法明文规定外，在任何法律或公共行政机关的任命或录用中，或在有关收购、持有或处置财产、设立或进行任何贸易、商业、专业、职业或聘用的执法中，不得仅以宗教、种族、血统或出生地为理由歧视新加坡公民。

该条第3款对平等保护作出了限制：本条并不废止或禁止（a）任何规范个人法律的规定；或（b）对与任何宗教事务有关的任职或录用作出的任何限制性规定或做法，或由一批信奉任何宗教的人管理的机构对信奉该宗教的人作出的限制。

5. 禁止放逐和迁徙自由保障

宪法第13条第1款规定了禁止放逐：新加坡公民不得被驱逐或排除出新加坡。第2款规定了迁徙自由：遵从有关新加坡及其各组成部分的安全、公共秩序、公共卫生或惩罚罪犯的任何法律，每一个新加坡公民都有权自由地在整个新加坡自由流动，并居住在其任何地方。

6. 言论、集会和结社自由保障

宪法第14条第1款规定了言论、集会和结社自由：（a）每一个新加坡公民都有言论和表达自由；（b）所有新加坡公民都有不携带武器进行和平集会的权利；（c）所有新加坡公民都有权结社。

该条第2款对以上自由权利作出了限制：（a）议会可依法对言论和表达自由权施加限制，这种限制应被认为有必要或有利于新加坡或其任何组成部分的安全、与其他国家的友好关系、公共秩序或道德，并旨在保护议会的特权或防止蔑视法庭、诽谤或煽动任何犯罪；（b）议会可依法对集会自由权施加限制，这种限制应被认为有必要或有利于新加坡或其任何组成部分的安全或公共秩序；（c）议会可依法对结社权施加限制，这种限制应被认为有必要或有利于新加坡或其任何组成部分的安全、公共秩序或道德。该条第3款对结社权作出了限制：任何有关劳动或教育的法律也可以对结社权施加限制。

7. 宗教信仰自由保障

宪法第15条第1款规定了宗教自由权：每个人都有权信奉和实践其宗教，并有权传播它。第3条规定的宗教团体的权利：每一个宗教团体都有权：（a）管理自己的宗教事务；（b）建立和维持以宗教或慈善为目的机构；（c）获得和拥有财产，并依法持有和管理。该条第2款规定了不得强迫为宗教纳捐：任何人不得被迫为其收益不是特别被整体或部分用于其所信奉的宗教之目的的纳捐。该条第4款对该条规定的权利进行了限制：本条规定并不授权任何违反有关公共秩序、公共卫生或道德的一般法律的行为。

8. 财产权利保障

新加坡现行宪法第37条第1款规定："政府应有取得、持有和处分任何种类财产以及签订契约的权力。"在财产权保护方面的法律制度主要有以下几部：《国家土地法》（1880年）、《土地所有权法》、《土地权利（地层）法》、《土地征用法》（1967年）、《国有土地征用法》、《财产转让和财产法律法》（1886年）、《财产授予法》（1935年）等，以及普通法中有关财产占有、使用、处分、转让方面的内容。新加坡财产法律的具体内容基本都是在1959年获得自治权之后建立起来的。新加坡的财产法，基本是在殖民时期制定的，但是一直沿用到现在，贯穿于新加坡市场经济初创时期。尤其新加坡市场经济初创时期制定的《土地征用法》，对公民的土地进行保障。《土地征用法》规定了征用土地的目的，尤其重要的是土地所有者损失的补充,包括直接损失和间接损失,都由政府进行赔偿。《土地征用法》在保障国家占有土地的基础上,逐步发展公共住房政策,实现居者有其屋的目标,保障公民住房权的实现。

新加坡在市场经济初创时期比较重视知识产权的保护,并颁布一系列的知识产权方面的法律。1969 年颁布了《专利法》、《著作权(唱片和政府广播)法》,以及 1939 年的《商标法》。在这些知识产权方面的法律制度中,《专利法》实质上是强制许可法。

9. 政治权利保障

现行宪法第 44 条第 2 款规定了议员当选的资格包括:"(a) 他是一个新加坡公民;(b) 他于提名日已年满 21 岁;(c) 在本届选民登记册中列有他的姓名;(d) 在提名进行选举之日他系新加坡居民;(e) 他会说(有足够熟练程度的说话能力)、会读(除非由于失明或其他身体原因而丧失能力)、会写至少下列语言之一的英语、马来语、中国官话和泰米尔语;而且(f) 并未根据本宪法第二十九条的各项规定被剥夺议会议员的资格者。"

宪法第 45 条第 1 款规定了不具备作为议员资格的情况,包括:"(a) 经查明或宣告为精神不健全者;(b) 尚未清偿债务的破产者;(c) 担任营利性质的职务者;(d) 被提名参加议会选举或作为某一被提名者的竞选代理人而未能在法律所要求的时间内和方式下提出竞选费用的报表者;(e) 曾由新加坡或马来西亚法院宣判为有罪并判处监禁一年以上或罚金 2000 元以上而未获特赦者。但在罪行系由马来西亚法院判定的场合,除非该罪行如在新加坡发生也会受到新加坡法院惩处者外,不得取消该人作为议会议员的资格;(f) 曾在外国志愿取得公民资格或行使公民权利或曾向外国作过效忠的宣告者;(g) 根据任何规定与议会选举有关的犯罪的法律,由于被判处犯有这种罪行或在有关选举的诉讼中证明犯有构成这种犯罪的行为,而被剥夺资格者。"但(f)项中"外国"一词不包括英联邦中的任何部分或爱尔兰共和国。

在政党制度上,虽然新加坡允许反对党的存在,但是又严格限制反对党的活动空间,使反对党实际上缺少活动的空间,并不能对执政党的地位产生威胁。各政党从提名到大选投票只有 10 天时间,10 天之外不得公开集会和发表演讲,不得从事煽动性的拉选票或其他政治活动;而执政党则可以通过政府的渠道宣传自己的政治纲领和施政方针。新加坡人民行动党自1959年上台执政以来,就一直在国会内占据绝对多数的地位。从1968年起的13年间,人民行动党甚至囊括了所有的国会议席。针对反对党议员人数过少的问题,新加坡通过修改宪法创设了非选区议员制度,保证反对党能在国会中得到足够的代表,使国会更具代表性。①

10. 公正审判权保障

新加坡的刑法发展是从1826年开始,遵循《第二次司法宪章》的规定,英国刑法中普通法中的普通法原则与1826年前的制定法直接适用于新加坡;1867年之后,具有英国特色的刑法在新加坡已经不适应,新加坡急需制定适合自己的刑法,之后,殖民地议会制定了《刑法》,几经修改,删除殖民地色彩,加入新加坡特色,形成了《新加坡共和国刑法》,一直沿用到现在。这就是说,新加坡市场经济初创时期生效的刑法典是新加坡在1867年之后制定颁布实施的。除了刑法典之外,新加坡还有单行刑法,如《防止贪污贿赂法》《滥用毒品法》。新加坡刑法一度以"严刑峻法"著称,尤其在刑罚种类方面,保留了肉刑。但是,新加坡市场经济初创时期制定与颁布的《防止贪污贿赂法》,对于人权保障水平的提升具有重要意义。新加坡惩治腐败的法律最早可以追溯到1937年的殖民地议会颁布的《防止贪污令》,但是由于该法令漏洞百出,执行效果不理想,到1959年新加坡获得自治权时,贪污腐败现象非常严重,社会很不稳定。为此,1960年新加坡颁布了《防止贪污贿赂法》,作为刑法的特别法,用法律的震慑力和严厉的刑罚来遏制贪污行为。该法律颁布之后,公务机关的腐败状况有所扭转,政府获得民众信任。

(三) 经济和社会权利保障

1. 工作权利保障

新加坡制定和修改了一系列的劳动法律法规。这些法律从工资、福利、假期、生产条件、生活条件、安全生产各方面,为雇员应有的权利作了详细的规定。②《就业法》规定了雇用合同的订立与终止、违反雇用合

---

① 廖丹:《试析新加坡宪法的特点》,《东南亚纵横》2004年第5期。
② 杨圣坤:《新加坡人权保障法律制度建设及启示》,《山西省政法管理干部学院学报》2014年第12期。

同的责任、雇主的更换、企业转让后雇用合同的效力、薪水的支付、休息日和节假日加班补偿、兼职雇员、家庭佣人、儿童与少年的雇用、孕妇的保护与福利、职业介绍所的管理等内容；《劳资纠纷法》规范企业劳资纠纷，界定了非法劳工行为与闭厂行为，规定了对上述非法行为的处罚措施，并设置罢工纠察队，规定了对劳资纠纷中共谋行为的治罪处罚；《劳资关系法》规定了集体谈判、经理雇员申诉受限、劳动争议的劳动仲裁法院裁决等程序性制度；《工人赔偿法》对工伤赔偿的适用对象、赔偿范围及诉讼程序作出了明确规定。《外籍劳工法》规范了对外籍务工人员及相关事项的管理。①

2. 基本生活水准权利保障

1959年新加坡70%的人口聚居在占全国土地总面积2%的市区，40%以上的人口居住在贫民窟和窝棚内。1960年颁布的《住宅与开发法》，旨在解决战后初期人口膨胀所导致的严重房荒，要求为新加坡人民提供低价住房。新加坡政府于1960年成立了直属国家发展部的法定机构——建屋发展局（HDB）。在发展公共住宅方面，它既代表政府行使权力，负责制定住宅发展规划及房屋管理，实现居者有其屋的目标，同时，又作为房屋开发商，负责房屋建设工程、房屋出售和出租。建屋发展局的设立从法律和职能上，保证了公共住宅建设计划的实施。到2003年，有92.3%的新加坡家庭拥有自己的住房，其中，85%的家庭住在政府公共住宅，人均居住面积达到23平方米。

政府对建屋发展局的支持主要体现在以下层面：（1）低息贷款。政府每年都为建屋局提供建屋发展贷款，此贷款是挂账形式，政府不追索还债，而且其利率明显低于市场利率。（2）补贴亏损。为了保障普通老百姓能够买得起公共住宅，房屋售价是以中低收入阶层的承受能力来确定，而不是靠成本来定价，由此造成建屋局的直接亏损。这部分损失，政府核准后每年给予全额补贴。（3）提供土地。政府一直以来协助建屋局从多种渠道，以低于市场的价格获得开发用地。②

---

① 谢青霞：《新加坡边缘劳动力法律与政策评介》，《南洋问题研究》2008年第3期。
② 初建宇：《借鉴新加坡经验，加强我国经济适用房的社会保障作用》，《河北理工大学学报》（社会科学版）2007年第4期。

3. 社会保障权利保障

新加坡的社会保险制度叫作中央公积金体系（CPF），或简称为"公积金制度"。这套制度，是在新加坡政府的领导下，集中一批既懂得现代市场经济运行规律，又熟悉新加坡国情的专家、教授共同设计、制定出来的。它的目标是保证新加坡公民"老有所养，居有其屋，病有所治，能应灾变"。它把人民意愿和政府意图融合在企业化、市场化经营之中，成为新加坡社会稳定、经济发展的重要因素。[1]

新加坡公积金制度区别于一些西方国家的失业金制度，就是实行"个有制"而不是"共有制"。公民参加公积金体系后，他在公积金户头的存款就是他个人的储蓄，将来归他个人所有。具体交纳办法是：如果某个员工的月薪是1000新元，按照20%交给公积金局，即交200新元。同时，他的雇主也必须为他交20%，即也向公积金局交200新元。本人和雇主合起来交工资的40%，这样，该员工每个月在公积金的款就是400新元，他每月所得到的实际收入是800新元，用于日常开支，而雇主的真正劳工成本是1200新元，进入产品的成本。一年下来该员工在公积金的存款就高达4800新元，10年就是48000新元，一直交到55岁。55岁之后，如果还在工作，按新的比例缴纳。55—59岁，交工资的25%；64岁，交15%；65岁以上，交10%；雇主与雇员均各交一半。员工的月工资越高，他在公积金局的存款就越多，这有效地刺激了员工的工作积极性，提高了整个国家的经济竞争能力。[2]

中央公积金由雇主和雇员共同缴纳，政府规定所有新加坡公民和永久居民都必须缴纳公积金，并存入个人账户。按照不同的用途，中央公积金分别记入三个不同的个人账户：（1）普通账户，可以用于购置产业、获批准的投资、保险、教育、转拨款项以供父母退休账户使用；（2）医疗储蓄账户，可以用于支付住院和医药方面的费用；（3）特别账户，可以作为晚年养老和应急之用。随着雇员年龄的变化，三个个人账户的记入比

---

[1] 储东涛：《新加坡市场经济的特征及其启迪》，《中国妇女管理干部学院学报》1994年第4期。

[2] 储东涛：《新加坡市场经济的特征及其启迪》，《中国妇女管理干部学院学报》1994年第4期。

例也相应地调整。①

中央公积金的使用，主要用于三个方面：（1）养老保险。新加坡政府规定，除完全丧失工作能力和永久离开新加坡这两种情况下可以提前支取公积金外，必须在年满 55 岁并且在退休账户中保留一笔最低存款，才能领取公积金。（2）医疗保险。医疗储蓄账户主要用于支付个人或家人的住院费用，包括病房费、医生费、外科手术费、各种治疗检查费等。为了保证退休者有一定的资金支付医疗费用，新加坡政府规定雇员在 55 岁退休时，其医疗储蓄账户中必须保留 14000 新币的存款。（3）住房保障。中央公积金可以用于两项购屋计划：一是公共住屋计划，可以用普通账户中的存款一次性购买付清建屋发展局提供的住房，或者先向建屋发展局贷款，再用缴纳的公积金按期偿还，这项计划还允许用公积金来支付由建屋发展局组织的组屋翻新费用；二是住宅产业计划，也就是用普通账户存款购买私人住宅产业及相关的费用。②

4. 教育权利保障

宪法第 16 条第 1 款规定了禁止教育歧视：依据平等保护和不受歧视的原则，在政府当局维持的任何教育机构的管理中，特别是在学生入学或收取学费方面，以及在政府为任何教育机构（无论是否由政府维持，以及是否在新加坡境内或境外）的维持或学生教育提供财政资助中，不得以宗教、种族、血统或出生地为理由对任何新加坡公民予以歧视。同时，该条第 2—4 款对以上权利作出了限制：（a）每一个宗教团体都有权建立和维持儿童教育机构，并在其中提供自己的宗教指导，在任何有关这样的机构的法律中或在这样的法律的执行中，仅以宗教为理由并不构成歧视。(b）任何人不得被要求接受非自己宗教的指示或参加非自己宗教的任何仪式或崇拜行动。(c）为此，18 岁以下人的宗教，由父母或监护人决定。

（四）特定群体权利保障

1. 少数族裔权利保障

新加坡的种族和宗教信仰呈现出比较复杂的局面，在新加坡人中，华

---

① 颜星、王冬梅：《战后新加坡社会保障制度发展的特点及其对社会经济发展的影响》，《文山师范高等专科学校学报》2004 年第 3 期。

② 颜星、王冬梅：《战后新加坡社会保障制度发展的特点及其对社会经济发展的影响》，《文山师范高等专科学校学报》2004 年第 3 期。

人约占 77.5%；马来人占 14.2%；印度人占 7.1%；欧洲及其他人占 1.2%。复杂的民族构成还夹杂着复杂的宗教信仰。华人大部分都信仰佛教或道教，少数信仰天主教或基督教；马来人基本上都信仰伊斯兰教；印度人则信仰印度教；此外还有许多其他宗教，如锡克教、犹太教等。新加坡采取了一系列措施保护少数族裔权利。①

首先，在宪法上确认保护少数种族和宗教信仰政策。宪法第 15 条规定公民的宗教信仰和传播自由；第 16 条则保障了宗教团体参与教育的权利。由此确认了宗教信仰自由作为一项基本权利的宪法地位。防止大汉族主义，对少数种族实行差别保护是新加坡的一贯政策。② 宪法第 152 条规定对少数族裔特别是马来人的特别保护："矢志不渝地保护新加坡少数民族和少数宗教团体的利益，应是政府的责任。政府应承认新加坡本土人民马来人的特殊地位，政府应以这种态度行使其职能，因而保护、保障、支持、照顾、促进马来人在政治、教育、宗教、经济、社会和文化方面的利益和马来语言，应是政府的职责。"宪法第 153 条规定了对穆斯林宗教的保护："立法机关应依法作出规范穆斯林宗教事务的规定，以及组成理事会向总统提供有关穆斯林宗教的建议的规定。"宪法第 154 条对官方语言和民族国家语言作出了规定：（1）马来语、中文普通话、泰米尔语和英语将是新加坡的 4 种官方语言。（2）国家语言为马来语，并应用罗马文字。但（a）任何人不得被禁止或防止使用、教授或学习任何其他语言；（b）本条规定并不损害政府在新加坡的任何其他社区保留和维持其语言的使用和研究的权利。

其次，设立专门的保障机构。少数民族权利总统委员会是宪法设立的专门负责保障少数民族权利的机构。根据宪法规定，委员会有权审查议会通过的法案是否存在一种对不同宗教或种族团体的人的差别对待措施，只有通过委员会审查的法案才能提请总统批准。③

最后，在议员选举的程序中照顾少数民族。新加坡修改宪法，实行集选区制度。根据规定，每个集选区都必须有至少 1 名少数民族候选人，这

---

① 廖丹：《试析新加坡宪法的特点》，《东南亚纵横》2004 年第 5 期。
② 廖丹：《试析新加坡宪法的特点》，《东南亚纵横》2004 年第 5 期。
③ 廖丹：《试析新加坡宪法的特点》，《东南亚纵横》2004 年第 5 期。

样就可以增加少数民族议员的数量,以使少数民族的利益能够得到代表。①

2. 妇女权利保障

新加坡市场经济初创时期保护妇女权益,于1961年颁布了《妇女宪章》,这部法律不是专门的婚姻法。但是,这部法律赋予妇女广泛的平等权利,解放被历史传统束缚的妇女。这部法律赋予妇女享有与丈夫在婚姻关系中平等的地位,实行一夫一妻制,并且实现男女在经济、社会各方面的平等。② 根据该宪章第4条,任何在1961年9月15日时已经依法律习惯娶妻或纳妾的,在婚姻存续期间,不得再与任何人结婚。任何违反上述规定订立的婚姻一律无效,违法重婚的一方或双方根据刑法第494条的规定,犯有重婚罪,应受到刑事制裁。这部法律有效地消除不同文化传统对妇女的歧视以及不平等的对待。

3. 老年人权利保障

新加坡于1994年制定了《奉养父母法律》,成为世界上第一个将"赡养父母"立法的国家。③

三 市场经济对新加坡人权保障制度的影响

新加坡是从传统经济转型的后发市场经济国家,实行的是国家主导型的市场经济体制。新加坡曾经是英国的殖民地,1965年被迫从马来西亚独立,国内人口具有比较复杂的民族构成。这些因素都对新加坡的人权保障产生了一定程度的影响。

首先,为了使市场经济体制顺利运行,新加坡对公民经济生活方面的自由权利予以充分保障,特别是基本的人身自由、迁徙自由、财产权利和平等权利等。

其次,新加坡宪法中对公民权利和政治权利规定的数量不多,而且对多数权利施加了严格的限制。这些限制都是要求考虑国家和社会整体的利

---

① 廖丹:《试析新加坡宪法的特点》,《东南亚纵横》2004年第5期。
② A. J. Harding, The Common Law in Singapore and Malaysia, Singapore Butterworths, 1985, p. 180.
③ 潘志玉、谢庆录:《新加坡劳动与社会保障法律制度研究》,《法制与社会》2009年第1期。

益、安全和秩序。在对公民权利和政治权利予以严格限制的同时，新加坡建立了非常严格的惩治贪腐的机制，以保障公民权利和社会利益不受侵犯。

再次，新加坡在法律体系沿袭了英国的法律制度，但根据自己的国情进行了改造和创新。新加坡以严刑峻法著称，对破坏公共利益和侵犯他人权利者予以严厉惩罚，以保障社会秩序的稳定。

最后，尽管新加坡宪法中没有规定经济和社会权利，但国家建立了比较完善的社会保障制度，对公民的经济和社会权利以及特定群体的权利予以了比较充分的保障。

第三节 泰国的市场经济与人权保障制度

一 泰国市场经济发展阶段与特点

泰国市场经济初创时期，可以划定为从1932年泰国实行君主立宪制以来，到1982年泰国经济步入中等收入国家。在这一阶段，泰国政变与修宪都比较频繁，但是泰国经济方面实行的自由经济政策，在东南亚国家中经济紧随新加坡，经济发展速度较快。

（一）泰国市场经济发展的阶段

根据林志鹤的分析，泰国经济发展经历了三个阶段：替代进口工业发展、面向出口工业和综合协调发展阶段。[①]

第一阶段，从20世纪五六十年代的10多年时间，泰国处于替代进口工业发展战略阶段。1960—1970年国民生产总值年增长率平均为5.4%。这一阶段的主要特征是生搬硬套西方传统工业模式，前后发展也不平衡。在前一阶段（50年代），替代进口效果不是很显著，銮披汶政府从唯泰主义立场出发，1954年颁布了"鼓励工业发展条例"，推行以国家资本为主导的替代进口战略。一方面对私人资本尤其华人资本大加限制与排斥，另一方面对国家资本则大加扶持。结果，窒息了私人经济的发展。到了后期，1958年新任总理乃沙立采纳了世界银行和美国经济学家的建议，积极鼓励私人资本发挥作用。1960年颁布《鼓励工业投资条例》，开辟工业

---

① 林志鹤：《泰国经济：模式、成就及问题》，《东南亚研究》1989年第3期。

区。1961年推出第一个经济发展计划,明确了以替代进口为发展战略目标。在泰国通常都以此作为"工业革命起点"的标志。政府还通过立法作了种种保证:国家资本减少在经济领域中的参与程度,不再从事政府鼓励私营企业所从事的经济活动;对私营企业不实行国有化与征用;为政府鼓励的企业提供税收优惠;国家资本主要用于社会基础设施,改善生产与生活的投资环境,等等。①

第二阶段,20世纪70年代,泰国处于面向出口工业发展阶段。1970—1980年为7.4%。进入70年代之后,泰国仿效60年代中期的南朝鲜,提出向面向出口工业发展战略转移,鼓励利用本国资源面向出口工业。1972年和1977年颁布的《鼓励投资条例》都明确规定,将为这类企业提供其他类型企业(特殊项目除外)无权享受的进出口关税优惠。适值当时的国际环境有利于面向出口工业发展,尤其是国际市场对农业加工品和制成品的需求殷切,有效地刺激这些产业的勃兴。②

第三阶段,从80年代之后,进入综合协调发展阶段,1980—1990年为8%,在80年代以前的1/4世纪,实现了经济高增长(平均7%以上),开创了泰国经济史上的"黄金时期"。但是,在这一时期,城乡之间、地区之间收入分配的差距进一步恶化,对政治、社会的稳定构成威胁,财政和贸易赤字扩大,债务增加,通货膨胀,进一步加剧上述矛盾的复杂化和尖锐化。

(二)泰国市场经济发展的特点

泰国实行以民间私人经济为主的自由经济体制,主要有以下三个特点。

第一,以民间私人经济为主的自由经济体制。1957年,乃沙立政府采用了以民间私人经济为主的自由经济体制,政府对经济干预较少,十分重视发挥市场的作用,重视民间资本的作用,后来的历届政府都采用这种经济模式。在这种经济模式下,国有经济在国民经济中的比重低,私有经济比重逐渐增高。70年代初国营企业尚有100多家,70年代末国营企业

---

① 林志鹤:《泰国经济:模式、成就及问题》,《东南亚研究》1989年第3期。
② 林志鹤:《泰国经济:模式、成就及问题》,《东南亚研究》1989年第3期。

只剩有 76 家；1983 年减少为 69 家；1990 年进一步减少为 61 家。① 与此相反，私营企业在六七十年代的发展十分迅速。1956 年新注册的公司有 977 家；1981 年新注册的公司增加为 7693 家。②

第二，农业—工业国。泰国市场经济发展模式中，其中显著的特点是农业—工业国的经济发展目标。泰国经济发展与其他只高度重视工业而忽视农业甚至以牺牲农业换来高速增长的特点不同，它充分重视本国农业的相对优势，将农业置于经济发展的首位。正如泰国国民经济和社会发展部秘书长曾经指出："我们将成为独一无二的泰国式新兴工业化国家。工业、农业和服务业将更加协调地发展。"③ 泰国连续多年将财政支出的 10% 用于农业发展相关的基础设施与建设，刺激民间资本经营大规模农业出口产业，发展以农业为基础的加工工业。

第三，政府对市场干预少，主要以政策给予支持和引导。经济发展初期，泰国主要以国家力量进行投资，但是后来国营工业企业连年亏损，并逐渐形成垄断，阻碍泰国经济的进一步发展。在 20 世纪 50 年代后期，泰国政府就实行以民间经济为主的自由经济体制。为此，泰国政府减少对企业的干预，使经济获得迅速发展。从 1960 年开始，泰国已制订了 6 个经济和社会发展五年计划。泰国政府通过五年计划对私营企业的经济活动方向进行引导，使之和整个国家的经济利益保持一致。五年计划对私营经济没有法律上的约束力，政府执行计划的最重要手段是税收（包括关税）和利率。

二 泰国人权保障制度

（一）公民权利与政治权利保障及其发展

泰国 1932 年实行君主立宪制。截至 1991 年的 60 年里，先后发生了 17 次政变（其中 9 次政变成功），修订宪法 14 部。④ 泰国宪法变化频繁，但是在泰国历部宪法当中，1991 年之前的宪法对公民的权利规定较少。

---

① 刘建其：《泰国经济体制与资本动员》，《汕头大学学报》（人文科学版）1997 年第 6 期。
② 吴志生主编：《东南亚国家经济发展战略研究》，北京大学出版社 1987 年版，第 68—69 页。
③ 盛晓白：《泰国经济发展模式的特点》，《世界经济》1989 年第 6 期。
④ 常征：《泰国的宪政与法律制度》，《汕头大学学报》（人文科学版）1991 年第 4 期。

1991年宪法在人民激烈的斗争中颁布，扩大了公民的权利和自由，对人权保障有了相当的进步。

1. 人身自由权

1992年泰国宪法第30条规定："公民有人身自由，除依据法律赋予的权力采取的行动外，在其他任何情况下不得对公民实施逮捕、关押和搜查。"

2. 住宅不受侵犯

1992年泰国宪法第34条规定："公民享有住宅不受侵犯的权利。公民的住宅和管理住宅的权利受到法律保护。除依据法律采取的行动外，未经主人允许便闯入公民私人住宅或对公民住宅进行搜查的行为是不允许的。"

3. 财产权

1992年泰国宪法第35条规定："公民的财产权受到法律保护。财产的范围和限度由法律规定。法律保护公民的财产继承权。公民的财产权根据法律规定实施。"第36条规定："不动产一般不允许转让。在因公共事业、国防建设、国家城市建设规划、农业和工业建设及其他公共福利事业的需要，或为了实行土地制度改革，或因这些不动产来自自然时，可以依法转让。但在转让时必须依照法律有关规定在一定时间内给不动产的业主、产权人及因不动产的转让而受到损失的人予公正的赔偿。上述转让活动中，在确定转让费中，应当根据当时市场正常的交易价格及不动产的来源、状况、坐落位置及转让人的损失等公正定价。在不动产的转让契约中应写明转让的目的并限期根据目的利用，如不在契约规定的期限按规定的目的使用该不动产，必须将其归还原产权人或产权继承人，除非这些不动产是依法用于本条第一段中所述的其他目的。本条第三段所述将不动产归还原产权人或产权继承人，或受让人要求归还转费等，应依照法律的程序办理"。

泰国于1931年颁布了《商标法》《文学艺术作品保护法》，1979年颁布了《专利法》，完善了泰国的工业产权和版权立法，专利法于1992年进行了修改，适应知识产权国际化保护趋势。后来在1961年，泰国又颁布了第2504号商标法。1991年又重新制定了《商标法》。泰国的商标法规定，商标权是一种财产权，无论是处于申请注册之中还是已经取得注册的，均可以转让或继承。

4. 平等权

1992年泰国宪法第25条规定："公民在法律面前一律平等，并得到法律的同等保护。"在第27条第2款规定"国家应保护公民行使上述自由权利，不得因公民信仰某种宗教、某种宗教派别、某种宗教主张或参加宗教活动而加以歧视，损害其应得利益或剥夺其权利"。

5. 迁徙自由

宪法43条规定："公民在泰王国的国土上有行动和选择居住地点的自由。""除了为维护国家的安全及人民的安宁，为了保护人民群众及儿童的安全和福利，为了城市建设规划的需要可以依法采取的措施外，不得对公民的上述自由加以限制。""将具有泰王国国籍的人驱逐出泰王国国境或禁止具有泰王国国籍的人进入泰国国境的行为都是不允许的。"

6. 隐私权

宪法44条规定："公民荣誉、声誉、在家庭的权利及私生活受法律保护。"

7. 通信自由

1992年泰国宪法第42条规定："公民有以合法手段进行通信联系的自由。"除了为了维护社会的安宁和人民群众良好的道德风尚和为了维护国家的安全可以依据法律采取的措施外，任何对公民的通信物采取检查、扣留、泄露通信内容及任何手段获取通信内容的行为都是不允许的。

8. 宗教信仰自由

1992年泰国宪法第27条规定："公民享有信仰宗教以及宗教中的某一教派和某种宗教主张的自由。但这种信仰不得与履行义务权利相抵触，不得危害社会的安宁秩序和人的良好道德风尚。"

9. 表达自由权

1992年泰国宪法第35条规定："公民有言论、著作、出版、宣传和进行其他舆论活动的自由。除了为维护国家安全及保护他人荣誉、名声和自由，为维护人民的安宁生活及良好道德风尚，为预防和制止使人民群众的身心健康受损害等必须依法采取的措施外，不得限制上述自由。"

10. 集会自由

1992年泰国宪法第35条规定："公民有和平的、非武装的集会自由。

除因这种集会占用了公共场所,为了维护公众利用这些场所的利益;因国家处于战争状态期间,为了维护社会的稳定和安宁;因国家宣布处于紧急状态和实行军事管制法时期可以根据有关法律采取的措施外,不得限制公民的上述自由。"

11. 结社自由

1992年泰国宪法第35条规定:"公民有结成协会、联盟、联合会、合作社及其他形式的团体的自由。上述协会、联盟、联合会、合作社及其他形式的团体的结合、组成的条件、活动以及解散等应依据法律办理。"

12. 政治权利

1992年泰国宪法第41条规定:"公民有根据本宪法规定的以国王为国家元首的民主政体的路线政治政党,从事政治活动的自由。"

(二) 经济与社会权利保障及其发展

1. 工作权利保障

泰国内政部于1972年发布了《关于最低工资的通告》,对"雇主""雇员""工作日""工资""最低工资率"等作出明确规定。1975年,泰国制定《劳资关系法》,建立了劳资关系委员会,还设立了一些重要的解决劳动争议的机制,如在企业内部设置工人委员会和协调劳资关系的官员。1980年,泰国根据《建立劳工法庭及劳工法庭程序法》建立了一个劳工法庭来专门受理劳工法律争议,强调为劳资争议的解决提供一个容易利用的、便宜的、迅速的机制。1998年的《劳工保护法》则设立了一个新的争议解决机制,针对一些金钱要求的争议,雇员可以将争议提交劳工部门的劳工督察官员来处理。另外,针对雇员补偿和社会保障,泰国1994年制定了《雇员补偿法》,规定雇员因执行职务而负伤或生病可以向劳工部的社会保障基金申请补偿。除此之外,对于非因履行职务而负伤或生病、残疾、生育或失业也可以向劳工部的社会保障基金申请补偿,对于由此引发的争议,也制定了相应的争议解决机制。[①]

2. 社会保障权利保障

1990年泰国国会通过了《社会保险法案》,为社会工作阶层提供伤病医疗、儿童福利、失业津贴、退休金等保险利益。

[①] 冯建昆:《泰国共和国经济贸易法律指南》,中国法制出版社2006年版。

3. 受教育权保障

宪法第 38 条规定："公民有受教育和培训的权利，但不得与本宪法规定的公民义务相抵触，不得与普及教育法和教育设施法相抵触。"近代以来，泰国一直重视国民教育，并推进国民教育权的实现。1921 年泰国第一部《义务教育法》开始实施。《义务教育法》规定：凡是年满 7 周岁的儿童必须读小学到 14 周岁，实行强制性免费教育。1932 年，新政府在上台后很快便颁布了《1932 年全国教育纲要》，提出大力发展高等教育、普通教育和职业教育等各级教育，制定了新的私立学校条例，把教育系统分为普通教育和特殊教育两个系列，义务教育的年限从 5 年增加到 6 年。[①] 1935 年泰国政府又颁布了第二条教育条例，对一些认为不合适的内容条款作了修订。1936 年，政府颁布《1936 年全国教育纲要》，提出要加大力度发展教育，并对泰国教育事业的发展提出了新的要求。并且把义务教育的年限由 6 年减少到 4 年，政府希望由此能让更多的人能接受义务教育，从而有效地提高民众素质，让"人民受到充分教育"。1948 年，泰国披汶政府为了稳定小学教育的发展，对全国小学教育事务进行改革。1960 年，政府颁布了新的国家教育发展计划。1978 年，泰国当局根据当时国家发展的需要，隆重推出《1978 年全国教育纲要》。进入 90 年代以后，泰国政府不断推进教育事业的改革和发展。1997 年，把 12 年义务教育写入宪法，1999 年，进一步细化《国家教育法》。[②]

（三）特定群体权利保障

泰国的家庭法在《民事和商事法典》第五篇当中，1935 年泰国颁布了《民事和商事法典》第五篇和第六篇，整个法典编纂完成。在泰国的家庭法当中，针对家庭当中男女的权利和自由进行规定，确立了男女平等原则，包括男女双方必须互相照顾和扶养（第 1453 条），男女享有平等的财产权。无论男女，婚前财产属于婚前所有人，系个人财产；婚后的财产属于共同财产，由丈夫和妻子共同平等享有。泰国继承法规定遗嘱继承和法定继承两种，在无遗嘱继承中，配偶和子女属于第一顺序继承人，对被继承人的财产享有同等继承权。

---

① 冯增俊、李志厚：《泰国基础教育》，广东教育出版社 2004 年版，第 7 页。
② 敖中恒：《20 世纪泰国教育发展研究》，硕士学位论文，贵州师范大学，2015 年。

三 泰国市场经济体制对人权保障制度的影响

泰国是由传统经济转型的后发市场经济国家。在转型初期实行由国家主导进口替代发展战略，后来又转向面向出口的发展战略，鼓励私人经济的发展。同时，在社会转型过程中，泰国又面临社会冲突的政治压力，频繁发生政变。这些都对泰国人权保障产生了一定的影响。

第一，随着市场经济的深入，人权逐渐地纳入到法律保障的轨道。从20世纪50年代开始，泰国政府致力于发展以民间资本为主的自由经济体制。在这一发展过程中，泰国的宪法几经变迁，但是泰国的宪法很少规定公民的基本权利和义务。直到20世纪90年代，泰国跨入中等收入国家行列之后，在1992年的宪法中详尽地规定公民的权利和义务。

第二，虽然泰国宪法授予人民很多权利和自由，但是这些授予的权利和自由受到很多条款的限制。这一特点也表现了泰国政府权力更迭，在制定宪法时担心政权再次更迭而作出的附加限制。

第三，注重公民权利与政治权利的保障，而轻视经济与社会权利保障，两者保障不均衡。泰国政府在经济发展过程中，比较重视民间资本，注重发挥私人企业的效率，所以给予个人较多的公民权利与政治权利。另一方，经济与社会权利要承担一定的责任，或者进行必要的财政投入，泰国政府把主要财政投放于农业、工业的发展，过度追求经济高速发展，忽视市场经济运行过程中出现垄断、贫富差距悬殊、市场竞争失败者生活落魄等情况，没有对这些弱势群体的权利很好地保障。

第四，忽视对特定群体权利的保障。泰国法律很少有条款对老人、妇女、儿童以及残疾人的权利作出专门的规定。

第四节 墨西哥的市场经济与人权保障制度

墨西哥具有古老的农业文明发展史，1519年被西班牙入侵，19世纪以来先后经历独立战争、美墨战争、法国侵略、迪亚斯独裁统治、革命和内战。革命结束后，革命制度党从1929—2000年连续执政71年，此后开始政党轮替。墨西哥是市场经济的后发国家，国家在市场经济的发展中发挥着重要的推动和领导者的作用。经济主要由国家资本、本国私人资本和外国资本三大部分组成。①

一 墨西哥的市场经济体制的特点与发展

墨西哥在第二次世界大战前夕,它还是以农业、矿业为主的比较落后的国家。从20世纪40年代开始,"墨西哥经济一直在持续不断地高速增长,国民生产总值平均每年实际增长6.0%以上"②。尤其到80年代初期,墨西哥经济发展一直处于高度发展的态势。墨西哥国内生产总值的年平均增长率1940—1954年为5.81%;1955—1961年为5.9%;1962—1970年达7.6%。70年代增长速度减慢,1970—1976年的年平均增长率为5.39%;1976年出现危机,增长率降到2.1%。经过短期的调整,70年代末到80年代初的年平均增长率接近8%。③但此后墨西哥经济进入了调整期。

根据陈芝芸的分析,从20世纪40—80年代,墨西哥市场经济的发展大致经历若干不同阶段,并呈现出不同的发展特点。④

20世纪四五十年代中期,这一时期,墨西哥经济发展的特点是经济增长伴随着通货膨胀。由于战争的影响,墨西哥实施进口替代工业化发展模式,工业化步加快,消费品生产大幅度增长,经济发展速度较快。但是,这种增长依赖的基础是:延长劳动时间、增加劳动强度和大量发展设备简陋的中小工业企业,不具备可持续性。"二战"之后,发达国家恢复生产。由于墨西哥的工业制成品质量低、成本高,在国内外市场上无法与发达国家竞争,导致许多小厂纷纷倒闭,经济增长速度减慢,1953年国民生产总值的增长率仅为0.6%。同时,由于政府公共投资增长过快,预算连年赤字,通货膨胀进一步加剧:1940—1954年物价的上涨率达到10.6%;1960年工人的实际工资仅为1939年的45%。

1955年到1970年,墨西哥实施稳定发展战略,形成经济高速发展、稳定局面。在这一阶段中,墨西哥注重协调公共投资、本国私人投资和外

---

① 陈芝芸:《战后墨西哥的经济发展战略》,《拉丁美洲丛刊》1982年第2期。
② 〔墨〕P. L. 马丁内斯:《墨西哥四十年的经济发展梗概》,《拉丁美洲丛刊》1981年第2期。
③ 陈芝芸:《战后墨西哥的经济发展战略》,《拉丁美洲丛刊》1982年第2期。
④ 陈芝芸:《战后墨西哥的经济发展战略》,《拉丁美洲丛刊》1982年第2期。

国投资三者的关系,解决资金来源问题,促进经济快速增长。尤其注重私人投资和吸引外资,"在政府鼓励下,私人投资的增长率从1955—1961年的3.2%增至1962—1970年的11.3%。外国私人直接投资总额由1954年的803400万美元增至1970年的2802200万美元"①。进一步推行以"进口替代"为基础的工业化政策。积极鼓励发展商品性农业,推广现代农业技术,促进农业资本主义的发展。尤其注重刺激私人资本对农业的投资,从1940年到1960年,年平均每个农业人口的投资,村社社员提高了三倍,私有农户提高了八倍。严格控制通货膨胀,保持物价稳定。但是,这一阶段为后来的经济发展埋下诸多隐患,导致70年代墨西哥的经济危机,其表现在:经济结构不均衡,工业获得较大发展,农业发展缓慢甚至停滞;进口替代工业化政策,促进消费品生产,但是并未形成完整的、均衡的工业体系;国际收支状况日益恶化等。

进入70年代之后,为了克服"稳定发展"带来的问题,墨西哥抛弃了稳定发展的模式,进行经济上的重大改革。总的来说,在这一阶段,政府大力发展国家资本主义,加强政府对经济的干预。刘芝芸分析认为,"政府在私人资本减少生产性投资的情况下,力图通过大幅度增加公共投资来维持经济增长的速度,防止衰退。在对外经济关系方面,积极主张建立国际经济新秩序,发展拉美地区贸易,与欧洲以及第三世界各国建立广泛的经济联系,以减少对美国的依赖。1973年颁布的新外资法对外国投资进一步作了限制。为了振兴农业、缓和农村的阶级矛盾,政府重新分配土地,增加对农业的投资和贷款,推行村社合作化"②。但是,这些政策未能取得预期效果,由于经济发展不平衡,国内储蓄增长缓慢,连续的庞大的公共投资,导致财政赤字和通货膨胀,并导致1976年发生经济危机。经济危机发生之后,私人资本外逃,失业人口倍增,社会动荡不安。

1986年墨西哥加入关贸总协定,经济由内向型发展模式向外向型发展模式转变。政府大力推行私有化和对外开放的措施,经济连续多年保持中低速增长,进出口大幅度增加。1992年,墨西哥与美国和加拿大签署了《北美自由贸易协定》,协定的宗旨是取消贸易壁垒,创造公平的条

---

① 陈芝芸:《战后墨西哥的经济发展战略》,《拉丁美洲丛刊》1982年第2期。
② 陈芝芸:《战后墨西哥的经济发展战略》,《拉丁美洲丛刊》1982年第2期。

件，增加投资机会，保护知识产权，建立执行协定和解决贸易争端的有效机制，促进三边和多边合作。该协定于1994年1月1日正式生效，宣告北美自由贸易区成立。

二 墨西哥人权保障制度

墨西哥于1824年颁布独立后第一部宪法。1917年2月5日颁布了现行的《墨西哥合众国宪法》，强化国家与政府权力。该宪法曾进行过近200次修改，至今仍在实行。该宪法第一编第一章就是"个人权利保障"，主要涉及公民权利和政治权利保障；第六编是"劳动与社会保险"，主要涉及经济和社会权利的保障。

（一）公民权利与政治权利保障及发展

1. 人身自由权保障

宪法第1条规定："禁止奴隶制度。"第16条规定："未对法律应予体罚惩办的某项事实提出检举、控告或起诉，或这样的检举、控告或起诉未能以可信任的人经宣誓提供的证词或其他可证明被告负有责任的证据为依据，非经司法当局不得发任何逮捕令或拘留令。"第17条规定："任何人不因纯民事性的债务而被监禁。任何人不得由本人为自己执法，也不得为要求得到自己的权利而使用暴力。法庭应在法律规定的期限和范围内自由地行使审判权；法庭应无偿提供服务，因此，禁止收取诉讼费。"

2. 平等权保障

宪法第4条规定："法律面前男女平等。"第12条规定："在墨西哥合众国内不授予贵族爵位、世袭的特权和荣誉头衔，也不承认任何其他国家授予的上述爵位、特权和头衔有任何效力。"

3. 财产权保障

宪法第27条规定："国家领土边界以内的土地和水源为国家所固有，国家过去和现在均有权将其所有权转让给个人，成为私人财产。""只有出于公共利益的原因并通过赔偿才可实行征用。"

4. 迁徙自由权保障

宪法第11条规定："任何人都有权进、出共和国、在其领土上旅行和迁移住所，而无须安全证明、护照、通行证或其他类似手续。这一权利的行使在刑事或民事责任的情况下，应服从司法当局的职权；在涉及法律对向外移民、向内移民和共和国一般健康状况或对居住于国内有害的外国人规定的限制时,应服从行政当局的职权。"

5. 表达自由权

宪法第 6 条规定:"公开发表见解不受任何司法或行政调查,但在发表的见解败坏道德、损害第三者的权利、引起某种犯罪或扰乱公共秩序时除外;知情权应受国家保护。"第 7 条规定:"写作或发表任何题材作品的自由不可侵犯。任何法律或当局不得规定事先审查制度,不得要求著作者或出版者作出担保,也不得限制出版自由——出版自由除尊重私人生活、道德和公共安宁外不受其他限制。在任何情况下不得将出版物作为犯罪手段予以查封";"组织法应颁布一切必要的规定,以防止在对新闻罪提出控告的借口下,监禁零售商、报贩和出版被控告作品的机构的工人和其他职员,但如事先证实那些人负有罪责时除外。"

6. 结社、集会权利

宪法第 9 条规定:"不得限制具有任何合法目的的和平结社或集会的权利;但只有共和国公民可以享有这一权利以参与国家政治事务。但不得举行任何武装集会";"以向当局提出要求或对其某项法令提出抗议为目的的大会或集会,只要不辱骂当局,也不使用暴力或威胁手段以恐吓或逼迫当局按其意愿解决问题,就不得视为非法和予以解散"。

7. 宗教信仰自由保障

宪法第 24 条规定:"任何人都有信奉自己最喜欢的宗教信仰和在教堂或私人住所举行各自宗教信仰的典礼、祈祷或仪式的自由,只要这些活动不构成法律认为应予惩罚的犯罪或违法行为";"任何公众信仰的宗教活动均须在教堂内举行,教堂永远受当局的监督"。

8. 隐私权保障

宪法第 16 条规定:"除非根据主管当局说明依据和合法理由的书面命令,否则不得侵扰任何人的人身、家庭、住所、证件或财产。""通过邮局传递的信件不受任何检查,违者将受法律惩处。"

9. 公正审判权保障

宪法第 13 条规定:"任何人不受专门法律和特殊法庭的审判。任何个人或团体不得享有特权,也不得享有高于作为对公共服务的补偿和由法律规定的报酬。惩罚违反军事纪律的罪行和错误的军事法典依然有效;但军事法庭在任何情况下不得以任何理由将其司法权扩展到非军队人员身上。如果某位平民被牵连到一件军事方面的罪行或错误，案件由有关非军事当局审理。"第14条规定："不给任何法律以有损于任何人的追溯效力。""未经在事先设立的法庭按照事先颁布的法律进行履行必要的诉讼手续的审判，不得剥夺任何人的生命、自由或财产、所有物或权利。""在刑事案件的审判中，禁止仅凭案情相似判处任何未以严格适用于所犯罪行的法律规定的刑罚，即使案情更加严重也应禁止。""在民事案件的审判中，最后判决必须符合法律条文或对法律的法定解释，在没有这样的法律条文或法定解释的情况下，应以一般法学原则为依据。"

10. 选举权与被选举权

1917年《墨西哥宪法》第35条规定了墨西哥公民的政治权利，包括（1）在民众选举中投票；（2）在具有法律规定的资格时，可被选为担任所有民众选举的职务和被任命担任任何其他职位或使命；（3）可以结社议论国家政治事务；（4）在法律规定的范围内，参加军队或国民警卫队拿起武器保卫共和国及其政治制度；（5）在各种事务中行使提出要求的权利。1918年墨西哥《选举法》规定禁止连选，选举的有效性；直接选举；普选的政治参与自由。但是，选举法规定只有年满21岁的单身男性或年满18岁已婚男性才拥有这项权利。1954年，墨西哥联邦的《选举法》中承认妇女所有形式的选举权与被选举权。1969年墨西哥宪法修改中，将选举权年龄由21岁降到18岁。1973年，新的《联邦选举法》颁布。该法令规定选举是"公民的一项权利和义务"，并明确限定了选举的要求，所有类别、级别的公民选举都应该是广泛的、直接的、公正的、保密的。①

（二）经济与社会权利保障与发展

1. 工作权利保障

1917年宪法第123条规定："任何人均有从事尊严的、对社会有益的劳动的权利；为此将依法促进创造就业和自由社会组织劳动。"并对最长劳动时间、薪酬福利、同工同酬、参加企业利润分红、组织和加入工会、

---

① 韩晗：《墨西哥公众参与的法律保障机制研究》，《西南科技大学学报》（哲学社会科学版）2016第3期。

劳资冲突解决、职业培训等作出了详细的规定。1970年制定的《劳动法》规定:"实行每周6天、每天8小时工作制,夜班7小时;禁止雇用妇女和儿童从事危险和有害的工作;如有特殊情况增加工作,其工资应比平时加倍偿付,但无论如何,每日加班不得超过3小时,加班不得连续3天;雇主不得无故解雇工人,对工人因公致残和死亡必须给予补偿;工人有罢工和参与企业分红的权利;确定足以保障工人家庭生活需要的最低工资等。"[1]

2. 基本生活水准权利保障

1917年宪法第3条规定:"任何家庭均有权享有体面和尊严的住房。法律应为达到此项目标规定必要的措施和援助。"第123条第30款规定:"旨在建造廉价和卫生的房屋,以供劳动者在一定期限内购置房产的合作公司亦视为属社会公益性质。"

3. 社会保障权利保障

1917年宪法第123条第29款规定:"社会保险法属公益性质,该法包括残废、老年、人寿、非自愿失业、疾病和事故、托幼服务诸项保险,和任何其他旨在保护和造福劳动者、农民、非工薪者和其他社会阶层及其家属的保险。"1943年制定了第一部社会保障法;1973年对社会保障法进行了修改;1973年制定了公务员的社会保障法与福利法;1995年制定了新的社会保障法;2003年制定了社会医疗救助法。墨西哥社会保障法的特点是针对公务员、军人、石油公司雇员、私营企业雇员以及低收入者进行不同的立法。如1973年的公务员的社会保障法与福利法中,对退休金、离休金、残疾人补贴、死亡抚恤金、老年失业补贴和一次性补偿、预防性服务、工伤和职业病补贴服务及非职业病补助服务、中、短期贷款,住房贷款等内容进行规定。除此之外,墨西哥还设立社会保险和社会救助,建立最低养老金担保制度和家庭津贴制度。社会保险有:疾病保险、生育保险、养老保险以及工伤保险等,但是墨西哥没有失业保险。墨西哥养老保险制度规定,男女退休年龄相同,都为65岁。一般情况下,职工

---

[1] Jorge A. Vargas, An Introductory Lesson to Mexican Law: from Constitutions and Codes to Legal Culture and NAFTA, 41 San Diego L, Rev, 1337. 转引自何勤华、冷霞《拉丁美洲法律发达史》,法律出版社2010年版,第94页。

年满 65 岁，缴费满 1250 周才可以领取退休金。职工年满 60 岁，缴纳保险金满 1250 周（约为 24 年）后停止工作的，可以享受提前退休待遇。①

4. 健康权利保障

宪法第 3 条规定："任何人均有得到健康保护的权利。"

5. 受教育权保障

宪法第 3 条中规定："（六）实行初级义务教育；（七）国家实行的一切教育均免费提供。"墨西哥联邦教育法规定，教育服务应向缺乏教育者发展，以有助于消除经济与生活不平衡现象。国家实施免费教育。国家、其权力下放机构及私人办学机构对教育进行投资属社会福利性范畴。国家所有居民具有受教育的同等机会。政府制定很多的政策，推动墨西哥平等教育权实现。20 世纪 70 年代末，墨西哥教育部制订了重点教育计划，包括确保所有孩子都完成小学课程，达到小学毕业程度；加强西班牙语教学，为土著居民提供双语小学教育；为印第安儿童开办双语小学，让所有 5—7 岁的孩子都能学会西班牙语。1989 年，墨西哥萨利纳斯政府颁布《1989—1994 年的教育现代化纲要》，而后墨西哥政府还颁布《总教育法》。墨西哥 2001—2006 年国家教育计划重新明确了教育任务，减少国内的社会不平等，为所有的人提供发展机会，在尊重法律和有效保护人权的基础上共存，与环境保持平衡。②

三 墨西哥市场经济体制对人权保障制度的影响

墨西哥是市场经济的后发国家，国家在市场经济的发展中发挥着重要的推动和领导者的作用，但实行的仍然是自由市场经济体制。在墨西哥在实施市场经济的初期已经建立其比较完备的保障公民个人权利体系，它主要体现在 1917 年的宪法中。尽管墨西哥政权几经更迭，但是一直沿用 1917 年宪法。墨西哥人权保障制度有以下几个特点。

首先，对公民权利与政治权利的规定比较详尽。这是因为 1917 年宪法是墨西哥革命的重要成果，表达了墨西哥人民捍卫国家主权、自然资

---

① 陈培勇：《智利和墨西哥社会保障法比较及其启示》，《拉丁美洲丛刊》2007 年第 6 期。
② 高艳贺、黄志成：《墨西哥教育平等：现状、对策与启示》，《教育科学》2007 年第 2 期。

源、反对封建主义和实行民主改革的愿望。

其次，但由于国家在经济生活中发挥重要功能，墨西哥在人权保障方面强调公共利益对个人权利的限制。1917年宪法赋予政府以广泛的经济职能，国家被宣布为土地、水域、矿藏以及一切自然资源的所有者，国家在任何时候都有权"为了公共利益"而限制私有财产。

最后，墨西哥对工作权利和社会保障权利方面作出了比较详细的规定。

第五节　巴西的市场经济与人权保障制度

16世纪中期，葡萄牙入侵巴西，巴西成为葡萄牙的殖民地。到了19世纪，巴西人民要求独立的呼声日益高涨。1822年，巴西独立，并进入巴西帝国时期，此时葡萄牙贵族的势力强大，大庄园制与农奴制依然存在，巴西经济和政治上依附于葡萄牙。1888年巴西取得废除奴隶制斗争的胜利，1889年上层军人发动政变，推翻帝制，建立巴西合众国。

一　巴西市场经济体制的特点与发展

巴西实行的是混合经济的经济体制，这种经济的特点表现为：政府制订经济发展计划，重视国家对经济的干预与调节作用，实行国营和私人资本同时发展，各得其所的"混合经济"。巴西政府在经济发展过程中，制订各种全国的、部门的和地区的发展计划。"如1951年制订的发展基础工业、交通运输和动力等部门的全国经济重新装备五年计划；1956年库比契克时期的五年发展纲要（1956—1961年）；1962年古拉特时期的经济和社会发展三年计划（1963—1965年）；1964—1984年军人执政期间，先后制订的六个经济计划，其中包括三个全国发展计划。1985年萨尔内执政后，制订了新共和国的第一个全国发展计划等。"[①] 巴西政府干预和调节经济表现为，政府通过各种经济杠杆，如投资、税收、信贷、利率和外汇等，干预企业活动，并促进国内外私人资本的投资。另外，由于巴西幅员辽阔，自然条件和历史文化条件不同，经济发展不平衡，政府通过政

---

① 陈万里：《市场经济300年》，中国发展出版社1995年版，第361页。

策推进和各种手段，促进落后地区的开发和经济发展。

巴西在建国之后，工业获得进一步发展。在"一战"期间，巴西的工业发展获得了机会。20世纪30—80年代，巴西经济快速发展，但是经历了恢复—增长—衰退的起伏波动趋势和周期。"1932—1947年间，巴西国民经济年平均增长率为5.1%，其中工业生产年平均增长率为8.2%。""1956—1961年6年间，巴西国内生产总值年平均增长达6.59%，其中工业增长率高达10%以上，人均产值增幅为3.41%。""1962—1964年，巴西经济出现大滑坡。1963年国内生产总值增长率为1.5%，人均产值增长为-1.3%。"从1932年到1964之间，巴西经济经过了第一个循环波动期。这一循环期的早期和中期，由于实施进口替代工业发展模式，促进国民经济的飞速发展。但是，进口替代工业发展也具有局限性，它表现为经济继续发展的潜力减弱。1965年以后，巴西进入第二个经济发展循环期。1965—1967年，属于经济发展恢复期。"1968—1974年，巴西年均国民生产总值为10.1%，其中工业为11.9%，农业为5.9%，交通运输11.7%，商业为11.0%，人均收入由473美元增至715美元，7年增加了51%。但是，这一时期的高速发展，也存在很多问题，部门和地区之间经济发展不平衡，能源和粮食生产严重短缺，收入分配严重不均，贫富差距进一步扩大，从而使一些消费品工业特别是耐用消费品工业处于饱和状态。外部经济关系也出现失衡。这一时期贸易和国际收支逆差扩大，外债增加很快。"① 这些问题都为潜伏巴西经济衰退和危机的因素。到了1975—1980年，巴西经济再次进入了动荡时期，1974年经济增长率从1973年的14%降到了9.5%，1974—1979年经济平均增长仅为6.9%，到了1981年经济增长率为-1.6%，经济进入严重衰退时期。

二 巴西的人权保障制度

巴西公民的基本权利直到1988年宪法颁布实施之后，才获得全面的保障。从独立之后，到目前为止，巴西颁布了7部宪法、1824年宪法、1891年宪法、1934年宪法、1937年宪法、1946年宪法、1967年宪法、1988年宪法。但是，在1988年之前的宪法对公民的基本权利规定是非常

---

① 陈万里：《市场经济300年》，中国发展出版社1995年版，第349—355页。

有限的。1988年宪法将"基本权利和保障"的位置前移,列在第一编"基本原则"之后作为第二编,而将"国家机构"作为第三编。"基本权利和保障"共分五章,分别是"个人和集体权利与义务""社会权利""国籍""政治权利""政党"①。

(一) 公民权利与政治权利保障及其发展

1. 各项自由权保障

巴西宪法在第5条详细规定了公民享有的自由,包括行动自由(第2款),免受酷刑、不人道和有辱人格的对待的自由(第3款),意见表达自由(第4款),宗教信仰自由(第6—8款),知识、艺术、科学及通信活动的表达自由(第9款),隐私权(第10款),住宅不受侵犯权(第11款),通信自由(第12条款),从事工作、贸易或专业的自由(第13款),信息权(第14款),迁徙自由(第15款),集会自由(第16款),结社自由(第17—21款)等,知情权(第33款),人身自由权(第61—66款)。第54款规定,"未经适当法律程序,任何人都不应被剥夺自由"②。

2. 平等和不受歧视的权利保障

巴西1988年宪法第5条规定"法律面前人人平等,不因任何理由而有所差别,保障巴西人和居住在巴西的外国人的生命、自由、平等、安全和财产权不受侵犯",并具体规定"依照本宪法的规定,男女的权利和义务一律平等"(第1款),"法律应惩处任何侵犯基本权利和自由的歧视行为"(第41款),"种族主义行为是不可宽恕的罪行,应当依法无条件地受到监禁刑罚"(第42款)。③

3. 财产权

现行宪法第5条规定"财产权受保障"(第22款),未经适当法律程序,任何人都不应被剥夺其财产(第54条),但"财产应符合其社会功

---

① Federative Republic of Brazil Constitution, with 1996 reforms in English, Lat updated: November, 2008.

② Federative Republic of Brazil Constitution, with 1996 reforms in English, Lat updated: November, 2008.

③ Federative Republic of Brazil Constitution, with 1996 reforms in English, Lat updated: November, 2008.

能"（第23款），"法律应规定在公平及提前以现金补充的基础上，因公共需要、公共用途或社会利益征收财产的程序，本宪法规定的例外情形除外"（第24款），"如遇紧急的公共危险，主管机关可使用私人财产，但应保证财产受损时对所有人的事后赔偿"（第25条）。第27—29款规定了知识产权保护；第30款规定"继承权受到保障"①。

4. 政治权利

1988年宪法第14条规定："人民主权通过普遍、直接、秘密与平等的选举实现，依照法律规定，还包括以下方式：1. 全民公决；2. 复决公投；3. 公民立法创议权。"在宪法这一条款中，还包括哪些人可以参加投票、哪些人具有被选举的资格。第15条规定"禁止剥夺政治权利"，"仅在下列情况下允许丧失或终止政治权利：（1）经终审且不可上诉之司法判决取消归化；（2）完全无民事行为能力；（3）终审且不可上诉的刑事判决生效期间；（4）依据第5条第8款的规定，拒绝遵守普遍性义务或履行替代性义务；（5）第37条第4款规定的行政不当行为"②。

5. 公正审判权

为了保障公民享有公正审判权利，巴西宪法第4条规定了"法律不得排除司法机关对任何权利损害和威胁所进行的审查"（第35款）、"任何法律不得损害既得权利、既成司法行为或既决案件"（第36款）、"禁止成立特别法院或法庭"（第37款）、"承认陪审团制度"（第38款）、"法律无明文规定，不构成犯罪，亦不得处以法律未明文规定的刑罚"（第39款）、"除非有利于被告人，刑法不得溯及既往"（第40款）等。③

（二）经济与社会权利保障及发展

宪法第二编第2章"社会权利"具体规定的各项经济和社会权利的保障。根据第6条的规定，社会权利包括"教育、健康、营养、劳动、

---

① Federative Republic of Brazil Constitution, with 1996 reforms in English, Lat updated: November, 2008.
② Federative Republic of Brazil Constitution, with 1996 reforms in English, Lat updated: November, 2008.
③ Federative Republic of Brazil Constitution, with 1996 reforms in English, Lat updated: November, 2008.

住房、休闲、安全、社会保障、对母亲及儿童的保护以及特困援助"①。但宪法中有关社会权利规定的主要内容是各项工作权利。

1. 工作权利保障

巴西在1925年就制定了《假期法》，调整了劳动关系。为了处理劳资关系双方之间的纠纷，巴西又于共和国不同时期设立了不同的结构。诸如1930年创设劳工部，负责处理劳工关系事宜；1932年设立劳动调解及裁判委员会；1936年设立最低工资委员会；1939年设立劳动法院；1940年制定了最低工资制度，保障了工作者的基本报酬；1943年颁布《劳动法典》，《劳动法典》颁布之后，陆续颁布了其他重要法律制度，诸如禁止未成年人在晚间工作的法律，设立周假及假日（第605/49号法律）、家庭性最低工资（第4.256/63号法律）及关于第13个月工资（第4.090/62号法律）的法例等；1946年巴西宪法的第157条确认了1943年《劳动法典》中确立的劳动者权利。1966年设立工作时间保障基金。1967宪法确认了劳动者参与工会和罢工的权利，劳动者有权自由组织工会，有权要求雇主遵守安全技术和生产卫生规则。但是，这些进步的条款在1969年的宪法中被取消了。

1988年宪法第7条对劳动者享有的权利作出明确和详细的规定，包括职业安全（第1、21款）、失业保险（第2款）、遣散费基金（第3款）、最低工资标准（第4款）、公平薪酬保障（第5—10）、参加利润分配（第11条）、家属福利（第12条）、正常工作时间（第13、14款）、带薪休假（第15、17款）、加班费（第16款）、产假（第18款、19款）、鼓励妇女就业（第20款）、健康安全工作条件（第22、34款）、退休金（第24款）、免费儿童照料（第25条）、集体谈判协商（第26款）、职业意外保障（第28款）等。宪法第8条规定了组织工会的权利，第9条规定了罢工权。②

2. 健康和社会保障权利保障

1988年宪法第8编第2章"社会福利"对社会保障权利作出了具体

---

① Federative Republic of Brazil Constitution, with 1996 reforms in English, Lat updated: November, 2008.

② Federative Republic of Brazil Constitution, with 1996 reforms in English, Lat updated: November, 2008.

规定，第194条规定"社会福利包括为保障健康、社会保障和救助而由政府和社会所采取的行动的总和"，并规定社会福利应普遍覆盖，城乡统一。该章第2节规定"健康是所有人的权利，是国家的责任，应当用社会和经济政策手段来加以保障，以防止疾病和其他灾难的风险"（第196条），第197—200条对保障健康权的措施作出了具体规定。[①]

宪法第8编第3章规定"应依法根据贡献对下述方面提供社会保障计划：（1）疾病、残疾和死亡事件，包括由工作意外、年老和分娩导致的上述情况；（2）对低收入被保险人的家属的帮助；（3）保护母亲，特别是对怀孕妇女；（4）在非自愿失业情况下对工作者的保护；（5）给予被保险人配偶或伴侣及其家属的死亡抚恤金"（第201条）。[②]巴西是拉美国家中较早建立社会保障制度的国家之一。随着20世纪初工业化的发展，劳资纠纷日益加剧，巴西开始出台一系列社会保障法律，40年代开始建立社会福利机构，并制定了有关社会福利的政策。60年代随着经济的飞速发展，逐步在全国范围内实行统一的社会保障制度。1963年将农村劳动者纳入社会保障范围。1967年建立了国家社会保险局。巴西的社会保障制度包括强制性的国家社会保险计划和辅助性的私营保险计划。国家社会保险包括养老保险、疾病和生育保险以及家庭津贴项目。国家对农村老年人实行养老补贴金制度：凡年满65岁以上的老龄人，不论是否缴费，都可获得一份相当于社会最低工资的养老金补助。[③]

宪法第8编第4章规定社会救助应给予任何有需要的人，而不论其是否对社会福利作出过贡献，其目的是：（1）保护家庭、母亲、儿童、青少年和老年人；（2）救助有需要的儿童和青少年；（3）促进提升就业能力以满足劳动力市场的需求；（4）残疾者的适应训练和康复，以使他们能够融入社区生活；（5）为那些自己无力提供生活费用而且其

---

① Federative Republic of Brazil Constitution, with 1996 reforms in English, Lat updated: November, 2008.
② Federative Republic of Brazil Constitution, with 1996 reforms in English, Lat updated: November, 2008.
③ 房连泉：《20世纪90年代以来巴西社会保障制度改革探析》，《拉丁美洲研究》2009年第2期。

家属也无法为其提供生活费用的残疾人和老年人每月提供相当于最低工资的福利。①

3. 教育、文化和体育权利保障

1988 年宪法第 8 编第 3 章"教育、文化和运动"对教育、文化和体育权利作出了具体规定。该章第 1 节规定了教育权保障；第 2 节规定了文化权利保障；第 3 节规定了体育运动权利的保障。②

（三）特定群体权利保障

1916 巴西民法典贯穿于巴西市场经济初创时期。这部民法典相当保守，没有很好地保障妇女和儿童的权利。关于未满 21 岁的未成年人的婚姻需要父母双方的同意，但当父母双方没有达成一致的时候，则以父亲的意志为优先；丈夫是一家之主，妻子的个人财产由丈夫支配；选择及搬迁家庭居所的权利归丈夫所有；妻子的职业也由丈夫决定；当妻子再婚，法官可以剥夺其对子女的亲权；为子女选择监护人的权利归丈夫所有。③ 但是，这部民法典后来经过新出现的单行法规得以不断补充和更新，诸如消费者保护法典、1962 年关于妇女地位的第 4.121/62 号法律、离婚法等。加强了消费者权益的保护，以及妇女的权益保护。规定了未成年人（未满 18 周岁）刑事上不可归责。

三 巴西市场经济体制对人权保障制度的影响

巴西是后发的"混合型"市场经济国家，我们在第二章根据这类国家的特点对其人权保障作出了四个假设：（1）重集体权利，各类权利同时保障，政府作用积极，限制个人自由权利；（2）重集体权利，个人自由权利受到更多限制，政府作用积极；（3）各类权利保障趋于均衡。从巴西人权保障制度及其历史发展的情况来看，上述假设对巴西基本都是成立的。但是，巴西在人权保障方面又具有自身的特色。

首先，巴西实施混合型市场经济，重视政府对经济的干预和调节作

---

① Federative Republic of Brazil Constitution, with 1996 reforms in English, Lat updated: November, 2008.

② Federative Republic of Brazil Constitution, with 1996 reforms in English, Lat updated: November, 2008.

③ 何勤华、冷霞：《拉丁美洲法律发达史》，法律出版社 2010 年版，第 586 页。

用。在各类人权保障问题上，巴西充分政府的作用。如在 1930 年第一届瓦加斯政府期间，采取加强国家对经济生活的干预，振兴经济和促进民族工业大战政策；建立了一批新的机构，加强对经济的管理，为战后巴西的经济发展奠定了基础；颁布一系列法律和法令，确立"进口替代工业化"的发展模式。在 1956—1961 年库比契克政府期间，坚持进口替代方针，采取了强化工业发展的政策，实施庞大的"全国发展纲要"计划，促进巴西经济战后的第一次飞跃。1967—1969 年库尔瓦政府、1969—1974 年新任政府都采取一系列新的经济政策，促进了"巴西经济奇迹"的发生。在"巴西经济奇迹"之后，巴西已经从低收入国家步入了中等收入国家行列。经济发展，促进公民的生活水平的提高，保障公民的基本生活水准。在政府的作用下，深刻影响巴西的人权保障，以至于巴西比较重视集体权利的保障；即使是保障个人权利，也增加很多公共利益或国家利益方面的限制。

其次，在经济调整期，巴西注重公民社会权利方面的保障。巴西政府在每一次出台有关社会权利保障方面的法律制度，都是在经济发展的恢复和调整期，表明在一定程度上，加强对社会权利方面的保障，有助于经济的恢复与快速增长。如 1940 年制定了最低工资制度；1943 年颁布《劳动法典》；1966 年设立工作时间保障基金；1988 年颁布巴西宪法，这基本规定了公民劳动权，以及与劳动相关基本权利，基本都是在巴西经济"恢复—增长—衰退"波动期的恢复时期。在经济恢复期内，巴西政府注重公民社会权利的保障，并为经济发展注入强劲的动力。

最后，从巴西人权保障的历史进程来看，公民权利与政治权利、经济与社会权利获得均衡保护。一方面，巴西受到军人政府的影响，一直对个人权利抱有警惕的态度，并对个人权利作出很多限制；另一方面，政府也注重国家的经济发展，比较多关注经济发展权。

第六节　阿根廷的市场经济与人权保障制度

16 世纪中叶，阿根廷沦为西班牙的殖民地。1816 年阿根廷宣布独立，但是独立后的阿根廷长期陷入了动乱和分割状态。这导致了阿根廷的经济、政治、法律等方面发展比较缓慢。

一 阿根廷经济发展模式与特点

1816 年阿根廷取得政治独立后，源于布宜诺斯艾利斯的自由派谋求其与生俱来的革命和经济权力，主张走自由主义的道路，经济上实行自由贸易政策，将阿根廷的现代化寄托于欧化。除罗萨斯执政期间，自由主义在整个 19 世纪都占主导地位。自由主义的代表人物巴托洛梅·米特雷（BartolomS Mitre）和萨米恩托（Sarmiento）在 1853 年后曾先后担任阿根廷总统，并将其自由主义思想付诸实践。1880—1916 年阿根廷历史上长达 35 年的出口经济发展黄金期正是自由主义指导下的伟大成就。① 1917 年，阿根廷经济学家针对"一战"对阿根廷经济的影响，提出通过实行保护性关税促进工业发展的政策建议。到了 1930 年，他的建议被政府采用，阿根廷政府实施了进口替代经济发展模式，推动了经济的迅速发展，促使阿根廷在 20 世纪 70 年代从低收入国家跨入了中等收入国家行列。

沈安认为，阿根廷现代经济始于 19 世纪 50 年代，迄今为止，阿根廷经济发展经历了以下四个阶段。②

第一阶段：农牧业出口型经济模式（19 世纪 60 年代到 20 世纪 30 年代）

19 世纪 50 年代，阿根廷现代经济起步，在第一个时期，即 1860 年到 20 世纪 30 年代。这一时期，也分为两个阶段：1860—1880 年初级产品出口经济时期和 1880—1916 年工业革命时期，这两个时期，阿根廷的经济和出口一直保持较高增长，并成为 19 世纪末世界上最富裕的国家之一。但是，在这一时期，也发生多次经济危机，如 1873—1876 年的经济体制危机、1885 年危机、1889 年危机、1907 年危机和 1913—1917 年危机。经济危机的发生，导致了对过渡以来国外市场的经济模式产生质疑。

第二阶段：替代进口经济模式（20 世纪 30—70 年代）

20 世纪世界经济性经济危机与大萧条，使世界经济结构发生重大根本变化。阿根廷应对国际经济结构发生的变化，采取替代进口经济发展模

---

① 王慧芝：《论阿根廷早期经济民族主义》，《拉丁美洲研究》2014 年第 4 期。
② 沈安：《阿根廷经济发展模式的演变与分析》，中国拉美史研究会济南年会论文。

式，使农牧业产品加工工业迅速发展。在这一时期，经历了20世纪30—50年代经济发展初期、发展主义模式、激进经济、军事经济以及1973年的庇隆政府时期。但是，进口替代发展"使阿根廷成为一种几乎完全封闭的经济，导致物价水平过高，通货膨胀居高不下，货币不稳，危机不断"[①]。为了强化国家对经济的掌控，阿根廷政府在1945—1946年制定第一个五年计划，"实行中央银行国有化，国家为银行储蓄担保，改革中央银行、国家银行、抵押银行、工业信贷银行组织法，国家掌控工农业的生产、信贷、保险和国际贸易"[②]。为此，阿根廷获得了短期发展和繁荣。在弗朗迪西总统时期，阿根廷退出几个经济计划都是以实现增长、扩大就业、改善收入分配、降低通胀为优先目标，但是这些目标似乎都难以实现，导致了1962年的军事政变。1963年上台的伊利亚政府采取激进经济，利用各种经济手段，使工业获得了恢复，经济有所发展，但是激进经济政策也遭到了企业界的反对。随后，军人再次发动政变，建立军政权，进入军事经济时期。

第三阶段：传统自由主义经济模式与新自由主义经济模式（1976—2001年）

第三个时期，传统自由主义经济模式与新自由主义经济模式，即1976—1983年。1976年军事政变之后，马丁内斯·德奥斯任军政府经济部长，在军政府提出的"国家改组进程"纲领下，推行经济体制改革。在"初期采取的主要调整措施是，在国际货币基金组织和外国私人银行的支持下，实施稳定措施，以控制通货膨胀，削减财政赤字，平衡国际收支"。"在经济危机得到初步控制后，他采取了以下重大经济改革措施：实行经济开放，开放国内市场，降低进口关税，鼓励进口。改革宏观经济结构，中止对工业出口的补贴。国有服务业转由省级经营，取消联邦分税制给各省的补贴。改革金融体制，实行金融市场自由化"[③]。但是，这些措施并没有获得预期的效果。1980年，阿根廷发生经济衰退；1981年，阿根廷经济濒临崩溃，后来陷入了全面危机中。1983年军人交出政权后，

---

① 沈安：《阿根廷经济发展模式的演变与分析》，中国拉美史研究会济南年会论文。
② 沈安：《阿根廷经济发展模式的演变与分析》，中国拉美史研究会济南年会论文。
③ 沈安：《阿根廷经济发展模式的演变与分析》，中国拉美史研究会济南年会论文。

民主选举产生的阿方辛政府上台执政；1988年经济形势迅速恶化，阿方辛政府开始实施"春季计划"，主要是开放经济，有利于进口，谋求减少财政赤字。但是也没达到预期的效果。1989年，梅内姆上台执政，推行自由主义改革，主要措施有：经济体制改革与国家政治体制改革。在梅内姆政府政策下，阿根廷的私有化的程度最高，几乎所有国有企业私有化。国家对经济的干预降到最低限度，或者几乎放弃了对经济的宏观调控。市场对外开放程度最高。但是，到了2001年，阿根廷金融危机爆发，梅内姆的新自由主义改革失败。

第四阶段：后新自由主义或进步主义经济模式（2002年至今）

2001年底，阿根廷爆发了罕见的政治、经济和社会危机，阿根廷政府不得不宣布850亿美元主权债务违约，同时宣布本币比索贬值。原本富足的阿根廷人突然贫困，通胀曾经蹿至60%，失业迅速增加。政府宣布实行金融管制，限制提现和资金外流。2002年后，受到经济危机的影响，阿根廷启动"公共紧急法"，宣布进入经济紧急状态，此后每两年延续一次，连续7次延期，直到2018年。在紧急状态下，允许政府在经济管理中避开国会，动用行政手段干预经济和市场，如固定汇率，禁止石油出口，冻结价格等。实施经济紧急状态时期，政府对公交、电、燃气等公共服务价格实行限制，保护了贫困人口免受高通胀的冲击，但也使政府背上沉重的财政负担，经济长期低迷。阿根廷被国际债券市场拒之门外长达15年。[①] 2012年以来，阿根廷金融市场震荡，资本外逃加剧，经济增速放缓，经济运行风险上升。阿根廷政府采取了刺激内需、鼓励和保护民族工业、加强金融市场管制、强化贸易保护等措施。2013年，阿根廷经济增长3%，但仍低于政府预期的5.1%。2014年初，阿根廷政府的宏观经济政策从激进回归谨慎，为遏制通胀和财政赤字压力而采取紧缩性政策有所成效，但对经济产生负面影响，经济放缓的趋势更为明显。2016年马克里政府执政以来，解除了贸易、价格和外汇限制，并计划取消多项补贴，市场作用增加，通胀持续下降，从过去最高时期的60%，降至2017年的28%。从2017年9月起，阿根廷政府已经开始放松了多项经济管控措施，经济持续向好的方向发展。在劳工政策、社会福利政策方面，政府

---

① 张卫中：《阿根廷结束经济紧急状态》，《人民日报》2018年1月11日第22版。

改革的目标是减少财政开支,将有限财力引向拉动经济发展,扩大就业,减少贫困,而不是简单救助。① 2017年上半年起,阿根廷经济进入稳固复苏状态,但仍然很脆弱。财政赤字、储备不足、国际收支不平衡、内部结构性问题等还在困扰阿根廷的经济发展。②

二 阿根廷人权保障

(一)公民权利与政治权利保障及其发展

1. 平等权

阿根廷的平等权包括法律平等权与男女参与政治平等权。

阿根廷宪法第16条规定:"阿根廷国家不承认血统和出身的特权,在阿根廷不得存在个人特权和贵族称号。居民在法律面前人人平等。个人的才能是就业的唯一条件。平等是捐税和一切公共税收的原则基础。"第19条规定:"外籍居民在阿根廷境内享有居民所有的公民权利。他们可以从事工业、商业和其他职业,可以占有、出售和转让不动产,可在内河和沿海航行,有宗教信仰自由,按法律规定立遗嘱和通婚。可以自由选择国籍,不需交纳额外赋税。在阿根廷连续居住两年以上者可加入阿根廷国籍,但据本人请求和他对共和国所作的贡献,当局可酌情缩短上述期限。"

2. 财产权

宪法第14条规定全体居民享有"使用并自由支配个人的财产"。宪法第17条规定:"财产所有权不可侵犯,非经法律判决,不得剥夺国家的任何居民的财产。为了公共利益,私有财产可根据法定程序征用,并预先给予补偿。唯国会有权征收本宪法第四条规定的各种赋税。非经法律规定或依法判决,不得强行个人劳役。在法律规定的期限内,著作家或发明家的作品、发明或发现享有专利权。没收财产一词将永远从阿根廷刑事法典上取消。任何武装部队不得以任何形式征用财物,不得强求支援。"

---

① 《阿根廷经济形势》2014年6月10日,中国驻阿根廷使馆经济商务参赞处网站: http://ar.mofcom.gov.cn/article/ztdy/201406/20140600617849.shtml。

② 张日:《阿根廷:让经济复苏来得更猛烈些吧》,《国际商报》2018年1月15日,中国网: http://finance.china.com.cn/news/20180115/4507148.shtml。

3. 人身自由权

宪法第 15 条规定："阿根廷国家内不得有奴隶存在。现有的少数奴隶自本宪法公布之日起一律成为自由民。取消奴隶制的补偿办法，由专门法律另行规定。一切签订买卖人口契约的行为都是犯罪行为。一切从事这类买卖活动的个人、公证人和批准这类买卖的官员必须承担责任。无论通过何种渠道入境的奴隶，当他一踏上阿根廷共和国的领土就成为自由民。"

宪法第 18 条规定，"非经有关当局的书面命令，不得逮捕。居民人身保护和权利不受侵犯"。

4. 人格尊严和不受酷刑的权利

宪法第 18 条规定："永远取消对政治犯判处死刑，取消一切形式的拷打和鞭挞。国家监狱应清洁卫生，监狱是监护犯人的处所，不是惩罚犯人的处所，对于以安全为借口，采取超过安全需要的措施折磨犯人的行为，应追究批准这种措施的法官的责任。"

5. 信仰、表达和行动自由

宪法第 2 条规定："联邦政府信奉罗马天主教。"宪法第 14 条规定："国家全体居民享有并根据法律行使以下权利：劳动，兴办各种合法的工业，航行和经商，向当局请愿，入境、停留、过境和出境，公开发表言论不受检查，使用并自由支配个人的财产，为正当目的集会结社，宗教信仰自由，传授知识和接受教育。"第 19 条规定"对于那些不损害公共秩序、不违反公共道德、不损害第三者的个人行为，法官无权过问，是非留与上帝处置。除法律规定，不得强迫或剥夺国家的任何居民从事正当活动的权利"。第 32 条规定："联邦国会不得颁布法律限制出版自由，也不得授权联邦政府干预出版自由。"民法典第 1071 条明确规定："出版他人的肖像、对通信进行传播、伤害他人的习惯或情感，或者以任何方式侵害其隐私，从而肆意干涉他人的生活，并且该行为不属刑事犯罪时，若此等活动尚未停止即应予以停止，并需支付法官依情况而适当确定的赔偿额；此外，法官在认为应采取适当措施以给予正当补救时，可亦受害人的请求，命令将判决登于当地的日报或期刊上。"①

---

① 何勤华、冷霞：《拉丁美洲法律发达史》，法律出版社 2010 年版，第 269 页。

6. 住宅、通信和私人文件不受侵犯权利

宪法第 18 条规定:"住宅、通信和私人文件不受侵犯。对于搜查和占有居民住宅的场合和所持证据,将立法具体规定。"

7. 政治权利

宪法第 22 条规定:"人民通过根据本宪法产生的代表和权力机构治理国家。一切武装力量或民众团体滥用人民权利,为民请命构成叛乱罪。"

1998 年宪法第 37 条规定:"(1)按照人民主权论的原则和从此原则衍生的法律,本宪法确保政治权利的充分使用。以全民的、平等的秘密的和强制的方式进行投票。(2)鼓励男人和女人积极参与政党管理和选举体系,以保障他们有绝对平等的机会参与选举和参与政党。"第 39 条第 1 款规定:"公民有权向众议院提交法律草案,国会应当在 12 个月内对其进行审议。"但该条第 3 款作出限制性规定:"涉及宪法改革、国际条约、税收、预算和刑法的法案不应由民众提出。"第 40 条第 1 款同时规定:"对众议院提出的议案,国会应向民众征求意见。"

8. 获得公正审判权

宪法第 18 条规定:"国家的任何居民,非经法律判决不受惩治,不受专门委员会审判,不得从定案前法律规定的主管法官转移出去。不得施行逼供。"

(二)经济与社会权利保障及其发展

1. 关于劳动者权利

在阿根廷 1853 年宪法的第 14 条规定了阿根廷全体居民享有劳动权利。1957 年 10 月 24 日的宪法修正案批准在第 14 条中增加规定:"法律保护各种形式的劳动,并保障劳动者有以下权利:劳动环境的体面、平等;有限的劳动时间;带薪休息和休假;合理的报酬;至关重要并可适时调整的最低工资同工同酬;分享企业盈利,监督生产和参与企业管理;不被随意解雇;公务人员职业的稳定;仅须通过特别备案注册登记后,就可组织自由和民主的工会。""工会的下述活动受到保护:缔结集体劳动合同,要求调解和仲裁,罢工的权利。工会代表在进行工会工作中享有必要的保障,他们的职业的稳定性受到保护。"

2. 关于社会保障权利

1957年10月24日的宪法修正案批准在第14条中增加规定："国家必须提供全面的社会保险福利。法律要专门规定社会保险的强制性。由国家实体和有财政和经济自主权的、有国家参与管理的国家或省级实体负责社会保险事宜，在收取社会保险金时，不得有优惠。颁发和调整退休金与抚恤金，全面保障家庭生活，保护家庭财产，给予家庭经济补贴，提供体面的住宅。"

1904年，阿根廷政府根据4349号法令，建立了第一个全国性养老基金——政府雇员养老基金，开始实行社会保障制度。发放对象包括中央政府、经济自主机构和国营企业的所有雇员。此后，养老保险的覆盖面逐渐扩大，所包容的社会集团和部门不断增加，各种基金相继设立。1915年铁路工人获得了养老基金；1921年为公用事业部门职员设立了养老基金；1923—1946年，养老保险又扩展到银行保险、新闻出版、商业和工业企业。1954年庇隆政府颁布法令，实行集中化的社会保障制度，并开始实行分摊制模式。这种模式一直延续到90年代初。50年代养老保险扩至固定的农业工人、自由职业者、大学教师、企业管理人员和家务工。医疗补助计划铁路覆盖工人、海员、银行及保险部门职员、固定的农业工人等。80年代末，阿根廷已经建立完善的社会保障制度，包括生育、工伤、老年、死亡、遗属、疾病和失业在内的所有主要保险，社会保险具体项目达35种，享受养老金和医疗保健保险的人数已占经济自立人口的60%—79%。政府还通过建立公立医院和特别津贴计划为社会贫困阶层提供医疗服务和生活救济。90年代后，阿根廷着手进行社会保障制度改革。1994年建立了新的养老金制度，这被称为混合式的养老保险计划。由国家提供全面的社会保险福利。法律要专门规定社会保险的强制性。由国家实体和有财政和经济自主权的、有国家参与管理的国家或省级实体负责社会保险事宜，在收取社会保险金时，不得有优惠。颁发和调整退休金与抚恤金，全面保障家庭生活，保护家庭财产，给予家庭经济补贴，提供体面的住宅。

3. 环境权

1998年宪法第41条规定："（1）所有居民有权享有适于人类发展的健康、和谐的环境。在此情况下，生产活动既要满足当前需要而又不会威胁到未来子孙后代的生存。所有居民有义务保护健康而和谐的环境。最为重要的是，损害环境应当根据法律承担修复的责任。（2）政府应当对上项权利提供保护，理性使用自然资源，保护自然和文化遗产以及生物多样性，并加强环保宣传和教育。（3）国家在不改变地方管理权限的情况下，应设立最低保护标准，规定需要加强环保的身份。（4）坚决制止当前或未来向境内输入有毒水源和放射性物质。"

4. 受教育权

阿根廷宪法第14条规定公民享有传授知识和接受教育的权利。阿根廷早在19世纪末便通过法律的形式规定初等教育为免费义务教育。第二次世界大战后，随着国家经济实力的增强和教育事业的全面发展，政府进一步扩大了免费教育范围，规定对包括学前、初等、中等和高等教育在内的所有各级、各类公立学校实行免费教育，使"那些有能力接受高等教育的人不因经济条件的限制而被关在校门之外"。从而为广大中、下层劳动者及其子女接受中、高等教育创造了机会。阿根廷政府于1970年将传统的六年制初等义务教育改为七年制义务教育，并把学生入学年龄提前到5岁。与此同时，政府还将3—4岁的两年学前教育定为前义务教育，把中等教育阶段定为后义务教育。阿根廷发展非正规教育，实行多样化教育，发展正规职业教育，开展扫除文盲运动，提高偏远地区教育水平。

（三）特定群体权利保障

阿根廷针对特定群体权利保障主要表现两个方面：一是妇女权益方面。1888年，颁布《世俗婚姻法》，承认所有人的缔结民事婚姻的权利。1926年，阿根廷颁布了《妇女民事权利法》，给予已婚妇女更多的民事权利，逐步改变阿根廷男女不平等的现象。1954年颁布《未成年人与家庭法》，规定离婚制度。二是未成年权益保护方面。1888年颁布了《未成年雇佣法》；1848年颁布了《未成年人收养法》；1954年颁布《婚生与非婚生子女法》，提高了非婚生子女的法律地位，部分缩小了婚生与非婚生子女在法律权利方面的差距；1954年颁布的《未成年人与家庭法》加强了对为成年人的特殊保护。

三 阿根廷市场经济体制对人权保障制度的影响

阿根廷的人权保障制度有一些突出的特点。

第一，阿根廷采取的自由市场经济体制。与此相应，在其 1853 年宪法中就对保障个人的各项自由权利作出了明确的规定，其中特别强调了公民在经济活动中的各项自由权利。

第二，在阿根廷早期的宪法中，经济和社会权利涉及的相对较少。20 世纪 50 年代之后，随着国内各种社会矛盾的加剧，经济和社会权利的保障才在宪法中作出了专门规定。

第三，在 1998 年的宪法中，对环境权利保障作出了专门规定，突出了权利的代际公平享有。

第七节 南非的市场经济与人权保障制度

17 世纪，南非被荷兰和英国相继入侵，并将其殖民地向内地推进。到了 19 世纪，白人统治者建立起四个政治实体。1910 年，四个政权合并为"南非联邦"，成为英国的自治领地。1961 年，"南非联邦"退出英联邦，成立南非共和国。南非共和国成立之后，当局长期在国内立法和行政手段推行种族歧视和种族隔离政策。1989 年南非总统推定政治改革，取消对黑人解放组织的禁令。

一 南非市场经济体制及其发展

南非经济的发展分为两个阶段：第一个阶段，新南非成立前 20 年，1974—1993 年种族隔离的最后时期，南非国民生产总值年均增速仅为 1.85%。第二个阶段，新南非成立后的近 20 年，即 1994—2012 年政治变革后的近 20 年，南非国民生产总值年均增速提升到 3.25%。南非经济总量（按 2005 年不变价格计算）不断扩大，从 1994 年的 1730 亿美元增长到 2003 年的 2244 亿美元；2012 年更是增长到 3073 亿美元，几乎相当于 1974 年的 2.5 倍；若按现价计算，2012 年南非经济总量为 3843 亿美元，相当于 1974 年 357.3 亿美元的 10 多倍。再看人均国内生产总值情况，1974—1993 年期间，南非人均国民生产总值为 5014 美元，而 1994—2012 年期间则提高到 5140 美元，仅仅提高了 2.5%，慢于经济总量增速 3.25%。[①]

[①] 姚桂梅：《南非经济发展的成就与挑战》，《学海》2014 年，第 3 页。

姚桂梅指出："南非曾是一个白人长期主政且以黑人为主的多种族国家。长期的歧视黑人政策，使得南非白人和黑人收入差距之大列全球之冠，占总人口四分之三的黑人收入仅相当于占总人口不到四分之一白人的十分之一。新南非成立以来，尽管经济发展取得了较大的成就，但南非的贫富差距问题依然严峻，基尼系数多年保持在 0.6 以上，最高年景甚至接近 0.7。"① "南非自建国以来，一直实行以私人经济为主的市场经济体系，但国营部门在国家经济中的比重较大，国家对经济活动的干预也非常突出。为了扩大私营部门在南非经济发展中的作用，并逐步减少国家对经济的干预，1979 年、1981 年和 1986 年，南非政府三次召开会议，与商界领袖共同探讨政府与私人商界的伙伴关系，初步决定由政府提供社会和物质基础设施，以私营部门为主，国营部门为辅，共同负责经济财富的生产。1989 年底以来，南非政府进一步采取措施，积极推行私有化政策，鼓励私人购买国营企业的股份。此外，南非政府还采取特殊的优惠政策，鼓励国内外私人资本在现有的工业区以外的地区投资办实业，以改变目前南非工业布局不合理的状况。"②

在 20 世纪 70 年代，国际社会对南非进行经济制裁，主要手段包括：外资撤离、贸易制裁以及贷款终止等，国际社会利用这些手段使南非经济外资来源被截断、外汇减少以及陷入债务危机，导致南非经济危机。

二　南非人权保障

（一）公民权利与政治权利保障及其发展

1. 平等权

1996 年宪法第 9 条规定："任何人在法律面前都是平等的。平等地受法律保护，平等地享受法律所规定的权利。""平等包括完全及公平地享受所有的权利和自由。为了促进平等的实现，可采取立法或其他措施以保护个人或团体。""国家不得对任何人进行不公平的直接歧视或间接歧视。无论该歧视是基于种族、性别、怀孕状况、族裔或社会出身、肤色、性取向、年龄、残疾、宗教、善恶观念、信仰、文化、语言等任何一方面或几

---

① 姚桂梅：《南非经济发展的成就与挑战》，《学海》2014 年，第 3 页。
② 曾强：《南非经济概观》，《国际经济参考》1993 年第 1 期。

方面理由。""依照第 3 款的规定,任何人不得基于上述一种或多种理由直接或间接歧视他人。立法机构必须制定法律以防止或禁止不公平的歧视。""以第 3 款所列的一种或多种理由对任何人进行歧视都是不公平的,除非能够证明该项歧视确属公平。"

2. 人格尊严权

1996 年宪法第 10 条规定:"人人都有与生俱来的人格尊严,并有权要求尊重及保护尊严。"

3. 生命权

1996 年宪法第 11 条规定:"人人都享有生命权。"

4. 自由和个人安全权

1996 年宪法第 12 条规定自由与个人安全,"人人都有自由与个人安全的权利,包括:(1)不被任意或没有正当理由剥夺自由的权利;(2)未经审判不被拘禁的权利;(3)免于来自公私方面任何形式的暴力的权利;(4)不被任何形式虐待的权利;以及(5)不被以残酷、不人道或有辱人格的方式对待或处罚的权利。""每个人都享有身心完整的权利,包括:(1)繁衍后代的决定权利;(2)身体安全自控的权利;(3)在未获得其同意前,不受医学或科学实验的权利。"

5. 奴隶、奴役及强迫性劳动

1996 年宪法第 13 条规定:"任何人不可被充当奴隶,受到奴役或强迫劳动。"

6. 隐私权

1996 年宪法规定第 14 条规定了隐私权,"每一个人都有隐私权,包括:(1)人身及住所不被搜查的权利;(2)财产不被搜查的权利;(3)财物不被扣押的权利;(4)通信隐私不被侵犯的权利"。

7. 宗教、信仰与意见自由

虽然南非是一个多宗教国家,大多数国民都信奉宗教;但是 1996 年宪法规定宗教信仰自由的权利之前,南非的宗教自由权利的保障比较糟糕。它一直以来受到种族隔离性质的法律限制,尤其黑人的宗教信仰自由。如《城市原住民合并法》允许内阁大臣发布命令禁止黑人参加白人社区的宗教活动;根据《国内安全法》,政府禁止黑人教会和它们的领导者从事政治活动,若他们与外国宗教组织联系,则会被宣告为"受影响的组织"①。后来废除种族隔离政策之后，在1996年宪法中规定了宗教信仰自由等。1996年宪法规定："每一个人皆有良心、宗教、信仰、思想、提出意见的自由。宗教仪式可在国家相应的机构进行，只要：（1）这些仪式遵守由有关当局制定的规则；（2）它们在平等的基础上进行；（3）仪式的参加是自由自愿的。""本条款并不禁止立法承认：（1）根据传统、宗教、个人或家庭法律系统成立的婚姻；（2）在任何传统之下或为信奉某特定宗教的人士所附的个人或家庭法律系统。但是这种承认必须符合本条及本宪法其他条款。"

8. 言论自由

1996年宪法第16条规定："每一个人皆有言论自由的权利。包括：（1）报纸及其他传媒上发表言论的自由；（2）接受或传达信息或意见的自由；（3）艺术创作的自由；以及（4）学术及科学研究的自由。""第1款中的权利不适用于：（1）战争宣传；（2）暴力的鼓动；（3）基于种族、人种、性别或宗教的，引起伤害或煽动仇恨的主张。"

9. 集会、示威、罢工、请愿、结社自由

1996年宪法第17条规定"每一个人皆有和平地、非暴力地参加集会、示威、罢工及递交请愿书的权利"；第18条规定"每一个人皆有结社的自由"。

10. 政治权利

1996年宪法第18条规定，"每一个公民皆能自由地作政治选择，包括：（1）组织政党的权利；（2）参与政党的活动或为政党招募党员的权利；以及（3）为政党或政治主张参加活动的权利；每一个公民皆有权对依本宪法规定而成立的立法机构进行自由、公平及定期的选举"；"每一个成年公民皆有：（1）在依本宪法规定而成立的立法机构的选举中无记名投票的权利；以及（2）参选公共职位，如果当选得保有职位的权利"。

11. 公民权

宪法第20条规定"任何公民不可被剥夺公民权"。

12. 迁徙及居住的自由

宪法第21条规定"每一个公民皆有迁徙的自由。每一个公民皆有离

---

① 张明锋：《南非宗教自由权利的宪法保护探析》，《世界宗教文化》2010年第4期。

开共和国的权利。每一个公民皆有进入、停留及居住在共和国任何地方的权利。每一个公民皆有拥有护照的权利"。

13. 财产权

宪法第 25 条规定："除依据普遍适用的法律外，任何人不得被剥夺财产，并且任何法律不得允许任意剥夺财产。"但是，宪法第 25 条也规定了可以基于某些理由进行征用。

14. 向法院提起诉讼权利

宪法第 34 条规定："若该纠纷能够通过法律解决，人人皆有权由法院或必要时由另外的独立且公正的法庭在公平的公共听证中决定法律的适用以解决纠纷。"

15. 被逮捕、拘禁之人的权利

宪法第 35 条规定每一个因被指控犯罪而遭受逮捕的人皆有沉默权等；每一个被拘禁的人，包括每一个被判刑的人，皆有迅速被告知被拘禁的理由、选择并咨询律师，并立即被告知这项权利等权利；每一个被告有权接受公平的审判的权利。

（二）经济与社会权利保障及其发展

1. 劳动权

宪法第 22 条规定公民享有职业自由，"每一个公民皆有权自由选择其行业或职业。该行业或职业的具体实践可由法律加以规定"。第 23 条规定了劳工关系，"每一个劳动者皆有：（1）组织及加入工会的权利；（2）参与工会的各种活动及安排的权利；并且（3）罢工的权利"；"每一个雇主皆有：（1）组织及加入雇主组织的权利；以及（2）参与雇主组织的活动及安排的权利"；"每一个工会及雇主组织皆有：（1）决定其自身管理、活动安排的权利；（2）组织的权利；以及（3）组织及加入联合会的权利"；"每一工会、雇主组织及雇主有进行集体谈判的权利"；"国家立法可以承认集体协议中所含工会安全的安排"。除了宪法规定就业和劳工关系之外，自 1994 年以来，南非制定了诸多的关于劳动方面的法律。1995 年颁布《劳工关系法》；1997 年颁布《就业最低保障法》；1998 年颁布《公平就业法》；1998 年颁布《技能发展法》；2001 年颁布《失业保险法》；2002 年颁布《失业保险分摊法》。除了制定法之外，南非立法机关通过国会，逐步将私法领域的南非习惯法成文化，以求加强相关领域的权利保护，特别是加强保护黑人弱势群体的利益。

2. 环境权

南非宪法确立了环境权作为一项基本人权加以保护，1996年的宪法规定了环境权条款。宪法第 24 条规定："每个人皆有权获得对其健康和幸福无害的环境；为了现在和将来多代人的利益，采取适当的立法和其他措施保护环境，这些立法及其他措施应能阻止污染及生态的恶化，促进环境的保护和管理，在促进合理的经济与社会发展的同时，保护自然资源生态上的可持续发展与使用。"1997 年颁布了《保护与可持续利用南非生态资源多样性白皮书》，规划了制定相关政策的步伐，还制定了相关的法律制度，诸如《国家环境管理法》、《国家水法》、《国家遗产法》、《海洋生态资源法》、《国家森林法》、《国家草原及森林防火法》、《国家公园法》（修正案）、《湿地保护法案》、《濒危物种保护法案》等。

3. 住房权

宪法第 26 条规定："每一个人皆有获得适当的住房的权利。国家应当在其所拥有的资源范围内采取立法及其他措施以逐渐实现此权利。在未经法院考量所有相关情况而作出决定前，任何人不得被赶出起家园或者家园遭受拆除。法律不得允许任意的驱逐。"

4. 医疗、食物、水和社会保险

宪法第 27 条规定："每一个人皆有权获得：（1）医疗服务，包括生育健康服务；（2）足够的食物和水；以及（3）社会保险，包括在其不能照顾自己及亲属的情况下的适当的社会救助。国家应当在其所拥有的资源范围内采取合理的立法和其他措施以逐步实现上述每一项权利。任何人有权获得紧急的医疗救助。"这里尤为重要的是以社会保险为核心的社会保障权利。1997 年颁布《就业最低保障法》；2001 年颁布《失业保险法》；2002 年颁布《失业保险分摊法》；2003 年，南非政府通过《失业保险法修正案》，解决了失业保险基金的管理和发放，完善了失业人员数据库。2004 年，南非通过《南非社会保障机构法》和《社会援助法》。由此，南非社会救助和基本医疗全覆盖。

5. 教育权

宪法第 29 条规定，"每一个人皆有权：（1）接受基本教育，包括成人基本教育；以及（2）接受国家通过适当的措施使之逐步可以获得的进一步的教育"；"当教育合理可行时，每一个人皆有权在公立教育机构以及官方语言以他们选择的语言接受教育。为了使公民能有效接触并实现这项权利，国家应当充分考虑其他合理的教育措施，包括单一媒体教育机构，并考虑到：（1）教育的平等性；（2）可行性；以及（3）改正过去种族歧视法律的结果及实践"；"每一个人皆有权自力建立与维持独立的教育机构：（1）不以种族歧视为基础的；（2）通过国家注册的；以及（3）维持不低于相对公立教育机构的水准"；"第3款并未排除国家可以对独立教育机构进行补助"。1996年宪法规定了公民教育权，接着《南非教育法》《公立学校入学政策》等，在法律与制度上保障公民获得平等、公正的教育权。在公共财政保障上，南非对不能支付学费的家长进行学费减免，对贫困地区的学校实行拨款倾斜政策。

6. 语言、文化权利

宪法第30条规定："每一个人皆有权使用自己选择的语言及参加自己选择的文化生活，但是任何人不得以不符合本权利法案中任何条款的方式实施这些权利。"

宪法第31条规定"属于文化的、宗教的或语言的社群的任何人皆可以：（1）享受社群的文化，从事社群的宗教活动及使用社群的语言；（2）组织、加入及维持文化的、宗教的及语言的结社及公民社会的任何其他机构。第1款中权利的实施不得违反本权利法案任何条款"。

（三）特定群体权利保障

南非注重儿童权利保护。宪法第28条规定："每一个儿童皆有：（1）姓名及由出生取得国籍的权利；（2）获得家庭或双亲照顾，离开家庭环境时获得其他适当的照顾的权利；（3）获得基本营养、住宿、基本医疗及社会服务的权利；（4）受到保护不被虐待、凌辱、忽视及剥夺的权利；（5）受到保护不被剥夺劳动的权利；（6）不被要求去执行或提供那些不适合其年龄的或者危害到儿童幸福、身心健康及教育的工作或服务的权利；（7）除非作为最后的手段，有不被拘禁的权利。万一拘禁，也只能拘禁最短的适当时间，并且除享有第12条及第35条规定的权利外，该儿童尚有：与超过18周岁的成人分开拘禁的权利以及以适合其年龄的方式受到监管的权利；（8）在影响到儿童的民事诉讼中，并且有可能产生重大权利侵害的情况下，享有由国家指派律师并支付费用的权利；以及（9）不被直接用于武装冲突，并在武装冲突时受到保护的权利。在每一件关于儿童的事务中，儿童的最大利益是最重要的。本条中的儿童意指18周岁以下的人。"

  南非关于儿童权利的法律制度，还有：1983年《儿童照顾法》和2005年《儿童法》以及2007年《儿童法修正案》。1983年《儿童照顾法》在儿童的抚养、照顾和居住权利、保护儿童免受虐待、遗弃、商业性性交易和童工免受剥削等方面都作出了详细的规定；同时对收养子女的程序以及儿童法院的诉讼程序等也作出了明确的规定。2005年《儿童法》在1983年《儿童照顾法》的基础上，进一步完善了儿童权利保护措施，如增加了父母权利义务，未婚父亲对非婚生子女的权利和义务、非婚生子女的准正、亲子关系的确认和非婚生子女的收养，实行全国儿童权利保护登记册制度等。为了进一步加强防止艾滋病病毒在南非的持续快速传播，让儿童获取更多更好的卫生保健，该法规定了包括征询当事人同意进行艾滋病病毒检测和治疗的权利，给予12岁或12岁以上的孩子获知与生殖健康有关各种信息的权利。2007年南非《儿童法修正案》对2005年南非《儿童法》相关内容进行修改的同时，增加了设立专门的南非儿童服务机构的规定，如儿童早期发展服务中心和青少年中心等儿童服务机构。[①]

三 南非市场经济体制对人权保障制度的影响

  南非实行自由市场经济体制，其人权保障既受到自由市场经济体制的影响，又有与其社会历史经历相关的特色。

  第一，南非是被西方殖民的国家，其经济发展模式和人权保障方式深受西方殖民者的影响。在市场经济方面，南非实行开放的自由市场经济体制；在人权保障方面，南非曾经对白人的个人权利予以充分的保障。

  第二，南非长期实行种族隔离制度。夏溪指出："所谓种族隔离制度，就是少数白人统治者用法律的形式把广大黑人及其他有色人分别隔离

[①] 陈小芳：《南非儿童权利保护法律制度研究》，湘潭大学法学院学位论文，2011年。

在若干所谓'特定区域'内，迫使他们从原有的居住区迁移到人烟稀少、土地贫瘠、范围狭小的地区去，而白人则占有一切好地。"① 种族隔离制度，深刻影响南非人民平等权的实现，也造成了贫富差距拉大，黑人人权受到严重侵害。这是因为南非的种族隔离制度，还包括其他很多的制度，如"只准黑人进城打工但不能安家的'流动工人'制度，随意盘查、拘禁黑人的打工证制度，以'消除贫民窟'为名驱赶黑人的所谓'有序城市化'政策，既便于白人国家随意圈占土地又便于束缚黑人的土著土地强制性'部落所有制'制度，以及阻止打工黑人在城市扎根，让他们出卖青春后返回农村的所谓'黑人家园复兴计划'"②。南非建国之后先后制定和实施了3部种族主义宪法，即1909年《南非法》、1961年《南非共和国宪法》和1983年《南非宪法》，这些宪法没有对人民权利进行平等保障。

第三，随着种族隔离制度在市场经济发展过程中被逐步废除之后，改变了不平等的权利保障制度。1993年颁布的临时宪法和1996年颁布的正式宪法，将种族平等写入宪法，使各种族的人民开始享受平等的人权保障。

第八节　从传统经济转型的市场经济后发国家人权保障制度的特点

我们选择了七个从传统经济转型的市场经济初始阶段的后发国家，分别是韩国、新加坡、泰国、墨西哥、巴西、阿根廷和南非。它们都是从传统经济转型为市场经济的后发国家，还属于发展中国家。我们对其人权发展的假设是：（1）无明晰阶段性，两类权利平衡保障，但相对重视公民和政治权利；（2）政府在人权方面发挥主导作用；（3）重视集体权利，个人自由受限制。根据对这七个国家情况的分析，其人权发展基本符合我们的假设，但相互之间也存在一些不同之处。

---

① 夏溪：《南非种族隔离制度的经济根源》，《湘潭大学学报》（社会科学版）1986年第4期。

② 秦晖：《南非经济与社会的转型经验》，《老区建设》2009年第11期。

一 七个国家人权保障制度的共同点

这七个从传统经济转型的市场经济后发国家在人权保障制度方面显示一些共同的特点。

第一，与市场经济先发国家相比，七个市场经济后发国家的人权保障制度发展的阶段性并不明显。其市场经济初建期的人权保障制度在一定程度上学习了市场经济先发国家在进入平衡期之后的制度，规定了对公民和政治权利与经济、社会和文化权利的保障，也规定了对弱势群体的保障。

第二，由于这些国家中多数曾有被市场经济先发国家殖民的历史，在发展市场经济的过程中又受到不合理的国际经济秩序的制约，所以，在重视个人自由权利的同时，还特别强调民族和人民的集体权利，特别是自决权、自然财富与资源主权、发展权、和平权、环境权等。

第三，作为从传统经济转型的国家，在发展市场经济的过程中，要克服的主要阻力来自传统经济体制的束缚，因此相对重视公民权利和政治权利保障。

第四，这些国家很多经历了摆脱殖民统治的革命或独立战争，独立后面临维护秩序、防止分裂的压力，在建立和发展市场经济过程中也面对比较严峻的内外冲突压力，使得个人自由权利保障与社会秩序的维护之间存在着一定的张力。因此，在人权保障制度的建立和实施过程中会出现反复和起伏。许多国家都经历过某一政党的长期执政，许多国家经历过反复的军事政变，在政变过程中和政变后的一段时期，个人自由权利受到一定压制。

第五，由于市场经济的建立和发展相对较晚，作为发展中国家，这些国家人权保障的经济基础并不雄厚，使得人权保障的水平受到一定限制。

二 七个国家人权保障制度的不同点

尽管这七个国家在人权保障制度方面存在着许多共同的特点，但由于各自不同的历史和文化，它们在人权保障制度方面也存在着一定的差异。

首先，由于被殖民程度上的差异，各个国家对国内各种族和族群的人权保护存在不同状况。南非曾经被白人殖民者长期统治，对非洲的本土居民予以歧视，实行种族隔离政策，严格限制他们的权利。而泰国尽管从

16世纪起，先后遭到葡萄牙、荷兰、英国和法国等殖民主义者的入侵，但由于英、法达成利益妥协，间接使得泰国（当时的暹罗）成为东南亚唯一没有沦为殖民地的国家，因此在各种族和族群的权利保障不存南非那样的殖民者对本土居民的歧视。

其次，虽然这些国家都是市场经济后发国家，但由于建立市场经济体制的时间存在差异，因此在人权发展的阶段性上也存在着差异。阿根廷的市场经济起步较早，因此与其他国家相比，其人权保障制度的发展显现出更明显的阶段性。阿根廷在1853年宪法中就对保障个人的各项自由权利作出了明确的规定，而对经济和社会权利涉及的相对较少。20世纪50年代之后，随着国内各种社会矛盾的加剧，才在宪法中对经济和社会权利保障作出了专门规定。而韩国市场经济起步较晚，其市场经济经历了从政府主导向市场主导的转变，因此，其人权保障制度是从对个人自由权利的更多限制向更少限制转变。

再次，由于这些国家实行的市场经济体制存在差异，因此在对个人权利的限制和对经济社会权利的保障方面也存在一定差异。

最后，由于这些国家的经济发展速度和发展水平存在差异，在人权保障的经济基础和保障水平上也存在着差异。韩国、新加坡由于经济发展水平较高，能够为人权保障提供更好的经济基础。而泰国的经济发展水平相对不高，因此在人权保障的物质基础上相对不如其他国家。

第七章　从计划经济转型的市场经济后发国家的人权保障

一些国家是从计划经济体制转向市场经济体制，这种转型前后的人权保障体制也会呈现出相应的变化。我们选取了埃及、印度、越南、俄罗斯和中国五个具有不同特点的转型国家，重点考察经济体制的转型会对人权保障制度带来哪些影响。

第一节　埃及的市场经济与人权保障制度

埃及在独立之后，实行的是计划经济，20世纪70年代中期之后实行市场经济。但是诸多法律制度都是在独立之后到实施市场经济之前制定的，对市场经济初期的各项行为有约束作用。

一　埃及市场经济的体制与发展

埃及在1952年成立共和国之后，"建立以国营企业为龙头、国家计划干预为依托的经济发展模式"[①]。在农村，实行土地改革，推行私有化基础上的合作社经营，埃及政府通过法律、经济、行政等手段控制了农作物的种植、农产品的收购和定价，实行指令性的种植计划和强制收购的农业政策。在城市实行埃及化和国有化的政策。张文贞指出："到1966年，埃及的国营企业已经在国民经济中占据主导地位，初步奠定了以国营企业为龙头、国家计划经济干预为依托的工业体系，其中95%的工矿企业、100%的银行业、保险业、外贸公司、交通、运输公司为国家所有，仅在

---

① 张文贞：《试论埃及的经济体制改革》，《西非经济》1993年第3期。

石油、农垦、制药等方面还保留了少量的外国资本，形成了以国营企业为主体的计划经济体制。"① 但是，埃及计划经济存在诸多弊端，国家干预过多，企业没有自主权；人员过剩；国家投入多，企业产出少，严重亏损；政府官员的特权，如利用对产品的定价权、调配权、原材料的供应权，中饱私囊，从中牟利。

到70年代后，萨达特总统在埃及实行改革开放政策，逐步走上自由经济发展道路，其主要内容体现在1974年官方发表的"十月文件"中。该政策得到国际货币基金组织的支持，该政策旨在引进阿拉伯国家及其他国家的资金和技术，利用外资和外援发展埃及国民经济。同时动员本国资金投入，发挥私人资本在国民经济中的重要作用，以活跃经济，增强国力。采取的主要措施是建立合营企业，引进外资并实行优惠政策，改革对外贸易体制，从双边贸易向多边贸易发展，实行进口自由化。② 到了80年代，穆巴拉克总统执政后，基本上遵循萨达特的对外经济开放政策，但是经济体制改革的速度放慢了，由消费型开放转变成生产型的对外开放。赵国忠指出，"1974年萨达特的'开放'政策，吸引了大量的外资，埃及投资总额年增长率由1960—1970年的3.1%，增加到1970—1982年的15.5%。20世纪70年代中期至80年代中期是埃及经济发展较快的时期，国内生产总值1973—1984年期间的年平均增长率为8.5%，成为发展中国家经济增长速度较快的国家之一"③。从1986年到90年代中期，埃及的经济经历了严峻的考验，人均GDP降至600美元，失业率超过20%。④进入20世纪90年代以后，埃及加快经济体制改革的步伐，向自由市场经济体制转变。1992年，埃及政府颁布了资本市场法，使埃及资本市场迅速发展，资本市场的交易额从1993年到1997年增长了42倍，市场的资本化率由1994年占国内生产总值的8%，上升为1996—1997年的24%。1993年9月，埃及的经济改革进入第二阶段，在继续降低预算赤字、改善财政收支的同时，加速向市场经济过渡，其重点是对国营企业实行私有化，加强经营管理、更新机械设备，推动经济发展。1996年埃及的经济

---

① 张文贞：《试论埃及的经济体制改革》，《西非经济》1993年第3期。
② 王泰：《埃及经济发展战略及发展模式的历史考量》，《西亚非洲》2008年第5期。
③ 赵国忠：《简明西亚非百科全书》，中国社会科学出版社2000年版，第703页。
④ 赵国忠：《简明西亚非百科全书》，中国社会科学出版社2000年版，第703页。

改革进入第三阶段,"由修修补补转为建立某种全新的东西"。经过几年的改革,农业生产实现了稳定增长,成为经济开放首当其冲和见效最快的部门。工业发展迅速,1998年工业生产年增长率为7.8%,占国内生产总值的18.5%以上,1999—2000年GNP达到968亿美元,人均国民收入1999年为1417美元,通货膨胀率1999—2000年为2.5%。[①]

二 埃及的人权保障制度

1922年英国被迫宣布埃及独立,1923年4月19日,埃及王国参照西方模式正式颁布了埃及王国宪法,规定埃及实行君主立宪政体,宣告一切权力来自人民。纳赛尔执政时期先后颁布了1956年临时宪法、1958年埃及和叙利亚合并后的临时宪法以及两国分裂后的1964年宪法。1971年萨达特执政后颁布了《阿拉伯埃及共和国永久宪法》,共7章211条。永久宪法在1980年、2005年和2007年的三次修正案。1980年修宪增加的内容包括设立协商会议作咨询机构,规定政治制度建立在多党制基础上,并改变了关于总统只能连选连任一次的规定,规定总统任期为6年,可以连选连任。2005年修宪主要涉及有关总统选举的内容。2007年修宪涉及政治制度、议会制度、经济生活和社会事务等方面,删除了有关埃及社会主义性质的描述,更加强调对公民权的平等保障,禁止在宗教基础上成立政党。[②] 2011年,执政长达30年的穆巴拉克总统被推翻;2012年12月通过公投通过了新宪法,确定了人民主权原则;融入了大量伊斯兰教主义条款;创设国家安全委员会和国家防务委员会来平衡总统与军方的权力分配;规定埃及的立法机关由人民议会和协商会议组成,提升了议会协商会议的地位;规定总统任期4年,只可连任一届。2014年1月18日,埃及最高选举委员会宣布通过新宪法。新宪法规定埃及是民主共和国,伊斯兰教法原则是主要的立法根据;取消了协商会议[③];增加了有关公民自由和平等方面的规定,并明确规定"尊严是每一个人的权利,不容侵犯。国家应当尊重和保护人的尊严"(第51条);"公民不可剥夺的权利和自由

---

① 《世界知识年鉴(2001—2002)》,世界知识出版社2001年版,第304页。
② 孔令涛:《埃及宪法的创设、沿革及其修订》,《阿拉伯世界》2009年第5期。
③ 丁峰、夏新华:《后穆巴拉克时代埃及的宪法变迁》,《西亚非洲》2015年第5期。

不可中止或减少,规范权利和自由行使的任何法律都不得以偏离这些权利和自由的本质和实质的方式来限制这些权利和自由"(第92条);"国家当受埃及批准加入的国际人权协定、公约和条约的约束,它们在根据规定的条件公布之后就具有了法律效力"(第93条)。①

(一) 公民权利与政治权利保障

1. 平等和不受歧视的权利

1937年的刑法规定:刑法面前人人平等,没有身份地位的差别。不允许任何人有超越法律的特权。1971年宪法第40条规定:"所有公民在法律面前一律平等,享有同等的权利和义务,在有关性别、种族、语言和宗教信仰方面没有任何歧视。"②

2014年宪法第53条进一步规定所有公民"在权利、自由和一般义务方面一律平等,不得基于宗教、信仰、性别、出身、种族、肤色、语言、残疾、社会阶层、政治和地理关系或任何其他理由的歧视。歧视和煽动仇恨是法律惩罚的罪行。国家应采取必要措施消除所有形式的歧视,法律应为此目的规定创设一个独立的委员会"③。

2. 生命安全的权利

2014年宪法第59条规定:"每个人都有生命安全的权利。国家应为其公民和所有居住在其领土上的人提供安全保障、消除恐惧。"(第59条)④

3. 人身自由

1971年宪法第41条规定:"个人自由是不可侵犯的自然权利。除非有充分理由和法庭的命令,任何人都不得被逮捕、拘留和被限制行动。"⑤

在2014年宪法中进一步规定:"每一个被限制自由的人都应立即被告知其理由;应该以书面的方式被告知其权利;应立即能够与其亲属和律师

---

① Constitution of The Arab Republic of Egypt 2014, http://www.sis.gov.eg/Newvr/Dustor-en001.pdf.

② Constitution of The Arab Republic of Egypt 1980.

③ Constitution of The Arab Republic of Egypt 2014, http://www.sis.gov.eg/Newvr/Dustor-en001.pdf.

④ Constitution of The Arab Republic of Egypt 2014, http://www.sis.gov.eg/Newvr/Dustor-en001.pdf.

⑤ Constitution of The Arab Republic of Egypt 1980.

接触；应在其自由被限制的 24 小时内被带至侦查机关。对其的审问必须在其律师在场时才能进行。对没有律师的，应为其聘请律师。对残疾人应遵循法律规定的程序为其提供必要的协助。每个被限制自由的人应有权向法院提出申诉反对这种行动。对这种申诉的裁定应在一周时限内作出，否则该人必须立即释放。"（第 54 条）①

4. 不受奴役的权利

2014 年宪法第 89 条明确规定："所有形式的对人的奴役、压迫和强制剥削、性交易和其他形式的人口贩卖都是法律所禁止的罪行。"②

5. 迁徙自由

1971 年宪法第 50 条规定："除法律规定情形外，不得强令任何公民只准居留在某一地方。"第 51 条规定："任何公民不可被放逐或阻止返回祖国。"第 52 条规定："公民有权永久或暂时移居国外，移居手续由法律决定。"③

2014 年宪法进一步规定："迁徙、居住和移民自由应得到保障。""除非在法律规定的情形下在一个确定的期限内依据审慎的司法命令，任何公民不得被阻止离开国家领土、软禁或被阻止居住在某一地方。"（第 62 条）"所有形式和类型的任意迫使公民迁徙都应被禁止，都是不受时效限制的犯罪。"（第 63 条）④

6. 财产权利

1971 年宪法第 29 条规定："所有权受人民监督和国家保护。有三种所有权：公众所有权、合作所有权和私人所有权。"第 32 条规定："私人所有权以非剥削资本为代表。法律规范其社会职能的发挥，在发展规划的框架内服务于国民经济，不得偏离或剥削。在其使用方式上不能与人民的公共福利相冲突。"第 34 条规定："私人所有权受到保护，除非有法律明

---

① Constitution of The Arab Republic of Egypt 2014, http://www.sis.gov.eg/Newvr/Dustor-en001.pdf.

② Constitution of The Arab Republic of Egypt 2014, http://www.sis.gov.eg/Newvr/Dustor-en001.pdf.

③ Constitution of The Arab Republic of Egypt 1980.

④ Constitution of The Arab Republic of Egypt 2014, http://www.sis.gov.eg/Newvr/Dustor-en001.pdf.

文规定和有法律裁决，否则不得对私有财产实行扣押。根据法律，只有为了公益才能征用私有财产，但有赔偿。保障继承权。"第 35 条规定："除非考虑到公益，并有法律根据和赔偿，否则不得收归国有。"①

2014 年宪法第 33 条对保障财产权的表述有所变化："国家保护三类所有权：公众所有权、私人所有权和合作所有权。"第 35 条规定了保障财产继承权。第 40 条规定："一般禁止没收财产。非经法院判决不得没收特定财产。"②

7. 表达自由

1971 年宪法第 47 条规定："每个公民的思想和言论自由必须得到保障，在法律规定的范围内有权表达自己意见。自我批评和建设性批评是国家结构安全性的保证。"第 48 条规定："保证发行报刊、出版和新闻自由。禁止报刊检查以及通过行政办法封闭报馆在紧急或战争时期，可以对报刊和新闻就有关国家安全事务进行有限的检查。但所有这一切，必须在法律规定的范围内方能实行。"③

2014 年宪法进一步规定，"国家应保护公民使用所有形式的公共交流手段的权利。不得任意阻断或切断它们，或不允许公民使用它们。这应由法律加以规定"（第 57 条）。"每个人都应有权以口头、书面……或其他表达或公开的方式表达其意见。"（第 65 条）④

8. 集会、结社自由

1971 年宪法第 54 条规定："公民有权在不事先通知的情况下，举行私人的、安静的和不带武器的集会，禁止治安部队出席这样的会议。"第 55 条规定："公民有权以法律规定的方式结社。禁止结成与社会制度背道而驰的社团及其活动，或结成具有秘密的或军事特征的社团。"第 56 条规定："在民主的基础上和在法律的范围内，有组织协会和工会的权利。"⑤

---

① Constitution of The Arab Republic of Egypt 1980.
② Constitution of The Arab Republic of Egypt 2014, http://www.sis.gov.eg/Newvr/Dustor-en001.pdf.
③ Constitution of The Arab Republic of Egypt 1980.
④ Constitution of The Arab Republic of Egypt 2014, http://www.sis.gov.eg/Newvr/Dustor-en001.pdf.
⑤ Constitution of The Arab Republic of Egypt 1980.

2014年宪法进一步规定:"所有公民都有权结成政党,要依法告知。禁止基于宗教、基于性别或出身歧视或基于宗派基础或地理所在进行政治活动或组建政党。不得进行与民主原则相敌对的、秘密的或具有军事或准军事性质的任何活动。非经法院判决不得解散政党。"(第74条)"所有公民都有权在民主的基础上结成非政府组织和基金,它们在通知时获得法人资格。这样的组织和基金有权自由地开展其活动,行政机关非经法律裁定不得干涉其事务或将其解散,或解散其理事会或董事会。"(第75条)①

9. 人格尊严和不受酷刑的权利

1971年宪法第42条规定:"必须以维护人的尊严的方式对待任何被逮捕者,被拘留和被限制行动的人。不得在精神和肉体上伤害和威胁他。在威胁和逼供下的任何供词均无效。"第43条规定:"除本人同意外,对任何人不得进行科学和医疗试验。"②

2014年宪法第52条进一步规定:"任何形式和类型的酷刑都是不受时效限制的犯罪。"③

10. 宗教信仰自由

1971年宪法第46条规定:"国家保证举行礼拜和宗教礼仪的自由。"2007年的修订的宪法规定禁止以宗教信仰不同而在权利上予以区别对待,同时禁止在宗教基础上成立政党。④

2014年宪法进一步规定:"信仰自由是绝对的。践行宗教仪式和为亚伯拉罕诸教信徒建立祈祷场地的自由是被法律规定的一种权利。"(第64条)⑤

11. 家庭、隐私不受侵犯权

1971年宪法第44条规定:"家庭为神圣不可侵犯,只有法庭的裁定才能进入居民家庭并进行搜查。"第45条规定:"尊重公民的私生活,禁

---

① Constitution of The Arab Republic of Egypt 2014, http://www.sis.gov.eg/Newvr/Dustor-en001.pdf.
② Constitution of The Arab Republic of Egypt 1980.
③ Constitution of The Arab Republic of Egypt 2014, http://www.sis.gov.eg/Newvr/Dustor-en001.pdf.
④ 孔令涛:《埃及宪法的创设、沿革及其修订》,《阿拉伯世界》2009年第5期。
⑤ Constitution of The Arab Republic of Egypt 2014, http://www.sis.gov.eg/Newvr/Dustor-en001.pdf.

止对一切信件、电话、电报进行检查，只有根据法律规定，在有法庭的裁定情况下，方能在一段固定的时期内实行检查。"①

2014年宪法（第57条）进一步规定："隐私权不受侵犯，应受到保护，不得违反。邮件、电报、电子通信、电话及其他通讯手段不受侵犯，其私密性受到保障。除非在法律规定的情形下在一个确定的期限内依据审慎的司法命令，它们不得被没收、披露或监控。"②

12. 担任公职的权利

1971年宪法第14条规定："担任公职是公民的权利，公职人员有为人民服务的责任，国家确保、维护他们，并保障他们为人民的利益履行义务的职责。只有在法律规定的情况下，才能不按照惩治制度解雇他们。"③

13. 政治权利

1971年宪法第62条规定："公民有权按法律规定进行投票，提出候选人和在全民公投中表达其意见。"第63条规定："每个个人有权书面并以个人的名义致信公共当局陈述意见。"④

2014年宪法第74条规定："公民有权按照法律规定组织政党。基于宗教、性别、出身、宗派或地区歧视的政治活动不可进行，或者政党活动不可组织。不可举行反对民主、拥有秘密军队或准军事性质的任何活动。"⑤ 第87条规定："公民参与公共生活是一项国家责任。每个公民都有权投票、竞选和在全民公投中表达其意见。法律规定这些权利的行使。"⑥

14. 获得公正审判的权利

1971年宪法第66条规定："罪行及其足够的惩罚必须符合法律规定。"第67条规定："被告在法庭审判证实他有罪以前是无罪的。法律审

---

① Constitution of The Arab Republic of Egypt 1980.
② Constitution of The Arab Republic of Egypt 2014, http：//www.sis.gov.eg/Newvr/Dustor-en001.pdf.
③ Constitution of The Arab Republic of Egypt 1980.
④ Constitution of The Arab Republic of Egypt 1980.
⑤ Constitution of The Arab Republic of Egypt 2014, http：//www.sis.gov.eg/Newvr/Dustor-en001.pdf.
⑥ Constitution of The Arab Republic of Egypt 2014, http：//www.sis.gov.eg/Newvr/Dustor-en001.pdf.

判时，为辩护而提供所有手段。每个被告必须以一个辩护律师为代表。"第 69 条规定："保证被告有自我辩护或由其代表辩护的权利。在被告经济有困难的情况下，国家必须为其提供辩护权。"第 70 条规定："除法律规定的情形外，刑事起诉只能由司法机关提出才有效。"第 71 条规定："对所有被逮捕者和被拘留的人必须立即告知原因和提出起诉。他有权同相信能为他案件提供帮助的任何人取得联系，他还有权对起诉提出抗议。"第 72 条规定："判决以人民的名义作出并以人民的名义执行。任何官员的拖延、阻挠，或拒绝执行判决均被认为是一种受到法律惩罚的罪行。被告对有关法庭有权提出控告。"①

2014 年宪法第 55 条进一步规定："被告有权保持沉默。"第 99 条规定："任何对个人自由或公民私生活或任何其他由宪法和法律保障的公共权利和自由的侵犯都是犯罪。因这种罪行而提起的刑事和民事诉讼不得以时效而消灭，受害方有权提起直接刑事诉讼。国家应保证为这种侵权的受害者予以公平的赔偿。国家人权委员会可以就这些权利受到的任何侵犯向公诉机关提出申诉，可以应请求而介入民事诉讼支持受害一方。前述内容均应依据法律规定的方式实施。"②

15. 避难权

2014 年宪法第 90 条规定："国家将对任何因为人民利益、人权、和平或正义辩护而受迫害的外国人给予政治避难。禁止驱逐政治难民。上述所有内容均应依据法律。"③

（二）经济与社会权利保障

1. 工作权

1971 年宪法第 13 条规定："劳动既是权利，又是义务，是光荣的。国家对此应给予保障。优秀工人要受到国家和社会的赞扬。不能把任何工作都强加给公民，但是根据法律规定并为公共利益服务者外，劳动报酬应当是公平的。"第 23 条规定："根据全面发展计划，安排国民经济。全面

---

① Constitution of The Arab Republic of Egypt 1980.

② Constitution of The Arab Republic of Egypt 2014, http://www.sis.gov.eg/Newvr/Dustor-en001.pdf.

③ Constitution of The Arab Republic of Egypt 2014, http://www.sis.gov.eg/Newvr/Dustor-en001.pdf.

发展计划，保证增加国民收；分配平等；提高生活水平；消灭失业；增加就业机会；工资与生产相适应；保障最低工资，限制最高工资，从而保障缩小收入差别。"第 24 条规定："根据国家制订的发展计划，人民掌握生产工具，并分配其利润。"第 25 条规定："在国民产品中，只要他的工作和财产不是剥削性的，每一个公民在国民产品中都有自己法律限定的份额。"第 26 条规定："根据法律规定，每个工人都参加对企业及其利润的管理。""国营单位董事会中的工人代表不能少于董事会全部成员的百分之五十，法律保障在农业合作社和工业合作社董事会中小农和小手工业者占百分之八十。"①

在具体法律方面，1933 年的法律对在工厂里工作的未成年人进行规定；1953 年的法律对失业人员的再就业进行规定；1961 年对缩短工厂工作时间进行规定。1981 年制定的劳动法对工作权利进行了更具体的规定，其内容包括训练与就业，个人雇佣关系，集体劳动关系，职业安全与职业卫生等内容，工作的组织，劳工监察和法院警察等。关于就业，劳动法规定凡能够工作和愿意工作的任何个人可向其居住地区的主管行政当局申请注册。未持注册证的工人不得就业。雇佣合同应当明确试用期，雇主要用法定货币支付工人工资和应支付的其他款项，应在工作日和在工人雇用的地方支付工资；雇用工人的实际工作时间每天不得超过 8 小时，每周不得超过 48 小时。雇主在加班期间要付给工人正常的工资，此外，如在白天加班，至少要另外增加 25% 的工资，夜间加班至少要另外增加 50% 的工资。工人为雇主工作一年后有权享受 21 天的带全薪的假日。连续为雇主工作 10 年或者他的年龄超过 50 岁，可享受一个月的假期。在工人雇用的第一年中，工作满 6 个月以上者可享受 15 天带全薪的假期。女工受雇 6 个月后，有权在分娩前和分娩后各享有 50 天带全薪的产假。在雇有 50 人或 50 人以上的企业工作的女工，有权享有不超过一年的不带工资的假期照看她的小孩。

2014 年宪法第 13 条进一步规定："国家保护工作者的权利，努力在生产过程双方之间构建平衡的工作关系。它应确保集体协商的方式，保护

---

① Constitution of The Arab Republic of Egypt 1980.

工作者免遭工作风险，保证对保障、安全和职业健康要求的满足，禁止不公平的解雇，所有这些均由法律规定。"第15条规定："和平罢工是一项法律规定的权利。"①

2. 基本生活水准的权利

2014年宪法明确规定了住房、食物和清洁用水的权利。第78条规定："国家以保护人尊严和实现社会正义的方式保障公民享有适足、安全和健康住房的权利。"该条款还具体规定国家应制定国家住房规划以及全面解决非规划的贫民区问题的国家规划。第79条规定："每个公民都有权享有健康和充足的食物和清洁水。国家应确保所有公民的食物来源。国家还应确保可持续的食物主权，并维持农业生物多样性和地方植物的各种类型，以确保未来后代的权利。"②

3. 社会保障权

1971年宪法第16条规定："国家保障文化、社会和健康服务，并特别努力确保乡村以容易和常规的方式获得这些服务，从而提高其福利水平。"第17规定："国家保障社会和健康保险服务，丧失劳动力者、失业者和年老者有权依法享有养老金。"③

埃及建立了比较健全的社会保障法律对社会福利权进行保障。1952年以后，埃及的社会保障制度获得较大的发展，并且逐步形成了包括养老、残疾、死亡、工伤、医疗、事业、住房和食品价格补贴等项目在内的一套社会保障制度。1975年埃及制定了比较全面的社会保险法典。这部法典在后来经过多次修订，主要包括以下几个方面：一是养老、残疾和死亡社会保障制度。1975年颁布劳动法之后，埃及建立起了统一的养老、残疾和遗嘱保险制度。社会保障的形式是社会保险，适用范围包括政府雇员、国营工人、银行和保险公司职工，以及受劳动法保护的私营企业雇员。此外，埃及的大学教职工、外交官和警察还可以享受一些额外的福利待遇。1980年埃及把保险制度的范围进一步扩大到占人口大约50%的农

---

① Constitution of The Arab Republic of Egypt 2014, http://www.sis.gov.eg/Newvr/Dustor-en001.pdf.

② Constitution of The Arab Republic of Egypt 2014, http://www.sis.gov.eg/Newvr/Dustor-en001.pdf.

③ Constitution of The Arab Republic of Egypt 1980.

民、农业工人和渔民,从而最终形成了覆盖全国的保险体系。二是患病和生育社会保险。1975 年,患病医疗保险成为埃及内容广泛的社会保险体系的一部分。覆盖范围包括 18 岁以上的雇员和 16 岁以上的政府雇员,但农村临时工、家庭服务员和个体经营者不在覆盖范围之内。三是工伤社会保险。目前适用的法律是 1975 年颁布的,覆盖范围包括 18 周岁以上的雇员和 16 周岁以上的政府雇员,但是不包括农村临时工、家庭服务员和个体经营者。四是失业社会保障。现行的失业社会保障制度是 1975 年建立的强制保险制度。失业保险的覆盖范围为雇员,但不包括农民临时工、家庭服务员、政府雇员和 60 岁以上的雇员。五是住房制度。埃及长期实施租房制。

2014 年宪法第 17 条规定:"国家确保社会保险服务的提供。所有未从社会保险系统获益的公民有权享受社会保障,以确保在不能为自己和其家庭提供体面生活的情况下,以及在无能力工作、年老或失业的情况下,以体面的方式生活。国家依据法律努力为小农、农业工人和渔民以及临时工作者提供适宜的养老金。"[①]

4. 健康权

2014 年宪法第 18 条规定,"每一个公民都权享有健康和符合质量标准的全面健康服务。国家维护和支持为人民提供健康服务的公共健康设施,提升其效率和平衡的地理分布";"国家建立覆盖所有埃及人的全面健康保险系统,涵盖所有疾病";"在面临生命威胁的紧急情况下对任何人拒绝提供任何形式的医疗是一种犯罪"[②]。

5. 受教育权利

1971 年宪法第 18 条规定:"国家保障受教育权,小学是义务教育。国家把义务教育将提高到更高阶段。国家主持全部教育,并保障大学和科研中心的独立性,这一切都是为着实现教育同社会、生产的需要相联系。"第 19 条规定:"宗教教育是教学大纲中的基本科目。"第 20 条规定:"在国家教育机构中各阶段的教育均为免费。"第 21 条规定:"扫除

---

① Constitution of The Arab Republic of Egypt 2014, http://www.sis.gov.eg/Newvr/Dustor-en001.pdf.

② Constitution of The Arab Republic of Egypt 2014, http://www.sis.gov.eg/Newvr/Dustor-en001.pdf.

文盲是全国的义务。为实现这一目标，动员人民的一切力量。"①

2014 年宪法第 19 条规定，"每个公民都享有受教育的权利"②；中小学实行义务教育，在国家教育机构各阶段的教育是免费的。

6. 文化权利

1971 年宪法第 49 条规定："国家保证公民的科学研究和艺术创作自由，并给予鼓励。"③

（三）特定群体权利保障

1. 妇女权利

1971 年宪法第 10 条规定："国家保障维护母亲和儿童，关怀青少年，并为提高其才能提供必要的条件。"第 11 条规定："国家保障妇女对家庭尽的义务同其在社会上的工作相适应，保障妇女在政治、社会、文化和经济生活领域中同男人平等，但不违反伊斯兰教法规。"④ 2007 年修订的宪法强调提高妇女地位，增加妇女权益。⑤

1948 年的埃及民法典没有调整家庭及婚姻关系，而在后来的单行法律中有所规定。20 世纪 60—70 年代，改革个人身份法的呼声日益高涨，1979 年总统颁布了第 44 号法律，对妇女和子女的权利作出了比较具体的规定，第一，丈夫纳二房妻子必须事前通知已有妻子；妻子如不同意，可以向法庭请求离婚。此外，丈夫如向新妻子隐瞒已婚事实，妻子有权依法解除婚姻。第二，丈夫休妻必须由法庭的离婚证明并通知妻子本人；未经妻子同意、无故被休的妻子，除在待婚期应享有的供养外，还有权得到两年以上的生活费作为补偿；第一，规定了子女监护期的年限以保障离婚妇女的合法权益，离婚妇女对子女的监护权终止的时间为儿子 10 岁，女儿 12 岁。⑥ 1985 年，第 44 号法律被最高宪法法院判决无效。而后在 1985 年颁布的第 100 号法律，恢复了 1979 年第 44 号法律的大量规定，同时也增

---

① Constitution of The Arab Republic of Egypt 1980.
② Constitution of The Arab Republic of Egypt 2014，http：//www.sis.gov.eg/Newvr/Dustor-en001.pdf.
③ Constitution of The Arab Republic of Egypt 1980.
④ Constitution of The Arab Republic of Egypt 1980.
⑤ 孔令涛：《埃及宪法的创设、沿革及其修订》，《阿拉伯世界》2009 年第 5 期。
⑥ 何勤华、洪永红：《非洲法律发达史》，法律出版社 2006 年版，第 490 页。

加了一些新的规定。这部法律规定：第一，丈夫同另一名妇女结婚的妇女在经常遭受经济或道德方面的伤害情况下有权要求离婚，新妻子在其丈夫对她隐瞒了第一次婚姻的情况下有权要求离婚。第二，休妻男子应在离婚30天内将离婚证明交到注册办公室进行注册，并附有向妻子提供的明确通知。第三，未经本人允许无故被休的妇女应在至少两年的赡养费之外，根据前夫的经济和社会状况以及离婚具体情况及婚姻时间的长短得到一定金额的赔偿。第四，休妻的男子应为其前妻及子女提供适宜的居住场所。妻子如遇如下情况，则有权向法官提出主动离婚：丈夫无故离家超过1年时间，使得妻子受到伤害；丈夫被判处3年或3年以上监禁且已在监狱服刑1年；丈夫拒绝提供生活开销；丈夫患有不治之症或者长期的性方面的疾病。2000年，对1985年的第100号法律作出了修正，赋予妇女在离婚方面更多的自由权利。[1]

2. 儿童权利

2014年宪法第80条对儿童权利保障作出的详细的规定："任何18岁以下的人都应被视为儿童。每一个儿童都应有权享有姓名、身份证件、免费义务疫苗、健康和家庭或其他方式的照料，基本营养、安全的住所、宗教教育以及情感和认知的发展。国家保障残疾儿童的权利，保障其康复和融入社会。国家为儿童提供照料和保护，使其免于所有形式的暴力、侮辱、虐待以及商业剥削和性剥削。所有儿童都有权6岁前在儿童中心获得早期教育。"[2] 该条款还对雇用年龄和司法中的儿童保护作出了具体的规定，并要求在所有针对儿童的措施中努力实现儿童权利最大化。

3. 残疾人权利

2014年宪法第81条对残疾人权利保障作出了明确的规定："国家保障身患残疾和矮小症者的健康、经济、社会、文体、娱乐、运动和教育权利，努力为他们提供就业机会，为他们分配一定比例的就业机会，使公共设施和其周围环境适应他们的特殊需要。国家还要确保他们行使所有的政

---

[1] 何勤华、洪永红：《非洲法律发达史》，法律出版社2006年版，第493页。

[2] Constitution of The Arab Republic of Egypt 2014，http：//www.sis.gov.eg/Newvr/Dustor－en001.pdf.

治权利,依循平等、公正和同等机会原则与其他公民融为一体。"①

4. 老年人权利

2014年宪法第83条对老年人权利保障作出了明确规定:"国家保障老年人的健康、经济、社会、文化和娱乐权利,向他们提供适当的养老金确保其享有体面的生活,使他们能够参与公共生活。国家在对公共设施的规划中考虑老年人的需求。国家鼓励公民社会组织参与照料老年人。所有这些都将依法实施。"②

三 埃及市场经济体制对人权保障制度的影响

埃及独立后首行实行的是计划经济体制,在70年代初转入市场经济体制。1971年的永久宪法恰好代表了从计划经济向市场经济转型时期在人权保障体制方面的状况,而约70年后的2014年宪法又充分体现了其实行市场经济体制后在人权保障体制上的变化。比较这两部宪法关于人权保障的规定,可以展现出从计划经济向市场经济转型过程中人权保障制度的变化。

首先,埃及在实行计划经济时期,人权保障制度强调平等,注重经济与社会权利的保障,限制对私有财产权的保障。20世纪50年代,埃及就规定了有关失业再就业、缩短工厂工作时间等工作权利的规定,建立了比较系统的社会保障制度。

其次,处于从计划经济向市场经济转型初期的1971年宪法,增加了许多保障个人自由权利的条款,如人身自由、迁徙自由、表达自由、集会和结社自由、信仰自由、财产权、选举权和获得公正审判的权利等。但对个人自由权利作出了限制性规定,如私人财产不能用于剥削,要对公共福利发挥积极作用;结社不能与社会制度相悖。同时,该宪法特别强调对劳动者权利的保障,特别是规定工人参加企业的管理和利润分配。

再次,与1971年宪法相比,实行多年市场经济体制后的2014年宪法,对公民的各项自由权利保障的规定更加具体详细,对平等和不受歧视

---

① Constitution of The Arab Republic of Egypt 2014, http://www.sis.gov.eg/Newvr/Dustor-en001.pdf.

② Constitution of The Arab Republic of Egypt 2014, http://www.sis.gov.eg/Newvr/Dustor-en001.pdf.

权利保障的规定涉及了更广的范围和内容，对儿童、残疾人、老年人权利保障以专门条款分别加以规定。与此同时，在经济和社会权利方面，增加了有关基本生活水准权利和健康权利保障的条款，社会保障权利和受教育权利保障的水平也有了较大幅度的提升。自由权利与经济社会权利的平衡保障，体现了埃及这种从计划经济向市场经济转型的国家在人权保障制度方面的重要特征。

最后，伊斯兰教被规定为埃及的国教，它影响到人权保障的内容和方式，但其变化趋势又受到市场经济体制运行的显著影响。它特别体现在对妇女权利保障和宗教信仰自由两个方面。根据伊斯兰教义，埃及允许一夫多妻，提高妇女权利保障虽然是一种趋势，但在埃及也经历了一波三折。埃及虽然规定伊斯兰教为国教，但同时也保障宗教信仰自由。虽然规定伊斯兰教义是主要的立法根据，但2014年宪法也同时肯定埃及基督教和犹太教的教义也是他们民族法律、宗教事务、精神领袖选举的主要依据。同时，新宪法还禁止基于宗教、性别、出身、宗派或地区歧视的政治活动或政党组织活动。

第二节 印度的市场经济与人权保障制度

印度位于亚洲南部，是世界四大文明古国之一，历史上印度遭受过多次殖民侵略，直到1947年印度取得民族的真正独立，走上独立发展道路。在1991年以前，印度实行的是社会主义计划经济；1991年之后，实行经济自由化改革，逐步转型为自由市场经济。

一 印度的市场经济特征与发展

马颖将印度经济体制的发展分为以下三个时期。[①]

1947年至1980年，是尝试建立计划经济体制的"尼赫鲁时期"。1947年尼赫鲁出任战后第一任总理，决定借鉴苏联计划经济模式。在此期间建立了严格管理的工业混合经济体制，扩大公营部门，缩小私营部门，确保公营部门在重要生产领域占据主导地位。1966年英迪拉·甘地

---

① 马颖：《印度渐进式市场经济体制改革成效探析》，《亚太经济》2016年第3期。

任总理后对银行和保险业实行国有化。在外贸方面实行进口替代，规定凡是本国能够生产的产品不准进口，采用高关税和进口审批制度。在农村推行土地制度和租佃制度改革，确保租金公平，维持稳定的租佃关系，规定土地的最高限额，遏制土地垄断。①

1981—1990年，是向市场经济体制逐步过渡时期。印度1957—1979年GDP的年均增长率不到4%②，1979年还出现了负增长。在社会压力下，甘地母子在位期间尝试在经济上放松管制，允许固定资产投资5亿卢比以上的项目和对农村地区投资1.5亿卢比以下的项目无须申请许可证，发放生产许可证的产业也从1985年的25个扩大到30个。③ 在外贸方面，转向进口替代与出口导向相结合，逐步扩大进口许可产品清单。在税收体制方面，以增值税取代营业税。④

1991年以来，是推进市场经济体制改革的时期。印度1980—1990年的年均实际增长率达到了5.8%⑤，高于同期发展中国家的平均水平，激发了印度社会希望进一步推进改革的热情。1991年纳拉辛哈·拉奥出任总理后，开始了向市场经济体制的改革，此后的各任总理也都延续了市场导向的改革。公营部门由18个行业减少到4个行业，生产许可证几乎全部取消，国家不再对企业下达指标，计划委员会被取消。在外贸方面，取消了中间产品和资本品的进口许可证，最高关税由355%降到1996年的55%，并设立了经济特区。在金融体制方面，逐步实现了经常项目下卢比的可自由兑换，鼓励发展私营银行，降低国家在公营银行中的持股比例，放宽外国银行的准入限制，逐步降低优惠利率。1990—1999年，印度年均增长率维持在5.9%；2000—2012年达到7.7%。⑥

尽管印度逐渐转向市场经济体制，但仍然持续制定国民经济发展五年

---

① 马颖：《印度渐进式市场经济体制改革成效探析》，《亚太经济》2016年第3期。
② A. Kotmal, et al., Economic Liberalization and Indian Economic Growth, What's the Evidence? *Journal of Economic Literature*, 2011 (4), p.1159.
③ 沈开艳等著：《印度经济改革发展20年：理论、实证与比较（1991—2010）》，上海人民出版社2011年版，第72页。
④ 马颖：《印度渐进式市场经济体制改革成效探析》，《亚太经济》2016年第3期。
⑤ World Bank, 1997 *World Development Indicators*, World Bank, 1997, p.131.
⑥ 马颖：《印度渐进式市场经济体制改革成效探析》，《亚太经济》2016年第3期。

计划。从 1951—1956 年第一个五年计划，到 2013—2017 年第十二个五年计划，共实施了 11 个五年计划。虽然印度政府通过建立印度国家转型委员会来取代已经运转了 60 年的计划委员会，但由前政府提出的第十二个五年计划仍继续实施，该计划将年度 GDP 增长目标定在 8%。① 2017 年，印度终止了五年计划的安排，启动了"十五年发展远景规划"②。

印度向市场经济的转型也带来了一系列社会问题。改革的主要受益者是地主、私人大企业主、城市中产阶级、政府官员等少数阶层，底层民众未能得到实惠。90 年代初以来农业生产率持续低迷，致使数亿农民穷困潦倒。城市贫民依旧贫困，传统工业部门失业率上升，以举国之力建立起的信息软件服务业无法为贫困的底层民众创造就业机会。2015 年有 1.5 亿公司职员和工人走上街头抵制莫迪政府的改革计划。③

二 印度的人权保障及其发展

印度 1950 年颁布的现行印度宪法。印度宪法中 75% 的内容是从英国人制定的 1935 年《印度政府法》继承而来，但基本权利条款却完全是印度人民自己制定的。④

（一）宪法保障的基本权利

印度宪法用第三篇专门规定了各项基本权利，包括平等权、自由权、反剥削权、文化教育权和宪法补救权五个部分。

1. 平等权

印度宪法第 14—18 条规定了平等权。第 14 条规定了法律上的平等，"在印度领土内。国家不得拒绝给予任何人法律上之平等，或法律上之平等保护"。第 15 条规定了"禁止宗教、种族、种姓、性别、出生地的歧视"，但规定这"不妨碍国家专为妇女儿童做出任何特殊规定"，"不妨碍议会为在社会和教育方面落后的任何阶层的公民，以及表列种姓的进步制

---

① 驻孟买总领馆经商室：《印度第十二个五年计划将继续实施》，商务部网站：http://www.mofcom.gov.cn/article/i/jyjl/j/201502/20150200894440.shtml。
② 《中印战略经济对话助推两国务实合作互利共赢》2018 年 4 月 14 日，中央人民政府网站：http://www.gov.cn/xinwen/2018-04/14/content_5282470.htm。
③ 马颖：《印度渐进式市场经济体制改革成效探析》，《亚太经济》2016 年第 3 期。
④ 周小明：《印度宪法及其晚近变迁》，博士学位论文，华东政法大学，2013 年。

定特别条款",不妨碍国家以法律形式制定特殊规定,用以促进社会和教育上的落后阶层或附加规定的种姓、部族进入教育机构。第 16 条规定"一切公民在国家和政府公职的聘用或任命方面应享有平等之机会")第 1 款),"在国家和政府公职的聘用或任命方面不得仅根据宗教、种族、种姓、性别、家世、出生地点、住所等理由排斥或歧视任何公民"(第 2 款),但此规定"不妨碍议会做出规定为某些落后的公民阶层保留若干公职位置,如果国家认为他们在国家公务部门中未得到适当代表的话"(第 4 款),不影响法律规定涉及宗教或教派组织事务的职务或其领导机构的任何人员必须由信仰该宗教或属于该教派的人来担任(第 5 款)。第 17 条规定"废除'贱民制'并禁止以任何形式实行'贱民制',凭借'贱民制'而剥夺他人权利的行为属于犯罪行为,应依法惩处"。第 18 条规定"非军事或学术性质之任何头衔,不得由国家授予"①。

2. 自由权

印度宪法第 19—22 条规定了自由权,但这主要涉及表达自由、行动自由、财产自由和人身自由,还包括了受义务教育的权利。

第 19 条第 1 款规定公民享有(1)言论和表达自由;(2)举行和平且不携带武器的集会;(3)结社或建立工会(2011 年宪法第 97 个修正案增加);(4)在印度境内自由迁徙;(5)在印度境内任何地方居住或者定居(1978 年第 44 个宪法修正案增加)(6)从事任何专业、职业、商业或事业。第 2—6 款规定了对自由权的各种限制,包括为维护印度的主权完整、国家安全、同外国的友好关系、公共秩序、礼仪道德,或有由于涉及到藐视法庭、诽谤或煽动犯罪等问题而对言论和表达自由施加合理限制(第 2 款),因印度主权与领土完整或公共秩序之需要而对举行和平且不携带武器集会的权利的行使加以合理限制(第 3 款),为印度的主权和完整或公共秩序,或道德制定法律对结社和建立工会的权利加以合理的限制(第 4 款),为保护公共利益或表列部落之利益,对自由迁徙择居权利的行使加以合理限制(第 5 款),因公共利益而对从事任何专业、职业、商业或事业的权利之行使加以合理限制(第 6 款)。在财产权方面,第 31

---

① The Constitution of India(As modified up to the 1st December, 2007),PDF, http://vdisk.weibo.com/s/z78y6_ 5E8NelL.

条规定了对财产权的限制。尽管原第 31 条关于财产强制征收的内容被 1978 年宪法第 44 修正案取消，但现行宪法第 31 条（A）第 1 款明确规定："任何法律凡规定：（一）由国家征用财产或财产权利，废除或修正此类权利；（二）国家出于公共利益或为使财产得到适善管理，在一定期限内接管财产的管理权；（三）为了公共利益或保证公司获得适善管理，将两个或两个以上的公司合并；（四）公司代理人、秘书、司库、常务董事、董事、经理的权利或股东选举权的废除或变更；（五）为勘察，采掘矿产和石油，废除或变更根据协议租约、特许证等文件取得的权利，或者提前终止和取消任何这类协议、租约和特许证——均不得因与第十四条或第十九条赋予的权利不符，或者剥夺而损害了这些权利而视为无效。"[1]

第 20 条规定了公正审判权，第 1 款规定"任何人若未违犯有效法律的被控行为，不得判以任何罪名；而且所判刑罚不得重于当时有效法律对其所做的处罚"；第 2 款规定"任何人不得因同一罪行受一次以上的指控与处罚"；第 3 款规定"不得强迫被告自证其罪"[2]。

第 21—22 条规定了人身自由权。第 21 条规定"非依法定程序，不得剥夺任何人的生命和人身自由"。第 22 条（1978 年宪法第 44 个修正案增加）规定了在一定情况下免受逮捕和羁押的保护性规定，包括"任何被逮捕者，如未速告被逮捕之理由，不得予以拘留监禁，不得剥夺其与本人选定的律师商谈，以及由本人选定的律师进行辩护的权利"（第 1 款）；"被捕监禁人应于被捕后二十四小时内（从逮捕地点至治安法庭的路程所需时间除外），提至最近的治安法庭；未经治安法官允许，任何人不得被拘留监禁超过上述期限"（第 2 款）；"规定预防监禁法律不得授权进行两个月以上监禁，除非由有关高等法院首席法官推荐的人所组成的咨询委员会在上述两个月期限届满前提出报告，认为监禁理由充分"（第 4 款）；"依照预防监禁法命令对任何人加以监禁时，发布命令之机关应尽快将发布命令理由传达给本人，并应尽早使其对该命令有陈述不同意见的机会"

---

[1] The Constitution of India (As modified up to the 1st December, 2007), PDF, http：//vdisk. weibo. com/s/z78y6_ 5E8NelL.

[2] The Constitution of India (As modified up to the 1st December, 2007), PDF, http：//vdisk. weibo. com/s/z78y6_ 5E8NelL.

(第5款)。①

值得注意的是，2002年宪法第86修正案将国家立法为6—14岁儿童提供免费义务教育作为第21（A）条放入自由权利部分。

3. 反剥削权

印度宪法第23—28条规定了"反剥削权"，其中主要包括禁止人口买卖、强迫劳动、雇佣童工，还包括了宗教自由权。

第23条规定禁止人口买卖和强迫劳动，"人口买卖，佃农为地主无偿劳役制及其他类似方式之强迫劳役，皆予禁止；凡与本条款抵触之行为均为应依法处罚的犯罪行为"（第1款）。同时规定上述规定"不妨碍国家为公共目的而规定强制性义务劳动和服务"；但国家做出此类规定时"不得仅根据宗教、种族、种姓、阶级或其中任何一项理由而有所歧视"（第2款）。②

第24条规定禁止工厂雇用童工，"不得雇用十四岁以下儿童在工厂或矿场中工作，或从事其他危险工作"③。

第25条规定良心自由与信教、传教和参加宗教活动的自由。第1款规定，"除受公共秩序、道德与健康以及本篇其他条款之限制外，一切人皆平等享有良心自由与信教、传教和参加宗教活动之权利"。第2条规定，上述条款妨碍国家制定法律（1）规定或限制任何与奉行宗教有关之经济、财政、政治或其他非宗教活动；（2）规定社会福利与社会改革，或规定将印度教的公共设施对各阶层和各教派的印度教徒开放。第26条规定处理宗教事务的自由，第1款规定"除受公共秩序、道德与健康之限制外，所有宗教教派及其中任一分支教派应有下列权利：（1）设立与维持宗教机构与慈善机构；（2）处理自身之宗教；（3）拥有与获取动产与不动产；（4）依法管理此类财产"。第27条决定是否为促进某一宗教而纳税的自由，"不得强迫任何人缴纳专门拨付促进或维持任何特定宗教

---

① The Constitution of India (As modified up to the 1st December, 2007), PDF, http://vdisk.weibo.com/s/z78y6_5E8NelL.

② The Constitution of India (As modified up to the 1st December, 2007), PDF, http://vdisk.weibo.com/s/z78y6_5E8NelL.

③ The Constitution of India (As modified up to the 1st December, 2007), PDF, http://vdisk.weibo.com/s/z78y6_5E8NelL.

或教派之用的任何税款"。第 28 条规定"在某教育机构内参加宗教课程和宗教仪式的自由",第 1 款规定"完全由国库维持的任何教育机构不得进行宗教教育",但该规定不适用于虽由国家管理但系依靠馈赠和托管财产成立之教育机构。第 3 款规定,"凡为国家所承认或接受国库津贴的教育机构,其入学者非经本人同意,不得强迫其参加该教育机构内可能设置的任何宗教教程,或参加该机构或其附属场所可能举行的任何宗教仪式;如本人尚未成年,则须经其监护人同意"①。

4. 文化和教育权利

印度宪法第 29—31 条规定了文化教育权利,其中涉及少数民族文化和教育权利和财产权利保护的限制性条款。

第 29 条规定了少数民族利益的保护,第 1 款规定"任何居住在印度境内或者其他部分地区的公民,其地方独特的语言、文字或者文化者均有权保存之";第 2 款规定"国家运营的或者接受国家资助的教育机构,不得以宗教、种族、种姓、语言等理由拒绝任何公民入学";第 30 条规定了少数民族建立教育机构的权利,第 1 款规定"少数民族,无论是基于语言或者宗教所形成,均有权建立和运营他们所选择的教育机构"②。

值得注意的是,印度宪法在"文化和教育权利"的标题下设置了对财产权保障的限制性条款(第 31 条)。③

5. 宪法补救权

印度宪法第 32 条规定了宪法补救权,第 1 款规定"通过适当程序赋予促请最高法院实施本篇所赋予权利之权利应受到保障";第 2 款规定"实施本篇所赋予的任何权利,最高法院有权发布指令、命令或令状,包括人身保护状、命令状、禁令、追究权力令与移送复审令等令状,视何者为适当而定"。第 33—34 条规定了对权利保护的限制,"议会得以法律规定,本篇赋予任何权利,在适用于武装部队人员或负责维持公共秩序之部

---

① The Constitution of India (As modified up to the 1st December, 2007), PDF, http://vdisk.weibo.com/s/z78y6_ 5E8NelL.

② The Constitution of India (As modified up to the 1st December, 2007), PDF, http://vdisk.weibo.com/s/z78y6_ 5E8NelL.

③ The Constitution of India (As modified up to the 1st December, 2007), PDF, http://vdisk.weibo.com/s/z78y6_ 5E8NelL.

队人员时，应在何种程度上加以限制或废弃限制，或废弃，以确保适当免除他们的责任并维持该部队之纪律"（第33条）；"议会对任何服务于联邦或各邦之人或任何他人，在印度境内任何实行军法管制区域内因维持或恢复秩序而为之行为，得以法律免除其责任，并确认其在军法管制地区内所决定之判决、处罚、没收及其他措置之效力"（第35条）。①

（二）宪法中国家政策指导原则涉及的权利

印度宪法第四篇通过确定"国家政策之指导原则"来确定国家保障人权的各项责任。

1. 平等权利保障

印度宪法第38条第2款规定："国家尤应致力于缩小收入上的不平等，努力消除个人之间，居住于不同地区，或从事不同职业的个人或公民集团之间在地位、设施和机会方面的不平等。"②

在性别平等权利保障方面，宪法第39条规定，"国家应使其政策致力于保证：（一）一切男女公民平等享有适当谋生手段权利；（二）新区物质资源之占有权与控制权之分配应促进公共利益最为有利；（三）经济制度之运行不应造成财富与生产资料之集中因而损害公众利益；（四）男女同工同酬"③。

在司法平等保障方面，第39A条规定："国家应确保法制的实施，以伸张正义为己任，以机会均等为基础，尤应通过适当的立法、计划或其他方式免费提供法律帮助，务使公民不因经济或其他方面能力不足而失去伸张正义之机会。"④

2. 经济和社会权利保障

宪法第41条规定："国家应在经济能力与经济发展之限度内，制定

---

① The Constitution of India (As modified up to the 1st December, 2007), PDF, http：//vdisk. weibo. com/s/z78y6_ 5E8NelL.

② The Constitution of India (As modified up to the 1st December, 2007), PDF, http：//vdisk. weibo. com/s/z78y6_ 5E8NelL.

③ The Constitution of India (As modified up to the 1st December, 2007), PDF, http：//vdisk. weibo. com/s/z78y6_ 5E8NelL.

④ The Constitution of India (As modified up to the 1st December, 2007), PDF, http：//vdisk. weibo. com/s/z78y6_ 5E8NelL.

有效规定确保工作权、受教育权及在失业、年老、疾病、残疾及其他过分困难情形下享受公共补助之权利。"①

在工作权保障方面，宪法第42条规定："国家应做出规定确保适当与人道之工作条件及对产妇之优待。"第43条规定："国家应通过适当立法成立经济组织，或以其他方法竭力使一切工农业工人和其他工人在工作、维持生活之工资和工作条件方面据有保障，保证他们享有一定的生活水准，享有闲暇，拥有社会与文化上的机会。国家在农村地区尤应在个人或合作社的基础上努力促进家庭手工业的发展。"第43A条规定："工人参加工业管理——国家得通过适当立法或其他方法采取步骤，确保工人参加任何工业企业中的经营管理和机构的管理。"②

在健康权利保障方面，宪法第47条规定："国家应将人民营养水平与生活水平之提高，以及公共卫生之改进，视为首要职责之一，国家尤应努力推动禁止酒精饮料与有损健康的麻醉药品之非医用消费。"③

在环境权利保障方面，宪法第48A条规定："国家应尽力保护和改善环境，保护国家森林和野生生物。"④

3. 特定群体权利保障

在儿童权利保障方面，宪法第45条规定："国家应尽力在本宪法实施后的十年内，对于十四岁和十四岁以下的所有儿童实施免费义务教育。"宪法第39条规定，国家应使其政策致力于保证"儿童之健康和体力弱不受摧残，不使公民迫于经济需要而从事与其年龄或体力不相称之职业；（六）使儿童享有在自由与尊严的条件下健康成长的机会和环境，保护儿童与青年不受剥削，在道义上与物质上不受遗弃"⑤。

---

① The Constitution of India (As modified up to the 1st December, 2007), PDF, http://vdisk.weibo.com/s/z78y6_ 5E8NelL.

② The Constitution of India (As modified up to the 1st December, 2007), PDF, http://vdisk.weibo.com/s/z78y6_ 5E8NelL.

③ The Constitution of India (As modified up to the 1st December, 2007), PDF, http://vdisk.weibo.com/s/z78y6_ 5E8NelL.

④ The Constitution of India (As modified up to the 1st December, 2007), PDF, http://vdisk.weibo.com/s/z78y6_ 5E8NelL.

⑤ The Constitution of India (As modified up to the 1st December, 2007), PDF, http://vdisk.weibo.com/s/z78y6_ 5E8NelL.

在少数民族权利保障方面，宪法第46条规定："国家应特别注意增进人民中弱小阶层之教育与经济利益，特别是'表列部落'和'表列种姓'的教育和经济利益，并应保护彼等不受社会之不公待遇与一切形式之剥削。"①

（三）宪法中其他部分涉及的人权保障内容

印度宪法中在其他篇章中还涉及一些人权保障内容。

1. 财产权保障

印度宪法第300条（A）规定"非经法律授权，不得剥夺任何人的财产"②。

2. 商贸自由权保障

印度宪法第301条规定："除本篇其他条款另有规定者外，印度境内的贸易、商业和往来一律自由。"第302—304条作出限制性规定，"议会可根据公共利益的需要制定法律，对各邦之间或各地区之间的贸易、商业和往来自由加以限制"（第302条）；"邦议会也得制定法律：（一）对他邦或输入国内其他地区与本邦境内生产的同类货物课以同样的赋税，对输入货物与本邦自产货物一视同仁。（二）根据公共利益的需要。合理限制邦与邦之间或邦内各地区之间的贸易、商业和往来"③。

3. 选举权保障

印度宪法第326条规定："人民院和邦立法会议的选举采取成人普选制，即凡年满二十一岁计算年龄的基准日期，由相应的立法机关以法律作出规定的印度公民，没有本宪法或相应立法机关所颁法律规定的、丧失选民资格的其他情由（如非当地居民、精神不健全、有犯罪、贪污或不法行为）者，均有登记参加上述选举的权利。"第325条规定："任何人不得以宗教、种族、种姓、性别等理由丧失列入的资格或要求列入特殊选民名册，对于议会各院或邦议会各院的选举，每一地方选区应该仅有一本选

---

① The Constitution of India (As modified up to the 1st December, 2007), PDF, http：//vdisk.weibo.com/s/z78y6_ 5E8NelL.

② The Constitution of India (As modified up to the 1st December, 2007), PDF, http：//vdisk.weibo.com/s/z78y6_ 5E8NelL.

③ The Constitution of India (As modified up to the 1st December, 2007), PDF, http：//vdisk.weibo.com/s/z78y6_ 5E8NelL.

民总名册,任何人不得仅仅因为宗教、种族、种姓、性别等方面的理由,失去列入某选区的选民名册的资格或要求列入该选区的特殊选民名册。"①

4. 特定群体权利保障

印度宪法第 16 篇对"某些公民阶层"的特殊规定。第 330 条第 1 款规定:"人民院应为下列阶层保留议席:(一)'表列种姓';(二)除阿萨姆部落地区、那加兰邦、梅加拉亚……等邦或中央直辖区'表列部落'以外的'表列部落';(三)阿萨姆邦各自治县内的'表列部落'。"第 332 条规定:"邦立法会议应为'表列种姓'和'表列部落'保留议席。"②

(四)印度其他法律中有关人权保障的法律和政策

1. 有关保障社会保障权利的法律和政策

1923 年,印度出台了一部《工伤赔偿法》,规定雇主对伤残工人提供一小笔补偿金。印度独立之后,开始建立社会保障制度。1948 年,印度通过了《雇员国家保险法》,这是一个涵盖医疗、工伤、失业保障项目的综合性计划,也为死亡工人提供抚恤金、殓葬费。它的覆盖面还是比较窄。但后来逐渐地扩大。同年,还出台了《煤矿准备基金和奖金计划法》,这是一项专门针对煤矿工人的养老保险计划。1952 年颁布了覆盖范围更广的《雇员公积金和综合福利法》,建立雇员公积金计划(EPF),该计划最初只包括了 6 个行业的工人,后来覆盖面不断扩大,现在已经扩展到 184 个特定的行业,是印度政府管理的最大的社会保障项目。1961 年颁布《生育津贴条例》;1971 年出台《煤矿家属抚恤金计划》和《雇员家属抚恤金计划》,主要是为投保人的遗属支付抚恤金,这是第一个由政府资助的社会养老保险计划。1972 年建立的退职基金(Gratuity)则是针对 10 人以上的工厂、煤矿、油田、种植园、港口、铁路、商店的雇员建立的专门养老金计划。印度还建立了卫生保健制度。

2. 有关保障受教育权利的法律和政策

1986 年,印度政府颁布《国家教育政策》,普及义务教育工程正式在

---

① The Constitution of India (As modified up to the 1st December, 2007), PDF, http: //vdisk. weibo. com/s/z78y6_ 5E8NelL.

② The Constitution of India (As modified up to the 1st December, 2007), PDF, http: //vdisk. weibo. com/s/z78y6_ 5E8NelL.

印度全国启动《国家教育政策》，提出了"实施全国统一的 10 + 2 + 3 学制、调整中央和各邦合作伙伴关系等服务于教育进程的重要规定"；它强调"应竭尽全力保护少数民族的权利，而且还应竭尽全力促进他们对教育的兴趣"。1992 年，印度政府又根据基础教育的实施情况修改了 1986 年的《国家教育政策》，并在全国实行统一的教育体制，明确提出了人人享有受教育的权利，要把教育扩展到社会的各个领域，消除教育上的城乡和贫富差距。①

3. 有关保障妇女权利的法律和政策

印度独立之后，通过修改相关法律，逐步提高妇女的地位，改善妇女的人权状况。在印度独立之前以及 1976 年制定《禁止童婚补充条例》之前，印度婚姻家庭关系适用《萨尔德法》。《萨尔德法》于 1929 年颁布，规定了结婚的年龄。1978 年的修改后《禁止童婚补充条例》提高了结婚年龄，将其提高至男 22 岁，女 18 岁，且不论宗教信仰如何，一律照此办理。② 1961 年印度政府制定了《全印度禁止嫁妆法》，规定给予、接受、索取甚至约定给予或借用嫁妆的行为是犯罪；1984 年通过了新的禁止嫁妆法。印度还通过建立家庭法、修改宪法等形式，防止残暴对待妇女的行为。1956 年印度议会通过了《印度教法典》，这部法典仅仅适用于印度教徒，其由 4 部分组成：印度教婚姻法、印度教未成年人及其监护、印度教收养法及抚养法以及印度教继承法等。这部法律的制定，对于保护印度教的妇女的权利具有重要意义。诸如，这部新法禁止一夫多妻，重婚者以犯罪论处，而且其婚姻无效；准许离婚；男女双方必须完全自愿才能缔结婚约；准许与各种社会等级的人通婚。印度教未成年监护法规定了未成年人的监护问题，印度教继承法最重要的是赋予印度教妇女享有财产继承权。

4. 对平等权利的保障

1955 年，印度议会通过《不可接触犯罪法》，明确列举下列与贱民制度有关的行为构成犯罪行为：1）阻止他人进入公共场所，如医院、诊所、学校等；2）阻止他人进入公共宗教场所；3）限制任何人进入商店、

---

① 张莞溶、刘文：《日本与印度实现教育公平的制度设计》，《吉首大学学报》（社会科学版）2012 年第 6 期。

② 何勤华、李秀清：《东南亚七国法律发达史》，《法律出版社》2002 年，第 83 页。

饭店、酒店或公共娱乐场所或者限制他人使用水库、水龙头或其他水源、道路和火葬场等场所。1976年该法被更名为《民权保护法》，增加如下须被追究刑事责任的事项：1）侮辱表列种姓人员；2）直接或间接地宣扬不可接触制度；3）从历史、哲学、宗教或传统的角度论证不可接触制度的正当性。[①] 此外，1998年印度法院判决政府不得因公务员报考者患艾滋病而拒绝其担任公职。

（五）印度宪法中有关人权内容的修改

印度宪法修改频繁，到2017年8月已经修宪122次，平均每年1.82次。通过对不同阶段宪法修改情况的分析，可以显示印度人权保障的发展趋势。

1. 尼赫鲁时期（1951—1964年）

在此时期对宪法规定权利修改主要包括以下方面：（1）先后有三次修正案限制财产权：在1951年第1修正案中，为废除柴明达尔地主制度而限制财产权而在第31A和31B，并增加宪法附表9，将有关土地改革的13部法律列在其中，规定这些法律不受司法审查。在1955年第4修正案中，修改第31条第2款，将没收和征收分开，补偿只针对后者，同时规定补偿数额争议不受司法审查，这是针对最高法院关于败征收都必须给予公正补偿的判决。新增第二款A规定不转移所有权而仅对私人财产的限制不属于征收。修改第31A条，扩大不受司法审查的法律种类，将其他社会改革立法不因违法审查而被判定无效。在1964年第17修正案中，修改第31A条第2款a项，扩大不动产的范围，使更多涉及土地改革的法律不受司法审查，同时在附表9中增加44部涉及土地改革的法律，使其不受司法审查。（2）有三次修正案限制经济自由权：一是在1951年宪法第1修正案中，第19条第6款增加择业自由权不得妨碍"国家制定法律对某些行业的国有化以部分排除或者完全排除私人的经营"的内容；二是在1954年第3修正案中，修改附表7共享立法事项第33项，将中央可以立法管理的商品范围扩大到所有生活必需品；三是在1955年第4修正案中，修改第305条授权政府建立垄断企业，这是针对法院关于政府垄断必须基于公共利益的判决。（3）有两次修正案限制言论自由权：一是在

[①] 周小明：《印度宪法及其晚近变迁》，博士学位论文，华东政法大学，2013年。

1951年宪法第1修正案中，第19条增加了"公共秩序""与外国的友好关系""煽动犯罪"作为对言论自由的限制；二是在1963年第16修正案中，修改第19条第2、3、4款，授权国家可以制定法律基于印度的主权和领土完整而限制言论、集会和结社自由。（4）有一次修正案保护弱势群体权利：在1951年宪法第1修正案中，在第15条增加第4款，规定宪法平等权并不妨碍国家对落后阶层作出另外的保护[①]。

2. 英迪拉·甘地时期（1966—1984年）

在此时期宪法的对各项权利继续作出限制性修改：（1）在限制财产权方面又进行了多次修改：1971年第25修正案修改第31条，规定征收补偿不是全额补偿，补偿数额和形式不受司法审查；规定实施国家政策指导原则中的公平经济政策法律，不得因其违反第14、19条和第31条规定的基本权利而被判定无效，这是针对最高法院在银行国有化案件中的判决。1972年第29修正案在附表9中增加2部喀拉拉邦土地改革法，使其受第31B条的保护而不受司法审查。1974年第34修正案在附表9中新增20部涉及土地改革的邦法律，使其受第31B条的保护而不受司法审查。1976年第40修正案修改附表9，授予联邦国会对经济特区制定法律的权力，规定矿产权属于印度联邦，将部分土地改革法律加入附表9，使其免受司法审查。1984年修正案将14部土地改革法加入附表9中。但1978年的第44修正案取消了关于强制征收土地的第31条。（2）在限制封建权利方面，1971年第26修正案删除第291条关于由印度政府向原来的封建王公提供年金的规定，删除第362条关于保障原封建王公人身特权的规定，增加363A，明确废止王公统治及其年金，这是针对最高法院关于王公年金案的判决。（3）在限制行动自由方面，1976年第42修正案增加31D条，界定"反国家"行为的种类，包括分裂国家等，并规定联邦议会制定的涉及防止"反国家"行为的法律不因其违反第14、19条和第31条而无效。1984年第50修正案将基本权利受限制的人员从军人和警察扩大到情报特工和有关通信工作人员。（4）1976年第42修正案，在序言中明确印度是社会主义的和世俗的国家；在《国家政策指导原则》中增加法律援助权、工人参与工厂管理和环境保护等政策，规定《国家政策指

[①] 周小明：《印度宪法及其晚近变迁》，博士学位论文，华东政法大学，2013年。

导原则》的效力高于基本权利的效力。需要说明的是，1977年人民党在人民院大选中获胜后，先后在1977年和1978年通过第43条和第44条修正案，删除第42条修正案限制基本权利的大量内容，使宪法秩序基本回归到第42条修正案之前。①

3. 20世纪90年代后

20世纪90年代后，随着印度进入市场经济体制改革，印度宪法的修改也出现了一些新的变化：（1）增加了自由权利的规定：2012年第97修正案在19条第1款（c）项中加入"合作社"字样，使组建合作的自由成为结社自由权的一项内容，使之成为基本权利。（2）政治民主权利呈现扩大趋势：1992年第73修正案增加第9编《潘查亚特》（第243条至第243O条），使"潘查亚特"（五人长老会）成为在农村的第三级政府，目的在于推动农村基层民主。1992年第74修正案增加第9A编《市政机关》（第243P条至第243G条），使之成为邦下的城市自治政府，目的在于增加各大小市政府的自治和民主。（3）增加了儿童权利保护的规定：2002年第86条修正案，增加21A条，规定6—14岁儿童接受义务教育是公民的基本权利，政府根据法律向满6周岁不满14周岁的儿童提供免费义务教育；修改第45条，规定国家促进不满6周岁儿童的幼儿教育；在4A编《基本义务》第51A条中增加k款，规定向满6周岁不满14周岁的子女或受监护人提供教育机会是父母的监护人的基本义务。（4）财产权利方面继续延续了对土地改革法律的认可：1990年第66修正案将1959年《安德拉邦表列地区土地转让规则》等主要涉及土地改革的邦法律列入附表9，使之不受司法审查。1995年第78修正案在附表9中列入1947年《比哈尔特权人权士家园租赁法》等27部有关土地改革法律，使其不受司法审查。②

三　印度市场经济体制对人权保障制度的影响

印度曾经长期实行计划经济体制，但同时为私营经济保留了一定空间，因此其经济体制具体混合经济体制的特征。在印度的人权保障制度

---

① 周小明：《印度宪法及其晚近变迁》，博士学位论文，华东政法大学，2013年。
② 周小明：《印度宪法及其晚近变迁》，博士学位论文，华东政法大学，2013年。

中，有许多方面与这种经济体制相对应的方面。第一，将对平等权利的保障放在最突出的地位。第二，对私人财产权施加了明显的限制，特别强调财产权的行使受到公共利益的限制，1978年宪法第44条修正案还将第19条第1款（f）项的"取得、占有和处分财产"的规定删除。第三，允许对商贸活动的自由施行一定的限制。第四，强调工人参与企业管理。第五，规定为维护印度的主权完整、国家安全、同外国的友好关系、公共秩序、礼仪道德，或有由于涉及藐视法庭、诽谤或煽动犯罪等问题而对言论和表达自由施加合理限制。第六，规定了反剥削权。第七，从国家责任的角度来表述对经济和社会权利、特定群体权利的保障。

从20世纪80年代开始，特别是进入20世纪90年代之后，印度逐渐转向市场经济体制。与此相应，印度的人权保障制度也呈现出一定的变化。在尼赫鲁推行计划经济体制时期，印度宪法先后有三次修改案限制财产权，三次修正案限制经济自由权，两次修正案限制言论自由权，一次修正案保护弱势群体权利。在英迪拉·甘地执政时间，继续限制财产权利，限制封建权利，限制行动自由权利，增加法律援助权、工人参与工厂管理和环境保护等政策，规定"国家政策指导原则"的效力高于基本权利的效力。1977年人民党在人民院大选中获胜后，连续通过宪法修正案，删除第42条修正案限制基本权利的大量内容。20世纪90年代后，印度的人权保障出现了一些变化，增加了有关自由权利的规定，政治民主权利呈现扩大趋势，增加了保障儿童受教育权的规定。

印度是个多民族国家，"印度大大小小民族达几十个，另有数百个部族。这些民族和部族围绕着官方语言问题、建立语言邦的斗争、本地民族与外来民族的矛盾、民族自治与民族分离主义运动、部落人问题等发生冲突。印度还是个教派对立（主要是在印度教派和穆斯林之间）、冲突频繁的国家。占人口82.64%的印度教徒和占人口11.35%的穆斯林之间经常发生矛盾和冲突。独立以来教派冲突从未间断过"[①]。为了维护社会秩序，印度宪法中明确规定了宗教自由权和种族平等权，废除种姓制度，强调对落后阶层、表列种族或部落予以特殊的促进措施。

[①] 康敏军：《试析印度经济发展中的社会问题》，《暨南学报》（哲学社会科学）1999年第4期。

第三节 越南的市场经济与人权保障制度

一 越南市场经济的特点与发展

近代越南原为法国的殖民地,"二战"期间被日本占领,深受日本的侵略与奴役。1945年日本投降之后,越南人民在胡志明主席为首的印度支那共产党的领导下取得了"八月革命"的胜利,宣告成立越南民主共和国。随后,法国提出对印度支那的拥有权,并派出远征部队,入侵越南,激起越南人民的极力反抗。越南在以中国为主的社会主义国家的军事帮助下,于1954年发起进攻,并取得决定性胜利,迫使法国在《日内瓦协议》上签字,抗法战争结束。与此同时,越南北方也获得了解放。随后,越南北方就照搬苏联模式,开始社会主义改造和社会主义建设。1960年秋天,越南召开越南共产党第三次全国代表大会,提出了北方社会主义过渡时期的总路线,标志着越南北方计划经济建设全面开始,越南逐步建立起了以经济上高度集中、政治上高度集权、思想上高度统一为特征的传统社会主义体制。1975年,越南抗美战争胜利,越南南方解放,实现了越南的南北统一,越南政府采用北方模式对南方进行社会主义改造和建设,但是这种做法对越南经济产生严重影响。以致在统一之后到1986年十年,"越南经济走向了崩溃边缘;粮食连年减产,粮荒遍及全国;工业产值急剧下降,计划指标普遍不能完全;财政金融形势严峻,通后膨胀率扶摇直上;外贸逆差剧增,债台高筑;国内市场萧条,民不聊生"①。1986年之后,越南把工作重心转移到经济建设上来,着力进行经济体制改革,并且争取一个有利的国际环境,力图逐步扭转国内经济困难局面,标志着越南进入改革开放的新时期。迄今为止,越南各的社会主义经济建设与发展经历以下几个阶段。

第一阶段,1979—1986年为越南市场经济的探索阶段,也被称为新经济政策实施阶段。王士录认为,"在这一阶段,越南开始引入市场机制,对高度集中、僵化的计划经济体制进行了某些变革。比如,在农村实行联产承包责任制;在工商企业方面,放宽对消费品工业和地方工业

---

① 何勤华、李秀清:《东南亚七国法律发达史》,法律出版社2002年版,第688页。

的中央计划控制，扩大企业自主权，开放自由市场，放宽对私营经济的限制等"①。谷源祥指出："1981—1985 年五年计划的许多指标完成得比较好，其中农业年均增长 4.9%，工业增长 9.5%。人均粮食从 1981 年的 273 公斤增至 1985 年的 304 公斤。"② 虽然，新经济政策实施获得生机，但是越南领导人也高估了新经济政策的成果，错误估计整个经济的承受能力，并进行了深入改革。1985 年 6 月的五届八中全会作出了关于同步改革价格、工资、货币的决议，在全国范围内实现单一经营价格，并且调整商品价格，进行新币兑换旧币工作，以此作为废除"官僚集中包给制"的突破口。这一改革带来的严重后果是货币贬值、物价飞涨、通货膨胀、失业剧增、经济恶化、社会动荡。1985 年底，越南为了应对经济形势，防止社会动乱，停止货币价格制度的改革，恢复配给制和价格双规制。为此，这意味着越南学习苏联模式已经走不通。

第二阶段，1986—2001 年，越南市场经济初步实施阶段。在这一阶段，越南明确地提出要废除"官僚集中统包制"，向"国家宏观调控下的市场经济"过渡。为此，在流通领域、分配领域、农业领域、财政金融领域以及对外经济关系等方面进行了大刀阔斧的改革，全面放开了物价，实行了新的货币制度，进一步改善了农业承包制，把国营企业推向市场，改变按国家指令生产和实行统购包销的国家经营为国有基础上的独立核算、自主经营、自负盈亏，鼓励发展非国营经济成分，并颁布新外资法大力吸引外资。经过近 15 年的努力，人们普遍认为，越南目前已初步建立起"国家宏观调控下的市场经济体制"③。根据统计，1986—1990 年，越南国民收入增长 21.0%，年平均增长率为 3.9%。④ 但是，越南在市场经济推进过程中，也深受国际经济形势的影响，尤其 1997 年发端于泰国的亚洲金融危机影响，也使越南经济承受下行的压力，经济增长缓慢。

第三阶段，2001 年越共九大后至今，越南社会主义定向市场经济确立与高速发展时期。2001 年，越南共产党第九次代表大会召开。这次大会提出了"社会主义定向市场经济"的概念，明确了越南经济发展的新

---

① 王士录：《越南的经济体制改革》，《开放导报》1993 年第 6 期。
② 谷源祥：《越南革新的历史沿革：经验与教训》，《马克思主义研究》2009 年第 10 期。
③ 王士录：《越南的经济体制改革》，《开放导报》1993 年第 6 期。
④ 梁宏、朱兴有等：《变革中的越南朝鲜古巴》，海天出版社 2010 年第 1 版，第 35 页。

模式。越南共产党在这次大会上，提出的经济路线是：促进工业化、现代化，建立独立自主的经济，使越南成为一个工业国，优先发展生产力，同时按照社会主义定向建立与之相适应的生产关系。为此，越南共产党把经济发展以及工业化、现代化作为中心任务，并要促进经济高速增长。这次大会提出的社会主义定向市场经济，与资本主义市场经济不同，具有自身的显著特征：一是在越南的市场经济中，全民所有制、集体所有制和私有制等三种基本的所有制形式是同时并存的，而全民所有制占主导地位。二是在社会主义市场经济中，收入分配模式是与之相互适应的。伴之以合理的收入调节政策，按劳分配的分配模式在我们的社会中正发挥着举足轻重的作用。三是在国家干预的条件下，经济的运作机制往往表现为市场机制，南社会主义市场经济也同样受制市场经济的某些内在经济规律。在越南，国家干预的目的是控制和消除"市场失效"（market failures）的现象，以实现市场本身难以达到的社会目标。四是越南的市场经济是一种开放性的经济。越南的国内市场与世界经济和地区经济紧密相连，在目前的形势下，实行对外开放和加入世界经济一体化的政策，不仅能够引进外资和先进技术，而且能够充分发掘国内的经济潜力。2006年，越南共产党第十次代表大会，提出继续完善社会主义定向市场经济，大力解放和不断发展生产力；实现民富国强、社会公平、民主、文明的目标，消除饥饿，减少贫困。2011年，越南共产党第十一次代表大会召开，提出要全面推进革新开放事业，目标是到2020年把越南基本建设成为现代工业化国家。

二 越南的人权保障及其发展

（一）公民权利与政治权利保障

1. 选举权和被选举权

越南宪法第54条规定："公民，不分民族、性别、社会出身、宗教信仰、文化程度、职业、居住期限，年满18周岁即有选举权，满20周岁有权被选入国会、地方人民会议，只要符合法律的规定。"

2. 申诉与控告权

越南宪法第74条规定："公民对违反法律规定的国家机关、经济组织、社会团体、人民武装部队和任何个人都有权向有管辖权的国家机关申诉、控告。""国家机关必须在法定期限内对公民的控告和检举作出调查和处理。任何侵害国家利益、集体和公民的合法权益的行为都必须得到及时严肃的处理。受害人有权依法得到损害赔偿和恢复名誉。严禁打击报复检举和控告人，严禁滥用检举和控告权诽谤和陷害他人。"

3. 政治参与权

越南宪法第53条规定："公民有权参加管理国家和社会，参加讨论国家和地方的重大问题，向国家机关提出提议，当国家组织征求民意时进行表决。"

4. 人身人格权

越南宪法第71条规定："公民的身体不可侵犯、生命、健康、名誉和人格得到法律保护的权利。除非严重违法的现行犯，任何公民，非经人民法院决定或人民检察院批准，不受逮捕。逮捕和拘留必须依法进行。严禁任何形式的对公民荣誉和尊严的胁迫、侮辱和亵渎。"第72条规定："公民非经法院生效判决，不得被认为有罪并受惩罚。公民受到非法逮捕、扣留、起诉和审判的，有权得到损害赔偿和恢复名誉。任何人非法逮捕、扣留、起诉和审判他人从而造成他人损失的，都必须受到法律的严厉制裁。"

5. 迁徙自由

越南宪法第68条规定："公民在国内有居住和迁徙的自由，有依法出国和回国的自由。"1996年颁布《越南民法典》在总则篇中对迁徙自由进行肯定。

6. 宗教信仰自由

越南宪法第70条规定："公民享有宗教信仰自由，有权参加或不参加任何宗教。所有宗教在法律面前一律平等。宗教场所收法律保护。任何人都无权干涉宗教信仰自由，不得利用宗教违反法律和政策。"

7. 住宅不受侵犯与通信自由

越南宪法第73条规定："公民的住宅不受侵犯。非经法律授权，任何人不得未经主人允许进入其住宅。""公民通信、电话和电报的安全、秘密受保护。只有依法得到授权方可搜查住宅，开启、检查和没收公民的通信和电报。"

8. 政治自由

越南宪法第69条规定："公民有言论自由、出版自由、通信自由、集会自由、结社自由和依法游行示威的权利。"

9. 财产权

越南宪法第58条规定："公民享有合法收入、储蓄、房屋、动产、生产资料以及在企业或其他经济组织中的财产的所有权,享有按照宪法第17条和第18条的规定由国家划给土地的使用权。国家保护公民合法的所有权和继承权。"1996年的越南民法典在财产和所有权篇规定和保障公民的财产权与知识产权。

10. 平等权

越南宪法第63条规定："公民不分性别在政治、经济、文化、社会和家庭生活的所有方面享有平等的权利。……男女同工同酬。"第64条规定："缔结婚姻应当遵守自愿、共同进步、一夫一妻制和夫妻平等的原则。"在民事领域,1996年的越南民法典规定"保障当事人参与民事法律关系的机会平等,促使公民在民事活动中享有平等权"。

(二) 经济与社会权利保障

1. 文化权利

越南宪法第60条规定："公民有权从事科学和技术研究、发展、发明、创新、技术实验、生产合理化,和从事文学、艺术创造和批评以及其它文化活动。版权和工业版权受国家保护。"

2. 健康权

越南宪法第61条规定："公民有权享受保健医疗。国家制定关于医疗费用以及医疗费减、免的规章。公民有义务遵守防病和公共卫生的法规。严厉禁止非法生产、运输、销售、储存和使用鸦片和其他麻醉药品。国家对吸毒和某些危险性的社会病实行强制管理。"

3. 劳动权

越南宪法第55条、第56条规定劳动权。第55条规定："工作是公民的权利,也是义务。国家和社会制订计划,为工人创造更多的就业机会。"第56条规定："国家制定颁布劳动保护政策和制度。国家工作人员和其他身薪人员的工作时间和工资、休息、社会保险方面的制度由国家规定;国家鼓励劳动者的其他社会保险形式。"1994年,越南制定了《劳动法》,规定了劳动者的休息时间、就餐时间、工作周最长时间、最低工资、超时工作、上夜班、假期加班、社会保险缴纳与津贴的支付。《劳动法》还限制了劳动使用者对劳动者罚款或解雇的能力，要求劳动使用者在解雇劳动者时提供相对慷慨的补偿。2002年、2006年、2012年越南对《劳动法》进行修订，修订后的《劳动法》增加劳动者的很多劳动权益，也强调对劳动者基本权利的保障。如2012年《劳动法》修改，将产妇产假从4个月延长为6个月；劳动者在试用期享有70%的薪资调高到85%以上；夜班劳动由原来的"应再给付其加班费"明确为"应多支付其日间正常操作的工时薪资单价或工作件数工资的30%"；从事特殊繁重、毒害、危险之劳动项目的劳动者，其劳动时间从原来的"每劳动日减少1—2小时"明确为"每日工作时间不得超过6小时"①。

4. 受教育权

越南宪法第59条规定："教育是公民的权利和义务。初级教育实行免费和义务制度。公民有权得到各种形式的普通或职业教育。国家和社会鼓励有天赋的儿童和学生努力发展其才能。国家提供学校经费和授予奖学金。国家和社会为残疾儿童享受适当的普通教育和职业教育提供适宜的条件。"从1945年到1998年国家已经颁布将近1000多份关于教育的法律文件，形式多种多样，包括法令、议定、决议、指示、通知等。1998，越南通过教育法，这部法律规定教师、学生、学校、家庭和社会、国家教育管理机构等权利与义务。2005年，越南对教育法进行修改，2009年越南又一次对教育法进行修改了，使越南的教育适应越南经济的发展社会发展。

（三）特定群体权利保障及其发展

妇女权利保护，越南宪法第63条规定："所有公民不分性别在政治、经济、文化、社会和家庭生活的所有方面，都享有平等的权利。严厉禁止任何对妇女的歧视和对妇女尊严的侵犯。妇女和男子同工同酬。女工享受女性保护。公共职员和工薪的妇女有权享受法律规定的足薪产假。国家和社会为提高妇女在各方面的知识和能力以及充分发挥其社会作用创造有利的条件。为减轻妇女在家庭中的工作量并为妇女在生产、工作、学习、医疗、休息和履行母亲的义务方面创造良好的条件，确保妇女家庭、儿童医疗监护、托儿所、幼儿园和其他社会福利设施的发展。"越南1986年刑法规定："死刑适用于罪行特别严重的罪犯。对未成年人、孕妇不适用死

---

① 吕亚军、刘欣：《当代越南劳动争议解决机制探析》，《东南亚纵横》2014年第8期。

刑。孕妇或正在哺乳12个月以下婴儿的妇女可判处死刑缓期执行。"尤其注意的是，越南妇女获得财产权。1995年的《民法》和2000年的《婚姻与家庭法》都规定，妇女与其丈夫一样有权在需要登记的财产所有证上署名。这使得妇女能够实现在财产所有权与土地使用权方面享有与男子平等的权利。为了对离婚案件中的财产分割做出公平的判决，《婚姻和家庭法》还保证夫妻离婚时在分割共同财产，特别是分割土地使用权和住房方面的平等，规定一切有价值的财产都必须以夫妻双方的名义进行登记。2003年修订的《土地法》第48条规定，如果土地使用权是夫妻的共同财产，则土地使用证必须列有夫妻双方的姓名。除了财产权之外，越南妇女的政治权利、社会权利也逐步得到提升。2002年，越南政府提出《至2010年提高越南妇女地位全国战略》强调：男女在经济机会、人身和财产权、婚姻和家庭事务、政治参与、公共管理等方面享有同等的公民权；法院和各类机构要保护这些权利；刑法和刑事诉讼法也要保护妇女免于暴力的侵害。2003年，越南政府发布的《削减贫困与发展综合战略》在性别平等部分提出：要采取具体行动以确保妇女"能履行自身职责，并在平等基础上充分参与所有活动，尤其是工业化与现代化进程中的政治、经济、文化和社会活动"。除强调要平等获得工作岗位外，战略还强调要平等获得教育、健康照料与家庭计划服务、缓解家务负担。2006年11月21日，越南国会批准并通过了性别平等法律草案。

儿童权利保护，越南宪法第64条规定："父母有义务教养子女成为对社会有用的公民。儿童有义务尊敬和照顾祖父母、父母。国家和社会不允许在家庭中歧视儿童。"第65条规定："国家、社会和家庭有义务保护、关怀和教育儿童。"第66条规定："国家、社会和家庭为青少年的学习、工作、创造以及为其文化智能和体能的发展创造有利的条件；对青少年进行民族传统、伦理以及公民义务意识和社会主义理想教育，鼓励他们成为创造劳动和保卫祖国的先锋。"

其他弱势群体保障，越南宪法第67条规定："国家对战争残废、伤员和受到战争创伤的家庭实行优惠待遇，为失去能力的战士恢复劳动能力创造条件，帮助解决适宜于其健康状况的工作并使其过上稳定的生活。为国家作出贡献的个人和家庭应得到奖励并应受到适当的照顾。没有家庭生活来源的老人、残疾人和孤儿有权得到国家和社会的帮助。"

三 越南市场经济体制对人权保障制度的影响

在前面我们已经对这种类型的国家作了假设，从分析越南人权保障的分析来看，基本符合假设。但是，越南在人权保障过程中呈现出自身的特殊性。

越南经济是从计划经济向市场经济转型，它实行的社会主义定向市场经济受到政府政策影响和干预比较强。所以，在1979—1986年市场经济探索阶段，越南经济迅速发展一段时间之后，由于错误的决策，导致经济发展受挫。后来坚定了社会主义定向市场经济发展，同时也在宪法中规定了这种经济模式，并在宪法中规定市场经济发展的诸项权利诉求。如财产权、自由权以及平等权等。

越南社会主义定向市场经济发展深受国际经济影响，尤其深受1997年亚洲金融危机与2008年国际金融危机影响。越南政府在面对金融危机过程中采取积极的行动，同时也是坚定社会主义定向市场经济发展方向，"大力解放和不断发展生产力；实现民富国强、社会公平、民主、文明的目标，消除饥饿，减少贫困"，切实提高人权保障水平。

越南社会主义定向市场经济发展，也存在失业问题。虽然在1986年越南宪法中对社会保险权进行规定，但是越南尚未形成比较完整的社会保障权利体系，总的来说还是比较落后。

第四节 俄罗斯的市场经济与人权保障制度

俄罗斯在苏联时期是最早实行计划经济体制的国家，在苏联解体后向市场经济体制转型，实行国家主导的社会市场经济发展模式。随着经济体制的转型，俄罗斯的人权保障制度也出现了相应的变化，给予个人更多自由权利，但仍然存在着一定的限制。

一 俄罗斯市场经济的特点与发展

苏联持续进行计划经济体制的改革重要原因，是解决计划经济下宏观经济的效率下降和微观经济活力继续丧失的问题。计划经济体制的缺陷在它的框架内无法解决,因此,俄罗斯开始向市场经济体制转型。

(一)俄罗斯向市场经济的转型

根据金吉米的分析,俄罗斯向市场经济的转型可以分为以下几个不同的阶段。①

1. 叶利钦时期的俄罗斯市场经济

苏联解体以后,叶利钦就任总统,开始推行经济自由化。叶利钦使用激进的方式"休克疗法"的方式。"休克疗法"政策的基础是:货币紧缩政策,严格控制货币和信贷规模;削减财政补贴,削减财政赤字,从而抑制总需求,强制性消除社会总供给和总需求之间的差距,遏制通货膨胀的发展;价格自由化,取消价格补贴,形成由供给和需求的价格系统;实现可自由兑换的货币,取消外贸限制,建立自由贸易体系;取消对经济的控制,尽快打破垄断某些经济部门,放开对私营部门的各种限制;加快实施私有化,对国有企业进行改革,建立民营为主的混合经济。②

叶利钦领导的经济体制改革并没有解决俄罗斯经济的困难,而是带来了很多问题:无偿证券私有化导致先前的政府和企业的精英大量侵吞国有资产,国有资产严重流失。私有化打破了国家垄断,却在一些地区出现了私人垄断和行业垄断,企业无法通过竞争实现更高的效率。失业率大幅增加,经济犯罪日益恶化。政府的预算收入也没有显著增加。1992—1999年俄罗斯国内生产总值却下降了40%,说明经济改革并未达到预期的目标,反而给经济的发展带来了很大的困难。③

激进改革方式和建立自由市场经济试验的失败,以及1997年底至1998年8月中旬爆发的金融危机,使俄罗斯选择普里马科夫出任政府总理。普里马科夫上任伊始就提出了实行社会市场经济的主张。他强调,俄罗斯要搞面向社会的市场经济,政府的长期任务是使市场面向"人";经济改革的目的是振兴俄罗斯经济,是有利于改善人民生活,不允许社会分化和贫困人口继续增加。普里马科夫提出的主要改革政策和措施是:(1)改变私有化方针,国有资产私有化不是为了让个别人或一伙人富起

---

① 金吉米:《俄罗斯市场经济模式的特征》,硕士学位论文,哈尔滨工业大学,2013年。
② 金吉米:《俄罗斯市场经济模式的特征》,硕士学位论文,哈尔滨工业大学,2013年。
③ 金吉米:《俄罗斯市场经济模式的特征》,硕士学位论文,哈尔滨工业大学,2013年。

来，而应服务于经济发展的需要，不能破坏经济；（2）对外开放和发展民族工业并举，发展民族工业，但不闭关自守；大力吸引外资，但不靠乞求过日子；（3）加强国家对经济的调控作用，整顿生产秩序，严格税收纪律，对合同的执行情况进行监督；（4）稳定财政、货币和金融；（5）支持发展国民经济的产业部门。① 普里马科夫在任 8 个月，成功地把局势稳定了下来，1999 年俄罗斯经济获得 6.4% 的增长②，应主要归功于普里马科夫政府的"社会市场经济"政策。③

2. 普京时期的俄罗斯市场经济

1999 年 8 月 9 日，普京出任政府首脑，之后又当选总统。他延续了普里马科夫政府的"社会市场经济"政策，实施了"国家主导"的市场经济道路。

在进一步总结了 70 多年苏联社会主义经济建设和俄罗斯 10 年经济改革的经验教训之后，他在纲领性文章《千年之交的俄罗斯》中，提出了"将市场经济和民主制的普遍原则与俄罗斯的现实有机地结合起来"的国家发展道路。他说："每个国家，包括俄罗斯，都必须寻找自己的改革之路。我们在这方面还不是很有成效，只是在最近一两年才开始探索自己的改革道路和寻找自己的发展模式。只有将市场经济和民主制的普遍原则与俄罗斯的现实有机地结合起来，我们才会有一个光明的未来。"④ 从这一国家发展模式出发，普京提出"必须在经济和社会领域建立一整套完整的国家调控体系"，但"不是说要重新实行指令性计划和管理体制"。应遵循的原则是："需要国家调控的地方，就要有国家调控；需要自由的地方，就要有自由"⑤。与此同时，普京阐述了实行其市场经济模式的"最佳改革战略"，它们是：通过实行市场机制与国家作用机制相结合的投资政策和创造有利的投资环境，提高投资，包括外国资本投资的积极性，刺

---

① 王兵银、周延丽：《面向 21 世纪中俄经贸合作发展研究》，《辽新内字（1999）第 57 号》，第 26—27 页。
② ГоскомстатРоссии：《Россиявцифрах》，М. 2004，С. 32.
③ 周延丽、王兵银：《俄罗斯市场经济模式的演进路径及未来走向》，《俄罗斯中亚东欧研究》2011 年第 3 期。
④ 《普京文集》，第 6 页。
⑤ 《普京文集》，第 13 页。

激经济快速增长；推行优先发展在科技进步领域处于领先地位的部门的工业政策；实施合理的经济结构政策，保持大中小企业的合理比例，合理调节自然垄断部门的活动；建立有效的金融体系，包括提高预算作为国家最重要经济政策手段的作用，实行税收改革，消除拖欠现象和杜绝易货及其他代货币结算方式，保持低通胀率及卢布汇率的稳定，建立文明的金融和证券市场，改组银行体系；取缔影子经济，打击经营及金融信贷领域中有组织犯罪现象；实现俄罗斯经济与世界经济结构的一体化；推行现代化的农业政策；等等。①

2005年，普京提出了优先发展教育，医疗，农业和住宅建筑的四大国家优先事项。这些项目不仅有利于提高公民的生活质量，而且也被认为拉动内需的重要手段。2007年俄罗斯的国家预算与2006年相比增加了54.1%。2000—2008年的9年期间，俄罗斯国内生产总值年均增长6.9%②；居民实际可支配收入年均增加12.1%，扣除消费物价指数的职工月均工资年均增加19.5%；实际退休金额年均增加11.2%；投入使用的住房面积大幅增加，其中2007年同比增加21.1%。③

3. 梅德韦杰夫时期的俄罗斯市场经济

2008年5月7日，梅德韦杰夫正式当选俄罗斯总统，同年5月8日普京正式成为政府的总理。梅德韦杰夫和普京两个人的战略目标是一样的：实现富民强国战略，保持政治稳定，加快经济发展，改善人民的生活条件，加强以市场为导向的改革。梅德韦杰夫还强调，需要继续落实普京的政策。但是，由于价值观的不同，最终梅德韦杰夫的治国理念与普京逐步出现了一些分歧，他们有着不同的执政理念和发展路径：普京坚持专制，集中，强人统治特点的理念，所以他推行政府主导的市场经济模式；而梅德韦杰夫则坚持以民主和自由为基础的国策，充分发扬民主的价值观，以此作为起点，强调继续实施削弱国家对经济的干预的自由市场经济模式。④

---

① 周延丽、王兵银:《俄罗斯市场经济模式的演进路径及未来走向》,《俄罗斯中亚东欧研究》2011年第3期。
② ГоскомстатРоссии:《Россиявцифрах》, M. 2009, C. 519.
③ ГоскомстатРоссии:《Россиявцифрах》, M. 2009, C. 35 – 36.
④ 周延丽、王兵银:《俄罗斯市场经济模式的演进路径及未来走向——写在俄罗斯独立20周年之际》,《中国经济时报》2011年第3期,第18—23页。

4. 普京新时期

2012年普京再次当总统，并提出了新的经济政策。其特点在于：（1）经济多元化。除了发展燃料能源以外，还要开发其他一些竞争性行业。高科技和知识产权部门在国内生产总值的比例应该增长到50％，高新技术产品出口实现倍增。（2）高效，高生产率和低耗能的经济。要在关键领域增加一倍以上的生产力。（3）实现技术不断更新和创新，到2020年技术创新企业的比例从2012年的11％提高到30％，达到欧洲平均水平。（4）小企业占整个经济就业不少于50％。大多数小企业到2020年能够在全球市场上作为智慧和创意部门，出口自己的产品。[①]

（二）俄罗斯市场经济体制的特点

俄罗斯实行"国家主导"的社会市场经济发展模式，有一些不同于其他国家的社会市场经济特点。

1. 企业结构及其变化

2010年俄罗斯公有资产占全国固定资产的38％。其中，联邦所有制和联邦机构所有制占22％，地方政府的所有制占20％。[②] 国家不仅拥有一些国有机构（如"VEB"或"俄罗斯联邦原子能机构"）和拥有100％的股份的国有企业（如"俄罗斯铁路""联合船舶公司""美国飞机公司"），还通过控股拥有大多数大型的俄罗斯公司，例如，在俄罗斯股市市值最大的10家公司中，国家拥有10家公司总市值的62％的控股权。在俄罗斯股市排名前20家公司中，国家拥有54％控股权。然而，国有资本不限于大型企业。在联邦国有资产管理署指明国家有2933家公司的股份，此外，联邦财产有十亿公顷的土地（就是俄罗斯一半以上的面积），1369446个设施。[③]

俄罗斯鼓励中小企业的发展，对中小企业实施财政支持。联邦法律 №209 – FZ 是专门针对中小企业发展而制定的，它规定，为了落实发展中小企业领域的国家政策，联邦法律和其他的法规可以规定以下措施：小型

---

① OECD. OECD Reviews of Innovation Policy: Russian Federation 2011, OECD Publishing, 2011: 44 – 49.

② В. И. Кушлин. Государственное регулирование рыночной экономики, Москва, Издательство РАГС, 2005: 36 – 39.

③ 金吉米：《俄罗斯市场经济模式的特征》，硕士学位论文，哈尔滨工业大学，2013年。

企业的特殊税收制度，税收会计规则的简化，个别税费和收费的报税单的简化。对中小企业的财政支持由地方预算提供，包括补贴和投资预算；国家和市政局提供基础设施的保障。要对中小企业人才培训、重新训练和人才深造提供支持。①

俄罗斯致力于推进国有企业私有化。2011年6月在圣彼得堡国际经济论坛上，梅德韦杰夫强调，除了基础设施的垄断和国防的工业以外，其他的国有控制的股权都有必要出售。一年后，普京确认私有化经济战略政策，他说，"国家资本主义是不是我们的目标"，并承诺"国家会连续地退出各种行业和资产"。2012年1月30日，普京在报纸上发表了他的经济大选计划的文章《我们需要一个新的经济》，宣布将"减少经济中国家的成分"作为优先经济政策。② 2012年5月7日，普京在正式就职后立即签署《国家长期经济政策》命令。在此命令中普京承诺"到2016年之前，退出非自然垄断和国防工业，非原材料部门的国有资本"。国家将退出俄罗斯外贸银行、SCF、Rosagroleasing 和 Zarubezhneft，并将在 Transneft、FGC 和 Uralvagonzavod 的股份减少至75%。③

2. 国家调控

在俄联邦，国家调节的手段有很多类型，如行政调节、税收调节、货币调节、预算调节、价格调节、计划调节。俄罗斯联邦经济发展部负责制定国家社会经济发展预测和发展规划、制定国家宏观经济政策、制定和管理社会经济领域的联邦专项纲要和联邦定向投资纲要、进行国家宏观经济调节，它是专门从事国家计划调节的职能机构。④

（1）制订发展规划。俄罗斯政府制定了俄罗斯中长期社会经济发展纲要，以及地区及经济部门发展构想、战略、规划等，如俄联邦政府制定的《2020年前俄联邦社会经济长期发展构想》《俄罗斯2030年前能源战略》《俄罗斯远东与后贝加尔地区经济和社会发展2013年联邦专项规划》《南千岛群岛2007—2015年社会经济发展规划》。在社会建设方面，出台

---

① 金吉米：《俄罗斯市场经济模式的特征》，硕士学位论文，哈尔滨工业大学，2013年。
② 李毅：《俄罗斯经济数字地图2011》，科学出版社2012年版，第88—93页。
③ Сергей Гуриев. Новая волна приватизации в России. Lecourrierderussie, 2013（2）: 19-23。
④ 金吉米：《俄罗斯市场经济模式的特征》，硕士学位论文，哈尔滨工业大学，2013年。

了住房、医药卫生等领域的规划和政策措施。

（2）行政调节。例如，针对不法商人哄抬价格的现象，2010年7月，俄联邦政府通过一项决议，制定了重要的居民食品最高零售价格规则。如果一个地方在30天内食品价格涨幅达到或超过30%，在此后90天，由联邦政府实施对这种食品的最高零售价。①

（3）货币政策调控。俄罗斯货币政策的一个优先目标是确保物价稳定，就是维护价格稳定低的增长率。俄罗斯央行的货币政策的实施涉及设定居民消费价格指数的变化的目标值。俄罗斯央行货币政策的主要目标是在2013年把居民消费价格增长率降到5%—6%，在2014年和2015年降到4%—5%。②俄罗斯央行会每月确定货币政策，基于对通货膨胀，对经济增长前景进行预测，以及通胀预期的动态和特别是货币政策的传导机制的预测和评估做出决定。货币政策的实施依靠提供和回收流动性的工具来管理货币市场利率。短期市场利率变化由俄罗斯央行利率工具和其他调整货币措施，通过各种传导机制的渠道，影响到中期和长期利率和最终的经济活动水平和经济中的通胀压力。③

（4）汇率政策调控。自2012年开始，俄罗斯逐步提升形成汇率机制的灵活性，2015年要实现向浮动汇率的过渡，放弃使用有关指引操作汇率水平的政策，为影响汇率的动态的定期外汇干预将会终止。④

二 俄罗斯人权保障制度的特点和发展

2008年5月7日，梅德韦杰夫在宣誓就职讲话时说："在我们社会中人权和自由被认为是最高的价值，这两点决定所有国家活动的意义和内容。"他认为政府最重要的任务是继续发展公民自由。从经济和社会发展的思路来看，梅德韦杰夫主张自由的观点。⑤

（一）俄罗斯人权保障制度的发展

1936年苏联非常第八次苏维埃代表大会对宪法进行了较大的修改，

---

① 金吉米：《俄罗斯市场经济模式的特征》，硕士学位论文，哈尔滨工业大学，2013年。
② А. Кудрин. Макроэкономическая политика,. Вопросы экономики, 2007 (10): 16–18.
③ 金吉米：《俄罗斯市场经济模式的特征》，硕士学位论文，哈尔滨工业大学，2013年。
④ 金吉米：《俄罗斯市场经济模式的特征》，硕士学位论文，哈尔滨工业大学，2013年。
⑤ 金吉米：《俄罗斯市场经济模式的特征》，硕士学位论文，哈尔滨工业大学，2013年。

通过了新的1936年宪法。1936年苏联宪法首次以专章规定了公民的基本权利和义务,并且扩大了苏联公民的权利和自由。在第10章"公民的基本权利和义务"中,共用12条规定了苏联公民享有的权利。其中,首次规定了劳动权、休息权、物质保障权、个人财产权和个人财产继承权等社会经济权利。1936年苏联宪法与之前的宪法相比,扩大了公民的权利和自由,确认了更加民主的选举制度,用普遍、平等、直接的选举制和无记名投票方式取代不完全普遍的、不完全平等的、多级的间接选举制和公开投票方式。从1936年苏联宪法的规定来看,立法者们认为,社会平等和社会公平的社会主义思想不仅与人权理念是完全相符的,而且只有通过社会主义道路,人权的保障才能够成为现实。这就使"人权的旗帜就是社会主义的旗帜"成为全民的信念。尽管这部宪法在公民的权利和自由以及民主选举制度方面作出了许多新的规定,但是这些规定在苏联肃反扩大化运动中并没有发挥应有的作用。①

1977年,在勃列日涅夫主持下,第九届苏联最高苏维埃非例行的第七次会议通过了新的《苏维埃社会主义共和国联盟宪法》,即1977年宪法,它又被称为"发达的社会主义宪法"。在基本继承1936年宪法内容的基础上,为了体现社会主义的优越性,该部宪法丰富了公民的权利和自由的内容,并且规定了宪法保障人权的措施。这些基本权利和自由包括社会经济权利、文化权利、政治权利与自由、个人权利与自由等。除了在经济和社会生活领域增加公民的基本权利外,宪法还首次规定了公民可以利用土地经营副业、果园、菜园和个人住宅建设等。1977年宪法首次把公民的基本权利和义务置于国家机构之前,以显示公民法律地位的提高。宪法还规定,重要的国家政治生活问题交给全民讨论或全民投票。尽管这部宪法全面规定了人权的相关内容,但并非所有的政治权利都得到了巩固和加强,即使写入其中的一些政治权利也只有到80年代下半期才开始具有了实际的意义。②

根据苏联外交部的资料,到1989年苏联一共签署并批准了27项关于人权的国际协议。1991年9月5日,苏联第五次非常人代会通过了《人

---

① 参见薛进文、常健等《中国特色人权保障制度研究》,中国社会科学出版社2016年版。
② 参见薛进文、常健等《中国特色人权保障制度研究》,中国社会科学出版社2016年版。

权和自由宣言》。该宣言包含了1948年12月10日《世界人权宣言》和1966年12月16日联合国《公民权利和政治权利国际公约》的基本内容。该宣言中所规定的公民权利内容及其保障体系，成为后来俄罗斯制定宪法的直接参照，奠定了俄罗斯主权独立后人权观念的思想基础和法律框架。在现行俄罗斯宪法的条款中，可以直接找到与其内容一致的法律条文。①

1992年4月21日，俄罗斯颁布了第2708号法律《修改和补充俄罗斯苏维埃社会主义共和国宪法》的规定，将原1978年宪法进行了修改，把权利主体由"公民"置换为"人和公民"，大为扩大了权利主体的范围②，并辟专章"人和公民的权利与自由"加以规定。1993年12月12日，俄罗斯举行了新一届议会的选举，并对俄罗斯新宪法草案进行了全民公决。新宪法不但明确规定了三权分立的政治制度，还详尽地列出了权利和自由清单。③ 新宪法在普京、梅德韦杰夫任内未做过重大的修改。④

俄罗斯现行宪法首次将人、人的权利摆到了宪法的核心位置，从根本上确立了宪法的人权原则。宪法第2条规定人权的价值地位和国家义务："人、人的权利与自由是最高价值，承认、遵循和捍卫人与公民的权利和自由是国家的义务。"第17条规定了人权的不可剥夺："（1）依据公认的国际法原则和准则并按照本宪法，俄罗斯联邦承认保障人和公民的权利与自由。（2）人的基本权利与自由不可被剥夺，并且每个人生来就具有。"第19条规定了权利的平等保障："（1）在法律和法院面前人人平等。（2）国家保障人和公民的权利与自由的平等，而不管其性别、种族、民族、语言、出身、财产、职务、居住地、宗教、信仰、社会团体以及其他情况如何。禁止以任何形式以社会、种族、民族、语言或宗教属性去限制公民的权利。（3）男女享有平等的权利与自由和实现权利与自由的平等机会。"

---

① 参见薛进文、常健等《中国特色人权保障制度研究》，中国社会科学出版社2016年版。
② 哈书菊著：《人权视域中的俄罗斯行政救济制度》，中国社会科学出版社2009年版，第24页。
③ B.弗拉基米尔·斯米尔诺夫：《人权政治学与俄罗斯的政治权利》，《政治学研究》2010年第6期。
④ 参见薛进文、常健等《中国特色人权保障制度研究》，中国社会科学出版社2016年版。

在法律对人权的规定和限制方面，宪法第17条第3款规定："实现人及公民的权力自由不得侵犯其他公民的权利与自由。"第18条规定："人和公民的权利与自由具有直接效力。它们决定法律的含义、内容及其运用，决定立法权和执行权以及地方自治的活动，并受到审判活动的保障。"第55条规定："（1）俄罗斯联邦宪法中所列举的基本权利与自由，不能被解释为否定或贬低人和公民的其他公认的权利与自由。（2）在俄罗斯联邦，不能颁布取消或贬低人和公民的权利与自由的法律。（3）联邦法律只能在为捍卫根本的宪法制度、道德以及其他人的健康、权利和合法利益，保障国防和国家安全所必需的限度内，限制人和公民的权利与自由。"第56条规定："（1）在实行紧急状态的情况下，为了保障公民的安全和捍卫宪法制度，可以根据联邦宪法性法律，部分地限制权利与自由，并指出这种行动的范围和期限。（2）在情况需要时，可以按照联邦宪法性法律规定的程序在俄罗斯联邦全境或其个别地区实行紧急状态。"同时，该条第3款规定，宪法第20条规定的生命权，第21条规定的个人尊严和免受酷刑的权利，第23条第1款规定的私生活不受侵犯的权利，第24条规定的个人私生活信息不受侵犯的权利，第28条规定的个人良心和信仰自由的权利，第34条第1款规定的自由从事经济活动的权利，第40条第1款规定的个人住宅不受侵犯的权利，以及第46条至第54条规定的公正审判权利，不应受到限制。

在人权的救济方面，宪法第45条规定："（1）国家保护俄罗斯联邦境内的人和公民的权利与自由。（2）每个人都有权运用法律不禁止的一切方式维护自己的权利与自由。"第46条规定："（1）每个人通过审判保障措施维护自己的权利与自由。（2）对国家权力机关、地方自治机关、社会团体和公职人员的决定及行为（或无作为），可以向法院起诉。（3）在国内现有的法律保护手段都已用尽的情况下，每个人有权依据俄罗斯联邦签署的国际条约向保护人权和自由的国际机构提出请求。"

1992年5月，俄罗斯正式申请加入欧洲委员会；1996年2月28日，俄罗斯正式成为欧洲委员会的成员国。1998年3月30日，俄罗斯批准了《欧洲保护人权和基本自由公约》，俄罗斯公民可以向欧洲人权法院提起诉讼。俄罗斯公民1999年共向欧洲人权法院提起了971起诉讼，2000年达到了1322起，2001年达到了2104起。此后，俄罗斯公民向欧洲人权法院起诉的案件数量继续增加，到 2011 年已经达到了 40225 起，2012 年为 28500 起。①

（二）公民权利和政治权利保障

1. 生命权利保障

宪法第 20 条规定："（1）每个人都享有生命权。（2）死刑在废除之前可由联邦法律规定，作为惩罚犯有危及生命的特别严重罪行的特殊措施，同时要为被告提供陪审员参加法庭对其案件进行审理的权利。"

2. 国籍权和不被驱逐权

宪法第 6 条规定了公民的国籍权："（1）俄罗斯联邦国籍的获得和取消要依据联邦法律进行。不论通过什么方式获得，俄罗斯联邦国籍是统一的和平等的。（2）俄罗斯联邦的每个公民在俄罗斯联邦的领土上都享有俄罗斯宪法所规定的一切权利与自由，并承担相同的义务。（3）俄罗斯联邦公民不能被剥夺自己的国籍，也不能被剥夺改变自己国籍的权利。"

宪法第 61 条规定了公民不被驱逐和受国家庇护权："（1）俄罗斯联邦公民不能被驱逐出俄罗斯联邦国境或被交给他国。（2）俄罗斯联邦对其居住在境外的公民提供保护和庇护。"

3. 个人尊严和人身自由权利保障

宪法第 21 条规定了个人尊严和免受酷刑的权利："（1）个人尊严受到国家保护。任何事情都不得成为贬低个人尊严的理由。（2）任何人都不应受到拷打、暴力、其他残酷的或贬低个人尊严的待遇或惩罚。任何人都不得在非自愿同意的情况下被用来进行医学、科学或其他试验。"第 22 条规定了人身自由的权利："（1）每个人都享有自由和人身不受侵犯的权利。（2）只有根据法院的决定才能实施逮捕、羁押和有羁押内容的措施。在法院作出决定前，拘捕不得超过四十八小时。"

4. 隐私权保障

宪法第 23 条规定了个人私生活和通信不受侵犯："（1）每个人都享有私人生活、个人和家庭秘密不受侵犯、维护自己的荣誉和名誉的权利。（2）每个人都享有保守通信、通话、邮件、电报和其他通信秘密的权利。只有根据法院的决定才可对这一权利加以限制。"第 24 条规定了政府了

---

① 龙长海：《俄罗斯刑法人权保障的经验及对中国的启示》，《刑法论丛》2013 年第 2 期。

解个人隐私的权限:"(1) 未经本人同意,不得搜集、保留、利用和传播有关个人私生活的信息。(2) 国家权力机关和地方自治机关及其公职人员应保障每个人都能在法律没有其他规定的情况下了解直接涉及他本人的权利与自由的文件和材料。"第 25 条规定了住宅不受侵犯的权利:"住宅不受侵犯,任何人都无权违背居住人的意愿进入其住宅,除非在联邦法律规定的情况下或者根据法院的决定。"

5. 迁徙自由权保障

宪法第 27 条规定:"(1) 每个合法居住在俄罗斯联邦境内的人都享有自由迁移、选择停留和居住地的权利。(2) 每个人都享有自由离开俄罗斯联邦的权利。俄罗斯联邦公民享有自由返回俄罗斯联邦的权利。"

6. 对经济自由权私有财产权的保障

宪法第 34 条规定了自由从事经济活动的权利:"(1) 每个人都享有自由地利用自己的能力和财产从事企业以及其他不受法律禁止的经济活动的权利。(2) 禁止从事旨在进行垄断和不正当竞争的经济活动。"第 7 条第 1 款规定对自由经济活动的保障:"在俄罗斯联邦,保障统一的经济空间,保障商品、劳务和财政手段的自由流动,鼓励竞争和自由经济活动。"第 74 条第 2 款规定了对经济活动自由权的限制:"为保障安全、保护人们的生命和健康,保护自然和文化珍品,必要时可根据联邦法律限制商品和劳务的流动。"

宪法第 35 条规定了对私有财产权的保障:"(1) 私有财产权受法律保护。(2) 每个人有权拥有私有财产,有权单独或与他人共同占有、使用和分配这些财产。(3) 任何人都不能被剥夺属于自己的财产,法院决定的除外。为国家需要而把财产强制性地划归国有,只有在事先和等值补偿的情况下才能进行。(4) 继承权受保护。"

宪法第 9 条第 2 款规定了土地和自然资源的多种所有制形式:"土地和其他自然资源可以成为私人、国家、市政或其他所有制形式的财产。"第 36 条规定了土地私有权保障:"(1) 公民及其团体有权拥有私有土地。(2) 对土地和其他自然资源的占有、使用和分配由其所有者自由实施,但不要破坏环境和损害他人的权利与合法利益。(3) 使用土地的条件和程序依照联邦法律确定。"宪法第 7 条第 2 款规定了各种所有制的同等保护:"在俄罗斯联邦,对私有制、国家所有制、市政所有制以及其他所有制形式予以同样的承认和保护。"

保护私有财产权由刑事、民事、行政和其他法律来保护的。例如，刑法典针对私有财产的犯罪，如盗窃、诈骗、抢劫罪、敲诈勒索罪等，实行合法惩罚。民事建立取得和中止权的基础，建立，公民和法人可拥有任何（除了某种法律不允许有的财产）财产的所有权。

7. 良心和信仰自由权保障

宪法第 28 条规定："保障每个人良心自由、信仰自由，其中包括个人或与他人一起信仰任何宗教或不信仰任何宗教，自由选择、拥有和传播宗教以及其他信仰并根据信仰进行活动的权利。"第 14 条规定："（1）俄罗斯联邦是世俗国家。任何宗教均不得被规定为国家的或必须信仰的宗教。（2）宗教团体与国家分离并在法律面前一律平等。"

宪法第 59 条第 3 款规定："俄罗斯联邦公民在服兵役违背其信仰或者宗教信仰以及在联邦法律规定的其他情况下，有用服适当的民役代替服兵役的权利。"

8. 表达自由权保障

宪法第 29 条规定了思想和言论自由权："（1）保障每个人思想和言论自由。（2）禁止从事煽动社会、种族、民族或宗教仇视和敌对的宣传和鼓动。禁止宣传社会、种族、民族、宗教或语言的优越性。（3）每个人都不能被强制表达自己的观点和信念或被强制放弃自己的观点和信念。（4）任何人都享有以任何合法的方式自由地搜集、获取、转交、制造和传播信息的权利。构成国家秘密的清单由联邦法律确定。（5）保障大众传媒的自由。禁止书刊检查。"宪法第 30 条规定了结社自由权："（1）每个人都享有结社自由，其中包括为维护自身利益而建立工会组织的权利。社会团体的活动自由得到保障。（2）任何人都不能被强制加入或留在某个社会团体中。"第 31 条规定了集会自由权："俄罗斯联邦公民享有不携带武器和平集会、召开各种会议和组织游行、示威及纠察的权利。"

宪法第 13 条第 5 款规定了表达自由的限制："禁止建立其目的或活动在于用暴力手段改变根本宪法制度，破坏俄罗斯联邦的完整，危害国家安全，成立武装组织，煽动社会、种族、民族和宗教仇恨的社会团体，并不允许其活动。"

9. 政治权利保障

宪法第 32 条规定了公民参与国家事务的权利:"(1)俄罗斯联邦公民享有直接或通过自己的代表参与国家事务管理的权利。(2)俄罗斯联邦公民享有选举和被选举进入国家权力机关和地方自治机关的权利,有权参加全民公决。(3)被法院认定无行为能力的以及根据法院判决剥夺自由处在监禁在处所的公民,没有选举权和被选举权。(4)俄罗斯联邦公民都可平等地进入国家机关工作。(5)俄罗斯联邦公民享有参加审判活动的权利。"第 33 条规定了请愿权:"俄罗斯联邦公民享有向国家机关和地方自治机关提出个人意愿以及投送个人和集体请求的权利。"第 13 条规定了意识形态的多样性:"(1)在俄罗斯联邦,承认意识形态的多样性。(2)任何意识形态不得被规定为国家的或必须遵循的意识形态。(3)在俄罗斯联邦,承认政治多元化和多党制。(4)社会团体在法律面前一律平等。"

10. 公正审判权保障

宪法第 15 条第 3 款规定了法律的适用:"法律应正式颁布。未颁布的法律不能适用。任何涉及人和公民的权利、自由和义务的规范性法律文件,若未正式颁布为公众知悉,则不能适用。"

宪法第 46 条规定了通过向法院起诉维护个人权利的权利:"(1)每个人通过审判保障措施维护自己的权利与自由。(2)对国家权力机关、地方自治机关、社会团体和公职人员的决定及行为(或无作为),可以向法院起诉。(3)在国内现有的法律保护手段都已用尽的情况下,每个人有权依据俄罗斯联邦签署的国际条约向保护人权和自由的国际机构提出请求。"

宪法第 47 条规定了获得法院审理的权利:"(1)任何人都不能被剥夺其案件由法律规定负责管辖该案件的法院和法官审理的权利。(2)被控告犯罪的人有权在联邦法律规定的情况下,要求陪审员参加法庭对其案件的审理。"

宪法第 48 条规定了获得法律援助的权利:"(1)保障每个人享有获得职业法律帮助的权利。在法律规定的情况下,法律帮助是免费提供的。(2)每个被拘捕、羁押或被指控犯罪的人,有权从拘捕、羁押或被起诉时起获得律师(辩护人)的帮助。"

宪法第 49 条规定了无罪推定和免于自证其罪的权利："（1）每个被指控犯罪的人，在其罪行未被联邦法律所规定的程序证明和未被法院所作出的具有法律效力的判决之前，都被视为无罪。（2）被告人没有证明自己无罪的义务。（3）无法排除的对有罪的怀疑有利于被告人。"

宪法第 50 条规定了不受重复追究和排除非法证据的权利："（1）任何人都不应因同一违法行为而被重复追究责任。（2）进行审判时不允许使用违反联邦法律所获取的证据。（3）每个被判罪的人有要求上级法院按联邦法律规定的程序进行复审的权利，有请求特赦或减轻处罚的权利。"第 51 条进一步规定："（1）任何人都没有提供不利于本人、配偶、和联邦法律规定范围内的近亲属的证词的义务。（2）联邦法律可以规定其他解除提供证词义务的情况。"

宪法第 52 条规定了罪行受害人的权利："因犯罪和滥用职权的受害人的权利受法律保护。国家保障其能诉诸审判机关和对所受损失得到赔偿。"

宪法第 53 条规定了获得国家赔偿的权利："每个人都有因国家权力机关或其公职人员的非法行为（或无作为）所造成的国家损害赔偿的权利。"

宪法第 54 四条规定了法不溯及既往的权利："（1）规定或加重责任的法律不具有溯及力。（2）任何人也不能对自己在当时所作出的不被认为是违法的行为承担责任。如果在违法行为以后，对该行为应负的责任被免除或减轻，要执行新的法律。"俄罗斯联邦刑法的第 10 第 1 款规定，规定行为不构成犯罪，减轻刑罚或以其他方式改善犯罪人状况的刑事法律，有溯及既往的效力，即适用于在该法律生效之前实施相应行为的人，其中包括正在服刑或已经服刑完毕但有前科的人。规定行为构成犯罪，加重刑罚或者以其他方式恶化犯罪人状况的刑事法律，没有溯及既往的效力。该条第 2 款规定，如果犯罪人因犯罪行为正在服刑，而新的刑事法律对该行为规定了较轻的刑罚，则应在新刑事法律规定的限度内，减轻刑罚。

（三）经济和社会权利保障

在社会权利方面，现行俄罗斯宪法列出的权利包括劳动权、休息权、社会保障的权利、健康保护和医疗救助的权利、受教育权和环境权。

1. 工作权利保障

宪法第 37 条详细规定了各项工作权利："（1）劳动自由。每个人都享有自由支配自己的劳动能力、选择工种和职业的权利。（2）禁止强迫劳动。（3）每个人都享有在符合安全和卫生要求的条件下从事劳动，获得没有任何歧视的、不低于联邦法律规定的最低工资标准及失业保障的权利。（4）承认有利用联邦法律所规定的解决劳动争议的方式解决个人和集体劳动争议的权利，其中包括罢工的权利。（5）每个人都享有休息的权利。对根据劳动合同工作的人员，保障联邦法律规定的工作时间长短、休息日、节假日和带薪年假。"

2. 基本生活水准权利保障

宪法第 40 条规定了住房权："（1）每个人都享有拥有住宅的权利。任何人都不能被随意剥夺住宅。（2）国家权力机关和地方自治机关鼓励住宅建设，为实现拥有住宅的权利创造条件。（3）对贫穷的以及法律规定的其他需要住宅的公民，按照法定的标准免费提供住宅或从国家的、市属的和其他的住房基金中为其提供足够的资金。"

3. 社会保障权利保障

宪法第 7 条规定："（1）俄罗斯联邦是社会福利国家，其政策旨在创造保障人的正当生活和自由发展的条件。（2）在俄罗斯联邦，保障人的劳动和健康，规定最低工资标准，保证国家对家庭、母亲、父亲、子女、残疾人和老年人实施帮助，发展社会服务体系，建立国家养老金、救济金以及其他社会保障措施。"第 39 条规定："（1）保证每个人在患病、致残、丧失供养人、抚养子女和在法律规定的其他情况下按年龄享受社会保障。（2）国家退休金和社会救济金由法律规定。（3）鼓励自愿参加社会保险、建立社会保障的补充形式和慈善事业。"

俄罗斯目前的社会保障制度，除了国家的预算资金以外，国家和地方财政、企业雇主、雇员及自雇人士一起承担社会保障的义务。社会保障收入主要来源于以下几个方面：（1）"统一社会税"；（2）政府的财政预算；（3）社会保障基金的投资收入；（4）各种捐赠。"统一社会税"是 2000 年 9 月 5 日普京签署的《俄罗斯联邦税法》中添加的一个新的联邦税，2001 年 12 月 31 日，俄罗斯联邦第 198 号法律通过，2002 年 1 月 1 日起生效。"统一社会税"税率分为：退休保险基金的税率为 28%，医疗保险基金率为 3.7%，社会保险基金的比率为 5.3%。① 根据金吉米的研究，俄罗斯的社会保障体系主要包括如下几个方面。②

（1）养老基金制度

俄罗斯在 1990 年和 1991 年通过了《国家养老金法》和《退休基金法》，这些法律为俄罗斯养老保险制度改革的开始奠定了法律基础。

《退休养老基金法》建立俄罗斯养老保险制度建立的基本方向，就是俄罗斯应该从国家预算的养老保险制度逐步过渡到和市场经济相适应，由国家、企业和个人一起负担养老保险制度。其核心构想是：（1）养老保险与国家财政预算脱钩，建立国家预算外的养老基金。（2）提高最低退休金标准，并进行它的每季度指数化上升。（3）养老金由国家、企业与个人三方一起负担，雇主根据工资总额 30.6% 缴纳，雇员根据工资收入 6% 缴纳。由法律给付退休金福利水平，任何其他部门和个人（政府，雇主和雇员，以及养老基金）都无权改变。（4）改革养老金发放法，把养老金分为两个部分：一部分按平均收入或最低生活保障线的一定比例发放，所有的人一样；另一部分与接受者工龄和收入水平挂钩，区别对待。

（2）就业保障基金制度

在 1992 年俄罗斯政府公布了关于就业的法律。在 1993 年公布了补贴规定，成立了负责管理失业救济金，国家就业基金的体制。失业津贴中包括雇主按工资基金的 3% 上缴的费用、地方政府和中央政府的财政拨款。基金会可以独立于国家预算运转。中央就业保障基金包括失业保险税收的 15%，其他 85% 是地方就业基金。③ 领取失业救济金的对象是 16—59 岁的男性和 16—54 岁的女性。

（3）医疗保险基金制度

1991 年，俄罗斯通过《俄罗斯联邦公民医疗保险法》，1993 年 4 月 1 日强制医疗保险制度开始正式实行。基金的来源包括每个企业按工资总额

---

① 徐海燕：《俄罗斯社会保障方案中的基金制》，《俄罗斯中亚东欧市场》2009 年第 2 期，第 27—32 页。
② 金吉米：《俄罗斯市场经济模式的特征》，硕士学位论文，哈尔滨工业大学，2013 年。
③ 方堃、周锦雯：《俄罗斯转型进程中的社会结构分化及福利政策——以政治国家与市民社会互动为主线》，《外国问题研究》2012 年第 2 期，第 54—59 页。

的 30% 上缴的保险金，其中 0.2% 上缴联邦基金，3.4% 上缴地区基金，被保险者缴纳工资额的 1.8%。没有劳动收入的居民，国家来负担办理医疗保险。此外，叶利钦总统在 1993 年 3 月下令，增加政府工作人员的医疗保健基金。到 1994 年为止，85 个地方强制医疗保险基金和 900 多家医疗保险公司在俄罗斯成立。

（4）社会福利和救济制度

俄罗斯社会福利和救济制度包括食品补贴、贫困家庭补助、老年人和残疾人的福利等补助的项目。在俄罗斯社会中在很大的程度上解决了一些特殊人群的正常生活问题。国家采取具体措施，根据物价变动等因素逐月公布最低生活费用，并把一个人月最低生活费作为贫困线，把月收入低于贫困线的人算作贫困人口来帮助那些需要帮助的人群。政府拨动资金建立助残基金会，帮助残疾人。而且注重提高对伤残军人和牺牲军人家属的补助，从而改善军人待遇。

俄罗斯政府公布了关于国家和地方社会服务机构对老人和残疾人提供免费服务的项目。比如，在莫斯科市规定，所有退休者和残疾人都可免费乘坐市内交通工具；解决特殊人群的交通问题，再比如凡荣获保卫莫斯科奖章的公民和参加过战争的妇女，除享受一次性补贴外，支付房租、公用事业费和电话费时还享受 50% 的优惠。除此之外，俄罗斯还建有福利院、老人公寓等，收养孤儿、残疾人和退休者，尽可能给予他们更多的服务和待遇。①

全体居民的分配制度不仅是社会市场经济的本质特征而且反映了国家发展市场经济的目的，俄罗斯法律规定，联邦政府负责预算，保障国家实行统一的文化、科技、教育、医疗、生态和社会保障政策。俄罗斯沿袭了苏联的社会主义的保障制度。俄罗斯公民都可以免费享受医疗保险，医院对每个人医疗急救费用都是由联邦政府的预算承担。公民可有权得到基本的养老金和 11 年的免费义务教育。高中毕业生可凭借考试成绩免除大学的学费，不仅如此年轻的家庭也有购房补贴或者抵押贷款优惠政策。②

4. 健康权保障

宪法第 41 条规定了健康权保障："（1）每个人都享有健康保护和医疗

---

① 金吉米：《俄罗斯市场经济模式的特征》，硕士学位论文，哈尔滨工业大学，2013 年。
② 金吉米：《俄罗斯市场经济模式的特征》，硕士学位论文，哈尔滨工业大学，2013 年。

服务的权利。国家和市政的医疗保健机构依靠相应的预算资金、保险费及其他收入，免费为公民提供医疗服务。（2）在俄罗斯联邦，向保护和增强居民健康的联邦计划拨款，采取措施发展国家的、市政的和私人的保健系统，鼓励有助于增强人的健康、发展体育运动、保护生态和实施卫生防疫的活动。（3）公职人员隐瞒对人的生命和健康造成威胁的事实和情况，将依据联邦法律追究责任。"

5. 受教育权保障

宪法第43条规定了受教育权保障："（1）每个人都享有受教育的权利。（2）保障由国家或市属的教育机构以及教育企业提供普及的和免费的学龄前教育、基本普通教育和中等职业教育。（3）每个人都有权通过竞争在国家或市属的教育机构以及教育企业中免费获得高等教育。（4）基本普通教育是强制的。父母或父母的替代人应保障孩子受到基本普通教育。（5）俄罗斯联邦制定联邦国家教育标准，支持各种形式的教育和自学。"

6. 文化权利保障

宪法第44条规定了文化权利保障："（1）保障每个人享有文学、艺术、科学、技术以及其他创作和教学活动的自由。知识产权受法律保护。（2）每个人都享有参加文化生活、使用文化设施和接触文化珍品的权利。（3）每个人都有义务关心保护历史和文化遗产，爱护历史文物。"

7. 环境权保障

宪法第42条规定了环境权："每个人享有适宜的环境和了解环境状况的可靠信息以及要求赔偿因破坏生态环境所造成的健康或财产损失的权利。"

（四）特定群体权利保障

1. 少数族裔权利保障

宪法第26条规定了少数民族认同和使用民族语言的权利："（1）每个人都享有确定和指明自己的民族属性的权利。任何人都不能被强制确定和指明自己的民族属性。（2）每个人都享有使用本族语言，自由选择交际、教育、学习和创作语言的权利。"

2. 妇女权利保障

宪法第19条第3款规定"男女享有平等的权利与自由和实现权利与

自由的平等机会"。第38条规定了母亲受国家保护。

3. 儿童权利保障

宪法第38条规定了对儿童权利的保障:"(1)母亲和儿童、家庭受国家保护。(2)关心和抚养子女是父母同等的权利和义务。"

4. 老年人权利保障

宪法第38条第3款规定了子女对父母的赡养义务:"年满十八岁的有劳动能力的子女,应当扶养丧失劳动能力的父母。"

5. 外国人的权利保障

宪法第62条第3款规定了外国人的权利保障:"外国公民和无国籍人在俄罗斯联邦享受同俄罗斯联邦公民一样的权利,履行同俄罗斯联邦公民一样的义务,联邦法律或俄罗斯联邦签署的国际条约规定的情况除外。"

宪法第63条规定了避难权:"(1)俄罗斯联邦根据公认的国际法准则向外国公民和无国籍人士提供政治避难。(2)在俄罗斯联邦,不允许向他国引渡因政治信仰以及在俄罗斯联邦不被认为是犯罪的行为(或无作为)而受到追捕的人。引渡被控告犯罪的人以及移交罪犯到他国服刑,须根据联邦法律、俄罗斯联邦签署的国际条约进行。"

(五)人权保障机构①

依据《俄罗斯联邦宪法》的规定,俄罗斯政府的重要职责之一就是采取措施以保障人和公民的权利与自由。俄罗斯宪法还建立了一些具有本国特色的人权保障体制,其中俄罗斯宪法法院和人权全权代表制度占据着重要的地位。

1. 俄罗斯宪法法院及其实践

俄罗斯宪法法院的前身是苏联宪法监督委员会。对苏联人权保障失败的反思使俄罗斯人普遍认识到过去对宪法实施的保障流于形式。在戈尔巴乔夫的改革倡议下,苏联建立了附设于最高国家权力机关下的宪法监督委员会。在1988年12月1日的宪法修改案中,加入了建立宪法监督委员会的规定。1990年1月《苏联宪法监督法》正式生效,同年4月,苏联宪法监督委员会正式成立,并投入了工作。根据《苏联宪法监督法》的规定,在宪法监督委员会作出结论意见,认定某一法律文件或个别条款侵犯

---

① 参见薛进文、常健等《中国特色人权保障制度研究》,中国社会科学出版社2016年版。

公民基本权利和自由的情形下,从结论意见通过之时起,该法律文件或个别条款就失去法律效力。在当时最高国家权力机关不容冒犯的体制下,容许宪法监督委员会做出终局性的违宪审查意见,这足以表明人权保障在当时已经受到了相当的重视。① 宪法监督委员会在保护个人权利、政治权利方面取得了一定的成效,但是总体上来看,受多种因素的制约,其实际表现并不尽如人意。

1991年俄罗斯正式建立了宪法法院。在1992—1993年间,俄罗斯宪法法院共作出了27个判决,其中有14个与保障公民基本权利和自由相关,内容涉及财产权、劳动权、居住权,以及在俄罗斯向市场经济过渡时期需要着力保障的公民和法人参与权。但是宪法法院仅运行两年,就由于卷入了1993年10月总统和议会之间的权力斗争,而在"炮打白宫"事件后被停止工作。但是基于其在运作中所取得的成绩,在1993年俄罗斯全民公决通过的新宪法中,宪法法院制度得以保留。宪法第125条第4款规定:"俄罗斯联邦宪法法院根据关于侵犯公民宪法权利和自由的投诉,根据法院的要求,按照联邦法律规定的程序检查在具体案件适用和应该适用的法律是否符合宪法。"1994年,《俄罗斯宪法法院法》颁布并生效,新组建的宪法法院开始运转。

根据《俄罗斯宪法法院法》,俄罗斯宪法法院是进行宪法监督的司法机关,它通过宪法诉讼独立地行使司法权。其主要职权共有四项:审查规范性文件的合法性;解决权限争议;审理宪法诉愿;对宪法进行解释。② 其中宪法诉愿制度的根本目的就是保障人权。《俄罗斯宪法法院法》第3条规定:"俄罗斯宪法法院的价值目标是捍卫宪政制度的基础,保护人和公民的基本权利和自由,维护俄罗斯宪法在俄罗斯领土范围内的最高地位及直接效力。"从这一规定来看,保障人权是宪法法院的终极价值追求,俄罗斯宪法法院的实践也证明了这一点。在1995—1998年间,宪法法院审理的案件中大约有70%是保障公民宪法权利和自由的案件,每年宪法法院收到的宪法诉愿为5000—1.2万件。③

---

① 尤晓红:《俄罗斯宪法法院研究》,中国社会科学出版社2009年版,第35页。
② 尤晓红:《俄罗斯宪法法院研究》,中国社会科学出版社2009年版,第103页。
③ 尤晓红:《俄罗斯宪法法院研究》,中国社会科学出版社2009年版,第178页。

尽管成绩明显，但俄罗斯宪法法院仍有不尽如人意的地方，那就是其判决的执行难。尽管有明文的法律规定，但是宪法法院的判决执行依旧困难重重，这成为其运转的障碍。在实践中，俄罗斯联邦立法和行政机构对于宪法法院所作判决的反应很不积极，应对的效率很低，哪怕宪法法院要求相关机构对有关法律进行限期修改。导致这一现象的根本原因是宪法法院的权威缺失，这不仅影响到其违宪审查功能的发挥，同时也降低了其在国家机构中的地位。

2. 俄罗斯人权全权代表制度

俄罗斯宪法确认了人权全权代表制度，其第 103 条规定："任命和解除根据联邦宪法性法律开展活动的人权代表的职务的权力属于国家杜马管辖。"1994 年 11 月 17 日，国家杜马任命科瓦廖夫为俄罗斯历史上第一位人权全权代表。与此同时，制定有关人权全权代表法律规范的工作也在持续进行。1996 年 12 月 25 日，国家杜马表决通过了联邦宪法性法律《俄罗斯人权全权代表法》。1997 年 2 月 12 日，联邦委员会批准了该法。2 月 26 日，经俄罗斯总统签署，该法于 3 月 4 日正式生效。该法确定了人权全权代表的地位、权限、任免程序等规则，是落实宪法"人权"原则的保障制度。1998 年 5 月，俄罗斯国家杜马任命米罗诺夫为俄罗斯人权代表。2006 年 10 月 17 日，俄罗斯总统普京签署了扩大俄罗斯监督官职权的决议，部分修改了《人权全权代表法》。

根据现行《人权全权代表法》的规定，俄罗斯人权全权代表直属俄罗斯总统领导，其主要任务是协助总统履行人权保障职责，促进俄罗斯对人的权利与自由的尊重和维护，协助完善人权保障的立法，加强人权保障的国际合作。俄罗斯人权全权代表有权审查俄罗斯公民、俄罗斯境内的外国人和无国籍人的申诉。他有权审查对国家机关、地方自治机关、公职人员和国家公务人员的决定和行为（不作为）的申诉，前提是申请者之前已经对这些决定和行为（不作为）向法院或者行政程序提出了申诉，并且不赞同对他申诉所作出的决定，即申请者已经穷尽了国内的司法和行政救济措施。

俄罗斯人权全权代表在行使职权过程中依法拥有调查了解的权利。对案件的调查结束后，人权代表有权将自己对案件结果的观点表达出来，使相关的国家机关、地方自治机关和公职人员知晓。俄罗斯人权代表有权公布他对申诉案件所作出的结论，在每年底人权全权代表应当将自己的活动报告送达给俄罗斯联邦总统、联邦委员会和国家杜马、俄罗斯政府、俄罗斯宪法法院、俄罗斯最高法院、俄罗斯最高仲裁法院和俄罗斯总检察长。针对个别的对公民权利与自由遵守的问题,人权全权代表可以向国家杜马递交专门的报告。从发挥作用的方式来看,俄罗斯人权全权代表制度的最大特点在于它使用的武器主要是公开和说服,而不是行政控制。①

三 俄罗斯市场经济体制对人权保障制度的影响

俄罗斯从计划经济体制向市场经济体制的转型,对其人权保障制度产生的重要的影响如下。

首先,扩大了对个人自由权利的保障。1991年苏联第五次非常人代会通过的《人权和自由宣言》,包含了《世界人权宣言》和《公民权利和政治权利国际公约》的基本内容。1992年的宪法修正案将宪法中的权利主体由"公民"置换为"人和公民",并辟专章"人和公民的权利与自由"加以规定。

其次,加强了对各项人权的救济。俄罗斯建立了宪法法院。1996年通过了《俄罗斯人权全权代表法》,建立了人权全权代表制度,人权全权代表直属俄罗斯总统领导,协助总统履行人权保障职责。

最后,与国际人权保障机制接轨。俄罗斯1993年宪法规定,在国内现有的法律保护手段都已用尽的情况下,每个人有权依据俄罗斯联邦签署的国际条约向保护人权和自由的国际机构提出请求。1998年俄罗斯批准了《欧洲保护人权和基本自由公约》,俄罗斯公民可以向欧洲人权法院提起诉讼。

第五节 中国的市场经济与人权保障制度

前面对市场经济先发国家和后发国家的人权保障法律制度进行比较,以市场经济初创时期人权保障法律制度的发展状况检验权利制度的预设理论的合理性与差距。在这一章,我们针对我国社会主义市场经济初创时期的人权法律制度进行考察,总结我国社会主义市场经济初创时期人权法律

---

① 哈书菊:《试评俄罗斯人权全权代表制度》,《俄罗斯中亚东欧研究》2009年第4期。

制度建设的经验，检验中国作为市场经济后发国家，市场经济初创时期人权保障法律制度建设与先发国家以及其他后发国家相比，存在的现实差距，以及具有哪些共性和特殊性，特别是我国人权法律制度发展趋势如何。

一　中国市场经济的特点和发展

中国是社会主义国家，但是经济发展相对比较落后，属于发展中国家。所以，中国的市场经济必然是社会主义市场经济，也属于后发市场经济国家。从市场经济发展阶段来说，中国社会主义市场经济发展经过了初创时期，正处于不断完善的进程中。

（一）中国社会主义市场经济的建立和发展

中国特色社会主义市场经济体制的建立，经历了一个逐步探索和反复实践检验的曲折历程。中共十一届三中全会公报中提出"应该坚决实行按经济规律办事，重视价值规律的作用"[①]。中共十二大报告提出了"计划经济为主、市场调节为辅"的原则。[②] 十二届三中全会作出了《中共中央关于经济体制改革的决定》（以下简称"关于经济体制改革的决定"），提出要"建立自觉运用价值规律的计划体制，发展社会主义商品经济"[③]。中共十三大报告提出要"加快建立和培育社会主义市场体系"[④]。1992年邓小平南方谈话指出，计划经济不等于社会主义，资本主义也有计划；市场经济不等于资本主义，社会主义也有市场。计划和市场都是经济手段。计划多一点儿还是市场多一点儿，不是社会主义与资本主义的本质区别。根据邓小平南方谈话精神，中共十四大明确提出，"我国经济体制改革的目标是建立社会主义市场经济体制"[⑤]。1993年第八届全国人大通过宪法修正案，将第十五条有关"国家在社会主义公有制基础上实行计划经济"

[①]　《中国共产党第十一届中央委员会第三次全体会议公报》，《实事求是》1978年第4期。

[②]　《全面开创社会主义现代化建设的新局面——在中国共产党第十二次全国代表大会上的报告》，人民出版社1982年版。

[③]　《中共中央关于经济体制改革的决定》，《中华人民共和国国务院公报》1984年第26期。

[④]　《沿着有中国特色的社会主义道路前进——在中国共产党第十三次全国代表大会上的报告》，《党的建设》1987年第Z1期。

[⑤]　江泽民：《加快改革开放和现代化建设步伐　夺取有中国特色社会主义事业的更大胜利——在中国共产党第十四次全国代表大会上的报告》，《求实》1992年第11期。

的规定修改为"国家实行社会主义市场经济"①。中共十四届三中全会通过了《中共中央关于建立社会主义市场经济体制若干问题的决定》(以下简称《关于建立市场经济体制的决定》),提出"发挥市场机制在资源配置中的基础性作用"②。中共十六届三中全会通过的《中共中央关于完善社会主义市场经济体制若干问题的决定》(以下简称《关于完善市场经济体制的决定》)提出,完善社会主义市场经济体制的目标和任务,是"更大程度地发挥市场在资源配置中的基础性作用"③。中共十八大报告强调要"更加尊重市场规律,更好发挥政府作用"④。中共十八届三中全会通过的《中共中央关于全面深化改革若干重大问题的决定》(以下简称《关于全面深化改革的决定》)要求"紧紧围绕使市场在资源配置中起决定性作用深化经济体制改革"⑤。中共十九大报告进一步要求"加快完善社会主义市场经济体制"⑥。

(二)中国社会主义市场经济体制的特点

从我国社会主义市场经济发展来看,中国社会主义市场经济既反映市场经济的一般特点,又具有自身的特殊性。总的来说,中国社会主义市场经济主要有以下几个方面的特点。

1. 市场在资源配置中的基础性和决定性作用

中国社会主义市场经济具有一般市场经济的特点,即仍然是以"市场"作为资源配置的手段,也就是以市场(价格)信号提供社会需求的信号,各个经济主体按照社会的需求进行生产、经营和提供服务。为此,"在社会主义市场经济中,支配经济运行的客观规律最主要的是价值规

---

① 《中华人民共和国宪法修正案》,《中华人民共和国国务院公报》1993年第10期。
② 《中共中央关于建立社会主义市场经济体制若干问题的决定》,《中华人民共和国国务院公报》1993年第28期。
③ 《中共中央关于完善社会主义市场经济体制若干问题的决定》,《人民日报》2003年10月22日。
④ 胡锦涛:《坚定不移沿着中国特色社会主义道路前进 为全面建成小康社会而奋斗——在中国共产党第十八次全国代表大会上的报告》,《求是》2012年第22期。
⑤ 《中共中央关于全面深化改革若干重大问题的决定》,中国共产党第十八届中央委员会第三次全体会议2013年11月12日通过,《求是》2013年第22期。
⑥ 习近平:《决胜全面建成小康社会 夺取新时代中国特色社会主义伟大胜利——在中国共产党第十九次全国代表大会上的报告》,人民出版社2017年版。

律，即商品和服务的价格随着供求关系的变化而变动，供不应求时上涨，供过于求时下跌，各个企业根据市场价格的变动，决定和调整自己的生产和经营，从而维系社会生产和社会需求的平衡"①。以市场作为资源配置的手段，尊重市场运行的价值规律，是中国社会市场经济的基础性特点，这一特点它突出地反映一个几方面的权利要求：一是市场主体的自主权。参与市场活动的每一个经济主体都应当具有生产经营的自主权，拥有独立自主的决策权，因为只有这样，才能在市场的调节下进行生产、经营和提供服务；否则，市场的经济主体就不能成为市场经济的主体，市场的价值规律也就不能调节经济主体的生产、经营和提供服务。二是在市场经济下，经济主体之间的形成的经济关系都是平等的。参与市场经济活动的经济主体在决策过程中受市场（价值规律）的支配和影响，遵循市场的等价交换原则，所以，经济主体形成的经济关系都是平等的，反对内幕交易、权钱交易、不正当竞争、强买强卖、欺行霸市等。三是市场体系开放性。开放是市场经济的要求，它要求市场经济的市场体系向商品生产者、经营者以及购买者开放，向不同所有制的企业开放，不仅向国内开放，也向国际开放。所以，市场经济要形成统一的国内市场，反对地方保护主义；形成统一的国际市场，反对贸易壁垒。

2. 国家宏观调控的计划性

市场经济以市场作为资源配置的手段，这带来的负面影响生产的无政府性，"在市场经济各个阶段上，生产都带有无政府性；生产的无政府状态是市场经济内在性质产生的一个重要特征"②。但是，生产无政府性在市场经济的各个发展阶段的表现不同，而不同国家选择和发展市场经济的节点也不同，所以导致世界各国在选择市场经济过程中的政府因素有所差异。在自然演进型市场经济中，在市场经济的初创阶段，由于市场经济发展得较慢，市场经济在社会上还没有占居统治地位，市场经济的无政府不明显；随着市场经济占统治地位，无政府表现突出，导致经济危机；后来，由于垄断的出现，排斥自由竞争，特别是国家参与经济活动，对经济

---

① 张卓元、施雪华：《试探社会主义市场经济的特点与若干规律》，《光明日报》2004年10月12日。

② 韩福才：《中国市场经济所处历史阶段及其特征》，《学术交流》1997年第4期。

活动进行宏观调控，使市场经济的无政府性有所减弱。由此，政府介入市场经济是因为以市场作为资源配置具有的自发性、盲目性带来对经济的破坏。但是，政府介入市场经济是间接的有限的。在市场经济运行体制下，政府不直接干预企业的行为，而是通过大弹性、粗线条的指导性计划为主的引导和以财政、货币、产业、收入政策为主的干预来规范和调节企业的生产经营活动。从我国社会主义市场经济发展来看，我国一开始实行市场经济就加强了国家宏观调控的计划性。这是与其他自发演进的市场经济的区别之一。这是我国国情和中国特色社会主义制度决定的。但是，我国社会主义市场经济加强国家宏观调控的计划性，并不是说否认市场作为配置资源的基础，而是确立市场机制作为基础和主要方式之上，加强国家宏观调控以协调各种经济关系和各种经济成分，实现国民经济的持续、稳定和协调发展。中国社会主义市场经济这样的特点，在市场经济发展过程中，比较重视克服市场经济自发性、盲目性带来的消极影响，将无政府的破坏作用降低到最低。加强国家宏观调控的计划性，强调国家在市场经济中的作用，尤其在保障市场经济主体的权利的责任和义务，市场对政府提出了以下几个方面的权利要求：一是社会保障权。市场经济的自发性、盲目性带来的破坏，尤其劳动力过剩，大量失业产生，都会因为宏观调控得到最大限度的控制，也就是政府通过调控保障劳动者的收入不减少、基本的生活水准等。否则，市场经济自身的破坏性也会淋漓尽致地呈现。二是财产权。国家的宏观调控不直接干预经济主体，而是利用各种经济杠杆调节市场。它的基本前提在于确立市场经济主体享有财产权。

3. 以公有制为主体的社会主义市场经济

我国社会主义市场经济以公有制为主体，这是与资本主义市场经济的本质区别。市场经济是以市场作为资源配置的经济运行方式，它不能完全与资本主义等同；计划经济以国家先行计划作为资源配置的经济运行方式，它也不完全属于社会主义。"市场"与"计划"作为手段，并不存在性质方面的差别。但是，社会主义市场经济作为一个整体的概念，体现性质与手段的结合，其不仅仅是作为一种资源配置的手段，更为重要的是这种手段与资本主义社会的差别。这里的差别表现在社会主义市场经济必须以公有制为主。这是因为我国的所有制是以公有制为主导，多种经济成分并存。我国的公有制包括国家所有制和集体所有制。集体所有制主体完全可以自主地进入市场已经被改革开放的历史实践证明,被乡镇企业蓬勃发展的实践证明;国家所有制主体在理顺国家和企业的产权关系之后,实现政企分开,所有权与经营权分离,国有企业成为享有自主权和决策权的市场主体。社会主义市场经济由于其性质指向,必然体现"解放生产力,发展生产力,消灭剥削,消除两极分化,最终达到共同富裕"的社会主义本质。所以,社会主义市场经济坚持以"共同富裕"为方向。在这一社会主义市场经济的特点中,市场经济对政府也提出权利要求。如自由权。公有制更多强调的是国家对经济命脉的控制,赋予国有企业在市场经济活动的自由权,激发市场主体的活力,是社会主义市场经济首要解决的问题;还有平等权,市场经济要求所有市场主体的地位必须是平等的,强调社会主义市场经济以公有制为主,是否会存在市场主体的差别问题?这些问题,都需要在法律制度当中予以明确的规定。

二 社会主义市场体制下中国人权保障制度的发展

中国社会主义市场经济与其他市场经济一样,都基于市场经济的内在因素提出相应的权利要求,这些权利要求是建立和完善市场经济必需的。但是,这些权利要求仅仅是要求,在市场经济建立过程中这些要求并不能够得到必然的实现,它会遭受很多的社会阻力,同时也会形成很多的权利诉求,最终通过社会主体之间的博弈,形成诸多的权利制度。

在市场经济初创时期,我国政府依初步形成具有中国特色的社会主义人权保障法律体系,为我国社会主义市场经济初创时期提供人权保障的法律依据。

(一)社会主义市场经济体制下中国人权保障制度的特点

从时间跨度来看,1978年改革开放至2010年,我国处于社会主义市场经济初创时期。我国社会主义市场经济初创时期在政治、经济、法律以及文化等方面取得举世瞩目的成就。尤其经济上,我国国民生产总值位居世界第二,国民收入正处于中高收入向高收入阶段;法律上,我国已经基本建立社会主义法律体系。从这一阶段的法律制度来看,我国人权保障法律制度建设也取得举世瞩目的成就。那么,我国人权保障法律制度主要有以下几个方面的特点。

1. 思想方面：以马克思主义人权观为指导

我国现行宪法在序言当中明确规定"在马克思列宁主义、毛泽东思想、邓小平理论、'三个代表'重要思想指引下，坚持人民民主专政，坚持社会主义道路，坚持改革开放，不断完善社会主义的各项制度，发展社会主义市场经济，发展社会主义民主，健全社会主义法制"，为此，无论是经济建设、民主政治建设还是法制建设，都以马克思主义为指导，由此，我国人权保障法律制度也是以马克思主义人权观为指导的。以马克思主义人权观为指导，这是与市场经济先发国家、后发国家在思想基础的最大差别。无论是市场经济先发国家，还是市场经济后发独立国家，他们的人权观基础是以"天赋人权"思想。社会主义市场经济初创时期人权观基础是马克思主义，这是他们最大的区别。这也成为我国社会主义市场经济初创时期人权保障法律制度的特点之一。

2. 形式方面：体系化

我国社会主义市场经济初创时期人权保障法律制度在形式上呈现如下特点：体系化与均衡性。从目前来看，我国社会主义初创时期人权保障法律制度的表现形式有以下几种：一是以条文规定人权；二是在章节中规定具体的人权；三是以单行法律进行人权保障。从我国的全部保障人权的法律规范来看，主要以单行法律进行保障为为主。诸如，我国在宪法第三章中规定了公民的权利和义务，可以说宪法规定的公民的权利主要是公民享有的人权；刑法、民法通则、继承法、婚姻法等都是在具体的条文当中规定了公民的享有的人权进行保障。我国人权保障的单行法律规定主要体现在社会法当中，针对特定群体的人权进行保障，颁布了《未成年人保护法》《预防未成年犯罪法》《老年人权益保障法》《妇女权益保障法》《残疾人权益保障法》等。由此，我国社会主义市场经济初创时期，人权保障法律已经初步形成体系化。从法律框架来说，我国已经形成以宪法统摄下各部门完整的保障体系，并且形成一个有机的整体，表现为宪法当中规定了公民诸项权利，民商法、刑法以及社会法等涉及人权保障的法律部门做出详细的规定。我国人权保障法律不单单有宪法进行规定，其他法律部门在落实人权保障当中，也进行了详细的规定。

我国社会主义市场经济初创时期人权保障法律制度与市场经济先发国家以及其他市场经济后发国家相比较存在形式方面的差距，表现为以下几个方面。

第一，宪法与法律衔接问题。我国宪法不能直接适用于司法中，那么如何将我国宪法中规定的公民的基本权利转化为现实，需要通过法律予以规定落实。但是，在这个环节中存在一个重要问题就是宪法和法律的衔接问题。从目前的情况来看，我国宪法和法律的衔接存在不完善以及不协调的方面。"我国宪法规定的公民基本权利达18项之多，目前，只有9项基本权利规定了具体的部门法律，很多公民的基本权利没有通过法律实现'具体化'。"[1] 所以，可以肯定的是，我国在社会主义市场经济初创时期，公民的很多基本权利（人权）由于缺乏法律制度，缺乏可诉性，很难得以实现。

第二，合法律性与合宪性问题。法律的制定应当以宪法为依据。也就是说关于人权保障的法律制定应当以宪法为根据，不能超越宪法制定相关的人权保障法律，否则法律就可能违宪，这就有可能出现我国很多的法律存在侵害公民基本权利的状况。这一种状况存在于我国诸多的行政法规当中。

第三，缺乏统一的人权保障法。当前，我国人权保障法律制度比较零散，基本上是分散到单行法律当中进行规定。市场经济先发国家在市场经济初创时期，如大陆法系国家几乎都通过法典的形式进行规定，比较具体和详细。如在刑法典、民法典、诉讼法典当中进行明确的规定。

3. 内容方面：均衡性

从我国颁布的人权保障法律制度的内容来看，我国人权保障法律制度重视公民的经济、社会与文化权利保障，强调国家的积极行为。尤其，2004年"国家尊重和保障人权"载入宪法之后，把人权保障提升到国家义务层面，人权保障则成为国家与政府的最为重要的责任。在这一时期，我国涉及经济、社会与文化权利保障的法律有多少部，在这些法律规范当中，都强调国家和政府的责任和义务。中国在人权观念当中认为，人权既包括个人人权，也包括集体人权。所以，我国颁布的法律制度除了重视个人人权保障之外，还重视集体人权的保障，并且做到个人人权和集体人权

---

[1] 左权：《人权保障的"中国模式"研究》，硕士学位论文，东南大学法学院，2013年，第170页。

的均衡发展。

我国社会主义市场经济初创时期的权利制度除了形式方面与其他市场经济国家在同一时期存在差距之外，内容方面也存在一定的差距。

第一，宪法基本权利体系尚不完整、不具体。与市场经济先发国家、后发国家比较来看，我国宪法规定公民的基本权利存在两个不足：一是我国宪法规定公民的基本权利体系存在不完整。可以发现，很多国家宪法当中规定的基本权利，在我国宪法当中没有进行规定。如公民权利与政治权利方面，我国宪法尚未对禁止酷刑、迁徙和选择住所的自由、无罪推定等规定；经济、社会与文化权利方面，缺乏结社权、罢工权、适当生活水准权以及环境权的规定。二是我国宪法规定公民的基本权利不具体或者不明确。发达国家宪法中规定公民的基本权利比较具体和详细，很多市场经济后发国家全盘吸收发达国家的宪法，也规定得比较详细。但是，我国宪法规定的公民的基本权利不具体或不明确，很多规定与发达国家以及国家人权公约的规定存在一定的距离。如我国规定的逮捕与拘留，无论是从内涵和外延方面都与国际上通行的认识和做法有一定的出入。如逮捕，我国宪法规定的逮捕做了狭义的解释，仅指《刑事诉讼法》中的逮捕，并不包括公安机关在刑事诉讼中对犯罪嫌疑人采取的强制措施；国际人权公约对逮捕的内涵认识是指限制人身自由的一切措施，范围比较广。

第二，有些人权内容尚未涵盖。我国社会主义市场经济初创时期的人权保障法律，对于有些人权尚未有专门的法律进行规定，或者没有明确规定。诸如，公民权利与政治当中的生命权。死刑问题是生命权的关键问题，虽然我国在这一历史阶段法律适用死刑的罪名逐渐在减少，但是尚未废除死刑，与诸多市场经济先发国家、后发国家在这一阶段就已经废除死刑相比较，显然是有些落后。经济、社会与文化权利当中的社会保障权，后发独立国家很多国家在社会保障权立法方面比较早，我国在这一阶段尚未关注这方面的法律建设，直到2010年，我国才颁布了社会保险法。显然，无论是与市场经济先发国家还是后发独立国家相比较而言，我国社会主义市场经济初创时期的人权保障法律内容涵盖尚未全面，与国外的法律制度比较还有距离。

我国社会主义市场经济初创时期颁布的宪法性法律主要包括：1982

年《宪法》及其四个宪法修正案、选举法、集会游行示威法、民族区域自治法、香港特别行政区基本法，这些法律制度对公民的相关基本权利做出明确的规定。

现行宪法是1982年制定实施的，这部宪法在1988年、1993年、1998年以及2004年经过了四次修改。这部宪法在第二章规定了公民的基本权利和义务，公民的诸项人权和自由主要包括以下几个方面：一是公民权利与政治权利方面，规定了公民的平等权（第三十三条）、选举权与被选举权（第三十四条）、人参自由权（第三十七条）、人格尊严权（第三十八条）、监督权（第四十一条）、言论、出版、集会、结社、游行、示威的自由（第三十五条）、宗教信仰自由（第三十六条）、住宅不受侵犯权利（第三十九条）、通信自由（第四十条）。二是经济、社会和文化权利方面，规定了公民的劳动权（第四十二条）、休息权（第四十三条）、社会保障权（第四十四条、第四十五条）、受教育权（第四十六条）、文化权利（第四十七条）。三是其他特定群体的权利方面，妇女权利（第四十八条）、儿童、老人权利（第四十九条）。值得注意的是2004年宪法修改，在第三十三条增加了"国家尊重和保障人权"，人权被载入宪法，国家尊重和保障人权成为国家战略和国家义务。事实上，国家尊重和保障人权中的"人权"，基本指向了宪法第二章规定的诸项基本权利。

但是，我国除了宪法规定公民的人权之外，具体的宪法性法律也规定了公民的基本权利，作为宪法的补充和细化。诸如选举法，我国选举法制定于1953年，1979年重新修订，其后经过1982年、1986年、1995年、2004年和2010年5次修改。从我国选举法的修改变化来看，主要体现在人大代表的人口比例方面：1979年的选举法自治州、县、自治县人大农村每一代表所代表的人口数4倍于镇每一代表所代表的人口数，省、自治区人大为5∶1，全国人大为8∶1。1995年的选举法，将省、自治区和全国人大代表中农村每一代表与城市每一代表所代表的人口数，从原来的5∶1和8∶1，统一修订为4∶1。2010年修改的选举法，实现城乡平等选举权，规定"全国人大代表名额，由全国人大常委会根据各省、自治区、直辖市的人口数，按照每一代表所代表的城乡人口数相同的原则，以及保证各地区、各民族、各方面都有适当数量代表的要求进行分配。"由此，可以发现我国选举法经历了城乡不平等到城乡平等的发展过程，也体现了我国社会政治、经济和文化发展的变化。

4. 过程方面：协调性

我国社会的人权保障除了法律保障之外，还有政策保障。可以说，国家和政府非常重视人权保障，很多人权保障法律都经历先有实践，然后再上升为法律的过程，这符合法律发展的一般规律。诸如《农村承包经营法》，我国社会实行的农村承包经营实践早已立法。最重要的是，我国人权保障法律制度的建设与经济、法治的协调发展。

首先，我国人权保障法律建设在中国共产党领导下进行。我国宪法确立了中国共产党在社会主义事业建设中的领导地位，与此同时，我国人权保障法律制度的建设也应该是在中国共产党的领导下进行。对于中国这样一个超大规模的国家来说，中国共产党的坚强领导和执政能力以及一个权威的强有力的政府体系，是中国人权建设得以顺利实施的政治前提和根本保证。中国社会主义市场经济初创时期的人权保障法律制度建设都是在中国共产党的正确领导下进行的，这也是我国人权保障法律制度的特点之一。

其次，深刻反映市场经济改革变化。我国社会主义市场经济有三个关键的节点，一个是 1992 年，邓小平南方谈话最终为确定市场经济体制奠定了基础；一个是 2001 年，2001 年加入世贸组织。我国加入世界贸易组织，作出了诸多承诺，也就是要进行一系列的市场经济体制改革。从我国的法律制度变化来看，1992 年出现了法律建立和修改的高峰，2001 年前后也出现了法律制定和修改的高峰。

最后，我国人权保障法律制度建设与我国法治进程相协调。1978—2010 年，我国社会主义法治建设取得突破性发展。2011 年，时任全国人民代表大会常务委员会委员长吴邦国指出"2010 年中国特色社会主义法律体系如期形成"，与此同时，我国人权保障法律体系也基本形成。截至"2010 年底，中国已经制定现行有效法律 236 件、行政法规 690 多件、地方性法规 8600 件，中国特色社会主义法律体系已经形成，社会生活的各个领域和人权保障的各个方面实现了有法可依，尊重和保障人权的原则日益有机贯穿了立法、行政和司法的各个环节之中"[①]。在这一法律框架下，

---

① 刘杰：《转型视角下中国人权发展的十年轨迹》，《人权》2012 年第 6 期。

我国人权事业不断地向法律化、制度化的轨道发展。近年来，国家修改了诸多与人权相关的法律制度，如《选举法》《劳动法》《教育法》等，并出台了与人权保障相关的法律制度，如《社会保险法》等。

（二）社会主义市场经济对公民权利保障的推动

随着社会主义市场经济体制的逐步建立和不断完善，与市场经济体制相关的个人自由权利也逐步得到确认和保障，特别是择业自由权、迁徙自由权、财产自由权、人身自由权、隐私权等权利。

1. 择业自由权

就业权利是工作权利（或称劳动权利）的组成部分，它主要包括两个方面的国家义务：一个是对就业机会的保障，另一个是对择业自由的保障。在计划经济体制下，工作是由国家统一分配的，要求个人无条件服从国家的统一安排。国家的义务是保障社会成员充分就业，但并不保障择业自由，个人的职业选择受到严格限制。1954年宪法第91条对劳动权的规定是："中华人民共和国公民有劳动的权利。国家通过国民经济有计划的发展，逐步扩大劳动就业，改善劳动条件和工资待遇，以保证公民享受这种权利。"[1] 1978年宪法第48条对劳动权利的规定强调"国家根据统筹兼顾的原则安排劳动就业"[2]。

市场竞争需要自由择业的劳动者，放松甚至放弃国家对自主择业的管制是市场经济体制的基本要求。1982年宪法第42条对劳动权的规定出现了转变，从"安排劳动就业"改为"国家通过各种途径，创造劳动就业条件"[3]。十四届三中全会关于建立市场经济体制的决定提出，"改革劳动制度，逐步形成劳动力市场。……要把开发利用和合理配置人力资源作为发展劳动力市场的出发点。广开就业门路，更多地吸纳城镇劳动力就业。鼓励和引导农村剩余劳动力逐步向非农产业转移和地区间的有序流动。发展多种就业形式，运用经济手段调节就业结构，形成用人单位和劳动者双向选择、合理流动的就业机制"[4]。十六届六中全会通过的《中共中央关

---

[1] 《中华人民共和国宪法（1954年）》，人民出版社1954年版。
[2] 《中华人民共和国宪法（1978年）》，人民出版社1978年版。
[3] 《中华人民共和国宪法（1982年）》，人民出版社1982年版。
[4] 《中共中央关于建立社会主义市场经济体制若干问题的决定》，《中华人民共和国国务院公报》1993年第28期。

于构建社会主义和谐社会若干重大问题的决定》（以下简称《关于构建和谐社会的决定》）提出，要"深化户籍、劳动就业等制度改革，逐步形成城乡统一的人才市场和劳动力市场，完善人员流动政策"①。十七大报告提出要"建立统一规范的人力资源市场，形成城乡劳动者平等就业的制度"②。十九大报告提出包括劳动力在内的"要素自由流动"，并特别强调要"破除妨碍劳动力、人才社会性流动的体制机制弊端，使人人都有通过辛勤劳动实现自身发展的机会"③。

2. 迁徙自由权

迁徙自由权是个人自由权利的重要组成部分。中国 1954 年宪法第 90 条明确规定"中华人民共和国公民有居住和迁徙的自由"，但随着户籍制度的建立，此后的宪法中没有再作出有关迁徙自由的规定，迁徙择居的自由也受到了实质性的限制。随着市场经济体制的建立和不断完善，对个人迁徙自由的限制逐渐放开。中共十三大报告提出要"制定促进人员合理流动的法规"④。十四届三中全会关于建立市场经济体制的决定提出，"逐步改革小城镇的户籍管理制度，允许农民进入小城镇务工经商，发展农村第三产业，促进农村剩余劳动力的转移"⑤。十六届三中全会关于完善市场经济体制的决定提出，"深化户籍制度改革……在城市有稳定职业和住所的农业人口，可按当地规定在就业地或居住地登记户籍，并依法享有当地居民应有的权利，承担应尽的义务"⑥。十八大报告进一步要求"加快改革户籍制度，有序推进农业转移人口市民化，努力实现城镇基本公共服

---

① 《中共中央关于构建社会主义和谐社会若干重大问题的决定》，中国共产党第十六届中央委员会第六次全体会议 2006 年 10 月 11 日通过，《求是》2006 年第 20 期。
② 胡锦涛：《高举中国特色社会主义伟大旗帜　为夺取全面建设小康社会新胜利而奋斗——在中国共产党第十七次全国代表大会上的报告》，《求是》2007 年第 21 期。
③ 习近平：《决胜全面建成小康社会　夺取新时代中国特色社会主义伟大胜利——在中国共产党第十九次全国代表大会上的报告》，人民出版社 2017 年版。
④ 《沿着有中国特色的社会主义道路前进——在中国共产党第十三次全国代表大会上的报告》，《党的建设》1987 年第 Z1 期。
⑤ 《中共中央关于建立社会主义市场经济体制若干问题的决定》，《中华人民共和国国务院公报》1993 年第 28 期。
⑥ 《中共中央关于完善社会主义市场经济体制若干问题的决定》，《人民日报》2003 年 10 月 22 日。

务常住人口全覆盖"①。十八届三中全会关于全面深化改革的决定指出，要"推进农业转移人口市民化，逐步把符合条件的农业转移人口转为城镇居民。……全面放开建制镇和小城市落户限制，有序放开中等城市落户限制，合理确定大城市落户条件，严格控制特大城市人口规模"②。

3. 财产自由权

财产自由权利包括自由地获得、使用、转让、投资、继承财产，财产既包括生活资料，也包括生产资料。新中国成立之初，1954年宪法规定了对个人生活资料所有权、私有财产继承权的保护，第11条规定"国家保护公民的合法收入、储蓄、房屋和各种生活资料的所有权"；第12条规定"国家依照法律保护公民的私有财产的继承权"；同时第13条规定"国家为了公共利益的需要，可以依照法律规定的条件，对城乡土地和其他生产资料实行征购、征用或者收归国有"③。进入计划经济时期后，对私有财产的保护日渐薄弱。1975年宪法第9条仅规定"国家保护公民的劳动收入、储蓄、房屋和各种生活资料的所有权"④，不仅收入被限制在"劳动收入"的范围内，而且取消了有关私有财产继承权的规定。

在探索建立社会主义市场经济体制的过程中，对私有财产权的保障也逐步受到重视。中共十一届三中全会公报指出，"社员自留地、家庭副业和集市贸易是社会主义经济的必要补充部分，任何人不得乱加干涉"⑤。十四届三中全会关于建立市场经济体制的决定指出，"国家依法保护法人和居民的一切合法收入和财产，鼓励城乡居民储蓄和投资，允许属于个人的资本等生产要素参与收益分配"⑥。十五大报告指出，"要健全财产法律制度，依法保护各类企业的合法权益和公平竞争，并对它们进行监

---

① 胡锦涛：《坚定不移沿着中国特色社会主义道路前进　为全面建成小康社会而奋斗——在中国共产党第十八次全国代表大会上的报告》，《求是》2012年第22期。
② 《中共中央关于全面深化改革若干重大问题的决定》，中国共产党第十八届中央委员会第三次全体会议2013年11月12日通过，《求是》2013年第22期。
③ 《中华人民共和国宪法（1954年）》，人民出版社1954年版。
④ 《中华人民共和国宪法（1975年）》，人民出版社1975年版。
⑤ 《中国共产党第十一届中央委员会第三次全体会议公报》，《实事求是》1978年第4期。
⑥ 《中共中央关于建立社会主义市场经济体制若干问题的决定》，《中华人民共和国国务院公报》1993年第28期。

督管理"①。十六届三中全会关于完善市场经济体制的决定指出:"建立健全现代产权制度。产权是所有制的核心和主要内容,包括物权、债权、股权和知识产权等各类财产权。建立归属清晰、权责明确、保护严格、流转顺畅的现代产权制度……要依法保护各类产权,健全产权交易规则和监管制度,推动产权有序流转,保障所有市场主体的平等法律地位和发展权利。"② 十八届三中全会关于全面深化改革的决定指出"公有制经济财产权不可侵犯,非公有制经济财产权同样不可侵犯";"探索建立知识产权法院";赋予农民对集体资产股份占有、收益、有偿退出及抵押、担保、继承权,保障农户宅基地用益物权,慎重稳妥推进农民住房财产权抵押、担保、转让,探索农民增加财产性收入渠道。建立农村产权流转交易市场,推动农村产权流转交易公开、公正、规范运行"③。

  对私有财产权的保护通过宪法的制定和修正逐步得到明确规定。1982年宪法第11条规定"国家保护个体经济的合法的权利和利益";第13条规定"国家保护公民的合法的收入、储蓄、房屋和其他合法财产的所有权。国家依照法律规定保护公民的私有财产的继承权"④。1988年宪法修正案了修改第10条第4款,增加了"土地的使用权可以依照法律的规定转让"的规定。⑤ 2004年宪法修正案将第13条修改为:"公民的合法的私有财产不受侵犯。国家依照法律规定保护公民的私有财产权和继承权。国家为了公共利益的需要,可以依照法律规定对公民的私有财产实行征收或者征用并给予补偿。"将第十条第三款修改:"国家为了公共利益的需要,可以依照法律规定对土地实行征收或者征用并给予补偿。"⑥

  4. 人身自由权

  人身自由权是公民在法律范围内独立行为而不受他人干涉,不受非法

---

① 江泽民:《高举邓小平理论伟大旗帜,把建设有中国特色社会主义事业全面推向二十一世纪——在中国共产党第十五次全国代表大会上的报告》,《求是》1997年第17期。
② 《中共中央关于完善社会主义市场经济体制若干问题的决定》,《人民日报》2003年10月22日。
③ 《中共中央关于全面深化改革若干重大问题的决定》,中国共产党第十八届中央委员会第三次全体会议2013年11月12日通过,《求是》2013年第22期。
④ 《中华人民共和国宪法(1982年)》,人民出版社1982年版。
⑤ 《中华人民共和国宪法修正案》,《中华人民共和国国务院公报》1988年第11期。
⑥ 《中华人民共和国宪法修正案》,《中华人民共和国最高人民法院公报》2004年第4期。

逮捕、拘禁，不被非法剥夺、限制自由及非法搜查身体的权利。1954年宪法第89条件规定："中华人民共和国公民的人身自由不受侵犯。任何公民，非经人民法院决定或者人民检察院批准，不受逮捕。"① 1975年宪法第28条将"非经人民法院决定或者人民检察院批准"改为"非经人民法院决定或者公安机关批准"②。1978年宪法对人身自由权作出了重要的修改，重新规定为"任何公民，非经人民法院决定或者人民检察院批准并由公安机关执行，不受逮捕"③。1982年宪法第37条对人身自由权作出了更全面、更严格的规定："中华人民共和国公民的人身自由不受侵犯。任何公民，非经人民检察院批准或者决定或者人民法院决定，并由公安机关执行，不受逮捕。禁止非法拘禁和以其他方法非法剥夺或者限制公民的人身自由，禁止非法搜查公民的身体。"④ 十九大报告明确要求保障人民的人身权。

5. 隐私权

隐私权涉及对住宅、通信自由和通信秘密的保护。1954年宪法第90条规定了公民的"中华人民共和国公民的住宅不受侵犯，通信秘密受法律的保护"⑤。但1975年宪法第28条和1978年宪法第45条和第47条仅规定了公民有通信的自由和住宅不受侵犯⑥，却没有规定对通信秘密的保护。1982年宪法对隐私权作出了比较完整的规定，第39条规定："中华人民共和国公民的住宅不受侵犯。禁止非法搜查或者非法侵入公民的住宅。"宪法第40条规定："中华人民共和国公民的通信自由和通信秘密受法律的保护。除因国家安全或者追查刑事犯罪的需要，由公安机关或者检察机关依照法律规定的程序对通信进行检查外，任何组织或者个人不得以任何理由侵犯公民的通信自由和通信秘密。"⑦

---

① 《中华人民共和国宪法（1954年）》，人民出版社1954年版。
② 《中华人民共和国宪法（1975年）》，人民出版社1975年版。
③ 《中华人民共和国宪法（1978年）》，人民出版社1978年版。
④ 《中华人民共和国宪法（1982年）》，人民出版社1982年版。
⑤ 《中华人民共和国宪法（1954年）》，人民出版社1954年版。
⑥ 《中华人民共和国宪法（1975年）》，人民出版社1975年版。《中华人民共和国宪法（1978年）》，人民出版社1978年版。
⑦ 《中华人民共和国宪法（1982年）》，人民出版社1982年版。

(三) 社会主义市场经济对经济、社会和文化权利保障的推动

改革开放四十年的历史显示，市场经济体制是比市场经济体制更有效率的资源配置方式，但它所产生的另一个效应是贫富差距的扩大。市场竞争会使能够抓住市场机会的人成为赢家，与竞争中处于下风的人在收入和财产上迅速拉开差距。如果任由这种差距扩大，就会使社会中处于不利地位的人无法享受到经济发展所带来的成果，甚至基本生活需求都无法得到满足。这种两极分化最后会导致社会分裂，使市场经济体制无法持续运行。因此，市场经济的发展要求在保障每个人自由权利的同时，也要保障每个人能够平等地享受经济社会权利，并且对各种弱势群体的权利给予特殊保护。

改革开放之初，人们在是否建立市场经济体制的问题上，面临的最大困惑就是市场经济有可能导致贫富分化，而贫富分化似乎背离了社会主义的基本原则。对此，党的十一届三中全会分析了让一部分人"先富起来"与实现整个社会"共同富裕"之间的关系来澄清中国市场经济体制的社会主义性质，指出："如果把共同富裕理解为完全平均和同步富裕，不但做不到，而且势必导致共同贫穷。只有允许和鼓励一部分地区、一部分企业和一部分人依靠勤奋劳动先富起来，才能对大多数人产生强烈的吸引和鼓舞作用，并带动越来越多的人一浪接一浪地走向富裕。"① 十二届三中全会关于经济体制改革的决定进一步指出，"由于一部分人先富起来产生的差别，是全体社会成员在共同富裕道路上有先有后、有快有慢的差别，而绝不是那种极少数人变成剥削者，大多数人陷于贫穷的两极分化。鼓励一部分人先富起来的政策，是符合社会主义发展规律的，是整个社会走向富裕的必由之路"②。

从人权的角度来看，市场经济体制一方面要以保障个人相关的自由权利为前提，否则就无法开始运行；另一方面市场经济体制运行所导致的贫富分化，也需要通过保障个人的经济、社会和文化权利和弱势群体的基本权利来加以弥补，否则就无法持续。在这个意义上，个人自由权利和经济、社会、文化权利以及弱势群体权利的保障，是市场经济运行中相辅相

---

① 《中国共产党第十一届中央委员会第三次全体会议公报》，《实事求是》1978年第4期。
② 《中共中央关于经济体制改革的决定》，《中华人民共和国国务院公报》1984年第26期。

成、不可分割的两个方面。经济、社会和文化权利主要包括工作权、基本生活水准权、社会保障权、受教育权、健康权、文化权和环境权。市场经济中的弱势群体主要包括妇女、儿童、老年人、残疾人和欠发达地区的少数民族。

1. 工作权利保障

工作权利包括多个方面的内容。既包括上一节所讲的择业自由,也包括就业保障、合理薪酬、安全与卫生的工作条件、平等的提升机会、休息、接受职业培训、参加工会等权利。市场经济要求雇工自由和择业自由。但在劳动力供大于求的市场环境下,被雇用者的利益和权利经常受到侵犯。为了维护劳动者的利益,需要政府采取积极的措施保障各项工作权利。

为保障就业机会和劳动者权益,十四大报告提出要"加快工资制度改革,逐步建立起符合企业、事业单位和机关各自特点的工资制度与正常的工资增长机制"①。十六届三中全会关于完善市场经济体制的决定明确提出,要"规范企业用工行为,保障劳动者合法权益"②。十六届六中全会关于构建和谐社会的决定指出,要"实施积极的就业政策,发展和谐劳动关系",全面实行劳动合同制度和集体协商制度,确保工资按时足额发放。严格执行国家劳动标准,加强劳动保护,健全劳动保障监察体制和劳动争议调处仲裁机制,维护劳动者特别是农民工合法权益。③ 十八大报告指出,要"推行企业工资集体协商制度,保护劳动所得"④。十九大报告要求"要坚持就业优先战略和积极就业政策,实现更高质量和更充分就业"⑤。

---

① 江泽民:《加快改革开放和现代化建设步伐 夺取有中国特色社会主义事业的更大胜利——在中国共产党第十四次全国代表大会上的报告》,《求实》1992年第11期。

② 《中共中央关于完善社会主义市场经济体制若干问题的决定》,《人民日报》2003年10月22日。

③ 《中共中央关于构建社会主义和谐社会若干重大问题的决定》,中国共产党第十六届中央委员会第六次全体会议2006年10月11日通过,《求是》2006年第20期。

④ 胡锦涛:《坚定不移沿着中国特色社会主义道路前进 为全面建成小康社会而奋斗——在中国共产党第十八次全国代表大会上的报告》,《求是》2012年第22期。

⑤ 习近平:《决胜全面建成小康社会 夺取新时代中国特色社会主义伟大胜利——在中国共产党第十九次全国代表大会上的报告》,人民出版社2017年版。

在工作权立法和规范方面，1982 年宪法第四十二条规定，"国家通过各种途径，创造劳动就业条件，加强劳动保护，改善劳动条件，并在发展生产的基础上，提高劳动报酬和福利待遇"；"国家对就业前的公民进行必要的劳动就业训练"。第四十三条规定，"中华人民共和国劳动者有休息的权利。国家发展劳动者休息和休养的设施，规定职工的工作时间和休假制度"。国家先后制定了《劳动法》《劳动合同法》《就业促进法》《安全生产法》《职业病防治法》《工会法》等法律，《职工带薪休假条例》《劳动合同法实施条例》《女职工劳动保护特别规定》等行政法规，以及《最低工资规定》《工资集体协商试行办法》《建设领域农民工工资支付管理暂行办法》等行政规章。此外，中国还建立了最低工资标准制度，工资集体协商制度、劳动关系三方协调机制、农民工工资保障金制度和农民工工资支付监控制度。

2. 基本生活水准权利保障

基本生活水准权利主要包括最低生活保障的权利和适足的住房、食物、饮水的权利。针对低收入人口生活困难问题，十二届三中全会关于经济体制改革的决定提出，在鼓励一部分人先富起来的同时，"必须对老弱病残、鳏寡孤独等实行社会救济，对还没有富裕起来的人积极扶持"①。十五大报告提出，要"实行保障城镇困难居民基本生活的政策。国家从多方面采取措施，加大扶贫攻坚力度，到本世纪末基本解决农村贫困人口的温饱问题"②。十六届三中全会关于完善市场经济体制的决定要求"完善城市居民最低生活保障制度，合理确定保障标准和方式"③。十六届六中全会关于构建和谐社会的决定提出，要"逐步建立农村最低生活保障制度……加强对困难群众的救助，完善城市低保、农村五保供养、特困户救助、灾民救助、城市生活无着的流浪乞讨人员救助等制度。完善优抚安置政策"④。十七大报告提出，"完善城乡居民最低生活保障制度，逐步提

---

① 《中共中央关于经济体制改革的决定》，《中华人民共和国国务院公报》1984 年第 26 期。
② 江泽民：《高举邓小平理论伟大旗帜，把建设有中国特色社会主义事业全面推向二十一世纪——在中国共产党第十五次全国代表大会上的报告》，《求是》1997 年第 17 期。
③ 《中共中央关于完善社会主义市场经济体制若干问题的决定》，《人民日报》2003 年 10 月 22 日。
④ 《中共中央关于构建社会主义和谐社会若干重大问题的决定》，《求是》2006 年第 20 期。

高保障水平";实现"绝对贫困现象基本消除"①。政府先后制定了《城市居民最低生活保障条例》《农村五保供养工作条例》等行政法规,逐年提升扶贫标准,积极开展精准扶贫、深度扶贫工作,建立住房保障制度。

在住房权保障方面,在市场经济体制的建立过程中,住房也被推向了市场。十四大报告提出"推进住房制度改革"②,十四届三中全会关于建立市场经济体制的决定进一步提出"加快城镇住房制度改革,控制住房用地价格,促进住房商品化和住房建设的发展"③。住房商品化极大地改善了居民的住房条件,但也带来了高房价的问题。针对中低收入城市居民购不起房的问题,十六届六中全会关于构建和谐社会的决定提出,"加快廉租住房建设,规范和加强经济适用房建设,逐步解决城镇低收入家庭住房困难"④。十七大报告提出"健全廉租住房制度,加快解决城市低收入家庭住房困难"⑤。十八届三中全会关于全面深化改革的决定提出,"健全符合国情的住房保障和供应体系,建立公开规范的住房公积金制度,改进住房公积金提取、使用、监管机制""把进城落户农民完全纳入城镇住房和社会保障体系"⑥。十九大报告提出:"坚持房子是用来住的、不是用来炒的定位,加快建立多主体供给、多渠道保障、租购并举的住房制度,让全体人民住有所居。"⑦

3. 社会保障权利保障

社会保障主要包括社会保险、社会救济、社会福利、优抚安置和社会互助、个人储蓄积累保障等方面。十三大报告提出要"积极推进公共福

---

① 胡锦涛:《高举中国特色社会主义伟大旗帜 为夺取全面建设小康社会新胜利而奋斗——在中国共产党第十七次全国代表大会上的报告》,《求是》2007年第21期。

② 江泽民:《加快改革开放和现代化建设步伐 夺取有中国特色社会主义事业的更大胜利——在中国共产党第十四次全国代表大会上的报告》,《求实》1992年第11期。

③ 《中共中央关于建立社会主义市场经济体制若干问题的决定》,《中华人民共和国国务院公报》1993年第28期。

④ 《中共中央关于构建社会主义和谐社会若干重大问题的决定》,中国共产党第十六届中央委员会第六次全体会议2006年10月11日通过,《求是》2006年第20期。

⑤ 胡锦涛:《高举中国特色社会主义伟大旗帜 为夺取全面建设小康社会新胜利而奋斗——在中国共产党第十七次全国代表大会上的报告》,《求是》2007年第21期。

⑥ 《中共中央关于全面深化改革若干重大问题的决定》,《求是》2013年第22期。

⑦ 习近平:《决胜全面建成小康社会 夺取新时代中国特色社会主义伟大胜利——在中国共产党第十九次全国代表大会上的报告》,人民出版社2017年版。

利事业的社会化"①。十四大报告提出要"积极建立待业、养老、医疗等社会保障制度"②。十四届三中全会关于建立市场经济体制的决定提出，要"建立多层次的社会保障体系"③。十六届三中全会关于完善市场经济体制的决定提出，要"加快建设与经济发展水平相适应的社会保障体系"④。十六届六中全会关于构建和谐社会的决定提出，要"适应人口老龄化、城镇化、就业方式多样化，逐步建立与社会保险、社会救助、社会福利、慈善事业相衔接的覆盖城乡居民的社会保障体系"⑤。十七大报告提出，要实现"覆盖城乡居民的社会保障体系基本建立，人人享有基本生活保障"⑥。十八大报告提出，"要坚持全覆盖、保基本、多层次、可持续方针，以增强公平性、适应流动性、保证可持续性为重点，全面建成覆盖城乡居民的社会保障体系"⑦。十八届三中全会关于全面深化改革的决定进一步提出，要"建立更加公平可持续的社会保障制度"⑧。十九大报告提出，要"加强社会保障体系建设。按照兜底线、织密网、建机制的要求，全面建成覆盖全民、城乡统筹、权责清晰、保障适度、可持续的多层次社会保障体系。全面实施全民参保计划"⑨。2004年宪法修正案在第三十三条增加了第四款："国家建立健全同经济发展水平相适应的社会保障制度。"⑩ 2010年通过了社会保险法。

---

① 《沿着有中国特色的社会主义道路前进——在中国共产党第十三次全国代表大会上的报告》，《党的建设》1987年第Z1期。
② 江泽民：《加快改革开放和现代化建设步伐 夺取有中国特色社会主义事业的更大胜利——在中国共产党第十四次全国代表大会上的报告》，《求实》1992年第11期。
③ 《中共中央关于建立社会主义市场经济体制若干问题的决定》，《中华人民共和国国务院公报》1993年第28期。
④ 《中共中央关于完善社会主义市场经济体制若干问题的决定》，《人民日报》2003年10月22日。
⑤ 《中共中央关于构建社会主义和谐社会若干重大问题的决定》，《求是》2006年第20期。
⑥ 胡锦涛：《高举中国特色社会主义伟大旗帜 为夺取全面建设小康社会新胜利而奋斗——在中国共产党第十七次全国代表大会上的报告》，《求是》2007年第21期。
⑦ 胡锦涛：《坚定不移沿着中国特色社会主义道路前进 为全面建成小康社会而奋斗——在中国共产党第十八次全国代表大会上的报告》，《求是》2012年第22期。
⑧ 《中共中央关于全面深化改革若干重大问题的决定》，《求是》2013年第22期。
⑨ 习近平：《决胜全面建成小康社会 夺取新时代中国特色社会主义伟大胜利——在中国共产党第十九次全国代表大会上的报告》，人民出版社2017年版。
⑩ 《中华人民共和国宪法修正案》，《中华人民共和国最高人民法院公报》2004年第4期。

4. 健康权利保障

健康权利主要包括获得医疗和公共卫生服务的权利。改革开放初期将医疗和公共卫生机构推向了市场，提升了医疗和公共卫生工作者的积极性，同时也造成医疗费用快速上涨，带来了"看病贵、看病难"的问题，使健康权保障面临严峻挑战。针对上述问题，国家从建立医疗保险和公共卫生体制改革两个角度入手，努力保障健康权。十六届三中全会关于完善市场经济体制的决定提出，要"继续完善城镇职工基本医疗保险制度、医疗卫生和药品生产流通体制的同步改革，扩大基本医疗保险覆盖面，健全社会医疗救助和多层次的医疗保障体系"[①]。十六届六中全会关于构建和谐社会的决定提出，要"坚持公共医疗卫生的公益性质，深化医疗卫生体制改革，强化政府责任，严格监督管理，建设覆盖城乡居民的基本卫生保健制度，为群众提供安全、有效、方便、价廉的公共卫生和基本医疗服务"[②]。十七大报告提出，要实现"人人享有基本医疗卫生服务"，并再次强调，"要坚持公共医疗卫生的公益性质，坚持预防为主、以农村为重点、中西医并重，实行政事分开、管办分开、医药分开、营利性和非营利性分开，强化政府责任和投入，完善国民健康政策，鼓励社会参与，建设覆盖城乡居民的公共卫生服务体系、医疗服务体系、医疗保障体系、药品供应保障体系，为群众提供安全、有效、方便、价廉的医疗卫生服务。完善重大疾病防控体系，提高突发公共卫生事件应急处置能力"[③]。十八大报告提出，要"重点推进医疗保障、医疗服务、公共卫生、药品供应、监管体制综合改革，完善国民健康政策，为群众提供安全有效方便价廉的公共卫生和基本医疗服务"[④]。十八届三中全会关于全面深化改革的决定提出，要"深化基层医疗卫生机构综合改革，健全网络化城乡基层医疗卫生服务运行机制。加快公立医院改革……完善合理分级诊疗模式，建立

---

① 《中共中央关于完善社会主义市场经济体制若干问题的决定》，《人民日报》2003年10月22日。

② 《中共中央关于构建社会主义和谐社会若干重大问题的决定》，《求是》2006年第20期。

③ 胡锦涛：《高举中国特色社会主义伟大旗帜 为夺取全面建设小康社会新胜利而奋斗——在中国共产党第十七次全国代表大会上的报告》，《求是》2007年第21期。

④ 胡锦涛：《坚定不移沿着中国特色社会主义道路前进 为全面建成小康社会而奋斗——在中国共产党第十八次全国代表大会上的报告》，《求是》2012年第22期。

社区医生和居民契约服务关系。要取消以药补医，理顺医药价格，建立科学补偿机制。改革医保支付方式，健全全民医保体系"①。十九大报告要求"实施健康中国战略"，加强基层医疗卫生服务体系和全科医生队伍建设。全面取消以药养医，健全药品供应保障制度。②

在健康权立法和规范方面，国家先后制定了传染病防治法、职业病防治法、环境卫生检疫法、母婴保健法、食品安全法和药品管理法；制定了传染病防治法实施条例、医疗机构管理条例、药品管理法实施条例、中医药条例、突发公共卫生事件应急条例、乡村医生从业管理规定、疫苗接种和预防接种管理条例、艾滋病防治条例、血吸虫病防治条例、人体器官移植条例、护士条例、全民健身条例、医疗器械监督管理条例等行政法规；制订了卫生事业发展五年规划、中国慢性病防治工作规划，免费向全体居民提供国家基本公共服务包。

5. 受教育权利保障

在改革开放初期，国家缺乏充足的资金发展教育事业，于是通过各种"给政策"的方式允许教育走向市场。十四届三中全会关于建立市场经济体制的决定提出，"改变政府包揽办学的状况，形成政府办学为主与社会各界参与办学相结合的新体制。……义务教育主要由政府投资办学，同时鼓励多渠道、多形式社会集资办学和民间办学；职业教育、成人教育以及各种社会教育要更多地面向市场需求，发挥社会各方面的作用"③。教育面向市场，激发和调动了教师的工作积极性，但也导致了受教育机会的差距被拉大。针对这一问题，中央提出了教育公平问题，其目标是保障社会成员平等享受教育权。十六大报告提出，"人民享有接受良好教育的机会，基本普及高中阶段教育，消除文盲"④。十六届六中全会关于构建和谐社会的决定提出，"坚持教育优先发展，促进教育公平"。要"坚持公

---

① 《中共中央关于全面深化改革若干重大问题的决定》，《求是》2013年第22期。

② 习近平：《决胜全面建成小康社会 夺取新时代中国特色社会主义伟大胜利——在中国共产党第十九次全国代表大会上的报告》，人民出版社2017年版。

③ 《中共中央关于建立社会主义市场经济体制若干问题的决定》，《中华人民共和国国务院公报》1993年第28期。

④ 江泽民：《全面建设小康社会，开创中国特色社会主义事业新局面——在中国共产党第十六次全国代表大会上的报告》，《求是》2002年第22期。

共教育资源向农村、中西部地区、贫困地区、边疆地区、民族地区倾斜，逐步缩小城乡、区域教育发展差距，推动公共教育协调发展。明确各级政府提供教育公共服务的职责，保证财政性教育经费增长幅度明显高于财政经常性收入增长幅度，逐步使财政性教育经费占国内生产总值的比例达到4%。普及和巩固九年义务教育，落实农村义务教育经费保障机制，在农村并逐步在城市免除义务教育学杂费，全面落实对家庭经济困难学生免费提供课本和补助寄宿生生活费政策，保障农民工子女接受义务教育"[1]。十七大报告提出，"教育公平是社会公平的重要基础"，要求坚持教育公益性质，加大财政对教育投入，规范教育收费，扶持贫困地区、民族地区教育，健全学生资助制度，保障经济困难家庭、进城务工人员子女平等接受义务教育。[2] 十八大报告提出，要"大力促进教育公平，合理配置教育资源，重点向农村、边远、贫困、民族地区倾斜，支持特殊教育，提高家庭经济困难学生资助水平，积极推动农民工子女平等接受教育，让每个孩子都能成为有用之才"[3]。十八届三中全会关于全面深化改革的决定再次强调，"大力促进教育公平，健全家庭经济困难学生资助体系，构建利用信息化手段扩大优质教育资源覆盖面的有效机制，逐步缩小区域、城乡、校际差距。统筹城乡义务教育资源均衡配置"[4]。十九大报告要求"推动城乡义务教育一体化发展，高度重视农村义务教育，办好学前教育、特殊教育和网络教育，普及高中阶段教育，努力让每个孩子都能享有公平而有质量的教育"[5]。

国家先后制定了教育法、义务教育法、高等教育法、职业教育法、民办教育促进法、教师法等法律；制定了扫除文盲工作条例、教师资格条例、中外合作办学条例、民办教育促进法实施条例、学位条例、教育督导

---

[1] 《中共中央关于构建社会主义和谐社会若干重大问题的决定》，中国共产党第十六届中央委员会第六次全体会议 2006 年 10 月 11 日通过，《求是》2006 年第 20 期。

[2] 胡锦涛：《高举中国特色社会主义伟大旗帜 为夺取全面建设小康社会新胜利而奋斗——在中国共产党第十七次全国代表大会上的报告》，《求是》2007 年第 21 期。

[3] 胡锦涛：《坚定不移沿着中国特色社会主义道路前进 为全面建成小康社会而奋斗——在中国共产党第十八次全国代表大会上的报告》，《求是》2012 年第 22 期。

[4] 《中共中央关于全面深化改革若干重大问题的决定》，《求是》2013 年第 22 期。

[5] 习近平：《决胜全面建成小康社会 夺取新时代中国特色社会主义伟大胜利——在中国共产党第十九次全国代表大会上的报告》，人民出版社 2017 年版。

条例等行政法规；制定了国家中长期教育改革和发展规划纲要、国家教育事业发展五年规划、国家西部地区"两基"攻坚计划等一系列教育发展纲要和规划。自 2010 年开始，国家免除了全国农村义务教育学生学杂费和教科书费，免除了寄宿生住宿费，对农村家庭经济困难寄宿生补助生活费。中央财政支持农村义务教育阶段教师特设岗位计划。国家建立了普通高中国家助学金，农村学生和城市涉农专业和家庭经济困难学生可以享受中职免学费政策。

6. 文化权利保障

作为个人权利的文化权利主要包括参加文化活动、享受文化发展利益以及作品利益受保护的权利；作为集体权利的文化权利主要涉及国家和民族文化遗产和传统的保护。改革开放初期，为了促进文化的发展和创新，将文化单位推向市场。十四大报告提出，要"积极推进文化体制改革，完善文化事业的有关经济政策，繁荣社会主义文化"[1]。

文化生产市场化促进了文化产业的发展，但也使公民享受文化生活的权利面临平等保障难题。为此，十四届三中全会关于建立市场经济体制的决定指出，要"要把社会效益放在首位，正确处理精神产品社会效益与经济效益的关系"[2]。十六届六中全会关于构建和谐社会的决定再次强调，要"坚持把社会效益放在首位，坚持把发展公益性文化事业作为保障人民文化权益的主要途径，推动文化事业和文化产业共同发展"[3]。十八大报告提出，要"坚持把发展公益性文化事业作为保障人民基本文化权益的主要途径，加大投入力度，加强社区和乡村文化设施建设"[4]。十八届三中全会关于全面深化改革的决定提出，要"构建现代公共文化服务体系"，"促进基本公共文化服务标准化、均等化"[5]。十九大报告提出，要"加快构建把社会效益放在首位、社会效益和经济效益相统一的

---

[1] 江泽民：《加快改革开放和现代化建设步伐 夺取有中国特色社会主义事业的更大胜利——在中国共产党第十四次全国代表大会上的报告》，《求实》1992 年第 11 期。

[2] 《中共中央关于建立社会主义市场经济体制若干问题的决定》，《中华人民共和国国务院公报》1993 年第 28 期。

[3] 《中共中央关于构建社会主义和谐社会若干重大问题的决定》，《求是》2006 年第 20 期。

[4] 胡锦涛：《坚定不移沿着中国特色社会主义道路前进 为全面建成小康社会而奋斗——在中国共产党第十八次全国代表大会上的报告》，《求是》2012 年第 22 期。

[5] 《中共中央关于全面深化改革若干重大问题的决定》，《求是》2013 年第 22 期。

体制机制"①。

为保障文化权利，国家先后制定了著作权法、文物保护法、非物质文化遗产法等法律；制定了文物保护法实施条例、国家科学技术奖励条例、著作权集体管理条例、信息网络传播权保护条例、专利法实施细则、著作权法实施条例等行政法规；制定了全国地市级公共文化设施建设规划，实施了广播电视村村通户户通、全国文化信息资源共享、农家书屋、农村电影公益放映、乡镇综合文化站建设等一系列文化惠民工程，持续开展了打击侵犯知识产权、打击网络游戏侵权盗版行为等专项行动。

7. 环境权利保障

环境权是指享有在不被污染和破坏的环境中生存及利用环境资源的权利，包括对环境的使用权、知情权和受到环境侵害时向有关部门请求保护的权利。市场主体在追求经济利益最大化的过程中，如果缺乏必要的规制约束，往往会以牺牲环境为代价来降低生产成本，导致资源的迅速枯竭和环境的深度污染，影响环境权利的享有。十三大报告就开始关注环境问题，指出："在推进经济建设的同时，要大力保护和合理利用各种自然资源，努力开展对环境污染的综合治理，加强生态环境的保护，把经济效益、社会效益和环境效益很好地结合起来"②。十四大报告提出，要认真执行"加强环境保护的基本国策"；"要增强全民族的环境意识，保护和合理利用土地、矿藏、森林、水等自然资源，努力改善生态环境"③。十五大报告提出要"加强对环境污染的治理，植树种草，搞好水土保持，防治荒漠化，改善生态环境"④。十六大报告指出"生态环境、自然资源和经济社会发展的矛盾日益突出"，要求坚持"保护环境和保护资源的基

---

① 习近平：《决胜全面建成小康社会　夺取新时代中国特色社会主义伟大胜利——在中国共产党第十九次全国代表大会上的报告》，人民出版社 2017 年版。

② 《沿着有中国特色的社会主义道路前进——在中国共产党第十三次全国代表大会上的报告》，《党的建设》1987 年第 Z1 期。

③ 江泽民：《加快改革开放和现代化建设步伐　夺取有中国特色社会主义事业的更大胜利——在中国共产党第十四次全国代表大会上的报告》，《求实》1992 年第 11 期。

④ 江泽民：《高举邓小平理论伟大旗帜，把建设有中国特色社会主义事业全面推向二十一世纪——在中国共产党第十五次全国代表大会上的报告》，《求是》1997 年第 17 期。

本国策","树立全民环保意识,搞好生态保护和建设"①。十七大报告再次指出"经济增长的资源环境代价过大",指出"坚持节约资源和保护环境的基本国策,关系人民群众切身利益和中华民族生存发展",要求"必须把建设资源节约型、环境友好型社会放在工业化、现代化发展战略的突出位置,落实到每个单位、每个家庭。要完善有利于节约能源资源和保护生态环境的法律和政策"②。十八大报告提出了"绿色发展"的理念,强调要"坚持节约资源和保护环境的基本国策,坚持节约优先、保护优先、自然恢复为主的方针,着力推进绿色发展、循环发展、低碳发展,形成节约资源和保护环境的空间格局、产业结构、生产方式、生活方式,从源头上扭转生态环境恶化趋势,为人民创造良好生产生活环境,为全球生态安全作出贡献"③。十八届三中全会关于全面深化改革的决定提出,要"建设生态文明,必须建立系统完整的生态文明制度体系,实行最严格的源头保护制度、损害赔偿制度、责任追究制度,完善环境治理和生态修复制度,用制度保护生态环境"④。十九大报告提出,"既要创造更多物质财富和精神财富以满足人民日益增长的美好生活需要,也要提供更多优质生态产品以满足人民日益增长的优美生态环境需要",要推进绿色发展,着力解决突出的环境问题,加大生态系统保护力度,改革生态环境监管体制。⑤

为保障环境权利,中国先后制定了环境保护法、环境影响评价法、水土保持法、大气污染防治法、水污染防治法、海洋环境保护法等法律;制定了自然保护区条例、医疗废物管理条例、海洋倾废管理条例、城镇排水与污水处理条例、规划环境影响评价条例、退耕还林条例等行政法规;制订了重点区域大气污染防治五年规划、化学品环境风险防控五年规划、国

---

① 江泽民:《全面建设小康社会,开创中国特色社会主义事业新局面——在中国共产党第十六次全国代表大会上的报告》,《求是》2002年第22期。
② 胡锦涛:《高举中国特色社会主义伟大旗帜 为夺取全面建设小康社会新胜利而奋斗——在中国共产党第十七次全国代表大会上的报告》,《求是》2007年第21期。
③ 胡锦涛:《坚定不移沿着中国特色社会主义道路前进 为全面建成小康社会而奋斗——在中国共产党第十八次全国代表大会上的报告》,《求是》2012年第22期。
④ 《中共中央关于全面深化改革若干重大问题的决定》,中国共产党第十八届中央委员会第三次全体会议2013年11月12日通过,《求是》2013年第22期。
⑤ 习近平:《决胜全面建成小康社会 夺取新时代中国特色社会主义伟大胜利——在中国共产党第十九次全国代表大会上的报告》,人民出版社2017年版。

家环境监管能力建设五年规划、大气污染防治行动计划、水质较好湖泊生态环境保护总体规划等一系列环境保护计划和规划；并建立了全国大气污染防治部际协调机制和区域协调机制。

（四）社会主义市场经济对弱势群体权利保护的推动

市场经济鼓励竞争，这会使强者的能力得到更充分的发挥，同时也会使弱者处于更不利的社会地位。为了防止社会分裂，减少生活的后顾之忧，必须对弱势群体权利予以特殊保护。十六大报告提出要"发展残疾人事业"[①]。十六届六中全会关于构建和谐社会的决定指出，要"发展以扶老、助残、救孤、济困为重点的社会福利。发扬人道主义精神，发展残疾人事业，保障残疾人合法权益。发展老龄事业，开展多种形式的老龄服务。发展慈善事业，完善社会捐赠免税减税政策，增强全社会慈善意识"[②]。十七大报告提出要"加强老龄工作"[③]。十八大报告指出，要"坚持男女平等基本国策，保障妇女儿童合法权益。积极应对人口老龄化，大力发展老龄服务事业和产业。健全残疾人社会保障和服务体系，切实保障残疾人权益"[④]。十八届三中全会关于全面深化改革的决定指出，要"积极应对人口老龄化，加快建立社会养老服务体系和发展老年服务产业。健全农村留守儿童、妇女、老年人关爱服务体系，健全残疾人权益保障、困境儿童分类保障制度"[⑤]。党的十九大报告指出，要"健全农村留守儿童和妇女、老年人关爱服务体系。发展残疾人事业，加强残疾康复服务。……构建养老、孝老、敬老政策体系和社会环境，推进医养结合，加快老龄事业和产业发展"[⑥]。

---

① 江泽民：《全面建设小康社会，开创中国特色社会主义事业新局面——在中国共产党第十六次全国代表大会上的报告》，《求是》2002年第22期。

② 《中共中央关于构建社会主义和谐社会若干重大问题的决定》，中国共产党第十六届中央委员会第六次全体会议2006年10月11日通过，《求是》2006年第20期。

③ 胡锦涛：《高举中国特色社会主义伟大旗帜　为夺取全面建设小康社会新胜利而奋斗——在中国共产党第十七次全国代表大会上的报告》，《求是》2007年第21期。

④ 胡锦涛：《坚定不移沿着中国特色社会主义道路前进　为全面建成小康社会而奋斗——在中国共产党第十八次全国代表大会上的报告》，《求是》2012年第22期。

⑤ 《中共中央关于全面深化改革若干重大问题的决定》，中国共产党第十八届中央委员会第三次全体会议2013年11月12日通过，《求是》2013年第22期。

⑥ 习近平：《决胜全面建成小康社会　夺取新时代中国特色社会主义伟大胜利——在中国共产党第十九次全国代表大会上的报告》，人民出版社2017年版。

为保障弱势群体的权利，国家先后制定了妇女权益保障法、未成年人保护法、老年人权益保障法、残疾人权利保障法、反家庭暴力法等法律；制定了女职工劳动保护特别规定、禁止使用童工规定、残疾人教育条例、残疾人就业条例、无障碍环境建设条例等行政法规；制定了中国反对拐卖妇女、儿童行动计划，中国残疾人事业五年发展纲要，农村残疾人扶贫开发纲要，特殊教育提升计划，中国老龄事业发展五年规划等计划和纲要，并开展了相应的专项行动。

（五）社会主义市场经济对政治权利保障的推动

社会主义市场经济体制的建立和发展，导致社会利益格局更加多元化。为了使各种社会群体的利益得到的表达，就要求畅通公民参与社会公共事务的渠道，推进民主制度建设，保障公民的政治权利。改革开放以来，中国对公民的政治权利保障突出体现在民主制度的建设上。

1. 明确民主制度建设与保障公民权利之间的关系

改革开放以来，党和国家明确意识到了民主制度建设和公民政治权利保障对保障公民各项个人权利的重要意义。十一届三中全会公报指出，"必须有充分的民主，才能做到正确的集中。由于在过去一个时期内，民主集中制没有真正实行，离开民主讲集中，民主太少，当前这个时期特别需要强调民主，强调民主和集中的辩证统一关系，使党的统一领导和各个生产组织的有效指挥建立在群众路线的基础上。在人民内部的思想政治生活中，只能实行民主方法，不能采取压制、打击手段。要重申不抓辫子、不扣帽子、不打棍子的'三不主义'。各级领导要善于集中人民群众的正确意见，对不正确的意见进行适当的解释说服"[①]。十三大报告指出，"社会主义民主政治的本质和核心，是人民当家作主，真正享有各项公民权利，享有管理国家和企事业的权力"。十五大报告提出，"共产党执政就是领导和支持人民掌握管理国家的权力，实行民主选举、民主决策、民主管理和民主监督，保证人民依法享有广泛的权利和自由，尊重和保障人权"[②]。十六大报告指出，"坚持和完善社会主义民主制度。健全民主制度，丰富民主形式，扩大

[①] 《中国共产党第十一届中央委员会第三次全体会议公报》，《实事求是》1978 年第 4 期。

[②] 江泽民：《高举邓小平理论伟大旗帜，把建设有中国特色社会主义事业全面推向二十一世纪——在中国共产党第十五次全国代表大会上的报告》，《求是》1997 年第 17 期。

公民有序的政治参与，保证人民依法实行民主选举、民主决策、民主管理和民主监督，享有广泛的权利和自由，尊重和保障人权"①。十六届六中全会关于构建和谐社会的决定指出，要"完善民主权利保障制度……依法实行民主选举、民主决策、民主管理、民主监督，积极稳妥地推进政治体制改革，健全民主制度，丰富民主形式，实现社会主义民主政治制度化、规范化、程序化，保障人民享有广泛的民主权利"②。十七大报告提出，"扩大社会主义民主，更好保障人民权益和社会公平正义。公民政治参与有序扩大"③。

十八大以来，对民主制度建设的要求更加具体和明确。十八大报告提出，"必须继续积极稳妥推进政治体制改革，发展更加广泛、更加充分、更加健全的人民民主"④。十九大报告提出，要"推进社会主义民主政治制度化、规范化、程序化，保证人民依法通过各种途径和形式管理国家事务，管理经济文化事业，管理社会事务……扩大人民有序政治参与，保证人民依法实行民主选举、民主协商、民主决策、民主管理、民主监督；维护国家法制统一、尊严、权威，加强人权法治保障，保证人民依法享有广泛权利和自由"⑤。

2. 推进基层民主管理，保障人民依法直接行使民主权利

对公民民主权利的保障首先是从基层民主建设开始的。十一届三中全会公报指出，"必须坚决保证广大职工和他们选出的代表参加企业民主管理的权利"⑥。十三大报告指出，"基层民主生活的制度化，是保证工人阶级和广大群众当家作主，调动各方面积极性，维护全社会安定团结的基础"⑦。

---

① 江泽民：《全面建设小康社会，开创中国特色社会主义事业新局面——在中国共产党第十六次全国代表大会上的报告》，《求是》2002年第22期。
② 《中共中央关于构建社会主义和谐社会若干重大问题的决定》，中国共产党第十六届中央委员会第六次全体会议2006年10月11日通过，《求是》2006年第20期。
③ 习近平：《决胜全面建成小康社会 夺取新时代中国特色社会主义伟大胜利——在中国共产党第十九次全国代表大会上的报告》，人民出版社2017年版。
④ 胡锦涛：《坚定不移沿着中国特色社会主义道路前进 为全面建成小康社会而奋斗——在中国共产党第十八次全国代表大会上的报告》，《求是》2012年第22期。
⑤ 习近平：《决胜全面建成小康社会 夺取新时代中国特色社会主义伟大胜利——在中国共产党第十九次全国代表大会上的报告》，人民出版社2017年版。
⑥ 《中国共产党第十一届中央委员会第三次全体会议公报》，《实事求是》1978年第4期。
⑦ 《沿着有中国特色的社会主义道路前进——在中国共产党第十三次全国代表大会上的报告》，《党的建设》1987年第Z1期。

十四大报告提出,要"加强基层民主建设,切实发挥职工代表大会、居民委员会和村民委员会的作用"①。十五大报告提出,要"扩大基层民主,保证人民群众直接行使民主权利,依法管理自己的事情",并要求"城乡基层政权机关和基层群众性自治组织,都要健全民主选举制度,实行政务和财务公开,让群众参与讨论和决定基层公共事务和公益事业,对干部实行民主监督。坚持和完善以职工代表大会为基本形式的企事业民主管理制度,组织职工参与改革和管理,维护职工合法权益。坚决纠正压制民主、强迫命令等错误行为"②。十六大报告进一步要求"健全基层自治组织和民主管理制度,完善公开办事制度,保证人民群众依法直接行使民主权利,管理基层公共事务和公益事业,对干部实行民主监督。完善村民自治,健全村党组织领导的充满活力的村民自治机制。完善城市居民自治,建设管理有序、文明祥和的新型社区。坚持和完善职工代表大会和其他形式的企事业民主管理制度,保障职工的合法权益"③。十六届六中全会关于构建和谐社会的决定要求"完善厂务公开、村务公开等办事公开制度,完善基层民主管理制度,发挥社会自治功能,保证人民依法直接行使民主权利"④。十七大报告要求"发展基层民主,保障人民享有更多更切实的民主权利",指出,"人民依法直接行使民主权利,管理基层公共事务和公益事业,实行自我管理、自我服务、自我教育、自我监督,对干部实行民主监督,是人民当家作主最有效、最广泛的途径,必须作为发展社会主义民主政治的基础性工程重点推进"⑤;要求健全基层群众自治机制,完善以职工代表大会为基本形式的企事业单位民主管理制度,推进厂务公开,完善政务公开、村务

---

① 江泽民:《加快改革开放和现代化建设步伐 夺取有中国特色社会主义事业的更大胜利——在中国共产党第十四次全国代表大会上的报告》,《求实》1992年第11期。

② 江泽民:《高举邓小平理论伟大旗帜,把建设有中国特色社会主义事业全面推向二十一世纪——在中国共产党第十五次全国代表大会上的报告》,《求是》1997年第17期。

③ 江泽民:《全面建设小康社会,开创中国特色社会主义事业新局面——在中国共产党第十六次全国代表大会上的报告》,《求是》2002年第22期。

④ 《中共中央关于构建社会主义和谐社会若干重大问题的决定》,中国共产党第十六届中央委员会第六次全体会议2006年10月11日通过,《求是》2006年第20期。

⑤ 习近平:《决胜全面建成小康社会 夺取新时代中国特色社会主义伟大胜利——在中国共产党第十九次全国代表大会上的报告》,人民出版社2017年版。

公开等制度。

中共十八大以来,对基层民主建设的要求更加具体化。十八大报告要求"完善基层民主制度",指出"在城乡社区治理、基层公共事务和公益事业中实行群众自我管理、自我服务、自我教育、自我监督,是人民依法直接行使民主权利的重要方式。要健全基层党组织领导的充满活力的基层群众自治机制,以扩大有序参与、推进信息公开、加强议事协商、强化权力监督为重点,拓宽范围和途径,丰富内容和形式,保障人民享有更多更切实的民主权利";"健全以职工代表大会为基本形式的企事业单位民主管理制度,保障职工参与管理和监督的民主权利"①。十八届三中全会通过的《中共中央关于全面深化改革若干重大问题的决定》(以下简称《关于全面深化改革的决定》)更具体地要求"畅通民主渠道,健全基层选举、议事、公开、述职、问责等机制。开展形式多样的基层民主协商,推进基层协商制度化,建立健全居民、村民监督机制,促进群众在城乡社区治理、基层公共事务和公益事业中依法自我管理、自我服务、自我教育、自我监督。健全以职工代表大会为基本形式的企事业单位民主管理制度,加强社会组织民主机制建设,保障职工参与管理和监督的民主权利"②。

为保障公民的在基层自治中的民主权利,国家先后制定了村民委员会组织法、居民委员会组织法、全民所有制工业企业法;颁布了全民制工业企业职工代表大会条例。

3. 推进民主决策与保障公民的知情权、参与权和表达权

在政治层面,国家着力推进决策民主制度的建设,并与此相应提出了保障政治"四权"的要求。十六届六中全会关于构建社会主义和谐社会的决定指出,要"推进决策科学化、民主化,深化政务公开,依法保障公民的知情权、参与权、表达权、监督权"③。十七大报告提出,要"推

---

① 胡锦涛:《坚定不移沿着中国特色社会主义道路前进 为全面建成小康社会而奋斗——在中国共产党第十八次全国代表大会上的报告》,《求是》2012年第22期。

② 《中共中央关于全面深化改革若干重大问题的决定》,中国共产党第十八届中央委员会第三次全体会议2013年11月12日通过,《求是》2013年第22期。

③ 《中共中央关于构建社会主义和谐社会若干重大问题的决定》,中国共产党第十六届中央委员会第六次全体会议2006年10月11日通过,《求是》2006年第20期。

进决策科学化、民主化，完善决策信息和智力支持系统，增强决策透明度和公众参与度，制定与群众利益密切相关的法律法规和公共政策原则上要公开听取意见"①。为了使知情权得到制度保障，2007年1月17日，国务院第165次常务会议通过了《中华人民共和国政府信息公开条例》。

在推进民主决策的进程中，协商民主日益受到重视，成为公民行使知情权、参与权、表达权和监督权的重要形式。十三大报告提出"建立社会协商对话制度"，因为"群众的要求和呼声，必须有渠道经常地顺畅地反映上来，建议有地方提，委屈有地方说。这部分群众同那部分群众之间，具体利益和具体意见不尽相同，也需要有互相沟通的机会和渠道。因此，必须使社会协商对话形成制度，及时地、畅通地、准确地做到下情上达，上情下达，彼此沟通，互相理解"②。建立社会协商对话制度的基本原则是"提高领导机关活动的开放程度；重大情况让人民知道，重大问题经人民讨论。当前首先要制定关于社会协商对话制度的若干规定，明确哪些问题必须由哪些单位、哪些团体通过协商对话解决。对全国性的、地方性的、基层单位内部的重大问题的协商对话，应分别在国家、地方和基层三个不同的层次上展开"③。

中共十八大以来，协商民主不断广泛化、多样化、结构化和制度化。十八大报告提出"要完善协商民主制度和工作机制，推进协商民主广泛、多层、制度化发展"；在协商形式上，要"深入进行专题协商、对口协商、界别协商、提案办理协商。积极开展基层民主协商"④。十八届三中全会关于全面深化改革的决定要"推进协商民主广泛多层制度化发展"，要求"构建程序合理、环节完整的协商民主体系，拓宽国家政权机关、政协组织、党派团体、基层组织、社会组织的协商渠道。深入开展立法协商、行政协商、民主协商、参政协商、社会协商。加强中国特色新型智库

---

① 习近平：《决胜全面建成小康社会 夺取新时代中国特色社会主义伟大胜利——在中国共产党第十九次全国代表大会上的报告》，人民出版社2017年版。
② 《沿着有中国特色的社会主义道路前进——在中国共产党第十三次全国代表大会上的报告》，《党的建设》1987年第Z1期。
③ 《沿着有中国特色的社会主义道路前进——在中国共产党第十三次全国代表大会上的报告》，《党的建设》1987年第Z1期。
④ 胡锦涛：《坚定不移沿着中国特色社会主义道路前进 为全面建成小康社会而奋斗——在中国共产党第十八次全国代表大会上的报告》，《求是》2012年第22期。

建设，建立健全决策咨询制度"①。十九大报告指出，协商民主"是我国社会主义民主政治的特有形式和独特优势"，要求"推动协商民主广泛、多层、制度化发展，统筹推进政党协商、人大协商、政府协商、政协协商、人民团体协商、基层协商以及社会组织协商。加强协商民主制度建设，形成完整的制度程序和参与实践，保证人民在日常政治生活中有广泛持续深入参与的权利"②。

4. 完善民主选举制度，保障公民的选举权

民主选举制度是中国民主制度的重要组成部分，保障公民选举权是民主选举制度有效运行的前提条件之一。十三大报告报告指出，"近年来，我国选举的民主程度正在不断提高。但是，选举制度还不够健全，已有的制度也还没有全面有效地贯彻"；提出要"健全选举制度，今后应当更充分地尊重选举人的意志，保证选举人有选择的余地。要继续依法坚持差额选举制度，改进候选人的提名方式，完善候选人的介绍办法。实践证明，在选举各种代表大会的代表时，硬性规定候选人的结构比例，不利于体现选举人的意志。为了使候选人具有较为广泛的代表性，今后除继续坚持按地区选举的制度外，可以辅之以按界别选举和其他方式产生部分代表的办法"③。十三大报告认为"以党内民主来逐步推动人民民主，是发展社会主义民主政治的一条切实可行、易于见效的途径"，要求"要改革和完善党内选举制度，明确规定党内选举的提名程序和差额选举办法。近期，应当把差额选举的范围首先扩大到各级党代会代表，基层党组织委员、书记，地方各级党委委员、常委，和中央委员会委员"④。十五大报告强调"城乡基层政权机关和基层群众性自治组织，都要健全民主选举制度"⑤。

---

① 《中共中央关于全面深化改革若干重大问题的决定》，中国共产党第十八届中央委员会第三次全体会议 2013 年 11 月 12 日通过，《求是》2013 年第 22 期。

② 习近平：《决胜全面建成小康社会 夺取新时代中国特色社会主义伟大胜利——在中国共产党第十九次全国代表大会上的报告》，人民出版社 2017 年版。

③ 《沿着有中国特色的社会主义道路前进——在中国共产党第十三次全国代表大会上的报告》，《党的建设》1987 年第 Z1 期。

④ 《沿着有中国特色的社会主义道路前进——在中国共产党第十三次全国代表大会上的报告》，《党的建设》1987 年第 Z1 期。

⑤ 江泽民：《高举邓小平理论伟大旗帜，把建设有中国特色社会主义事业全面推向二十一世纪——在中国共产党第十五次全国代表大会上的报告》，《求是》1997 年第 17 期。

十六大报告提出"改革和完善党内选举制度"①。十七大报告提出,"建议逐步实行城乡按相同人口比例选举人大代表";"改革党内选举制度,改进候选人提名制度和选举方式。推广基层党组织领导班子成员由党员和群众公开推荐与上级党组织推荐相结合的办法,逐步扩大基层党组织领导班子直接选举范围"②。十八大报告要求"实行城乡按相同人口比例选举人大代表";"完善党内选举制度,规范差额提名、差额选举,形成充分体现选举人意志的程序和环境"③。十八届三中全会关于全面深化改革的决定提出要求"健全基层选举"机制。④

为了保障公民的选举权,国家先后制定了选举法、全国人民代表大会和地方各级人民代表大会代表法、村民委员会选举规程。2010 年 3 月,十一届全国人大三次会议通过了第五次选举法修正案,规定城乡按相同人口比例选举人大代表。

5. 加强民主监督制度建设,保障公民监督权

人民当家作主不仅包括民主选举、民主决策、民主管理,还包括民主监督,防止国家公职人员违背人民意志、侵犯公民权利。十四大报告提出,要"强化法律监督机关和行政监察机关的职能,重视传播媒介的舆论监督,逐步完善监督机制,使各级国家机关及其工作人员置于有效的监督之下"⑤。十四届三中全会关于建立市场经济体制的决定指出,"要加强廉政法制建设,完善党和国家机关及其工作人员特别是领导干部的廉洁自律和监督机制";"加强党的纪律检查机关和司法、监察、审计部门的工作,发挥法律监督、组织监督、群众监督和舆论监督的作用"⑥。十五大

---

① 江泽民:《全面建设小康社会,开创中国特色社会主义事业新局面——在中国共产党第十六次全国代表大会上的报告》,《求是》2002 年第 22 期。
② 习近平:《决胜全面建成小康社会 夺取新时代中国特色社会主义伟大胜利——在中国共产党第十九次全国代表大会上的报告》,人民出版社 2017 年版。
③ 胡锦涛:《坚定不移沿着中国特色社会主义道路前进 为全面建成小康社会而奋斗——在中国共产党第十八次全国代表大会上的报告》,《求是》2012 年第 22 期。
④ 《中共中央关于全面深化改革若干重大问题的决定》,中国共产党第十八届中央委员会第三次全体会议 2013 年 11 月 12 日通过,《求是》2013 年第 22 期。
⑤ 江泽民:《加快改革开放和现代化建设步伐 夺取有中国特色社会主义事业的更大胜利——在中国共产党第十四次全国代表大会上的报告》,《求实》1992 年第 11 期。
⑥ 《中共中央关于建立社会主义市场经济体制若干问题的决定》,《中华人民共和国国务院公报》1993 年第 28 期。

报告提出,要"完善民主监督制度";完善监督法制,建立健全依法行使权力的制约机制;把党内监督、法律监督、群众监督结合起来,发挥舆论监督的作用;加强对宪法和法律实施的监督,加强对党和国家方针政策贯彻的监督,加强对各级干部特别是领导干部的监督,防止滥用权力,严惩执法犯法、贪赃枉法。① 十六大报告提出,要"加强对权力的制约和监督",从决策和执行等环节加强对权力的监督,重点加强对领导干部特别是主要领导干部的监督,加强对人财物管理和使用的监督,扩大党员和群众对干部选拔任用的监督权,认真推行政务公开制度,发挥舆论监督的作用。② 十七大报告提出,要"完善制约和监督机制,保证人民赋予的权力始终用来为人民谋利益";要"落实党内监督条例,加强民主监督,发挥好舆论监督作用,增强监督合力和实效"③。

十八大以来,民主监督的制度体系建设不断加强。十八大报告提出,要"健全权力运行制约和监督体系。坚持用制度管权管事管人,保障人民知情权、参与权、表达权、监督权,是权力正确运行的重要保证";"凡是涉及群众切身利益的决策都要充分听取群众意见,凡是损害群众利益的做法都要坚决防止和纠正。推进权力运行公开化、规范化,完善党务公开、政务公开、司法公开和各领域办事公开制度,健全质询、问责、经济责任审计、引咎辞职、罢免等制度,加强党内监督、民主监督、法律监督、舆论监督,让人民监督权力,让权力在阳光下运行"④。十八届三中全会关于全面深化改革的决定指出,要"坚持用制度管权管事管人,让人民监督权力,让权力在阳光下运行,是把权力关进制度笼子的根本之策"⑤;要推行地方各级政府及其工作部门权力清单制度,依法公开权力

---

① 江泽民:《高举邓小平理论伟大旗帜,把建设有中国特色社会主义事业全面推向二十一世纪——在中国共产党第十五次全国代表大会上的报告》,《求是》1997年第17期。
② 江泽民:《全面建设小康社会,开创中国特色社会主义事业新局面——在中国共产党第十六次全国代表大会上的报告》,《求是》2002年第22期。
③ 习近平:《决胜全面建成小康社会 夺取新时代中国特色社会主义伟大胜利——在中国共产党第十九次全国代表大会上的报告》,人民出版社2017年版。
④ 胡锦涛:《坚定不移沿着中国特色社会主义道路前进 为全面建成小康社会而奋斗——在中国共产党第十八次全国代表大会上的报告》,《求是》2012年第22期。
⑤ 《中共中央关于全面深化改革若干重大问题的决定》,中国共产党第十八届中央委员会第三次全体会议2013年11月12日通过,《求是》2013年第22期。

运行流程。完善党务、政务和各领域办事公开制度，推进决策公开、管理公开、服务公开、结果公开；要推行地方各级政府及其工作部门权力清单制度，依法公开权力运行流程；要完善党务、政务和各领域办事公开制度，推进决策公开、管理公开、服务公开、结果公开；要健全民主监督、法律监督、舆论监督机制，运用和规范互联网监督。十八届四中全会通过的《中共中央关于全面推进依法治国若干重大问题的决定》指出，"强化对行政权力的制约和监督。加强党内监督、人大监督、民主监督、行政监督、司法监督、审计监督、社会监督、舆论监督制度建设，努力形成科学有效的权力运行制约和监督体系，增强监督合力和实效"；要"全面推进政务公开。坚持以公开为常态、不公开为例外原则，推进决策公开、执行公开、管理公开、服务公开、结果公开。各级政府及其工作部门依据权力清单，向社会全面公开政府职能、法律依据、实施主体、职责权限、管理流程、监督方式等事项。重点推进财政预算、公共资源配置、重大建设项目批准和实施、社会公益事业建设等领域的政府信息公开"①。

为强化民主监督制度，保障公民的监督权，2006年8月27日全国人大常委会通过了《中华人民共和国各级人民代表大会常务委员会监督法》。此外，国家政府各部门还制定出了一些具体的规范性文件来保障监督权，如《公安机关内部执法监督工作规定》（公安部令1999年第40号），《海洋行政执法监督规定》（国家海洋局国海发〔2007〕12号）《工商行政管理机关执法监督规定》（国家工商行政管理总局令2015年第78号），《交通行政执法监督规定》（交通运输部令2016年第57号部令），《统计执法监督检查办法》（国家统计局令2017年第21号）《国土资源执法监督规定》（国土资源部2018年第79号部令）。各省市政府还发布了地方行政执法监督规定或办法。作为执政党的中国共产党制定了《中国共产党党内监督条例》《党政领导干部选拔任用工作监督检查办法（试行）》《中国共产党党员权利保障条例》等。

三 社会主义市场经济下人权保障的法治化

中国四十年的改革开放，是建立社会主义市场经济体制的过程，也是

---

① 《中共中央关于全面推进依法治国若干重大问题的决定》，中国共产党第十八届中央委员会第四次全体会议2014年10月23日通过，《人民日报》2014年10月29日。

社会变化与社会体制变化交互作用的过程，它为中国人权事业发展提供了动力、条件和制度保障。经济体制发展和市场经济体制的建立，为个人自由权利和平等权利提供了实现的基础和条件；市场经济所导致的收入和财产差距扩大提出了保障社会权利的需求，要求将对各种弱势群体的保障纳入权利范畴。市场经济体制要求赋予个人更多权利，同时也要求对个人权利的行使加以规范，这二者的实现依赖于人权保障的法治化水平。一方面，需要建立法治国家和法治政府，使个人权利受到法律保护；另一方面，需要建立法治社会，以法律明确个人权利的边界，规范个人权利的行使，裁决权利之间的冲突，防止个人侵犯他人权利和社会整体利益。

十八届四中全会通过的《中共中央关于全面推进依法治国若干重大问题的决定》（以下简称《决定》）清醒分析了在保障公民各项人权方面存在的问题，明确指出："必须清醒看到，同党和国家事业发展要求相比，同人民群众期待相比，同推进国家治理体系和治理能力现代化目标相比，法治建设还存在许多不适应、不符合的问题，主要表现为：有的法律法规未能全面反映客观规律和人民意愿，针对性、可操作性不强，立法工作中部门化倾向、争权诿责现象较为突出；有法不依、执法不严、违法不究现象比较严重，执法体制权责脱节、多头执法、选择性执法现象仍然存在，执法司法不规范、不严格、不透明、不文明现象较为突出，群众对执法司法不公和腐败问题反映强烈；部分社会成员遵法信法守法用法、依法维权意识不强，一些国家工作人员特别是领导干部依法办事观念不强、能力不足，知法犯法、以言代法、以权压法、徇私枉法现象依然存在。这些问题，违背社会主义法治原则，损害人民群众利益，妨碍党和国家事业发展，必须下大气力加以解决。"[①]

改革开放四十年来，推进人权的法治保障突出表现在三个方面：一是明确法治建设对保障人权的重要作用；二是不断强化法治四个环节对人权的全面保障；三是人权法治体系逐步与国际接轨。

（一）明确法治建设对保障人权的重要作用

对法治在保障人权方面重要作用的认为，来自以往的政治经历和建立市场经济体制的现实需求。在概念上也经历了从"法制建设"到"法治

---

① 《中共中央关于全面推进依法治国若干重大问题的决定》，《人民日报》2014年10月29日。

建设"的认识发展历程。

经历"文化大革命"的巨大破坏，党、政府和人民对法治在保障个人权利方面的重要作用作出了深刻的反思。十一届三中全会公报指出："为了保障人民民主，必须加强社会主义法制，使民主制度化、法律化，使这种制度和法律具有稳定性、连续性和极大的权威，做到有法可依，有法必依，执法必严，违法必究。"①

市场经济体制要求用法治来保障个人权利，是促进人权保障法治化更为重要的内在动力。十四大报告指出："高度重视法制建设。加强立法工作，特别是抓紧制定与完善保障改革开放、加强宏观经济管理、规范微观经济行为的法律和法规，这是建立社会主义市场经济体制的迫切要求。"② 十四届三中全会通过的《中共中央关于建立社会主义市场经济体制若干问题的决定》（以下简称《关于建立市场经济体制的决定》）更明确地指出："社会主义市场经济体制的建立和完善，必须有完备的法制来规范和保障。要高度重视法制建设，做到改革开放与法制建设的统一，学会运用法律手段管理经济。"③ 十五大报告提出，"坚持有法可依、有法必依、执法必严、违法必究，是党和国家事业顺利发展的必然要求"；要"发展民主，健全法制，建设社会主义法治国家"④。

十五大以来，党和国家将法治建设与人权保障更直接联系起来。十五大报告提出，要"保证人民依法享有广泛的权利和自由，尊重和保障人权"⑤。十六届六中全会通过的《中共中央关于构建社会主义和谐社会若干重大问题的决定》（以下简称《关于构建和谐社会的决定》）提出，要"维护社会主义法制的统一和尊严，树立社会主义法制权威。坚持公民在

---

① 《中国共产党第十一届中央委员会第三次全体会议公报》，《实事求是》1978年第4期。
② 江泽民：《加快改革开放和现代化建设步伐　夺取有中国特色社会主义事业的更大胜利——在中国共产党第十四次全国代表大会上的报告》，《求实》1992年第11期。
③ 《中共中央关于建立社会主义市场经济体制若干问题的决定》，《中华人民共和国国务院公报》1993年第28期。
④ 江泽民：《高举邓小平理论伟大旗帜，把建设有中国特色社会主义事业全面推向二十一世纪——在中国共产党第十五次全国代表大会上的报告》，《求是》1997年第17期。
⑤ 江泽民：《高举邓小平理论伟大旗帜，把建设有中国特4会主义事业全面推向二十一世纪——在中国共产党第十五次全国代表大会上的报告》，《求是》1997年第17期。

法律面前一律平等，尊重和保障人权，依法保证公民权利和自由"①。十七大报告指出，"全面落实依法治国基本方略，加快建设社会主义法治国家。依法治国是社会主义民主政治的基本要求"；"尊重和保障人权，依法保证全体社会成员平等参与、平等发展的权利"②。十八大报告指出，要使"依法治国基本方略全面落实，法治政府基本建成，司法公信力不断提高，人权得到切实尊重和保障"；要"更加注重发挥法治在国家治理和社会管理中的重要作用，维护国家法制统一、尊严、权威，保证人民依法享有广泛权利和自由"③。十八届四中全会关于全面推进依法治国的决定指出，"人民权益要靠法律保障"；"必须坚持法治建设为了人民、依靠人民、造福人民、保护人民，以保障人民根本权益为出发点和落脚点，保证人民依法享有广泛的权利和自由、承担应尽的义务，维护社会公平正义，促进共同富裕"④。十九大报告提出，要"维护国家法制统一、尊严、权威，加强人权法治保障，保证人民依法享有广泛权利和自由"⑤。

十八大以来，党和国家更加强调法治国家、法治政府和法治社会的一体化建设，保障公民享有广泛的权利和自由。十八大报告指出，"全面推进依法治国。法治是治国理政的基本方式"⑥。十八届三中全会通过的《中共中央关于全面深化改革若干重大问题的决定》（以下简称《关于全面深化改革的决定》）指出，"建设法治中国，必须坚持依法治国、依法执政、依法行政共同推进，坚持法治国家、法治政府、法治社会一体建设"⑦。十九大报告提出了从2020年到2035年"法治国家、法治政府、

---

① 《中共中央关于构建社会主义和谐社会若干重大问题的决定》，《求是》2006年第20期。
② 胡锦涛：《高举中国特色社会主义伟大旗帜 为夺取全面建设小康社会新胜利而奋斗——在中国共产党第十七次全国代表大会上的报告》，《求是》2007年第21期。
③ 胡锦涛：《坚定不移沿着中国特色社会主义道路前进 为全面建成小康社会而奋斗——在中国共产党第十八次全国代表大会上的报告》，《求是》2012年第22期。
④ 《中共中央关于全面推进依法治国若干重大问题的决定》，《人民日报》2014年10月29日。
⑤ 习近平：《决胜全面建成小康社会 夺取新时代中国特色社会主义伟大胜利——在中国共产党第十九次全国代表大会上的报告》，人民出版社2017年版。
⑥ 胡锦涛：《坚定不移沿着中国特色社会主义道路前进 为全面建成小康社会而奋斗——在中国共产党第十八次全国代表大会上的报告》，《求是》2012年第22期。
⑦ 《中共中央关于全面深化改革若干重大问题的决定》，《求是》2013年第22期。

法治社会基本建成"①的法治建设目标,并成立了中央全面依法治国领导小组,加强对法治中国建设的统一领导。

在推进法治保障公民各项权利的进程中,首先针对缺乏相关法律的情况而强调加强立法,其后针对司法人权保障存在的各种问题强调公正司法,到中共十八大以来,进一步确立了立法、执法、司法和守法四环节全面推进的法治建设方略。十八大报告指出,"要推进科学立法、严格执法、公正司法、全民守法,坚持法律面前人人平等,保证有法必依、执法必严、违法必究"②。十八届四中全会关于全面推进依法治国的决定再次强调,"实现科学立法、严格执法、公正司法、全民守法,促进国家治理体系和治理能力现代化"③。

(二)立法为民,明确权力和权利的边界

依法保障人权,首先要建立相关的法律法规。改革开放之初,针对缺乏人权立法的现实状况,十一届三中全会公报提出了加强立法的要求,"从现在起,应当把立法工作摆到全国人民代表大会及其常务委员会的重要议程上来"④。十五大报告要求"加强立法工作,提高立法质量,到2010年形成有中国特色社会主义法律体系"⑤。

立法工作最初是从经济领域的立法开始的。十四届三中全会关于建立市场经济体制的决定强调,要"遵循宪法规定的原则,加快经济立法,进一步完善民商法律、刑事法律、有关国家机构和行政管理方面的法律,本世纪末初步建立适应社会主义市场经济的法律体系"⑥。十六大报告提出,要"适应社会主义市场经济发展、社会全面进步和加入世贸组织的

---

① 习近平:《决胜全面建成小康社会 夺取新时代中国特色社会主义伟大胜利——在中国共产党第十九次全国代表大会上的报告》,人民出版社2017年版。
② 胡锦涛:《坚定不移沿着中国特色社会主义道路前进 为全面建成小康社会而奋斗——在中国共产党第十八次全国代表大会上的报告》,《求是》2012年第22期。
③ 《中共中央关于全面推进依法治国若干重大问题的决定》,《人民日报》2014年10月29日。
④ 《中国共产党第十一届中央委员会第三次全体会议公报》,《实事求是》1978年第4期。
⑤ 江泽民:《高举邓小平理论伟大旗帜,把建设有中国特色社会主义事业全面推向二十一世纪——在中国共产党第十五次全国代表大会上的报告》,《求是》1997年第17期。
⑥ 《中共中央关于建立社会主义市场经济体制若干问题的决定》,《中华人民共和国国务院公报》1993年第28期。

新形势,加强立法工作,提高立法质量,到 2010 年形成中国特色社会主义法律体系";要"维护法制的统一和尊严,防止和克服地方和部门的保护主义"①。十六届三中全会通过的《中共中央关于完善社会主义市场经济体制若干问题的决定》对经济领域的立法工作提出了更具体的要求,特别强调要"全面推进经济法制建设","按照依法治国的基本方略,着眼于确立制度、规范权责、保障权益,加强经济立法。完善市场主体和中介组织法律制度,使各类市场主体真正具有完全的行为能力和责任能力。完善产权法律制度,规范和理顺产权关系,保护各类产权权益。完善市场交易法律制度,保障合同自由和交易安全,维护公平竞争。完善预算、税收、金融和投资等法律法规,规范经济调节和市场监管。完善劳动、就业和社会保障等方面的法律法规,切实保护劳动者和公民的合法权益。完善社会领域和可持续发展等方面的法律法规,促进经济发展和社会全面进步"②。十八届四中全会关于全面推进依法治国的决定指出,"社会主义市场经济本质上是法治经济。使市场在资源配置中起决定性作用和更好发挥政府作用,必须以保护产权、维护契约、统一市场、平等交换、公平竞争、有效监管为基本导向,完善社会主义市场经济法律制度。健全以公平为核心原则的产权保护制度,加强对各种所有制经济组织和自然人财产权的保护,清理有违公平的法律法规条款。创新适应公有制多种实现形式的产权保护制度,加强对国有、集体资产所有权、经营权和各类企业法人财产权的保护。国家保护企业以法人财产权依法自主经营、自负盈亏,企业有权拒绝任何组织和个人无法律依据的要求。加强企业社会责任立法。完善激励创新的产权制度、知识产权保护制度和促进科技成果转化的体制机制"③。

十六届六中全会关于构建和谐社会的决定从"夯实社会和谐的法治基础"的思路出发,一方面强调"坚持科学立法、民主立法";另一方面将立法重点进一步扩展到政治和社会领域,要求"完善发展民主政治、保障公民权利、推进社会事业、健全社会保障、规范社会组织、加强社会

---

① 《中共中央关于构建社会主义和谐社会若干重大问题的决定》,《求是》2006 年第 20 期。
② 《中共中央关于构建社会主义和谐社会若干重大问题的决定》,《求是》2006 年第 20 期。
③ 《中共中央关于全面推进依法治国若干重大问题的决定》,《人民日报》2014 年 10 月 29 日。

管理等方面的法律法规"①。十七大报告强调"要坚持科学立法、民主立法，完善中国特色社会主义法律体系"②。

十八大以来，在强调科学立法的同时，进一步强调立法为民、民主立法和依法立法，用良法保障公民各项人权，在立法过程中保障公民的参与权。十八大报告提出，要"完善中国特色社会主义法律体系，加强重点领域立法，拓展人民有序参与立法途径"③。十八届四中全会关于全面推进依法治国的决定指出，"完善立法体制"，"深入推进科学立法、民主立法"，"加强重点领域立法。依法保障公民权利，加快完善体现权利公平、机会公平、规则公平的法律制度，保障公民人身权、财产权、基本政治权利等各项权利不受侵犯，保障公民经济、文化、社会等各方面权利得到落实，实现公民权利保障法治化"；"健全公民权利救济渠道和方式"④。十九大报告进一步提出，要"推进科学立法、民主立法、依法立法，以良法促进发展、保障善治"⑤。

（三）公正司法，保障公民获得公正审判的权利

公正司法，依法保障公民获得公正审判的权利，既是一项重要的人权，也是保障其他人权的重要方式。十四届三中全会关于建立市场经济体制的决定指出，要改革、完善司法制度，提高司法水平，"依法惩处刑事犯罪和经济犯罪，及时处理经济和民事纠纷"⑥。十六大报告指出，要"维护司法公正"，"社会主义司法制度必须保障在全社会实现公平和正义。按照公正司法和严格执法的要求，完善司法机关的机构设置、职权划分和管理制度，进一步健全权责明确、相互配合、相互制约、高效运行的

---

① 《中共中央关于构建社会主义和谐社会若干重大问题的决定》，《求是》2006年第20期。
② 胡锦涛：《高举中国特色社会主义伟大旗帜　为夺取全面建设小康社会新胜利而奋斗——在中国共产党第十七次全国代表大会上的报告》，《求是》2007年第21期。
③ 《中共中央关于全面推进依法治国若干重大问题的决定》，《人民日报》2014年10月29日。
④ 《中共中央关于全面推进依法治国若干重大问题的决定》，《人民日报》2014年10月29日。
⑤ 习近平：《决胜全面建成小康社会　夺取新时代中国特色社会主义伟大胜利——在中国共产党第十九次全国代表大会上的报告》，人民出版社2017年版。
⑥ 《中共中央关于建立社会主义市场经济体制若干问题的决定》，《中华人民共和国国务院公报》1993年第28期。

司法体制"①。十六届六中全会关于构建和谐社会的决定指出，要"完善司法体制机制，加强社会和谐的司法保障。坚持司法为民、公正司法，推进司法体制和工作机制改革，建设公正、高效、权威的社会主义司法制度，发挥司法维护公平正义的职能作用"②。十七大报告提出，要"深化司法体制改革，优化司法职权配置，规范司法行为，建设公正高效权威的社会主义司法制度"③。十八届三中全会关于全面深化改革的决定指出，要"深化司法体制改革，加快建设公正高效权威的社会主义司法制度，维护人民权益，让人民群众在每一个司法案件中都感受到公平正义"④。十八届四中全会关于全面推进依法治国的决定指出，"公正是法治的生命线。司法公正对社会公正具有重要引领作用，司法不公对社会公正具有致命破坏作用。必须完善司法管理体制和司法权力运行机制，规范司法行为，加强对司法活动的监督，努力让人民群众在每一个司法案件中感受到公平正义"；"坚持人民司法为人民，依靠人民推进公正司法，通过公正司法维护人民权益"⑤。十九大报告提出，要"深化司法体制综合配套改革，全面落实司法责任制，努力让人民群众在每一个司法案件中感受到公平正义"⑥。

保障公正司法，涉及三个重要的方面：一是保障司法机关和检察机关依法独立行使审判权和检察权；二是审判过程遵循公正原则和合法程序；三是审判过程中保障当事人的各项合法权利。

司法机关和检察机关依法独立行使审判权，是改革开放之初就提出来的，并贯穿四十年司法改革的全过程。十一届三中全会公报要求，"检察机关和司法机关要保持应有的独立性；要忠实于法律和制度，忠实于人民

---

① 江泽民：《全面建设小康社会，开创中国特色社会主义事业新局面——在中国共产党第十六次全国代表大会上的报告》，《求是》2002年第22期。
② 《中共中央关于构建社会主义和谐社会若干重大问题的决定》，《求是》2006年第20期。
③ 胡锦涛：《高举中国特色社会主义伟大旗帜　为夺取全面建设小康社会新胜利而奋斗——在中国共产党第十七次全国代表大会上的报告》，《求是》2007年第21期。
④ 《中共中央关于全面深化改革若干重大问题的决定》，《求是》2013年第22期。
⑤ 《中共中央关于全面推进依法治国若干重大问题的决定》，《人民日报》2014年10月29日。
⑥ 习近平：《决胜全面建成小康社会　夺取新时代中国特色社会主义伟大胜利——在中国共产党第十九次全国代表大会上的报告》，人民出版社2017年版。

利益，忠实于事实真相"①。十四大报告要求"保障人民法院和检察院依法独立进行审判和检察"②。十五大报告提出，要"推进司法改革，从制度上保证司法机关依法独立公正地行使审判权和检察权"③。十六大报告指出，要"从制度上保证审判机关和检察机关依法独立公正地行使审判权和检察权……改革司法机关的工作机制和人财物管理体制，逐步实现司法审判和检察同司法行政事务相分离。加强对司法工作的监督，惩治司法领域中的腐败"④。十七大报告重申要"保证审判机关、检察机关依法独立公正地行使审判权、检察权"⑤。十八大报告要求"进一步深化司法体制改革，坚持和完善中国特色社会主义司法制度，确保审判机关、检察机关依法独立公正行使审判权、检察权"⑥。十八届三中全会关于全面深化改革的决定指出，要求"确保依法独立公正行使审判权检察权"；"改革审判委员会制度，完善主审法官、合议庭办案责任制，让审理者裁判、由裁判者负责。明确各级法院职能定位，规范上下级法院审级监督关系"⑦。十八届四中全会关于全面推进依法治国的决定要求"完善确保依法独立公正行使审判权和检察权的制度"⑧。

司法审判应当遵循公正审判原则和合法程序，包括无罪推定、罪刑法定、排除非法证据。对于违背公正审判原则和合法程序所造成的冤假错案，要及时进行责任追究，并给予国家赔偿。十五大报告提出，要"建

---

① 《中国共产党第十一届中央委员会第三次全体会议公报》，《实事求是》1978 年第 4 期。
② 江泽民：《加快改革开放和现代化建设步伐 夺取有中国特色社会主义事业的更大胜利——在中国共产党第十四次全国代表大会上的报告》，《求实》1992 年第 11 期。
③ 江泽民：《高举邓小平理论伟大旗帜，把建设有中国特色社会主义事业全面推向二十一世纪——在中国共产党第十五次全国代表大会上的报告》，《求是》1997 年第 17 期。
④ 江泽民：《全面建设小康社会，开创中国特色社会主义事业新局面——在中国共产党第十六次全国代表大会上的报告》，《求是》2002 年第 22 期。
⑤ 胡锦涛：《高举中国特色社会主义伟大旗帜 为夺取全面建设小康社会新胜利而奋斗——在中国共产党第十七次全国代表大会上的报告》，《求是》2007 年第 21 期。
⑥ 胡锦涛：《坚定不移沿着中国特色社会主义道路前进 为全面建成小康社会而奋斗——在中国共产党第十八次全国代表大会上的报告》，《求是》2012 年第 22 期。
⑦ 《中共中央关于全面深化改革若干重大问题的决定》，《求是》2013 年第 22 期。
⑧ 《中共中央关于全面推进依法治国若干重大问题的决定》，《人民日报》2014 年 10 月 29 日。

立冤案、错案责任追究制度"①。十六大报告提出，要"完善诉讼程序，保障公民和法人的合法权益"②。十六届六中全会关于构建和谐社会的决定指出，要"完善诉讼、检察监督、刑罚执行、教育矫治、司法鉴定、刑事赔偿、司法考试等制度。加强司法民主建设，健全公开审判、人民陪审员、人民监督员等制度，发挥律师、公证、和解、调解、仲裁的积极作用"；"加强人权司法保护，严格依照法定原则和程序进行诉讼活动。完善执行工作机制，加强和改进执行工作。维护司法廉洁，严肃追究徇私枉法、失职渎职等行为的法律责任"③。十八届三中全会关于全面深化改革的决定指出，要求"完善人权司法保障制度。国家尊重和保障人权。进一步规范查封、扣押、冻结、处理涉案财物的司法程序。健全错案防止、纠正、责任追究机制，严禁刑讯逼供、体罚虐待，严格实行非法证据排除规则。逐步减少适用死刑罪名"；"推进审判公开、检务公开，录制并保留全程庭审资料。增强法律文书说理性，推动公开法院生效裁判文书。严格规范减刑、假释、保外就医程序，强化监督制度。广泛实行人民陪审员、人民监督员制度，拓宽人民群众有序参与司法渠道。废止劳动教养制度，完善对违法犯罪行为的惩治和矫正法律，健全社区矫正制度"④。十八届四中全会关于全面推进依法治国的决定要求"健全落实罪刑法定、疑罪从无、非法证据排除等法律原则的法律制度。完善对限制人身自由司法措施和侦查手段的司法监督，加强对刑讯逼供和非法取证的源头预防，健全冤假错案有效防范、及时纠正机制"⑤。

保障审判过程中保障当事人的各项合法权利，包括辩护知情权、陈述权、辩论权、申请权、申诉权、获得法律援助的权利、依法获得赔偿的权利等。十四届三中全会关于建立市场经济体制的决定指出，要"建立健

---

① 江泽民：《高举邓小平理论伟大旗帜，把建设有中国特色社会主义事业全面推向二十一世纪——在中国共产党第十五次全国代表大会上的报告》，《求是》1997 年第 17 期。
② 江泽民：《全面建设小康社会，开创中国特色社会主义事业新局面——在中国共产党第十六次全国代表大会上的报告》，《求是》2002 年第 22 期。
③ 《中共中央关于构建社会主义和谐社会若干重大问题的决定》，《求是》2006 年第 20 期。
④ 《中共中央关于全面深化改革若干重大问题的决定》，《求是》2013 年第 22 期。
⑤ 《中共中央关于全面推进依法治国若干重大问题的决定》，《人民日报》2014 年 10 月 29 日。

全法律服务机构"①。十六届六中全会关于构建和谐社会的决定提出,要"加强司法救助,对贫困群众减免诉讼费。健全巡回审判,扩大简易程序适用范围,落实当事人权利义务告知制度,方便群众诉讼。规范诉讼、律师、仲裁收费"②。十八届三中全会关于全面深化改革的决定指出,要求"健全国家司法救助制度,完善法律援助制度。完善律师执业权利保障机制和违法违规执业惩戒制度,加强职业道德建设,发挥律师在依法维护公民和法人合法权益方面的重要作用"③。十八届四中全会关于全面推进依法治国的决定要求"加强人权司法保障。强化诉讼过程中当事人和其他诉讼参与人的知情权、陈述权、辩护辩论权、申请权、申诉权的制度保障"④。

(四) 严格执法,保护且不得侵犯公民权利

行政与执法权是用来保障公民权利的。但如果执法不严,不仅无法有效保障公民权利,还会侵犯公民权利。中共十四大以来,党和国家日益强调依法行政、严格执法,建立执法监督和责任追究制度,建立对执法违法的救济和赔偿制度。

在依法行政和严格执法方面,十四大报告要求"要严格执行宪法和法律"⑤。十四届三中全会关于建立市场经济体制的决定提出,"各级政府都要依法行政,依法办事。坚决纠正经济活动以及其他活动中有法不依,执法不严,违法不究,滥用职权,以及为谋求部门和地区利益而违反法律等现象。加强执法队伍建设,提高人员素质和执法水平"⑥。十五大报告要求"一切政府机关都必须依法行政,切实保障公民权利"⑦。十六大报

---

① 《中共中央关于建立社会主义市场经济体制若干问题的决定》,《中华人民共和国国务院公报》1993年第28期。
② 《中共中央关于构建社会主义和谐社会若干重大问题的决定》,《求是》2006年第20期。
③ 《中共中央关于全面深化改革若干重大问题的决定》,中国共产党第十八届中央委员会第三次全体会议2013年11月12日通过,《求是》2013年第22期。
④ 《中共中央关于全面推进依法治国若干重大问题的决定》,《人民日报》2014年10月29日。
⑤ 江泽民:《加快改革开放和现代化建设步伐 夺取有中国特色社会主义事业的更大胜利——在中国共产党第十四次全国代表大会上的报告》,《求实》1992年第11期。
⑥ 《中共中央关于建立社会主义市场经济体制若干问题的决定》,《中华人民共和国国务院公报》1993年第28期。
⑦ 江泽民:《高举邓小平理论伟大旗帜,把建设有中国特色社会主义事业全面推向二十一世纪——在中国共产党第十五次全国代表大会上的报告》,《求是》1997年第17期。

告要求"提高执法水平,确保法律的严格实施"①。十六届六中全会关于构建和谐社会的决定要求"加快建设法治政府,全面推进依法行政,严格按照法定权限和程序行使权力、履行职责"②。十七大报告要求"加强宪法和法律实施","推进依法行政","加强政法队伍建设,做到严格、公正、文明执法"③。十八大报告要求"推进依法行政,切实做到严格规范公正文明执法"④。十八届四中全会关于全面推进依法治国的决定指出,"法律的生命力在于实施,法律的权威也在于实施",并对依法行政和严格执法提出了更加具体的要求。该决定要求"依法全面履行政府职能。完善行政组织和行政程序法律制度,推进机构、职能、权限、程序、责任法定化。行政机关要坚持法定职责必须为、法无授权不可为,勇于负责、敢于担当,坚决纠正不作为、乱作为,坚决克服懒政、怠政,坚决惩处失职、渎职。行政机关不得法外设定权力,没有法律法规依据不得作出减损公民、法人和其他组织合法权益或者增加其义务的决定。推行政府权力清单制度,坚决消除权力设租寻租空间";"健全依法决策机制。把公众参与、专家论证、风险评估、合法性审查、集体讨论决定确定为重大行政决策法定程序,确保决策制度科学、程序正当、过程公开、责任明确";"坚持严格规范公正文明执法。依法惩处各类违法行为,加大关系群众切身利益的重点领域执法力度。完善执法程序,建立执法全过程记录制度。明确具体操作流程,重点规范行政许可、行政处罚、行政强制、行政征收、行政收费、行政检查等执法行为。严格执行重大执法决定法制审核制度"⑤。十九大报告要求"建设法治政府,推进依法行政,严格规范公正

---

① 江泽民:《全面建设小康社会,开创中国特色社会主义事业新局面——在中国共产党第十六次全国代表大会上的报告》,《求是》2002年第22期。
② 《中共中央关于构建社会主义和谐社会若干重大问题的决定》,《求是》2006年第20期。
③ 胡锦涛:《高举中国特色社会主义伟大旗帜 为夺取全面建设小康社会新胜利而奋斗——在中国共产党第十七次全国代表大会上的报告》,《求是》2007年第21期。
④ 胡锦涛:《坚定不移沿着中国特色社会主义道路前进 为全面建成小康社会而奋斗——在中国共产党第十八次全国代表大会上的报告》,《求是》2012年第22期。
⑤ 《中共中央关于全面推进依法治国若干重大问题的决定》,《人民日报》2014年10月29日。

文明执法"①。

在执法监督与责任追究方面，十四大报告要求"加强执法监督，坚决纠正以言代法、以罚代刑等现象"②。十四届三中全会关于建立市场经济体制的决定提出，要加强执法监督，"建立健全执法监督机制"；"建立对执法违法的追究制度"③。十五大报告提出"实行执法责任制和评议考核制"④。十六大报告要求"健全行政执法责任追究制度……加强对权力运行的制约和监督，加强对行政机关、司法机关的监督"⑤。十八届四中全会关于全面推进依法治国的决定要求"健全宪法实施和监督制度"⑥。

在行政救济和赔偿方面，十四届三中全会关于建立市场经济体制的决定提出要"建立对执法违法的赔偿制度"⑦。十六届六中全会关于构建和谐社会的决定提出，要"完善行政复议、行政赔偿制度"⑧。

（五）全民守法，不允许任何超越法律的特权侵犯权利平等原则

法律的有效实施不仅有赖于执法和司法，而且有赖于法律所约束的所有主体自觉地遵守法律。这要求树立和维护宪法和法律的权威，坚持法律面前人人平等，反对任何超越法律的特权，开展普法教育，建设法治文化，提高全民特别是公职人员的法律素养。

在树立和维护宪法和法律的权威方面，十五大报告提出要"维护宪法和法律的尊严"⑨。十八届三中全会关于全面深化改革的决定指出，要

---

① 习近平：《决胜全面建成小康社会　夺取新时代中国特色社会主义伟大胜利——在中国共产党第十九次全国代表大会上的报告》，人民出版社2017年版。
② 江泽民：《加快改革开放和现代化建设步伐　夺取有中国特色社会主义事业的更大胜利——在中国共产党第十四次全国代表大会上的报告》，《求实》1992年第11期。
③ 《中共中央关于建立社会主义市场经济体制若干问题的决定》，《中华人民共和国国务院公报》1993年第28期。
④ 江泽民：《高举邓小平理论伟大旗帜，把建设有中国特色社会主义事业全面推向二十一世纪——在中国共产党第十五次全国代表大会上的报告》，《求是》1997年第17期。
⑤ 《中共中央关于构建社会主义和谐社会若干重大问题的决定》，《求是》2006年第20期。
⑥ 《中共中央关于全面推进依法治国若干重大问题的决定》，《人民日报》2014年10月29日。
⑦ 《中共中央关于建立社会主义市场经济体制若干问题的决定》，《中华人民共和国国务院公报》1993年第28期。
⑧ 《中共中央关于构建社会主义和谐社会若干重大问题的决定》，《求是》2006年第20期。
⑨ 江泽民：《高举邓小平理论伟大旗帜，把建设有中国特色社会主义事业全面推向二十一世纪——在中国共产党第十五次全国代表大会上的报告》，《求是》1997年第17期。

"维护宪法法律权威","建立健全全社会忠于、遵守、维护、运用宪法法律的制度"①。十八届四中全会关于全面推进依法治国的决定指出,"法律的权威源自人民的内心拥护和真诚信仰。人民权益要靠法律保障,法律权威要靠人民维护";"任何组织和个人都必须尊重宪法法律权威,都必须在宪法法律范围内活动,都必须依照宪法法律行使权力或权利、履行职责或义务,都不得有超越宪法法律的特权。必须维护国家法制统一、尊严、权威,切实保证宪法法律有效实施,绝不允许任何人以任何借口任何形式以言代法、以权压法、徇私枉法。必须以规范和约束公权力为重点,加大监督力度,做到有权必有责、用权受监督、违法必追究,坚决纠正有法不依、执法不严、违法不究行为"②。十九大报告要求"树立宪法法律至上、法律面前人人平等的法治理念"③。

在坚持法律面前人人平等原则,反对超越法律之上的特权方面,十一届三中全会公报提出,"要保证人民在自己的法律面前人人平等,不允许任何人有超于法律之上的特权"④。十五大报告指出,要"坚持法律面前人人平等,任何人、任何组织都没有超越法律的特权"⑤。十六大报告指出,"宪法和法律是党的主张和人民意志相统一的体现。必须严格依法办事,任何组织和个人都不允许有超越宪法和法律的特权";"党员和干部特别是领导干部要成为遵守宪法和法律的模范"⑥。十七大报告要求"各级党组织和全体党员要自觉在宪法和法律范围内活动,带头维护宪法和法律的权威"⑦。十八大报告指出,"党领导人民制定宪法和法律,党必须在宪法和法律范围内活动。任何组织或者个人都不得有超越宪法和法律的特

---

① 《中共中央关于全面深化改革若干重大问题的决定》,《求是》2013 年第 22 期。
② 《中共中央关于全面推进依法治国若干重大问题的决定》,《人民日报》2014 年 10 月 29 日。
③ 习近平:《决胜全面建成小康社会 夺取新时代中国特色社会主义伟大胜利——在中国共产党第十九次全国代表大会上的报告》,人民出版社 2017 年版。
④ 《中国共产党第十一届中央委员会第三次全体会议公报》,《实事求是》1978 年第 4 期。
⑤ 江泽民:《高举邓小平理论伟大旗帜,把建设有中国特色社会主义事业全面推向二十一世纪——在中国共产党第十五次全国代表大会上的报告》,《求是》1997 年第 17 期。
⑥ 江泽民:《全面建设小康社会,开创中国特色社会主义事业新局面——在中国共产党第十六次全国代表大会上的报告》,《求是》2002 年第 22 期。
⑦ 胡锦涛:《高举中国特色社会主义伟大旗帜 夺取全面建设小康社会新胜利而奋斗——在中国共产党第十七次全国代表大会上的报告》,《求是》2007 年第 21 期。

权,绝不允许以言代法、以权压法、徇私枉法"①。十八届三中全会关于全面深化改革的决定要求"坚持法律面前人人平等,任何组织或者个人都不得有超越宪法法律的特权,一切违反宪法法律的行为都必须予以追究"②。十八届四中全会关于全面推进依法治国的决定指出,"必须坚持党领导立法、保证执法、支持司法、带头守法";"坚持法律面前人人平等。平等是社会主义法律的基本属性"③。十九大报告要求"各级党组织和全体党员要带头遵法学法守法用法,任何组织和个人都不得有超越宪法法律的特权,绝不允许以言代法、以权压法、逐利违法、徇私枉法"④。

在开展普法教育、建设法治文化方面,十五大报告要求"深入开展普法教育,增强全民的法律意识,着重提高领导干部的法制观念和依法办事能力"⑤。十六大报告要求"加强法制宣传教育,提高全民法律素质,尤其要增强公职人员的法制观念和依法办事能力"⑥。十六届六中全会关于构建和谐社会的决定指出,要"深入开展法制宣传教育,形成全体公民自觉学法守法用法的氛围"⑦。十七大报告指出,"深入开展法制宣传教育,弘扬法治精神,形成自觉学法守法用法的社会氛围"⑧。十八大报告提出,要"深入开展法制宣传教育,弘扬社会主义法治精神,树立社会主义法治理念,增强全社会学法遵法守法用法意识。提高领导干部运用法治思维和法治方式深化改革、推动发展、化解矛盾、维护稳定能力"⑨。

---

① 胡锦涛:《坚定不移沿着中国特色社会主义道路前进 为全面建成小康社会而奋斗——在中国共产党第十八次全国代表大会上的报告》,《求是》2012年第22期。
② 《中共中央关于全面深化改革若干重大问题的决定》,《求是》2013年第22期。
③ 《中共中央关于全面推进依法治国若干重大问题的决定》,《人民日报》2014年10月29日。
④ 习近平:《决胜全面建成小康社会 夺取新时代中国特色社会主义伟大胜利——在中国共产党第十九次全国代表大会上的报告》,人民出版社2017年版。
⑤ 江泽民:《高举邓小平理论伟大旗帜,把建设有中国特色社会主义事业全面推向二十一世纪——在中国共产党第十五次全国代表大会上的报告》,《求是》1997年第17期。
⑥ 江泽民:《全面建设小康社会,开创中国特色社会主义事业新局面——在中国共产党第十六次全国代表大会上的报告》,《求是》2002年第22期。
⑦ 《中共中央关于构建社会主义和谐社会若干重大问题的决定》,《求是》2006年第20期。
⑧ 胡锦涛:《高举中国特色社会主义伟大旗帜 为夺取全面建设小康社会新胜利而奋斗——在中国共产党第十七次全国代表大会上的报告》,《求是》2007年第21期。
⑨ 胡锦涛:《坚定不移沿着中国特色社会主义道路前进 为全面建成小康社会而奋斗——在中国共产党第十八次全国代表大会上的报告》,《求是》2012年第22期。

十八届四中全会关于全面推进依法治国的决定要求"增强全社会尊重和保障人权意识"①。十九大报告提出,要"加大全民普法力度,建设社会主义法治文化"②。

(六) 对外开放与人权法治体系的国际接轨

新中国成立以来,中国逐渐放弃使用"人权"这一概念,在法律上主要使用"公民权"概念。随着经济和社会体制的改革,国家对实际属于人权范畴的各项个人权利的保障日益扩展,但"人权"这一概念在20世纪90年代才逐渐被政府正面使用,而这种使用与对外开放和交往有着密切的关系。正是对外开放和交往的需要,促使中国政府采用"人权"概念来表达自己的立场和工作,与国际社会的主流话语接轨。

第二次世界大战后,《联合国宪章》将"增进并激励对于全体人类之人权及基本自由之尊重"③ 作为联合国的宗旨之一,1948年制定并发布的《世界人权宣言》受到世界大多数国家的广泛认同,1966年又同时制定了《公民权利和政治权利国际公约》和《经济、社会和文化权利国际公约》,随后又制定了一系列有关人权的公约、宣言、决议等国际文书。截至2017年8月20日,《公民权利和政治权利国际公约》共有169个缔约国和6个签署国,《经济、社会和文化权利国际公约》共有165个缔约国和5个签署国,《儿童权利公约》有196个缔约国和1个签署国,《消除对妇女一切形式歧视公约》有189个缔约国和2个签署国,《消除一切形式种族歧视公约》有178个缔约国和5个签署国,《残疾人权利公约》有174个缔约国和13个签署国,《禁止酷刑和其他残忍、不人道或有辱人格的待遇或处罚公约》有162个缔约国和8个签署国④。2006年,联合国成立了人权理事会,成为与安全理事会、经社理事会并列的第三大理事会,显示安全、发展和人权是联合国的三个最重要事项和目标。这意味着"人

---

① 《中共中央关于全面推进依法治国若干重大问题的决定》,《人民日报》2014年10月29日。

② 习近平:《决胜全面建成小康社会 夺取新时代中国特色社会主义伟大胜利——在中国共产党第十九次全国代表大会上的报告》,人民出版社2017年版。

③ 《联合国宪章》第一章第一条第三款,《世界人权约法总览》,四川人民出版社1990年版,第929页。

④ 联合国人权高专办网站:http://www.ohchr.org/CH/ProfessionalInterest/Pages/CoreInstruments.aspx,访问时间:2017年8月20日13:56。

权"已经成为国际社会的主流话语。中国要想融入国际社会，就必须正面使用人权概念。

另外，在冷战时期，西方国家针对社会主义阵营国家没有采用人权概念来表述自己立场和工作的现实，以所谓的"人权问题"为突破口，对社会主义国家发起攻击，实施颜色革命。20世纪80年代末90年代初，苏联和东欧发生剧变，西方敌对势力加紧利用"人权问题"发动反华攻势。自1990年联合国人权委员会第四十六届会议以来，美国等西方国家曾11次在人权委员会会议上提出有关中国"人权问题"的提案，指责中国侵犯人权。①

针对在对外交往上的这双重压力，中国政府开始考虑重新正面使用"人权"概念。1985年6月6日，针对国际敌对势力对中国的攻击，邓小平指出："什么是人权？首先一条，是多少人的人权？是少数人的人权，还是多数人的人权、全国人民的人权？西方世界的所谓'人权'和我们讲的人权，本质上是两回事，观点不同。"② 1989年，江泽民明确提出，要从思想上解决"如何用马克思主义观点来看待'民主、自由、人权'问题"③。1990年，党中央明确提出："要理直气壮地宣传中国关于人权、民主、自由的观点和维护人权、实行民主的真实情况，把人权、民主、自由的旗帜掌握在我们手里。"1991年11月1日，国务院新闻办公室发表《中国的人权状况》（白皮书），将"人权"称为"伟大的名词"。此后又先后发表了11部人权白皮书和约50部与人权有关的白皮书。1997年中共十五大将"尊重和保障人权"写入报告。1998年12月10日，江泽民就《世界人权宣言》发表50周年纪念会向中国人权研究会发出贺信，指出"中华人民共和国成立以来特别是改革开放以来，中国政府和人民将人权的普遍性原则和中国的具体国情结合起来，在促进和保护人权方面作出了巨大的努力，取得了举世瞩目的成就。""我们要继续加强民主法制建设，依法治国，建设社会主义法治国家，进一步推进我国人权事业，充

---

① 《连续挫败西方反华提案说明了什么》，《人民日报》2006年4月21日第9版。
② 《邓小平文选》第3卷，人民出版社1994年版，第125页。
③ 江泽民：《在全国宣传部长会议上的讲话》（1989年7月20日），《江泽民论人权》，中国人权网：http://www.humanrights.cn/html/2014/1_0827/1728.html。访问时间：2021年7月4日。

分保障人民依法享受人权和民主自由权利。"① 2003 年 10 月，十六届三中全会通过了向十届全国人大常委会提出的《中共中央关于修改宪法部分内容的建议》，提议将"国家尊重和保障人权"写入宪法。2004 年 3 月 14 日，第十届全国人民代表大会第二次会议通过宪法修正案，明确在宪法中规定"国家尊重和保障人权"。2006 年 3 月全国人大第四次会议审议批准的"十一五"规划纲要明确提出要"尊重和保障人权，促进人权事业的全面发展"。2007 年 10 月，中共十七大将"尊重和保障人权"写入中国共产党章程。2008 年 12 月 10 日是《世界人权宣言》发布 60 周年，胡锦涛总书记致信中国人权研究会，将尊重和保障人权表述为党和政府"治国理政的重要原则"。2009 年 4 月，中国政府制定颁布了《国家人权行动计划（2009—2010 年）》，此后又先后制定了《国家人权行动计划（2011—2015 年）》和《国家人权行动计划（2016—2020 年）》。国家人权行动计划明确提出"实现充分的人权是人类长期追求的理想，也是中国人民和中国政府长期为之奋斗的目标"②，并将制定和实施国家人权行动计划的基本原则确定为："依法推进，将人权事业纳入法治轨道；协调推进，使各项权利全面协调发展；务实推进，把人权的普遍原则和中国实际相结合；平等推进，保障每个人都能平等享有各项人权；合力推进，政府、企事业单位、社会组织共同促进人权事业的发展。"③

在国际层面，中国先后加入了约 26 个国际人权公约，按期提交履约报告并接受审议。2006 年联合国人权理事会创立后，中国连续四次成功当选人权理事会成员。中国与美国、欧盟、英国、德国、澳大利亚、瑞士、荷兰、挪威定期开展人权对话，与俄罗斯、巴基斯坦、非洲联盟定期举行人权磋商。中国自 2008 年起定期举行"北京人权论坛""南南人权论坛"等国际研讨会，邀请世界各国的人权专家、官员和社会工作者参

---

① 刘文才：《江泽民信贺〈世界人权宣言〉发表五十周年纪念会》，《光明日报》1998 年 12 月 11 日。光明网：https：//www. gmw. cn/01gmrb/1998 - 12/11/GB/17903% 5EGM1 - 1104. HTM。访问时间：2021 年 7 月 4 日。

② 中华人民共和国国务院新闻办公室：《国家人权行动计划（2009—2010 年）》，外文出版社 2009 年版，第 1 页。

③ 中华人民共和国国务院新闻办公室：《国家人权行动计划（2016—2020 年）》，人民出版社 2016 年版，第 3 页。

会研讨世界人权事业的发展。2015年9月16日,习近平在致"2015·北京人权论坛"的贺信中指出:"近代以后,中国人民历经苦难,深知人的价值、基本人权、人格尊严对社会发展进步的重大意义,倍加珍惜来之不易的和平发展环境,将坚定不移走和平发展道路、坚定不移推进中国人权事业和世界人权事业。""中国主张加强不同文明交流互鉴、促进各国人权交流合作,推动各国人权事业更好发展。"① 2016年12月4日,习近平在致"纪念《发展权利宣言》通过30周年国际研讨会"的贺信中指出:"中国坚持把人权的普遍性原则同本国实际相结合,坚持生存权和发展权是首要的基本人权。多年来,中国坚持以人民为中心的发展思想,把增进人民福祉、保障人民当家作主、促进人的全面发展作为发展的出发点和落脚点,有效保障了人民发展权益,走出了一条中国特色人权发展道路。"② 2017年12月7日,习近平在致首届"南南人权论坛"的贺信中指出:"中国共产党和中国政府坚持以人民为中心的发展思想,始终把人民利益摆在至高无上的地位,把人民对美好生活的向往作为奋斗目标,不断提高尊重与保障中国人民各项基本权利的水平。中国共产党第十九次全国代表大会描绘了中国发展的宏伟蓝图,必将有力推动中国人权事业发展,为人类进步事业作出新的更大的贡献。""中国人民愿与包括广大发展中国家在内的世界各国人民同心协力,以合作促发展,以发展促人权,共同构建人类命运共同体。"③

四 社会主义市场经济对中国人权事业发展的影响

当代中国人权事业的发展,既承受着来自外部的压力,又受到内部动力的推动。如果只有外在压力而无内生动力,那么其发展就会缺乏主动性,并会随着外在压力的消失而退潮。回顾中国改革开放四十年历程,可以看到,改革开放为中国人权事业的提供了内生动力,正是由于这种内生动力的存在,使中国人权事业发展贯穿内在的发展逻辑,虽在外在形式上受到各种外部因素的表层影响,但在实质上却是根据改革开放的内生要求

---

① 习近平:《致"2015·北京人权论坛"的贺信》,《人权》2015年第5期。
② 习近平:《致"纪念〈发展权利宣言〉通过30周年国际研讨会"的贺信》,《人权》2017年第1期。
③ 习近平:《致首届"南南人权论坛"的贺信》,《人权》2018年第1期。

而持续推进。

不可否认的是，当代中国人权事业发展承受了一定的外在压力。20世纪80年代末90年代初，苏联和东欧发生剧变，西方国家加紧利用"人权问题"发动反华攻势。自1990年联合国人权委员会第四十六届会议以来，美国等西方国家曾11次在人权委员会会议上提出有关中国"人权问题"的提案，指责中国侵犯人权。美国每年发表的国别人权报告都对中国的人权状况予以负面评价。一些国际非政府组织在每年发表的报告中也对中国政府提出指责和批评。

正是在面临这种压力时，邓小平1989年指出："西方的一些国家拿什么人权、什么社会主义制度不合理不合法等做幌子，实际上是要损害我们的国权。"江泽民1993年谈道："西方发达国家经常利用民主人权问题向发展中国家施压，但压不倒我们。"

面对有关人权的外在压力，可以有两种不同的选择：一种选择是拒绝人权概念；另一种选择是接过人权的旗帜，对人权概念作出自己的解释。而中国选择的是第二种方式。江泽民1989年提出，要从思想上解决"如何用马克思主义观点来看待'民主、自由、人权'问题"[①]。中共中央在1990年底的一份文件中提出："要理直气壮地宣传我国关于人权、民主、自由的观点和维护人权、实行民主的真实情况，把人权、民主、自由的旗帜掌握在我们手里。"

面临外在压力而作出的两种不同选择，不能仅仅从策略角度加以解释，而应当分析其内在原因。回首四十年改革开放和中国人权事业发展的历史，可以看到中国不断推进人权保障有其深刻的内生动力，这种动力来自经济体制改革和对外开放的全球化交往。

（一）经济体制改革推动人权保障内容进入社会规范体系

中国当代进行的经济体制改革，是从计划经济体制转变为社会主义市场经济体制。这种改革对于社会规范体系产生了冲击作用：计划经济体制的社会规范体系的基本特征是集体本位和个人义务本位，而市场经济体制

---

① 江泽民：《在全国宣传部长会议上的讲话》（1989年7月20日），《江泽民论人权》，中国人权网：http://www.humanrights.cn/html/2014/1_0827/1728.html。访问时间：2021年7月4日。

却要求保障个人的各项基本权利。

然而，市场经济体制对各项人权的保障要求并不都是直接的，而是以三种方式表现出现的。

1. 市场经济体制的运行要求确立平等的个人自由权利

市场经济是通过市场中平等主体在经济上的自由交换来调节经济过程的体制。因此，市场经济体制得以运行的前提，就是存在可以自由进行交换行为的平等市场主体。因此，确立主体的平等身份和自由权利就成为建立市场经济体制的必要条件。

随着中国社会主义市场经济体制的逐步建立和运行，与市场经济体制相关的个人自由权利也逐步得到确认和保障，特别是择业自由、迁徙自由、财产自由、人身自由、隐私权等权利。中国逐步放松和放弃了国家对自主择业的管制，逐步改革户籍制度，私有财产权利受到宪法和相关法律的保护，人身自由受到尊重和日益严格的保护，对隐私权的保障日益受到重视。这些权利的保障为市场经济体制的运行提供了必不可少的条件。

2. 为防止贫富分化导致的社会分裂，要求保障经济社会文化权利，并对弱势群体权利予以特殊保护

市场经济体制是比计划经济体制更有效率的资源配置方式，但市场竞争会导致收入差距扩大。市场竞争使那些善于抓住市场机会的人成为赢家，使他们与竞争中处于下风的人在收入上的差距迅速拉开。如果任由这种差距扩大，就会使社会中处于不利地位的人无法享受到经济发展所带来的成果，甚至基本生活需求都无法得到满足。这种不受限制的贫富分化不仅会导致社会分裂，也会使市场经济无法继续运行。因此，市场经济的发展要求在保障每个人自由权利的同时，也要保障每个人能够平等地享受经济社会文化权利，并且对各种弱势群体的权利给予特殊保护。

改革开放以来，对经济社会文化权利以及弱势群体权利的保障经历了一个过程。先是打破了计划经济时期"铁饭碗"式的全面保障，然后又针对市场经济发展所产生的问题重新建立起与市场经济体制和经济发展水平相适应的新的经济社会权利保障体系。中国通过各种立法和政策来保障包括就业保障、合理薪酬、安全与卫生的工作条件、平等的提升机会、休息、接受职业培训、参加工会等权利在内的工作权利；通过建立和完善城乡居民最低生活保障制度、住房保障制度和各种扶贫工程来保障基本生活

水准权利；通过建立和宣判覆盖城乡居民的社会保障体系来保障社会保障权利；通过公共医疗卫生体系改革，建立健全社会医疗救助和多层次的医疗保障体系，保障人人享有基本医疗卫生服务的健康权利；通过"两基"攻坚计划和免除农村义务教育学生学杂费和教科书费等一系列政策，促进受教育权的平等保障；通过构建现代公共文化服务体系，促进基本公共文化服务标准化、均等化，保障公民平等享受文化权利；通过实行最严格的源头保护制度、损害赔偿制度、责任追究制度、环境治理和生态修复制度，来保障环境权利。

为保障弱势群体的权利，中国先后制定了妇女权益保障法、未成年人保护法、老年人权益保障法、残疾人权利保障法、反家庭暴力法等法律；制定了女职工劳动保护特别规定、禁止使用童工规定、残疾人教育条例、残疾人就业条例、无障碍环境建设条例等行政法规；制定了中国反对拐卖妇女、儿童行动计划，中国残疾人事业五年发展纲要，农村残疾人扶贫开发纲要，特殊教育提升计划，中国老龄事业发展五年规划等计划和纲要，并开展了相应的专项行动。

3. **市场经济导致的多元利益格局要求平等保障公民的政治参与权利**

市场经济导致多元化的利益格局，具有竞争关系的不同利益群体需要通过政治领域的博弈和对政治权力的影响来保护和实现自身利益。为防止某些特殊利益集团垄断对政治权力行使的影响，需要确立并平等保障公民参与公共生活的政治权利。

改革开放 40 年人权保障内容发展的历程显示，市场经济体制对平等保障个人基本权利的要求，持续推动了社会原有规范体系的扩展，使尊重和保障个人人权的要求逐步纳入社会规范体系之中。改革开放以来，党和国家致力于推进社会主义民主政治制度化、规范化、程序化，保证人民依法通过各种途径和形式管理国家事务，管理经济文化事业，管理社会事务，扩大人民有序政治参与，保证人民依法实行民主选举、民主协商、民主决策、民主管理、民主监督。推进基层民主建设，发挥职工代表大会、居民委员会和村民委员会的作用，保障人民依法直接行使民主权利。推进民主决策，深化政务公开，完善协商民主制度和工作机制，推进协商民主广泛、多层、制度化发展，依法保障公民的知情权、参与权、表达权。完善民主选举制度，实行城乡按相同人口比例选举人大代表，保障公民的选举权。加强民主监督制度建设，推行地方各级政府及其工作部门权力清单制度，依法公开权力运行流程，完善党务、政务和各领域办事公开制度，推进决策公开、管理公开、服务公开、结果公开，健全民主监督、法律监督、舆论监督机制，运用和规范互联网监督，保障公民监督权。规范政府行为，坚持标本兼治、综合治理、惩防并举、注重预防方针，推进惩治和预防腐败体系建设，不断完善惩治和预防腐败、防控廉政风险、防止利益冲突、领导干部报告个人有关事项、任职回避等方面的法律法规，严惩腐败侵权。这些措施都有效推进了对公民各项政治权利的平等保障。

（二）市场经济的权利救济诉求推动人权规范形式走向法治化

市场经济体制也对人权的规范形式提出了新的要求。中国计划经济时期社会规范的主导形式是政府发布的政策文件。政策文件的发布有政府层级的限制，在内容上具有更多的可变性，在执行上也具有更多的灵活性。

然而，市场经济体制要求赋予个人更多自由权利，在市场竞争中个人自由权利的行使会产生大量的纠纷和冲突，并呈现纷繁复杂的局面，促使权利救济诉求快速增长。这一方面需要对个人权利的边界和行使方式予以明确、统一和相对稳定的规范；另一方面要求建立一系列保障机制用以裁决权利之间的冲突，保护权利不受侵犯，并惩治各种侵权行为。显然，中国原有的以政策文件为主的社会规范形式很难满足市场经济体制下个人权利保障的要求。

改革开放四十年人权保障形式变化的历程显示，市场经济体制下不断增长的个人权利救济诉求，推动中国人权保障形式从政策文件为主逐步走向法治化，不仅包括建立了大量的人权立法，包括对人权的执法保障和司法救济，同时还不断加强在执法和司法中的人权保障。十八届四中全会通过的《中共中央关于全面推进依法治国若干重大问题的决定》针对有的法律法规"未能全面反映客观规律和人民意愿"，比较严重的"有法不依、执法不严、违法不究现象"，仍然存在的"执法体制权责脱节、多头执法、选择性执法现象"，较为突出的"执法司法不规范、不严格、不透明、不文明现象"，群众反映强烈的"执法司法不公和腐败问题"，部分社会成员"遵法信法守法用法、依法维权意识不强"，一些国家工作人员特别是领导干部的"依法办事观念不强、能力不足，知法犯法、以言代法、以权压法、徇私枉法现象"，进一步强调要"实现科学立法、严格执法、公正司法、全民守法，促进国家治理体系和治理能力现代化"①。在立法方面，强调"人民权益要靠法律保障"；要求"加快完善体现权利公平、机会公平、规则公平的法律制度，保障公民人身权、财产权、基本政治权利等各项权利不受侵犯，保障公民经济、文化、社会等各方面权利得到落实，实现公民权利保障法治化"；"健全公民权利救济渠道和方式"②。在司法方面，要求"健全落实罪刑法定、疑罪从无、非法证据排除等法律原则的法律制度。完善对限制人身自由司法措施和侦查手段的司法监督，加强对刑讯逼供和非法取证的源头预防，健全冤假错案有效防范、及时纠正机制"，"加强人权司法保障。强化诉讼过程中当事人和其他诉讼参与人的知情权、陈述权、辩护辩论权、申请权、申诉权的制度保障"，"努力让人民群众在每一个司法案件中感受到公平正义"③，保障公民获得公正审判的权利。在执法方面，一方面，要求"依法惩处各类违法行为，加大关系群众切身利益的重点领域执法力度"；另一方面，要求"完善执法程序，建立执法全过程记录制度。明确具体操作流程，重点规范行政许可、行政处罚、行政强制、行政征收、行政收费、行政检查等执法行为。严格执行重大执法决定法制审核制度"④。在守法方面，要求"必须坚持党领导立法、保证执法、支持司法、带头守法"⑤；要求"各级党组织和全体党员要带头遵法学法守法用法，任何组织和个人都不得有超越宪法法律的特权，绝不允许以言代法、以权压法、逐利违法、徇私枉法"⑥。

---

① 《中共中央关于全面推进依法治国若干重大问题的决定》，《人民日报》2014年10月29日。
② 《中共中央关于全面推进依法治国若干重大问题的决定》，《人民日报》2014年10月29日。
③ 《中共中央关于全面推进依法治国若干重大问题的决定》，《人民日报》2014年10月29日。
④ 《中共中央关于全面推进依法治国若干重大问题的决定》，《人民日报》2014年10月29日。
⑤ 《中共中央关于全面推进依法治国若干重大问题的决定》，《人民日报》2014年10月29日。
⑥ 习近平：《决胜全面建成小康社会 夺取新时代中国特色社会主义伟大胜利——在中国共产党第十九次全国代表大会上的报告》，人民出版社2017年版。

（三）对外开放推动国内人权保障与国际接轨

中国的对外开放，促进了中国与其他国家的国际化交往。全球化交往要求有共同接受和遵守的规则来化解交往中发生的各种纠纷，它推动了国内人权保障制度与国际接轨，也促进了中国更加积极地参与国际人权事务。中国先后加入了约26个国际人权公约，按期提交履约报告并接受审议。

1991年11月1日，国务院新闻办公室发表《中国的人权状况》（白皮书），将"人权"称为"伟大的名词"。此后又先后发表了11部人权白皮书和约50部与人权有关的白皮书。中国先后加入了约26个国际人权公约，按期提交履约报告并接受审议。2006年联合国人权理事会创立后，中国连续四次成功当选人权理事会成员。中国与美国、欧盟、英国、德国、澳大利亚、瑞士、荷兰、挪威定期开展人权对话，与俄罗斯、巴基斯坦、非洲联盟定期举行人权磋商。中国自2008年起定期举行"北京人权论坛""南南人权论坛"等国际研讨会，邀请世界各国的人权专家、官员和社会工作者参会研讨世界人权事业的发展。2015年9月16日，习近平在致"2015·北京人权论坛"的贺信中指出："近代以后，中国人民历经苦难，深知人的价值、基本人权、人格尊严对社会发展进步的重大意义，倍加珍惜来之不易的和平发展环境，将坚定不移走和平发展道路、坚定不移推进中国人权事业和世界人权事业。""中国主张加强不同文明交流互鉴、促进各国人权交流合作，推动各国人权事业更好发展。"① 2017年12月7日，习近平在致首届"南南人权论坛"的贺信中指出："中国人民愿与包括广大发展中国家在内的世界各国人民同心协力，以合作促发展，以发展促人权，共同构建人类命运共同体。"②

上述历史回顾表明，改革开放为中国人权事业发展提供了重要的内生动力。这些动力的内生性保证了中国人权事业发展的各项成就的可持续性：只要继续坚持改革开放，坚持社会主义市场经济体制不动摇，中国人权事业不仅不会倒退回从前，而且还会乘风破浪不断向前推进。

---

① 习近平：《致"纪念〈发展权利宣言〉通过30周年国际研讨会"的贺信》，《人权》2017年第1期。

② 习近平：《致首届"南南人权论坛"的贺信》，《人权》2018年第1期。

第六节　从计划经济转型的市场经济后发国家人权保障制度的特点

我们选择了五个由计划经济转型的市场经济后发国家，分别是埃及、印度、越南、俄罗斯、中国。这些国家都是由计划经济向市场经济转型的后发国家，市场经济的类型的是政府主导+社会模式，处于市场经济发展的初级阶段。我们对其作出的人权保障特点假设是：（1）无明晰阶段性；（2）更重视集体权利，个人自由受到一定限制；（3）政府发挥主导作用；（4）重经济和社会权利及特定群体权利保障。根据对这五个国家情况的分析，其人权发展基本符合我们的假设，但相互之间也存在一些不同之处。

一　五个国家人权保障制度的共同点

这五个从计划经济转型的市场经济后发国家在人权保障制度上存在着一些共同的特征。

第一，从计划经济向市场经济的转型，使得这些国家扩大了对公民权利和政治权利的保障，给予社会成员更多个人自由权利。

第二，这些国家在计划经济时期建立了保障经济、社会和文化权利的制度体系，在市场经济体制转型的过程中，注意保持对公民和政治权利与经济、社会和文化权利的平衡保障。

第三，这些国家在转型过程中面临较大的内外冲突压力，因此在扩大个人权利保障的同时，强调对人民集体权利的保障，要求个人在行使权利的同时承担相应的义务。

第四，这些国家强调对权利的平等保障，重视对各类弱势群体权利的保障。

第五，政府在人权保障方面采取更加积极的措施，特别是在经济社会权利保障和弱势群体权利保障方面，政府经常通过积极的政策和主动的措施改善权利保障状况。但社会组织的作用不如其他国家显著。

二 五个国家人权保障制度的不同点

尽管这五个从计划经济转型的市场经济后发国家在人权保障制度方面具有许多重要的共同点,但由于各自的政治和社会制度及发展水平的差异,使得它们在人权保障制度方面也存在着一些不同点。

首先,由于各国政治制度不同,对政治权利的保障方式也存在着差异,有的国家以直接选举制保障公民的政治参与权,有的国家间接选举制和协商民主制保障公民的政治参与权。

其次,由于各国政治稳定程度不同,所以在对个人自由权利和保障及限制方面存在着差异。在社会冲突压力较大的国家,对个人自由权利往往予以更加严格的限制;而在社会冲突压力较小的国家,个人自由权利行使的规范就会相对宽松。

最后,由于各国经济发展水平不同,在经济社会权利的保障水平和弱势群体权利的保障水平方面存在着差异。

第八章 研究结论与分析

根据以上对各种不同类型市场经济体制国家人权保障状况的分析和比较，可以对市场经济体制与人权保障制度的关系加以总结，并得出一些一般性的结论。

第一节 市场经济体制与人权保障制度之间关系

一 市场经济体制与人权保障制度之间的总体关系

根据对以上二十一个各类市场经济体制国家人权保障制度的分析，可以看到，市场经济体制与人权保障制度之间具有内在的关联性。市场经济体制的建立和发展推动着人权保障制度的建立和完善。这在一定程度上表明，市场经济是人权保障的内生动力，市场经济体制要求以保障人权作为社会的基本规范。

二 各类人权保障与市场经济体制之间的关系

根据第二章作出的假设1，各类人权与市场经济之间的关系存在差异：市场经济与公民权利保障相互促进；市场经济发展与经济和社会权利保障相互制约并在相对平衡的条件下相互促进；特定群体权利保障与市场经济的稳定发展具有相互制约作用。

对二十一个不同市场经济体制国家的研究表明，上述关于各类人权与市场经济体制之间关系的假设具有合理性。

首先，市场经济体制与个人自由权利之间是相互促进的，特别是法律人格权、人身自由权、自由迁徙权、财产权、隐私权和平等权与市场经济体制的建立和发展具有更为内在的联系。同时市场经济体制的建立和发展也推动了公民的各项政治权利的保障，特别是知情权、表达权、参与权、监督权、选举权等。

其次，市场经济体制的建立和发展与经济和社会权利保障相互制约，并在相对平衡的条件下相互促进。市场竞争导致的贫富分化，会引发社会分裂，使市场经济体制无法持续运行，因此要求在保障个人自由权利的同时，进一步保障经济、社会和文化权利。对各国人权保障历史的考察显示，对工作权利、基本生活水准权利、社会保障权利、健康权利和受教育权利的保障，为市场经济提供了健康、可持续的劳动力，而市场经济带来的政府税收增加也为这些权利的保障提供了比较充分的经济基础。但国家福利制度也在一定程度上降低了劳动者的工作动力，在一定程度上减弱了在全球市场中的竞争力，因此，经济、社会和文化权利与市场经济发展是相互制约的，只有在平衡的条件下才能相互促进。

最后，特定群体权利的保障与市场经济的发展也呈现出相互制约的关系。一方面，对妇女、儿童、老年人、残疾人等特定群体权利的保障，可以为市场经济的运行和发展提供和谐的社会环境；另一方面，市场经济的发展水平决定着对特定群体权利保障的经济基础。保障特定群体权利的福利政策需要通过税收的转移支付，它既会减少用于投资的资金，又会增加消费需求。只有在相对平衡的条件下才会促进市场经济的发展。

三 市场经济不同发展阶段与人权保障制度的关系

根据我们在第二章作出的假设2，市场经济不同发展阶段的人权保障会存在差异：公民权利和政治权利是市场经济初始发展阶段的主要人权诉求，市场经济的平衡发展阶段需要进一步保障经济和社会权利。

对市场经济不同发展阶段人权保障制度的研究表明，上述关于市场经济不同发展阶段与人权保障制度之间关系的假设具有合理性。

对市场经济先发国家人权保障制度的考察显示，其人权保障制度的发展呈现出明显的阶段性：在市场经济体制的初建时期主要强调公民权利和政治权利的保障，到了市场经济的平衡阶段不断增加对经济社会权利的保障和对弱势群体权利的保障。但不同模式的市场经济体制国家进入人权平衡保障时期的时间有一定差异：与实行自由市场经济体制的国家相比，实行社会市场经济体制和国家主导型市场经济体制的国家相对更早进入人权的平等保障时期。

对市场经济后发国家人权保障制度的考察显示，人权保障制度发展的阶段不如市场经济先发国家明显。因为市场经济起步较晚，市场经济后发国家通常都会吸取市场经济先发国家进入相对平衡阶段后的人权保障制度，因此其人权保障制度在初始阶段就先发国家的初始阶段更加平衡地保障两类人权。但从不同经济体制转型的国家在两类权利的保障重点上呈现出一定差异：从传统经济转型的市场经济后发国家在其市场经济初建阶段更加强调对个人自由权利的保障；从计划经济转型的市场经济后发国家在其市场经济发展的初建阶段尽管也主要推进对个人自由权利的保障，但在人权保障总体格局上相对更加平衡。

四 市场经济起步先后与人权保障制度的关系

根据我们在第二章作出的假设3，市场经济先发国家与后发国家在人权诉求和保障方面存在一定差异：市场经济先发国家更加强调个人权利保障，国家更加强调政府在人权保障上的消极角色；在国际市场竞争中的先发优势，使其能够为国内人权保障水平的提高提供更充分的经济基础；人权发展显现出明显的阶段性特征；在一段历史时期内会在人权上存在对内和对外的双重标准。市场经济后发国家比先发国家更加重视集体权利保障；对各类人权的保障缺乏清晰的阶段性，在初发阶段就会涉及公民权利和政治权利、经济权利和社会权利以及特定群体权利的保障；政府在保障人权方面发挥更加积极的作用；市场经济后发国家对个人自由权利的限制会比先发国家更加严格。

对市场经济先发和后发国家的研究表明，上述关于市场经济起步先后与人人权保障制度关系的假设具有合理性。

对九个市场经济先发国家人权保障制度的考察显示，对个人自由权利的保障是其人权保障的核心内容，对经济社会权利的保障和对弱势群体权利的保障是随着市场经济体制发展而逐渐追加的。但这些国家占据市场经济的先发优势，为人权保障特别是经济社会权利保障和弱势群体权利保险奠定了更丰厚的经济物质基础，使其实际保障水平高于市场经济后发国家。在市场经济的发展过程中，这些国家在人权保障方面对内和对外长期实行双重标准，不承认或不尊重殖民地国家和发展中国家人民的人权，甚至发动侵略战争严重侵犯和践踏这些国家人民的人权。

对十二个市场经济后发国家人权保障制度的考察显示,其人权保障制度发展的阶段性不如市场经济先发国家明显,在市场经济初建时期就比较强调两类人权的平衡保障。被殖民的经历、不公平的国际经济环境以及国际霸权主义的威胁,使市场经济后发国家更加强调人民的集体权利,包括自决权、自然资源与财富主权、发展权、和平权、环境权等。与此同时,社会转型所带来的内外冲突压力,使市场经济后发国家对个人自由权利的行使予以更多的限制。

五 市场经济不同模式与人权保障制度的关系

根据我们在第二章中提出的假设4,各类不同市场经济模式的人权诉求和保障之间存在差异:在自由市场经济模式下,公民自由权利的保障更加充分,政府在人权保障方面的作用更加消极;在社会市场经济模式下,经济和社会权利得到更充分保障,特定群体的权利得到更加平等的保障,政府在人权保障方面的作用更加积极;在政府主导型市场经济模式下,政府在人权保障方面处于主导地位,国家更加强调公民个人对国家和共同体的义务,个人自由权利会受到更多限制。

对不同模式市场经济体制国家的研究表明,上述关于市场经济不同模式与人权保障制度之间关系的假设具有合理性。

对四个自由市场经济先发国家人权保障制度的考察显示,这些国家将个人自由权利作为核心人权,政府严格履行尊重和保护这些人权的义务。

对三个社会市场经济先发国家人权保障制度的考察显示,这些国家更加强调个人自由权利与经济社会权利的平衡保障,更加注重对弱势群体权利的保障,政府为满足和促进经济社会权利和弱势群体权利保障承担着更加积极的义务。

对两个国家主导型市场经济先发国家人权保障制度的考察显示,政府在促进各项人权方面居于主导地位,国家更多强调个人对共同体和他人的义务,个人自由权利的行使受到更为严格的限制。

此外,对市场经济后发国家人权保障制度的考察显示,选择自由市场经济体制的后发国家倾向于更严格地保障个人自由权利,而选择社会市场经济体制和国家主导型市场经济体制的后发国家,则倾向于对个人自由权利予以更严格限制，而对经济社会权利及弱势群体权利予以更充分保障。

六 向市场经济的转型方式与人权保障制度的关系

根据我们在第二章提出的假设5，从传统经济体制和计划经济体制进入市场经济的国家在人权保障的发展脉络上会呈现出不同的格局：从传统经济体制转型进入市场经济的国家会在初始发展阶段更注重个人权利特别是公民和政治权利保障，并在向平衡发展阶段过渡的过程中逐步加强对经济和社会权利以及特定群体权利的保障；从计划经济体制转型进入市场经济的国家会在初始阶段更加注重集体权利、经济和社会权利以及特定群体权利的保障，并在向平衡发展阶段的过渡过程中日益注重个人权利与集体权利的平衡保障，以及经济和社会权利与公民和政治权利的平衡保障。

对向市场经济的两类不同转型方式国家的研究表明，上述关于向市场经济的转型方式与人权保障制度之间关系的假设具有合理性。

对从传统经济转型的七个市场经济后发国家人权保障制度的考察显示，这些国家在市场经济初建时期更加强调个人自由权利的保障，其保障方式会带有传统体制或殖民地制度的痕迹。由于受到摆脱殖民统治的革命或独立战争的影响，这些国家在保障人权与维护社会秩序之间会形成一定张力，因此个人自由权利的保障制度的发展会经历起伏动荡的变化过程。

对从计划经济转型的五个市场后发国家人权保障制度的考察显示，这些国家在转型过程中显著扩大了对公民权利和政治权利的保障，给予社会成员更多个人自由权利，但在权利保障总体格局上保持了对公民和政治权利与经济、社会和文化权利的平衡保障。这些国家在转型过程中面临较大的内外冲突压力，因此在扩大个人权利保障的同时，强调对人民集体权利的保障，要求个人在行使权利的同时承担相应的义务。这些国家更加强调对权利的实质平等保障，重视对各类弱势群体权利的保障，政府保障这些权利方面采取更加积极的措施，但社会组织的作用不如其他国家显著。

第二节 人权保障制度的其他影响因素

从对以上各种类型市场经济国家的考察还可以发现，除了市场经济体制对人权保障制度的影响之外，还有其他一些因素对人权保障制度也会产生一定影响。

一 历史经历对市场经济体制下人权保障制度的影响

从以上的考察可以发现，各国的历史经历对市场经济体制下的人权保障制度具有重要的影响。例如，被殖民和侵略的历史经历，以及实行计划经济的历史经历，会使市场经济体制下的人权保障制度强调民族和人权的集体人权。

二 冲突压力对市场经济体制下人权保障制度的影响

在市场经济建立和发展过程中所形成的内外冲突压力，会对市场经济体制下的人权保障制度产生重要影响。首先，贫富分化所导致的冲突压力会促使国家增强经济社会权利的保障和对弱势群体权利的保障；其次，种族和族群冲突压力使促使国家加强对人权的更平等保障；最后，社会冲突的政治压力会使国家限制个人自由权利的行使。

三 经济发展水平对市场经济体制下人权保障制度的影响

各个国家不同的经济发展水平会对市场经济体制下人权保障水平产生影响。发达国家和中等发达国家具有较强的经济基础，能够为更充实的人权保障提供所需的物质条件；而发展中国家或欠发达国家的经济基础较弱，人权保障水平会受到物质条件的限制，这对经济社会权利保障和弱势群体权利保障的影响更为明显。

四 不同传统文化对市场经济体制下人权保障制度的影响

具有不同的传统文化对建立和发展市场经济体制下的人权保障制度也会产生一定的影响。受西方基督教传统影响的国家会更加强调个人的独立和个人自由权利的保障；而受东方儒家传统影响的国家会更加强调集体权利和个人权利的平衡保障，公民和政治权利与经济、社会和文化权利的平衡保障，人权与其他公共利益的平衡保障，以及权利和义务之间的平衡。

五 社会政治制度对市场经济体制下人权保障制度的影响

不同的社会政治制度对市场经济体制下人权保障制度也会产生重要影响。社会主义的社会政治制度会要求各类权利的平衡保障,会强调权利与义务之间的平衡。而资本主义的社会政治制度往往会片面强调个人自由权利。

参考文献

一 中文著作

卞建林等译：《加拿大刑事法典》，中国政法大学出版社1999年版。
常健：《当代中国权利规范的转型》，天津人民出版社2000年版。
常健：《人权的理想·悖论·现实》，四川人民出版社1992年版。
陈万里：《市场经济300年》，中国发展出版社1995年版。
陈振功：《文化传统、价值观与人权》，五洲传播出版社2012年版。
程树德：《宪法历史及比较研究》，商务印书馆2012年版。
董云虎、刘武萍：《世界各国人权约法》，四川人民出版社1994年版。
甘绍平：《人权伦理学》，中国发展出版社2009年版。
关保英：《外国行政法编年史》，中国政法大学出版社2009年版。
郭晶：《世界市场经济模式及其最新演进》，经济科学出版社2008年版。
哈书菊：《人权视域中的俄罗斯行政救济制度》，中国社会科学出版社2009年版。
韩大元：《东亚法治的历史与理念》，法律出版社2000年版。
韩大元：《外国宪法》，中国人民大学出版社2000年版。
何勤华：《德国法律发达史》，法律出版社2000年版。
何勤华、洪永红：《非洲法律发达史》，法律出版社2006年版。
何勤华、冷霞：《拉丁美洲法律发达史》，法律出版社2010年版。
何勤华、李秀清：《东南亚七国法律发达史》，法律出版社2002年版。
何勤华、李秀清：《意大利法律发达史》，法律出版社2006年版。
何勤华、张海斌：《西方宪法史》，北京大学出版社2006年版。
黑格尔：《法哲学原理》，范扬、张企泰译，商务印书馆2010年版。
侯尚智、孔庆峒：《韩国概览》，人民出版社1996年版。

姜士林等:《世界宪法全书》,青岛出版社 1997 年版。

柯勒:《第三世界的人权和人的形象》,1982 年,第 88 页。

科斯塔娜·杜兹纳:《人权的终结》,郭春发译,江苏人民出版社 2002 年版。

莱昂·波里亚克夫:《音乐家客栈》,1981 年版。

李步云:《人权法学》,高等教育出版社 2005 年版。

李光耀:《李光耀 40 年政论选》,(新加坡)《联合早报》编,现代出版社 1994 年版。

李少军:《国际关系学研究方法》,中国社会科学出版社 2008 年版。

李毅:《俄罗斯经济数字地图(2011)》,科学出版社 2012 年版。

李玉杰、孙佳颖:《市场经济背景下的人权及其法律保护》,南开大学出版社 2015 年版。

梁宏、朱兴有等:《变革中的越南朝鲜古巴》,海天出版社 2010 年版。

林榕年、叶秋华:《外国法制史》,中国人民大学出版社 2003 年版。

刘诚:《社会保障法比较研究》,中国劳动社会保障出版社 2006 年版。

刘光耀:《德国社会市场经济:理论、发展与比较》,中共中央党校出版社 2006 年版。

刘嗣明:《混合——一种新的发展观》,改革出版社 1998 年版。

刘嗣明:《世界市场经济模式及其最新演进》(上卷),经济科学出版社 2008 年版。

刘嗣明:《世界市场经济模式及其最新演进》(下卷),经济科学出版社 2008 年版。

刘宗绪:《人的理性与法的精神》,中国社会科学出版社 2003 年版。

罗斯福:《罗斯福选集》,商务印书馆 1982 年版。

洛赫:《德国史》(中册),生活·读书·新知三联书店 1976 年版。

马丁·安德森:《福利——美国福利改革的政治经济学》(英文版),斯坦福大学出版社 1978 年版。

马克思、恩格斯:《马克思恩格斯选集》第 2 版,第 1、2、3、4 卷,人民出版社 1995 年版。

麦卡布里德·斯帝特森:《法国的妇女权》,1987 年版。

普京:《普京文集》,第 6 页。

沈宗灵：《比较法研究》，北京大学出版社1998年版。

沈宗灵：《比较宪法——对八国宪法的比较研究》，北京大学出版社2002年版。

沈宗灵：《美国政治制度》，商务印书馆1980年版。

《世界知识年鉴》（2001—2002），世界知识出版社2001年版。

王公义：《中外司法体制比较研究》，法律出版社2013年版。

王慧玲：《成文宪法的比较研究——以107部宪法文本为研究对象》，对外经济贸易大学出版社2010年版。

王立民：《加拿大法律发达史》，法律出版社2004年版。

王友明：《跨越世纪的德国模式》，世界知识出版社2013年版。

邬昆如：《哲学入门》，上海古籍出版社2005年版。

吴绪、杨人梗：《十八世纪末法国资产阶级革命》，商务印书馆1962年版。

吴志生：《东南亚国家经济发展战略研究》，北京大学出版社1987年版。

希克斯：《经济史理论》，商务印书馆1987年版。

夏勇：《人权概念起源——权利的历史哲学》，中国政法大学出版社2001年版。

夏勇：《走向权利的时代》，中国政法大学出版社1999年版。

熊万鹏：《人权的哲学基础》，商务印书馆2013年版。

薛进文、常健：《中国特色人权发展道路研究》，中国社会科学出版社2016。

严存生：《新编西方法律思想史》，陕西人民教育出版社1996年版。

尤晓红：《俄罗斯宪法法院研究》，中国社会科学出版社2009年版。

由嵘：《外国法制史》，北京大学出版社1992年版。

张彩凤：《比较司法制度》，中国人民公安大学出版社2007年版。

张培田：《外国法律制度史》，人民出版社2005年版。

张文显：《法理学》，高等教育出版社、北京大学出版社1999年版。

张文显：《法哲学通论》，辽宁人民出版社2009年版。

张晓玲：《人权理论基本问题》，中共中央党校出版，2006年版。

张芝联：《法国通史》，辽宁大学出版社2000年版。

张卓元：《政治经济学大词典》，经济科学出版社1998年版。

章海山:《市场经济伦理范畴论》,中山大学出版社 2007 年版。

赵国忠:《简明西亚非百科全书》,中国社会科学出版社 2000 年版。

赵立新:《日本法制史》,知识产权出版社 2010 年版。

钟群:《比较宪政史研究》,贵州人民出版社 2003 年版。

祝捷:《外国宪法》,武汉大学出版社 2010 年版。

左大培、裴小革:《世界市场经济概论》,中国社会科学出版社 2009 年版。

[法] 托克维尔:《论美国的民主》(下卷),商务印书馆 1991 年版。

[荷] 格劳秀斯:《战争与和平法》,何勤华译,上海人民出版社 2005 年版。

[美] 保罗·R. 格雷戈里、罗伯特·C. 斯图尔特著:《比较经济体制学》,林志军等译,上海三联书店 1988 年版。

[美] 亨金:《权利的时代》,信春鹰、吴玉章、李林译,知识出版社 1997 年版。

[美] 龙多·卡梅伦、拉里·尼尔:《世界经济简史——从旧石器时代到 20 世纪末》,潘宁等译,上海译文出版社 2012 年版。

[美] 托马斯·伯格索尔、黛娜·谢尔顿、戴维·斯图尔特:《国际人权法精要》(第 4 版),黎作恒译,法律出版社 2010 年版。

[日] 山口重克:《市场经济:历史·思想·现在》,张季风等译,社会科学文献出版社 2007 年版。

[英] A. J. M. 米尔恩:《人的权利与人的多样性——人权哲学》,中国大百科全书出版社 1995 年版。

[英] 梅因:《古代法》,沈景一译,商务印书馆 1959 年版。

二 中文期刊论文

B. 弗拉基米尔·斯米尔诺夫:《人权政治学与俄罗斯的政治权利》,《政治学研究》2010 年第 6 期。

Tom Zwart:《利用本土文化深化国际人权的实施:载体论》,张伟、石慧译,《中国政法大学学报》2013 年第 2 期。

阿乌列尔·杨库:《瑞典模式——强调社会目标的市场经济》,刘开铭译,《经济论坛》(罗马尼亚),1990(21—2);《国际经济评论》,1990 年第 11 期。

常健：《权利意识是市场经济社会的意识形态》，《理论与现代化》1997 年第 4 期。

常健：《市场经济与权利规范》，《教学与研究》1999 年第 11 期。

常健、赵玉林：《关于人权普遍性的学科间争论》，《南开学报》2014 年第 5 期。

常征：《泰国的宪政与法律制度》，《汕头大学学报》（人文科学版）1991 年第 4 期。

陈雷：《韩国市场经济体制改革简述》，《中外企业家》2008 年第 9 期。

陈锡镖：《美国人权运动的历史回顾》，《社会科学》1996 年第 1 期。

陈峥：《英国义务教育福利化的历史发展》，《湖南师范大学教育科学学报》2011 年第 5 期。

陈芝芸：《战后墨西哥的经济发展战略》，《拉丁美洲丛刊》1982 年第 2 期。

初建宇：《借鉴新加坡经验，加强我国经济适用房的社会保障作用》，《河北理工大学学报》（社会科学版）2007 年第 4 期。

储东涛：《新加坡市场经济的特征及其启迪》，《中国妇女管理干部学院学报》1994 年第 4 期。

丁和顺：《法国社会保障之我见》，《山西财税》2001 年第 3 期。

丁建定：《德国社会保障制度的发展及其特点》，《南都学坛》（人文社会科学版）2008 年第 4 期。

方和荣：《让低收入者共享发展成果的法国社会保障制度》，《厦门特区党校学报》2006 年第 1 期。

方垫、周锦雯：《俄罗斯转型进程中的社会结构分化及福利政策——以政治国家与市民社会互动为主线》，《外国问题研究》2012 年第 2 期。

房宁、冯钺：《西方民主的起源与相关问题》，《政治学研究》2006 年第 4 期。

高德步：《从传统经济向市场经济的过渡——论近代英国的经济革命》，《学习与探索》1997 年第 4 期。

谷源祥：《越南革新的历史沿革：经验与教训》，《马克思主义研究》2009 年第 10 期。

郭枫:《英国和瑞典的市场经济模式》,《经济管理学报》1996年第3期。

郭来生:《论韩国政府主导型市场经济体制》,《世界经济文汇》1993年第6期。

郭曰君、程昱晖:《论社会主义市场经济与公民权利的关系》,《郑州大学学报》(哲学社会科学版)1996年第6期。

国家计委赴澳大利亚考察组:《澳大利亚宏观经济政策的制订与协调》,《计划经济研究》1990年第12期。

哈书菊:《试评俄罗斯人权全权代表制度》,《俄罗斯中亚东欧研究》2009年第4期。

韩福才:《中国市场经济所处历史阶段及其特征》,《学术交流》1997年第4期。

胡玲:《英国全民医疗服务体系的改革及启示》,《卫生经济研究》2011年第3期。

江德森、孙庆峰、任淑霞:《当代几种典型市场经济模式对比分析》,《社会科学战线》2005年第5期。

金炳彻:《韩国残疾人社会保障制度考察》,《残疾人研究》2012年第3期。

金东日:《人权保障的关键路径探析:以韩国为例》,《广州大学学报》2014年第9期。

井文豪:《关于市场经济发展阶段问题的再认识》,《中共青岛市委党校、青岛行政学院学报》1995年第5期。

康敏军:《试析印度经济发展中的社会问题》,《暨南学报》(哲学社会科学版)1999年第4期。

孔丹霞:《法国国家主导型市场经济体制探析》,《世界经济》1997年第3期。

И.库丘拉吉:《经济平等,人权,民主和自由市场》,舒白译,原载俄《哲学问题》1993年第6期;《哲学译丛》1993年第6期。

李朝辉:《市场经济中的权力与权利——中国特色社会主义政治文化建设中的一个重要问题》,《学习时报》2008年4月28日。

李稻葵、伏霖:《德国社会市场经济模式演进轨迹及其中国镜鉴》,《改革》2014年第3期。

李宏图:《法国大革命与宗教》,《徐州师范学院学报》(哲学社会科学版) 1989 年第 3 期。

李君如:《论"四个全面"布局——学习习近平总书记系列重要讲话体会之八十一》,《前线》2015 年第 4 期。

李可书:《韩国人权保障法律制度研究》,《陕西行政学院学报》2002 年第 4 期。

李林:《人权的法律保障》,载《社会主义法制理论读本》,人民出版社 2002 年版。

李新宽:《浅析重商主义与英国市场经济体制的形成》,《东北师范大学学报》(哲学社会科学版) 2006 年第 3 期。

李义平:《市场经济的历史功绩》,《人民日报》2008 年 10 月 8 日第 15 版。

李招忠:《社会主义市场经济对人权正负面效应的共存性及矫正》,《湖南师范大学学报》(社会科学版) 2000 年第 3 期。

廖丹:《试析新加坡宪法的特点》,《东南亚纵横》2004 年第 5 期。

廖作斌:《社会主义市场经济体制与人权保障》,《首都师范大学学报》(社会科学版) 1995 年第 3 期。

林喆:《权利本位——市场经济发展的必然要求》,《法学研究》1992 年第 6 期。

林志鹤:《泰国经济:模式、成就及问题》,《东南亚研究》1989 年第 3 期。

刘灿、韩文龙:《公民社会与财产权》,《福建论坛(人文社会科学版)》2012 年第 11 期。

刘灿:《社会主义市场经济体制与公民财产权利:一个理论分析框架》,全国高校社会主义经济理论与实践研讨会第 24 次年会论文集,2010 年。

刘春建:《文化传统与改革》,《国外哲学动态》1986 年第 4 期。

刘春平:《韩国医疗保障发展中的社会历史因素探析》,《郑州轻工业学院学报》(社会科学版) 2015 年第 1 期。

刘建其:《泰国经济体制与资本动员》,《汕头大学学报》(人文科学版) 1997 年第 6 期。

刘杰:《转型视角下中国人权发展的十年轨迹》,《人权》2012年第6期。

龙长海:《俄罗斯刑法人权保障的经验及对中国的启示》,《刑法论丛》2013年第2期。

马郑刚:《社会主义市场经济与人权保障》,《科学社会主义》1994年第1期。

潘志玉、谢庆录:《新加坡劳动与社会保障法律制度研究》,《法制与社会》2009年第1期。

彭金荣:《日本市场经济模式的特点及启示》,《天津师范大学学报》1993年第4期。

秦国荣:《法治社会中法律的局限性及其矫正》,《法学》2005年第3期。

秦晖:《南非经济与社会的转型经验》,《老区建设》2009年第11期。

荣建华:《论市场经济与人权保障》,《天津市政法管理干部学院学报》2001年第3期。

沈安:《阿根廷经济发展模式的演变与分析》,中国拉美史研究会济南年会论文。

胜雅律:《从有限的人权概念到普遍的人权概念——人权的两个阶段》,载黄枬森、沈宗灵:《西方人权学说》下册,四川人民出版社1994年版。

盛晓白:《泰国经济发展模式的特点》,《世界经济》1989年第6期。

史蒂夫·多里克:《澳大利亚的经济增长》,付超译,《经济资料译丛》2002年第3期。

孙世春:《日本市场经济的建立及其一般特征》,《日本研究》1999年第1期。

孙娴:《1789—1852年法国新闻出版法剖析》,《世界历史》1992年第1期。

汤敏轩:《英国政治发展的渐进模式——以选举权为例兼作政治文化分析》,《江西行政学院学报》2001年第2期。

唐云红:《论市场经济初期的妇女权利保护》,《衡阳师范学院学报》2010年第10期。

王兵银、周延丽:《面向21世纪中俄经贸合作发展研究》,《辽新内字(1999)第57号》。

王晨:《在第四届"北京人权论坛"开幕式上的致辞》,载陈振功、任丹红:《文化传统、价值观与人权》,五洲传播出版社 2012 年版。

王成喜:《产权:现代市场经济制度的核心权利》,《中国商人(经济理论研究)》2005 年第 2 期。

王慧芝:《论阿根廷早期经济民族主义》,《拉丁美洲研究》2014 年第 4 期。

王建彪:《权利,权力与市场经济》,《经济与法(吉林省行政学院学报)》2004 年第 8 期。

王健康:《新加坡混合型市场经济体制之我见》,《时代经贸》2008 年第 S2 期。

王珏:《市场经济发展的三个历史阶段》,《党校论坛》1993 年第 2 期。

王立峰:《论人权保障与经济发展的关系》,《人权》2013 年第 1 期。

王士录:《越南的经济体制改革》,《开放导报》1993 年第 6 期。

王泰:《埃及经济发展战略及发展模式的历史考量》,《西亚非洲》2008 年第 5 期。

王毅:《英国全民医疗保障的历史沿革》,《中国卫生产业》2003 年第 12 期。

魏建国:《司法独立:近代英国秩序与市场经济建构的制度之基》,《学习与探索》2006 年第 2 期。

夏溪:《南非种族隔离制度的经济根源》,《湘潭大学学报》(社会科学版) 1986 年第 4 期。

项卫星:《德国市场经济体制特点述评》,《吉林大学社会科学学报》1997 年第 5 期。

项卫星:《美国市场经济体制模式初探》,《世界经济》1996 年第 8 期。

肖勤福:《德国市场经济体制的特征及其运行方式》,《特区理论与实践》1995 年第 4 期。

谢青霞:《新加坡边缘劳动力法律与政策评介》,《南洋问题研究》2008 年第 3 期。

谢汪送:《社会市场经济:德国模式的解读与借鉴》,《经济社会体制比较》2007 年第 2 期。

徐海燕:《俄罗斯社会保障方案中的基金制》,《俄罗斯中亚东欧市场》

2009 年第 2 期。

徐瑞仙：《法国社会保障制度及其对我国的借鉴意义》，《西北成人教育学报》2003 年第 4 期。

许尧：《论人权保障政策与人权保障法律的关系》，《辽宁行政学院学报》2014 年第 9 期。

颜星、王冬梅：《战后新加坡社会保障制度发展的特点及其对社会经济发展的影响》，《文山师范高等专科学校学报》2004 年第 3 期。

杨国民、胡海川：《美国市场经济》，《改革与理论》1995 年第 5 期。

杨玲玲：《韩国社会保障体制建立的过程、特点及成因》，《科学社会主义》2008 年第 6 期。

杨圣坤：《新加坡人权保障法律制度建设及启示》，《山西省政法管理干部学院学报》2014 年第 12 期。

杨思斌：《英国社会保障法的历史演变及其对中国的启示》，《中州学刊》2008 年第 3 期。

姚桂梅：《南非经济发展的成就与挑战》，《学海》2014 年第 3 期。

叶祥松：《法国国有企业管理体制资料》，《经济研究资料》1996 年第 2 期。

尤舒：《意大利的国家垄断资本主义和"国有化"经济》，《国际贸易问题》1975 年第 3 期。

余南平：《市场经济制度的根本价值是保障与发展人的基本权利》，《社会科学》2006 年第 11 期。

俞宜国、吴学文：《论日本市场经济体制的建立及特点》，《世界经济与政治》1995 年第 5 期。

曾强：《南非经济概观》，《国际研究参考》1993 年第 1 期。

曾晓阳：《试析 19 世纪末法国教育改革的机会主义特征》，《历史教学》2005 年第 3 期。

湛柏明：《韩国市场经济与公有制》，《亚太经济》1999 年第 4 期。

张大化：《美国人权状况的历史考察》，《湖北教育学院学报》1999 年第 1 期。

张钢成：《社会主义市场经济与法的个人权利本位》，《法制与社会发展》1995 年第 3 期。

张文显:《论人权的主体与主体的人权》,载《当代人权》,中国社会科学出版社1992年版。

张文贞:《试论埃及的经济体制改革》,《西非经济》1993年第3期。

张志华:《加拿大经济初探》,《集团经济研究》1992年第8期。

张卓元、施雪华:《试探社会主义市场经济的特点与若干规律》,《光明日报》2004年10月12日。

赵嵩:《韩国人权保障机制的发展——对韩国保障人权的若干法律制度的考察》,《当代韩国》2001年夏季号。

赵汀阳:《预付人权:一种非西方的普遍人权理论》,《中国社会科学》2006年第4期。

郑成宏:《〈韩国市场经济模式〉简介》,《当代韩国》1997年第4期。

周延丽、王兵银:《俄罗斯市场经济模式的演进路径及未来走向》,《俄罗斯中亚东欧研究》2011年第3期。

周延丽、王兵银:《俄罗斯市场经济模式的演进路径及未来走向——写在俄罗斯独立20周年之际》,《中国经济时报》2011年第3期。

周云:《英国残疾人的社会保障》,《社会保障研究》2010年第6期。

朱宁:《三色旗下的缪斯——试论法国大革命文化的地位和作用》,《华东师范大学学报》1995年第1期。

邹海林:《韩国市场经济法律体系架构》,《外国法译评》1993年第4期。

[墨] P. L. 马丁内斯:《墨西哥四十年的经济发展梗概》,《拉丁美洲丛刊》1981年第2期。

[乌兹别克斯坦] 阿克曼·卡尔马托维奇·萨义多夫:《文化传统、价值观和人权:历史经验、国际经验和国家经验》,载《文化传统、价值观与人权》,五洲传播出版社2012年版。

三 学位论文

车松虎:《韩国人口老龄化与老年人社会保障制度研究》,硕士学位论文,吉林大学,2007年。

黄如玉:《韩国宪法变迁中的宪法修改研究》,硕士学位论文,复旦大学,2009年。

金吉米:《俄罗斯市场经济模式的特征》,硕士学位论文,哈尔滨工业大学，2013年。

王建均:《社会主义市场经济条件下的人权问题研究》，马列系博士学位论文，中国社会科学院2003年。

张亮:《法国人权发展模式研究》，硕士学位论文，山东大学，2008年。

左权:《人权保障的"中国模式"研究》，博士学位论文，东南大学法学院，2013年。

四 外文文献

Aoife Nolan. *Economic and social rights after the global financia*l crisis. cambridge university press, 2016.

Benjamin Keen. A History of Latin America. Houghton Mifflin Company, 1988.

Brian Hamnett. *A Concise History of Mexico*. Cambridge University Press, 1999.

Celestine I, Nyamu and Roberto P, Aponte – Toro. Human Rights, Democracy and Free Markets: Is It a Package? Proceedings of the Annual Meeting (American Society of International Law), Vol. 93, MARCH 24 – 27, 1999.

Charles Rembar. The Law ofthe Land: The Evolution of Our Legal System. Harpercollins; Reprint, 1989.

Dr Manisuli Ssenyonjo. Economic, Social and Cultural Rights in Iinternational Law (2nd Rrevised Edition). Hart Publishing. 2016.

Finlay, H. A., Bradbrook, A. J. Bailey – Harris, R. J. *family law*, 2nd edition, Butterworths. 1993.

России, F. Госкомстат: Россиявцифрах, М. 2004, С. 32.

Gash, N. G., *A History of the Benevolent Society of New South Wales*. University of Sydney, 1967.

George Burton Adams. Constitutional History of England. Nabu Press. 2011.

Gerhard A, Ritter. Social Welfare in Germany and Britain. Origins and Development, New York, 1986.

Gerhard Robbers. Encyclopedia of world constitutions. An imprint ofInfobase Publishing, 2007.

Hardin, A. J. g., *The Common Law in Singapore and Malaysia*. Singapore Butterworths, 1985.

Helena Alviar Garcia, Karl Klare, Lucy A. Williams. *Social and Economic Rights in Theory and Practice: Critical Inquiries*. Routledge. 2014.

Herbert Hausmaniger. *The Austrian Legal System*. Springer – verlag. 1998.

Hideo Tanaka, Malcolm H. Smith. *The Japanese Legal System: Introductory Cases and Materials*. University of Tokyo Press. 1976.

Ian Neary. *Human Rights in Japan, South Korea and Taiwan*. London: Routledge, 2002.

John A. Maxwell, James J. Friedberg. *Human Rrights in Western Civilization: 1600 to The Present*. Kendall Hunt Pub co; 2 sub. 1994.

John M. scheb. *An Iintroduction to The American Legal System, Second Edition*. 2009.

Jorge A, Vargas. *an introductory lesson to Mexican law: from constitutions and Codes to Legal Culture and NAFTA*, 41 San Diego L, Rev, 1337.

Kewley, T. H., *Australian Social Security Today*. Sydney University Press, 1980.

Lan Loveland. *Constitutional Law, Administrative Law, and Human Rights: A Critical Introducetion*. Oup Oxford. 2012.

Lawrence M. Friedman. *A History of American Law: Third Edition*. Touchstone. 2005.

Сергей Гуриев. Новая волна приватизации в России. Lecourrierderussie, 2013 (2).

Louise Haagh. *Equlity and Income Security in Market Ecomomies*. Social Policy & Administration, Vol. 40, No. 4, August 2006.

Macfarlance. *The Theory and Practice of Human Rghts*. Maurice Temple Smith Ltd, 1985.

Manuel Couret Branco. *Economics versus Human Rights*. Routledge. 2008.

Maurigin, N. and Dupret, B., *Egypt & Its Laws*. Kluwer Law International, 2002.

Michael Freeman. *Human Rights—An Interdisciplinary Approach*. Polity Press in Association with Blackwell Publishing ltd, 2002.

OECD. OECD *Reviews of Innovation Policy: Russian* Federation 2011, OECD

Publishing, 2011.

Paul Streeten. *Beyond Adjustment*: *The Asian Experience*. IMF. February 1988.

Peter A, Kohler. *The Evolution of the Social Insurance*, 1881 – 1981, Studies of Germany, France, Great Britain, Austria and Swithland, New York, 1982.

Theodore Frank Thoms Plucknett. *A Concise History of The Common Law*, *Fifth Edition*. Lawbook Exchange, ltd., 2010.

Wade, E. C. S and Phillips, G. G. Constitutional and Administrative Law.

Кудрин, А. Макроэкономическая политика, Вопросы экономики, 2007 (10).

Кушлин, В. И. Государственное регулирование рыночной экономики, Москва, Издательство РАГС, 2005.

五 相关网站

联合国人权高专办网站：http://www.ohchr.org

世界知识产权组织网：http://www.wipo.int

央广网：http://finance.cnr.cn

中国人权网：http://www.humanrights-china.org

中华人民共和国国家统计局：http://www.stats.gov.cn